AF287319

Pierre Aubenque (Prof. em.) lehrte und forschte von 1966 bis 1970 an der Universität Hamburg und von 1971 bis 1994 an der Sorbonne (Paris) auf dem Lehrstuhl für Geschichte der antiken Philosophie. Sein besonderes Interesse galt und gilt der Aristotelischen Ethik in ihrer Bedeutung für die Moderne.

Pierre Aubenque

Der Begriff der Klugheit bei Aristoteles

aus dem Französischen übersetzt von
Nicolai Sinai und Ulrich Johannes Schneider

Mit einem Vorwort zur deutschen Ausgabe von
Horst D. Brandt

Meiner

Im Digitaldruck »on demand« hergestelltes, inhaltlich mit der ursprünglichen Ausgabe identisches Exemplar. Wir bitten um Verständnis für unvermeidliche Abweichungen in der Ausstattung, die der Einzelfertigung geschuldet sind. Weitere Informationen unter: www.meiner.de/bod

Bibliographische Information der Deutschen Nationalbibliothek

Die Deutsche Nationalbibliothek verzeichnet diese Publikation in der Deutschen Nationalbibliographie; detaillierte bibliographische Daten sind im Internet über ‹http://portal.dnb.de› abrufbar.
ISBN 978-3-7873-1845-2
ISBN eBook: 978-3-7873-2006-6

Vorwort zur deutschen Ausgabe

Pierre Aubenque verbindet wie kein zweiter das Interesse an der richtigen Nachzeichnung des Denkens der griechischen Philosophie der Antike mit dem intellektuellen Projekt der philosophischen Aufhellung und Beantwortung der Frage nach der Funktion und Bedeutung der von den Griechen begründeten Ethik in unserer Zeit. Der Nestor der Aristotelesforschung in Frankreich und Europa lehrte von 1971 bis 1994 an der Sorbonne und begründete seinen Ruhm mit seinen beiden grundlegenden Hauptwerken *Le problème de l'être chez Aristote* (1962) und *La prudence chez Aristote* (1963), in denen er das erstarrte, vorwiegend von der Scholastik und der Altphilologie geprägte Bild der Aristotelischen Philosophie gründlich und erfolgreich renovierte. Aristoteles war nicht nur der Antipode Platons und der Begründer der Logik, als der er historisch gefeiert wird, sondern er bleibt bis in unsere Gegenwart hinein *der* Begründer und Vertreter des aporetischen Denkens, über das Philosophie, wenn sie ernsthaft betrieben wird, nicht hinausgelangen kann – und auch nicht hinausgelangen wollen sollte.

Ausgehend von seinem Werk *La prudence chez Aristote*, das nunmehr erstmals in deutscher Übersetzung vorgelegt wird, thematisierte Pierre Aubenque in vielen Arbeiten[*] und mit seither nicht nachlassender Intensität vor allem die Frage: Was soll ich tun? Eine Frage, die bekanntlich auch Kant für eine der zentralen Fragen hielt, die wir beantworten müssen, wenn es uns darum geht, uns unserer selbst in unserer Freiheit zu vergewissern, von der wir doch meinen, daß wir sie haben und uns in all unseren Handlungen von ihr leiten lassen.

Entsprechend war und ist das Denken Aubenques geprägt von der Spannung, die zwischen dem frühen Aristotelischen Ansatz zur

---

[*] Siehe letztens: P. Aubenque, »Von der Phronesis zu der Klugheit: Zur Geschichte des Kreativitätsproblems in der Ethik«, in: *Kreativität* (Akten des XX. Deutschen Kongresses für Philosophie, Berlin, September 2005), hg. v. G. Abel, Hamburg 2006, S. 1051–1058.

Begründung einer rationalen Ethik und dem späten Kantischen Diktum besteht, nur eine auf den kategorischen Imperativ, also auf das Gebot der reinen praktischen Vernunft gegründete Ethik sei rational als bindend und so als Ausweis eines freien Willens zu erachten. Dem hohen Ideal Kants von einer Ethik, der wir in unseren Handlungen folgen könnten und sollten, ohne uns von den kontingenten Rahmenbedingungen leiten zu lassen, in die wir immer schon eingelassen sind, sobald eine Handlung von uns gewollt oder erwartet wird, setzt Pierre Aubenque die von Aristoteles ausformulierte Lehre von der Klugheit entgegen. Handlungen sind stets situationsbezogen, ihre Bestimmungsgründe ergeben sich aus den kontingenten Bedingungen, die ein Handeln erlauben oder erfordern. Nicht die Konformität oder Übereinstimmung der Maxime unserer Handlung mit einer vorgegebenen höheren Regel, sondern die *kluge Erwägung* der in einer gegebenen Situation angemessenen Handlung ist nach Aristoteles das auszeichnende Kriterium ethischen Verhaltens.

Die große Leistung Pierre Aubenques besteht darin, in *La prudence chez Aristote* und in vielen nachfolgenden Arbeiten präzise herausgearbeitet und gezeigt zu haben, daß die hohe Bewertung und Verteidigung der *Klugheit*, die Aristoteles in seinen Schriften zur Ethik zum Ausdruck gebracht hat, keineswegs einer pragmatisch verkürzten Auffassung von der Tugendlehre das Wort reden will, die uns freistellt, aus willkürlichen Erwägungen der Nützlichkeit beliebig und nach Gusto zu handeln. *Klugheit* ist keine billige Tugend, sondern Ausweis unserer Urteilskraft, unserer Fähigkeit, unter je gegebenen Umständen aus erwogenen Gründen verantwortlich zu handeln: »Auf halbem Wege zwischen einem absoluten Wissen, welches die Handlung nutzlos machen würde, und einer chaotischen Wahrnehmung, welche die Handlung unmöglich machen würde, repräsentiert die aristotelische *Klugheit* die Chance und das Risiko menschlichen Handelns« (S. 166).

Der Johanna und Fritz Buch Gedächtnis-Stiftung danken wir für die großzügige Förderung der Drucklegung dieser Ausgabe.

Horst D. Brandt

Inhalt

Vorwort

»All die großen Namen, mit denen man Tugenden und Laster belegt, erwecken im Geiste eher verwirrte Gefühle als klare Gedanken.« Trotz Malebranches strengem Urteil über das moralische Vokabular der Antike und des Mittelalters[1] hat die zeitgenössische Philosophie den Weg zurück zu einer Theorie der Tugenden gefunden[2] – vielleicht auch, weil sie ohnehin weniger von der Durchlässigkeit der menschlichen Existenz für »klare Gedanken« überzeugt ist. Doch während die Moral bleibt, geraten Tugenden außer Mode; und man kann nicht sagen, dass die Klugheit heute allgemein bewundert und philosophisch gefeiert würde, auch wenn sie immer noch für einen Ratschlag gut ist. Im Register einer zeitgenössischen Abhandlung über die Tugenden wird man sie vergeblich suchen. Und ein Autor, dessen Verständnis für Kardinaltugenden dem für sprachlichen Wandel in nichts nachstehen dürfte, hält es für angebrachter, die Klugheit aus seinem Vokabular zu streichen, als dem heutigen Leser zu erklären, dass die Klugheit etwas Höheres und Besseres ist, als er glaubt.[3] Zweifellos steht das Wort heute nicht mehr annähernd so hoch im Kurs wie zu jener Zeit, als die Klugheit nicht nur Theologen und Philosophen, sondern auch Maler und Bildhauer inspirierte, und als La Bruyère sie noch in Zusammenhang mit der Größe brachte.[4] Wahrscheinlich haben die historischen Veränderungen in den Urteilen über die Klugheit andere als semantische Gründe. Nicht zufällig erscheint sie dem Zeitalter der Aufklärung als »törichte Tugend«[5] und es ist ebenfalls kein Zufall, dass Kant sie gänzlich aus der Moralität verbannt, weil ihr Imperativ nur ein hypothetischer sei.[6] Die Klugheit ist weniger ein Opfer des Eigenlebens der Wörter als des Wandels im philosophischen Denken und ganz allgemein des Zeitgeistes. So fiel sie zuerst dem Rationalismus und dann dem Moralismus zum Opfer. Eng verbunden mit bestimmten Weltsichten, musste sie mit diesen untergehen.

Ich möchte hier versuchen, die Verbindung zwischen der ethischen Wertschätzung der Klugheit und jener Weltsicht wiederzufinden, welche die Voraussetzung der Klugheit bei demjenigen Denker ist, der ihr erster Theoretiker war. Wenn man so will, ist über die Klugheit alles gesagt worden. Doch in einem anderen Sinn ist gar nichts gesagt worden, solange man sich nicht gefragt hat, warum es gerade dem Philosophen Aristoteles und niemand anderem vorbehalten blieb, eine Theorie der Klugheit zu entwerfen. Die Antwort liegt darin, dass man bei Aristoteles die ethische Theorie der Klugheit nicht von seinen metaphysischen Lehren ablösen kann. Mehr noch als alle anderen Tugenden ist die Klugheit metaphysisch begründet. Und sollte es uns gelingen zu zeigen, dass das Thema der Klugheit Wurzeln hat, die weit hinter Aristoteles zurückreichen, so würde das bedeuten, dass die Wertschätzung der Tugend in engem Zusammenhang mit einer gewissen Weltsicht steht, welche nicht nur diejenige von Aristoteles, sondern zu einem großen Teil und für lange Zeit auch die der Griechen überhaupt war.

Es könnte scheinen, als ob diese Verwurzelung der Klugheit als einer Tugend in der griechischen Tradition uns unwiderruflich von ihr entfernen würde und unsere Untersuchung so von bloß historischem Interesse wäre. Es wäre ungenügend, dem entgegenzuhalten, dass die Lehren der Philosophie ewig sind. Man muss hinzufügen, dass sie zu ihrer Zeit nicht immer auch gehört werden und dass es Worte gibt, die aus anfänglicher Undeutlichkeit erst nach Jahrhunderten Klarheit gewinnen. Die Welt entdeckt heute, was die Griechen vor mehr als 2000 Jahren vermuteten: dass »große Worte großes Unglück« hervorrufen;[7] dass es den Menschen, dieses »seltsamste« unter den »seltsamen Dingen«,[8] nicht zu überwinden, sondern zu bewahren gilt – und zwar vor allem gegen sich selbst; dass das Übermenschliche größte Ähnlichkeit mit dem Unmenschlichen hat; dass das Gute der Feind des Besseren sein kann; dass das Rationale nicht immer vernünftig ist; und dass die Versuchung durch das Absolute, welche die Griechen ὕβϱις nannten, der ständig wiederauflebende Quell menschlichen Unglücks ist. Für ein Jahrhundert, das die Berufung des Menschen nur im Überschreiten seiner Grenzen erfüllt sah und, anstatt sich länger zu gedulden, das Gottesreich auf Erden verwirklichen wollte, mag die Klugheit eine »dumme Tugend« gewesen sein. Wir aber entdecken heute, dass die Welt kontingent und die Zukunft ungewiss ist, dass das Intelligible nicht von dieser Welt ist und sich uns höchstens in Form eines stellvertretenden Surrogats und gemäß unserer eigenen Anstrengungen zeigt. Die Klugheit ist keine heroische Tugend, wenn man darunter eine übermenschliche Tugend versteht. Doch manchmal braucht es Mut – und sei es auch nur der der Urteilskraft –, um »das Gute für den Menschen«, den eigentlichen Gegenstand der Klugheit, dem vorzuziehen, was wir für das Gute an sich halten. Vielleicht hat diese Tugend schließlich doch noch ihre Chance in einer Zeit, die der beiden entgegengesetzten, aber miteinander verschworenen Leitbilder des »Heroischen«und der »schönen Seele« müde ist, und die nach einer neuen Lebenskunst sucht, aus der auch die subtilsten Formen von Maßlosigkeit und Verachtung verbannt wären.[9]

* * *

Aristoteles bezeichnet mit dem Wort φρόνησις das, was die lateinische Tradition *prudentia*, Klugheit, nennt, und was von dem benachbarten und dennoch ganz verschiedenen Begriff *Weisheit* (*sapientia, σοφία*) zu unterscheiden ist. Doch bezeichnet *phronesis* bei Aristoteles nicht nur *Klugheit* und lässt sich manchmal kaum von *sophia* unterscheiden. Die Bedeutungsvariationen dieses Wortes bergen ein gleichermaßen philologisches wie philosophisches Problem. Dies werde ich im ersten Teil genauer herausarbeiten. Der zweite Teil, der notwendigerweise am umfangreichsten ausfallen wird, versucht eine Interpretation der *phronesis* im Sinne von *Klugheit*. Der dritte Teil soll einen »Ursprung« ans Licht bringen, der meiner Meinung nach für die Interpretation aufschlussreich sein wird. Man muss wohl nicht daran erinnern, dass uns unter dem Namen von Aristoteles drei Ethiken überliefert sind: die *Eudemische Ethik*, die *Nikomachische Ethik* und die *Magna Moralia*. Diese drei Ethiken stehen nicht auf derselben Ebene. Ihre Dreizahl und ihre Überschneidungen werfen vielleicht unlösbare Probleme auf, was die Chronologie und, im Fall der dritten Ethik, die Authentizität betrifft. Aber da uns nicht allzu viele Texte über die Klugheit vorliegen, werden wir sie alle drei in Augenschein nehmen:[10] Als Grundlage wird uns die *Nikomachische Ethik* dienen, aber unter gebotener Berücksichtigung der beiden anderen – wenn sie nämlich zum Verständnis der ersteren beitragen oder sich umgekehrt von ihr unterscheiden.[11] Außerdem gibt es, obwohl diese Studie in sich abgeschlossen ist, ganz offenbar eine Verbindung zur Interpretation der aristotelischen Metaphysik, die ich andernorts vorgelegt habe.[12]

Zum Schluss möchte ich noch eine Verbindung und eine Schuld anderer Art zur Sprache bringen. Man wird erkennen, dass das Problem der Klugheit über die Lehre des Aristoteles hinaus auf einen berühmten und dunklen Streit verweist, der in der Antike als Disput »über das Mögliche« bezeichnet wurde.[13] Die vielfältigen Aspekte dieser Auseinandersetzung – zugleich logische, physikalische und moralische – wie auch ihre fortwährende Aktualität waren nicht nur Gegenstand eines 1960 erschienenen Werkes von P.-M. Schuhl,[14] sondern auch einiger Arbeiten, die aus seinem Forschungsseminar über das antike Denken hervorgegangen sind, an dem ich über Jahre teilnehmen durfte. Die Tatsache, dass jene Arbeiten, insbesondere über den Begriff des καιρός,[15] noch nicht alle veröffentlicht sind, verpflichtet mich hier ganz besonders zu dem offenen Bekenntnis, wie viele Anregungen ich aus ihnen geschöpft habe, vor allem für das zweite Kapitel des zweiten Teils dieser Abhandlung. Aufgrund dieser und anderer Schuldigkeiten drücke ich P.-M. Schuhl meinen lebhaften Dank aus. Auch möchte ich an dieser Stelle den beiden Institutionen danken, die die Abfassung und Veröffentlichung dieses Werks unterstützt haben: der Fondation Hardt für das Studium der klassischen Antike in Vandœuvres (Genf) und dem Centre National de la Recherche Scientifique in Paris.

Besançon, den 12. März 1962

Anmerkung zur dritten Auflage

Diese dritte Auflage ist um zwei neue Anhänge von unterschiedlicher Länge erweitert, die das Schicksal der *phronesis* (Klugheit) nach Aristoteles behandeln. »Die *phronesis* bei den Stoikern« ist zuerst in den *Actes du VIIᵉ Congrès* (Aix-en-Provence, 1963) *de l'Association Guillaume Budé*, Paris 1964, S. 291–292, veröffentlicht worden; »Die Klugheit bei Kant« in der *Revue de Métaphysique et de Morale*, LXXX (1975), S. 156–182.

ERSTER TEIL

»PHRONESIS« BEI ARISTOTELES

Μηδαμοῦ ἄλλοθι καθαρῶς ἐκειὲντεύζεσθαι φρόνησει ἀλλ' ἤ ἐκει.

Platon, *Phaidon*, 68b

Θητὰ φρονεῖν χρὴ θνητὴν φύσιν.

Sophokles, Fr. 590

§ 1 *Die Texte*

An mehreren Stellen seines Werkes bleibt Aristoteles dem platonischen Sprachgebrauch treu und gebraucht das Wort *phronesis*, um – im Gegensatz zu Meinung und Empfindung, die wie ihre Gegenstände wechselhaft sind – das unveränderliche Wissen vom unveränderlichen Sein zu bezeichnen. So erinnert er im Buch M seiner *Metaphysik* daran, dass für Platon die Theorie von den Ideen vor allem den Zweck hatte, dieses Wissen zu retten; denn, so sagt Aristoteles, habe man einmal Heraklit darin zugestimmt, dass das Sinnliche in ständiger Bewegung begriffen sei, so müsse man die Existenz nichtsinnlicher Dinge zugeben, wenn es überhaupt von irgendetwas Wissenschaft oder *Wissen* geben soll, ἐπιστήμη τινὸς καὶ φρόνησις.[1] In *Vom Himmel* rühmt Aristoteles die Eleaten dafür, als erste die Wahrheit entdeckt zu haben, dass es ohne die Existenz von unbeweglichen Wesenheiten keine »Erkenntnis und Einsicht« (γνῶσις ἢ φρόνησις) geben könne.[2] Eine ähnliche Formulierung findet sich in der *Physik*, wo sich Aristoteles selbst (und diesmal ohne sich auf seine Vorgänger zu beziehen) zur These von der Unvereinbarkeit von Wissen und Bewegung bekennt. Er zieht hier den Schluss, dass der Verstand (διανοια) nicht durch ein Werden, sondern »durch Ruhe und Halt […] begreife und denke« (ἐπίστασθαι καὶ φρονεῖν) und dass der Mensch erst »dadurch, dass die Seele von der natürlichen Verwirrtheit aus auf festem Boden Fuß fasst, […] besonnen und klug (φρόνιμον καὶ ἐπιστῆμον) wird«.[3] Schließlich greift Aristoteles in der *Topik* auf eine analoge Wortverbindung zurück, um daran zu erinnern, dass die dialektischen Übungen nicht ohne Nutzen »für die Erkenntnis und das philosophische Wissen« sind (πρός τε γνῶσιν καὶ τὴν κατὰ φιλοσοφίαν φρόνησιν).[4] In diesen vier Texten bedient sich Aristoteles der Wörter φρονεῖν und φρόνησις, die in enger Verbindung mit ἐπιστήμη und γνῶσις gebraucht werden, um die höchste Stufe des Wissens zu bezeichnen: die Wissenschaft vom Unbeweglichen, vom Übersinnlichen, kurz, das wahre, das philosophische Wissen. Zwar hat für Aristoteles dieses Wissen nicht denselben Inhalt wie für Platon; zwar hält er es, anders als sein Lehrer, auch innerhalb der Physik für möglich, dem wissenschaftlichen Erfordernis der Beständigkeit zu genügen; aber dennoch bezeichnet die *phronesis* in diesen Texten eine Art von Wissen, welches dem platonischen Wissenschaftsideal entspricht und welches er zu Beginn der *Metaphysik* ausführlich unter dem Namen *sophia* beschreibt. Der Beweis hierfür ist, dass er nicht zögert, die *sophia* als *phronesis* zu charakterisieren, um zu zeigen, dass sie die erste, architektonische Wissenschaft darstellt, die nicht in Hinsicht auf etwas anderes ist, sondern ihren Zweck allein in sich selbst hat.[5]

Nun zielt aber dasselbe Wort *phronesis* in der *Nikomachischen Ethik* auf eine gänzlich andere Realität. Es handelt sich hier nicht mehr um eine Wissenschaft,[6] sondern um eine Tugend. Zwar ist diese Tugend eine *Verstandes*tugend,[7] doch sie ist nicht einmal die Tugend dessen, was innerhalb der *dianoia* das Höchste ist. Aristoteles nimmt in diesem Zusammenhang nämlich eine weitere Untergliederung des rationalen Seelenteils vor: Mit dem einen Teil betrachten wir jene Dinge, welche nicht anders sein können, als sie sind; mit dem anderen Teil erkennen wir die kontingenten Dinge. Während Aristoteles letzteren als berechnenden (λογιστικόν)[8] oder meinenden (δοξαστικόν)[9] Seelenteil beschreibt, nennt er ersteren kaum überraschend den *wissenschaftlichen* (ἐπιστημονικόν) Seelenteil.[10] Nicht genug damit, dass die *phronesis*, die andernorts den Rang der höchsten Wissenschaft innezuhaben schien, an dieser Stelle keine Wissenschaft mehr ist, sie ist nicht einmal mehr die Tugend des wissenschaftlichen Teiles der vernunftbegabten Seele. Stattdessen wird die *phronesis* als Tugend des *berechnenden* oder *meinenden* Seelenteils eingeführt.[11] Aber es gibt noch eine weitere, nicht weniger bestürzende Abweichung: Am Anfang der *Metaphysik* diente die *phronesis* dazu, das uneigennützige und freie Wissen, das allein um seiner selbst willen ist, den aus der Notwendigkeit geborenen Künsten entgegenzusetzen, welche auf die Befriedigung eines Bedürfnisses abzielen; die *phronesis* der *Nikomachischen Ethik* dagegen wird nur jenen Menschen zuerkannt, deren Wissen auf die Suche nach »menschlichen Gütern« (ἀνθρώπινα ἀγαθά) gerichtet ist[12] und die durch sie zu erkennen vermögen, »was ihnen Vorteil bringt« (τὰ συμφέροντα ἑαυτοῖς).[13] Schließlich wird die *phronesis* der *sophia*, mit der Aristoteles sie gleichgesetzt hatte, hier gar entgegengestellt: Die Weisheit betrifft das Notwendige, sie kennt weder Werden noch Vergehen[14] und ist somit genauso unbeweglich wie ihr Gegenstand;[15] die *phronesis* dagegen betrifft das Kontingente,[16] sie hängt ab vom jeweiligen Individuum und den jeweiligen Umständen.[17] Während die Weisheit anderswo als eine Form des Wissens dargestellt wird, welches über den Bereich des Menschlichen hinausweist,[18] hat die *phronesis* in der *Nikomachischen Ethik* aufgrund ihres menschlichen, ja allzumenschlichen Charakters keinen Anspruch mehr auf den höchsten Rang. »Denn wenn man meint, die Staatskunst oder die Klugheit sei die beste Wissenschaft, so ist das ungereimt, wofern der Mensch nicht das Beste von allem in der Welt ist.«[19] Nun ist der Mensch aber tatsächlich nicht das Beste in der Welt: »Denn es gibt Dinge, die ihrer Natur nach viel göttlicher sind als der Mensch, wie dieses am augenscheinlichsten bei den Himmelskörpern hervortritt.«[20]

Aristoteles entwirft also das Bild einer Tugend, die, obgleich sie eine Verstandestugend ist, weniger an die Vorzüge der Kontemplation erinnert als an die eines opportunen und wirksamen Wissens; und man wird in diesem bescheidenen menschlichen Ebenbild einer übermenschlichen Weisheit jene *prudentia* wiedererkennen, welche die lateinische Tradition an das christliche Abendland weitergegeben hat. Doch diese traditionelle Übersetzung, die ziemlich genau nur eine der beiden Bedeutungen des Wortes isoliert, darf uns nicht verdecken, wie erstaunlich es für die Zuhörer und Leser des Aristoteles gewesen sein mag – und auch heute noch ist –, dass ein und dasselbe Wort auf zwei vollkommen verschiedene, um nicht zu sagen entgegengesetzte Weisen gebraucht wird, ohne dass es irgendeine Erklärung für das Nebeneinander dieser beiden Bedeutungen oder den Übergang von der einen zur anderen gäbe. Die antiken Autoren mögen für Fragen der terminologischen Fixierung nur geringes Interesse gehabt haben;[21] dennoch gibt es in der Geschichte der Philosophie kaum Beispiele für eine derartige Nachlässigkeit in der Handhabung eines philosophischen Begriffes, der mit dem Wesentlichen zusammenhängt: die Natur des menschlichen Wissens, das Verhältnis von Theorie und Praxis, die Beziehung des Menschen zur Welt und zu Gott.

§ 2 Die These von Werner Jaeger

Es ist der modernen Philologie vorbehalten geblieben, ein Problem anzusprechen, dessen die an der kritischen Gegenüberstellung von Texten wenig interessierte Kommentarliteratur der Antike und des Mittelalters nicht gewahr geworden zu sein scheint. Während die Selbstwidersprüche Aristoteles' diesen Kommentatoren kaum aufgefallen sind, bilden sie den wesentlichen Nährgrund der genetischen Hypothesen Werner Jaegers: Aristoteles kann unmöglich *zu ein und demselben Zeitpunkt* einander widersprechende Thesen vertreten haben; folglich müssen diese als Momente einer *Entwicklung* verstanden werden. So gesehen wären die Bedeutungsverschiebungen des fraglichen Wortes kein Anzeichen von Inkohärenz mehr und würden stattdessen zu Zeugnissen einer Entwicklung – allerdings unter der Voraussetzung, dass man eine gewisse Kontinuität dieses Wandels herausarbeiten kann. Diese methodologischen Prinzipien hat Jaeger in seinem großen Aristoteles-Buch von 1923 auf brillante Weise auf den Begriff der *phronesis* angewandt.

Zusammengefasst lautet Jaegers These wie folgt: Den Ausgangspunkt für Aristoteles Entwicklung bildet der platonische Begriff der *phronesis*, wie er besonders im *Philebos* entwickelt ist; dort bezeichnet *phronesis* die Kontemplation, die nicht an sich betrachtet wird, sondern insofern sie ein konstitutiver Bestandteil des guten Lebens und die Grundlage des rechten Handelns ist. Dieser platonische Gebrauch entspricht der »theologischen« Phase im Denken des Aristoteles. Die spekulative Theologie setzt sich in einer »theonomen« Moral fort, der Gott nicht nur als Gegenstand der Kontemplation gilt, sondern auch als absolute moralische Norm, so wie bei Platon die Erkenntnis des Intelligiblen Prinzip und Norm der Richtigkeit einer Handlung lieferte. Doch Aristoteles' Bruch mit der Theorie der Ideen führt eine erste Erschütterung im moralischen Universum Platons herbei: »Sein und Wert fallen jetzt auseinander. Metaphysik und Ethik scheiden sich weit schärfer als bisher. [...] Es vollzieht sich die folgenreiche Scheidung der theoretischen und der praktischen Vernunft, die in der φρόνησις noch ungeschieden miteinander eins waren.«[22] Diese erste Krise situiert Jaeger zwischen dem *Protreptikos* und der *Eudemischen Ethik*. Obwohl Aristoteles die Ideen aufgibt, hält er nach wie vor an der Transzendenz des

Göttlichen fest. Was Gott betrifft, »bleibt er zeitlebens Platoniker«.[23] Nur entfernt sich der transzendente Gott immer mehr von den Sorgen und der Tätigkeit der Menschen: »Nur in weiter Ferne taucht der ruhende Pol am Horizont des Daseins auf, letzte Richtung weisend.«[24] In der *Eudemischen Ethik* stellt Gott das regulative Prinzip der menschlichen Handlungen dar, und die aristotelische Moral ist hier demzufolge »theonom«. Im sechsten Buch der *Nikomachischen Ethik* ist dies nicht mehr der Fall: Gott ist jetzt verborgen oder verstummt, der Mensch kann nur noch auf seine eigenen Kräfte zählen, um sein irdisches Leben zu meistern; das Handeln hat nichts mehr von der Theorie, d. h. der Kontemplation, zu erwarten. Aristoteles nimmt der φϱόνησις »jede theoretische Bedeutung«;[25] er sieht in ihr nur noch eine Art moralischen Sinn, der zwar vermag, die Handlung auf das für den Menschen unmittelbar Nützliche und Gute hinzulenken, aber keinerlei Bezug mehr zu einer transzendenten Norm hat.

Mit dieser Rekonstruktion gebührt Jaeger nicht nur das Verdienst, verstreute und offenbar widersprüchliche Texte in eine Ordnung gebracht zu haben. Er liefert auch eine gewissermaßen *dramatische* Darstellung der Beweggründe für eine jener Theorien, in denen man bislang einfach nur die von »gesundem Menschenverstand« oder »Empirismus« gekennzeichnete Reaktion des Aristoteles auf die Auswüchse des platonischen Idealismus gesehen hatte. Jaeger stellt das Problem genau in den Rahmen, in dem seine wahren Dimensionen zu entwickeln sind: das Verhältnis von Theologie und Moral, von Metaphysik und Ethik. Er legt nahe, dass eine Ethik der Klugheit in der wachsenden Entfernung von theologischen Fragestellungen wurzeln muss – genauer gesagt: in der Theologie eines fernen Gottes –, in einer Scheidung von metaphysischer Erkenntnis und den unmittelbaren Normen des Handelns – genauer gesagt: in einer Metaphysik der Scheidung und der Spaltung. Doch leider bleibt Jaeger nicht auf der Höhe seiner eigenen Interpretation. Einige Seiten weiter sieht er in der nikomachischen Theorie der Klugheit nur noch eine Rückkehr zu dem, was Platon die »volkstümliche Tugend« (δημοσία ἀϱετή) genannt hatte.[26] Jaeger vergisst die tragischen Beweggründe, die nach seiner eigenen Interpretation Aristoteles zu dieser Wende genötigt haben, und sieht in ihr nur einen Sturz aus jenen Höhen, auf denen sich Aristoteles, der Schüler Platons, nur im *Protreptikos* und in der *Eudemischen Ethik* zu halten vermochte, als er noch die große spekulative Tradition seines Lehrers fortführte. Was als eine Philosophie des Sturzes hätte verstanden werden können, wird gemäß der traditionellen Interpretation als Sturz der Philosophie dargestellt – ein Sturz in den »Empirismus«, in den »Humanismus«, in eine Rechtfertigung des Opportunismus, oder, um ein Wort Jaegers zu Isokrates aufzugreifen, in eine »kleinbürgerliche« Klugheit. Damit autorisiert Jaeger Taylor dazu, seine Aristotelesinterpretation mit dem Ausspruch vom »Platoniker, der seine Seele verliert« auf den Punkt zu bringen.[27] Ohne sich dessen bewusst zu sein, illustriert Jaeger in Bezug auf Aristoteles das herabsetzende Wort von Péguy über die Entwicklung der griechischen Philosophie als einen »Abstieg vom Mystischen ins Politische«.

Tatsächlich entwickelt Jaeger selbst eine derartige Sichtweise, nämlich in seinem Artikel »Über Ursprung und Kreislauf des philosophischen Lebensideals«, der eine Erweiterung seiner Untersuchungen darstellt.[28] Er zeigt, dass die ganze griechische Philosophie durch das Oszillieren zwischen kontemplativem und politischem Lebensideal gekennzeichnet ist. Vor Platon ist das kontemplative Ideal von Parmenides, Anaxagoras und Pythagoras vertreten worden, das politische Ideal hingegen von den Sophisten. Die sokratische Methode war ein erster Ansatz zur Versöhnung beider, indem sie versuchte, das Ideal der Praxis auf das Nachdenken zu gründen. Aber erst Platon gelang eine wirkliche Synthese der beiden Ideale, indem er die Erkenntnis der Ideen, insbesondere der Idee des Guten, zur Grundlage des politischen Lebens machte. Aristoteles trennt nun das »kontemplative« Leben, welches in den Rang eines fernen Ideals entrückt wird, vom eigentlich »ethischen« Leben und entzweit damit Theorie und Praxis aufs Neue; er leitet so eine »fortschreitende Lockerung«[29] der platonischen Synthese ein. Diese Auflösung erfährt ihre Vollendung in der peripatetischen Schule, wo es, wie Cicero berichtet,[30] zu einer entscheidenden Polemik zwischen Theophrast, einem Anhänger des kontemplativen Lebens, und Dikaiarch, einem Anhänger des aktiven Lebens, kommt.[31] Der Mangel des Peripatos an theoretischem Sinn und seine Gleichgültigkeit gegenüber der Spekulation, bald darauf gefolgt von einer skeptischen Zurückweisung jeglicher Theorie, trugen dazu bei, dem praktischen Ideal wenigstens vorläufig den Sieg zu verschaffen. Und Cicero wird »den Staatsgeist seines Volkes mit der hellenischen Wissenschaft nur dadurch [...] vereinigen [können], dass er sich trotz seiner hohen Verehrung für Platon und Aristoteles Dikaiarchs Ideal des politischen Lebens zu eigen machte«.[32]

Innerhalb dieses allgemeinen Rahmens unternimmt es Jaeger nun erneut, die Entwicklung der Bedeutung von *phronesis* zu rekonstruieren. Ihm zufolge hatte das Wort vor Platon im Wesentlichen einen ethisch-praktischen Sinn. Sokrates hat ihm dann als erster eine theoretische Färbung verliehen, indem er daraus eine »sittliche Einsicht« als Einheit von Theorie und Praxis machte. Platon ordnete die Praxis der Theorie und das rechte Handeln der Kontemplation der Ideen in einem Maße unter, dass er den Handlungsbezug vergaß, den der sokratische Begriff der *phronesis* noch immer aufwies, und machte so aus ihr ein Synonym für σοφία, νοῦς oder ἐπιστήμη. Im *Protreptikos* und in der *Eudemischen Ethik* behält Aristoteles diesen »theoretischen« Sinn der *phronesis* bei, was man daraus ersehen kann, dass in diesen Schriften die traditionellen Symbolfiguren des kontemplativen Ideals, Anaxagoras und Pythagoras, als typische Beispiele für die *phronesis* angeführt werden.[33] In der *Nikomachischen Ethik* dagegen »finden wir diesen platonischen φρον'σις-Begriff kritisch aufgelöst in seine ursprünglichen Elemente, der Ausdruck wird eingeschränkt auf die praktische sittliche Einsicht und jeder theoretische Inhalt wird ihm genommen.«[34] Infolgedessen benötigt Aristoteles einen anderen Ausdruck für die Kontemplation und das kontemplative Ideal; in diesem Sinne prägt er das Wort *sophia*. So spricht Aristoteles, in direktem Widerspruch zum *Protreptikos* und zur *Eudemischen Ethik*, Philosophen wie Anaxagoras oder Thales den Charakter des φρόνιμος ab: Diese werden nun zu σοφοί, während als Illustration für die Figur des φρόνιμος von nun an Perikles dient, der Typus des an der Wirksamkeit des Handelns mehr als an der Theorie interessierten Politikers.[35]

Was die *Magna Moralia* betrifft, so glaubt Jaeger beweisen zu können, dass sie unecht und ein frühestens während des Scholarchats von Theophrast entstandenes Produkt des Aristotelismus sei;[36] so findet er hier ein nacharistotelisches Zeugnis der weiteren Entwicklung des Begriffes. Die Trennung von *sophia* und *phronesis* wird dabei als selbstverständlich vorausgesetzt, und der Verfasser besteht sogar noch mehr als Aristoteles selbst auf der praktischen, ja sogar nutzenorientierten Aufgabe der *Klugheit,* im Gegensatz zu jener uneigennützigen Spekulation, welche die *Weisheit* repräsentiert. Er geht sogar so weit, sich zu »wundern, warum wir in einer Darstellung des Ethischen, d. h. in gewissem Sinn einer politischen Disziplin, von der Weisheit sprechen«.[37] Bald darauf stellt er allerdings die Unterordnung der Klugheit unter die Weisheit wieder her, wonach die Klugheit zur Weisheit steht wie ein Verwalter zu seinem Herrn. Der Verwalter befasst sich nur deshalb mit den Angelegenheiten seines Herrn, um diesem jenes Maß an Muße zu verschaffen, das er für seine freie Tätigkeit benötigt; ganz entsprechend leitet die Klugheit die niederen Seelenteile und sorgt für die Bedingungen, die es der solchermaßen von untergeordneten Sorgen befreiten Weisheit erlauben, sich der ihr eigentlich zugedachten Aufgabe zu widmen.[38] Jaeger zufolge will der Verfasser der *Magna Moralia* mit dieser Bemerkung lediglich die aristotelische Orthodoxie gegenüber einigen allzu eifrigen Schülern zur Geltung bringen, die über ihren Lehrer hinausgingen und so den Vorrang der Klugheit vor der Weisheit behaupteten.[39] Jaeger glaubt sogar, die These wagen zu können, dass in der *Magna Moralia* ein Argument von Theophrast gegen Dikaiarch aufgegriffen wurde. Theophrast habe zwar das Handeln und die Kontemplation unterschieden, das kontemplative Ideal jedoch so wenig wie sein Lehrer geleugnet, wohingegen Dikaiarch aufgrund einer irrigen Lesart der *Nikomachischen Ethik* in Aristoteles' Lobpreis des kontemplativen Ideals nur noch ein Überbleibsel gesehen habe, von dem er sich dann endgültige zugunsten des aktiven Lebens verabschiedete.

Die aristotelische Lehre von der Klugheit wäre demnach nur ein Moment innerhalb einer allgemeineren Geschichte, nämlich der Geschichte der Entwicklung des philosophischen Lebensideals, die von einer Art Schwanken zwischen dem Lobpreis des aktiven Lebens und dem des mußevollen, beschaulichen Lebens gekennzeichnet wird. Während von den Vorsokratikern bis hin zu den Sophisten die Kurve von der Kontemplation zum Handeln verlief, beugten Sokrates und vor allem Platon sie wieder zum kontemplativen Leben zurück. Platon scheint dem Wettstreit von den zwei Idealen sogar ein Ende zu setzen, indem er die Kontemplation zur *Norm* erhebt. Aber diese Synthese wird von Aristoteles erneut aufgelöst. Freilich hält er an der prinzipiellen Übergeordnetheit des kontemplativen Lebens fest, aber derart, dass es außerhalb der Reichweite des Menschen angesiedelt zu sein scheint. Der Aristotelismus seiner Schüler kann dieses allzu ferne Ideal dann nicht mehr lange aufrechterhalten und begnügt sich mit den weniger erhabenen Tugenden des politischen Lebens.

§ 3 Kritik an der These W. Jaegers

Diese Rekonstruktion legt hinsichtlich mehrerer Punkte eine kritische Betrachtung nahe, wenn man W. Jaeger auch – wie für seine übrigen Arbeiten zu Aristoteles – Dank dafür schuldet, dass er der Forschung neue Impulse gegeben hat. Ich werde dreierlei Einwände erheben, die der Reihe nach die Ideengeschichte, das Quellenstudium und die Interpretation selbst betreffen.

I.

Im Hinblick auf den ersten Punkt muss festgestellt werden, dass das Schema, demzufolge die Aristotelische Klugheitslehre eine Etappe auf dem Weg zu einem – wenn auch nur vorläufigen – Triumph des politischen Lebensideals darstellt, zumindest paradox ist. Es lässt sich kaum nachvollziehen, wie gerade in dem Augenblick, wo die Auflösung des griechischen Stadtstaates sich vollendet und der athenische Bürger – trotz eines gewissen gegenteiligen Anscheins – zum Untertanen eines Reiches wird, dessen Regierung und Gesetze seiner Beratschlagung entzogen sind, der Lobpreis des politischen Lebens z. B. bei Dikearch etwas anderes sein könnte als ein lediglich akademischer Topos. In der Tat sind die geistigen Auswirkungen des Verschwindens der griechischen Polis vielfach auf eine Weise beschrieben worden, welche der rein literarischen Analyse Jaegers widerspricht. Während das klassische Zeitalter Griechenlands durch die Einheit von privatem und öffentlichem Leben gekennzeichnet war, wurde diese Einheit durch das Aufbrechen des Rahmens der Polis zugunsten weiträumigerer politischer Gesamtheiten zerstört. Aristoteles behauptet noch, dass öffentliche und private Tugend zusammenfallen;[40] doch in einer Gesellschaft, die vom Privatmann keine Teilnahme an den öffentlichen Angelegenheiten mehr erwartet, wird auch die öffentliche Tugend bedeutungslos. Der Philosoph, der in Platons *Politeia* noch die Einheit von Theorie und Praxis verkörperte, findet sich beschränkt auf den Bereich der reinen Theorie, seitdem die »Praxis« nicht mehr von ihm abhängig ist, sondern ein fremder Herr den Ton angibt. In diesem Augenblick verwandelt sich die menschliche Freiheit, die bisher mit der Ausübung der Bürgerrechte identisch gewesen war, in eine innere Freiheit;[41] das Ideal der Autarkie kann seine Erfüllung nicht mehr in der Polis finden, sondern sieht sich auf den Pfad der inneren Askese verwiesen, der zur Ataraxie hinleitet;[42] die reine Spekulation wird Zuflucht und Ersatz für ein verhindertes Handeln. Eine solche Atmosphäre des Rückzugs oder, wie es auch heißt, der »Abstraktion«[43] ist charakteristisch für die hellenistische Philosophie. Es ist allerdings nicht anzunehmen, dass dieser Rückzug jene Ansprüche, welche die vorangegangene Philosophie auf eine Einheit von Theorie und Praxis erhoben hatte, übergangslos aufgegeben hätte – als reichte es hin, das Wiederaufleben des kontemplativen Ideals einem mysteriösen »Wechsel« in Rechnung zu stellen. Und wirklich hat man auch zeigen können, dass jene hellenistischen Themen dem Keime nach schon in der Philosophie der Älteren Akademie angelegt waren.[44] So bleibt Speusipp den politischen Ambitionen des Platonismus treu, empfiehlt daneben aber die innere Unerschütterlichkeit, die sogenannte *Alypie*. Was Xenokrates betrifft, so ist er dafür bekannt, die platonistischen Lehren, in denen Theorie und Praxis unlösbar verbunden sind, in einem ausschließlich spekulativen Sinne weitergeführt zu haben. Glücklicherweise sind von ihm auch noch zwei die *phronesis* betreffende Fragmente erhalten. Er hat eine Schrift mit dem Titel Περὶ φρονήσεως verfasst, in der das Wort die allgemeine Bedeutung von »Verstand« gehabt haben dürfte, denn er definiert die Klugheit als das Vermögen, »die Wesen zu definieren und zu schauen«.[45] In einem anderen, ausführlicheren Fragment unterscheidet er jedoch zwei Arten des Verstandes: einen *theoretischen*, welcher mit der Weisheit zusammenfällt und den er als die »Wissenschaft von den ersten Ursachen und dem intelligiblen Sein« bestimmt, und einen *praktischen*.[46] Eine solche Unterscheidung, die den Bruch zwischen Theorie und Handeln sanktioniert, konnte unmöglich im Einklang mit Platon stehen: Xenokrates müsste sich demzufolge über den »anachronistischen« Charakter jener einst von Platon behaupteten Einheit klar gewesen sein.[47] Und tatsächlich finden wir ihn in anderen Fragmenten vorzüglich vom »Heil des Individuums«, von der »Seelenruhe«, der »Befreiung vom Leiden«[48] und der Autarkie des Weisen[49] in Anspruch genommen: alles Themen, die bald darauf charakteristisch für den Stoizismus und den Epikureismus sein werden. Unter Polemon, Krantor und Krates verzichtet die Akademie dann endgültig darauf, in einer der Philosophie entfremdeten Gesellschaft eine aktive Rolle zu spielen. Dies wird die Epoche der Weltflucht sein, wie sie zur selben Zeit schon in den kleinen sokratischen Schulen gepredigt wird. In dasselbe Zeitalter gehört auch die Entstehung der Trostliteratur, wie man sie bei dem Pseudoplatoniker Axiochos verfolgen kann.

Durch einen Aspekt seiner Philosophie scheint Aristoteles sogar selbst eine Erneuerung des kontemplativen Ideals zu begünstigen. Man kennt den tiefen Eindruck, den die Lehren der Astraltheologie auf den jungen Aristoteles gemacht haben, als sie in der *Epinomis* ihren vollendeten Ausdruck fanden. Es wäre in diesem Zusammenhang von Interesse, die Verwendung des Wortes *phronesis* in diesem Dialog zu untersuchen. Man würde dabei ohne weiteres feststellen, dass das Wort hier die Kontemplation bezeichnet, eine Kontemplation jedoch, welche nicht mehr Norm des rechten Handelns ist[50] und die sich selbst genügt, indem sie im Schauspiel der himmlischen Ordnung die Quelle einer ewigen Wonne findet. Schon im Prolog wird die *phronesis* der Kunst der Gesetzgebung entgegengesetzt, »von der wir schon detailliert gehandelt haben«.[51] Der Verfasser verbirgt nicht, dass »die Sache, deren Entdeckung von der größten Wichtigkeit wäre«, nämlich das, was den Menschen zum Weisen macht, noch ihrer Entdeckung harrt. Im weiteren Verlauf des Dialoges erfahren wir, dass es sich bei dem gesuchten Gut um eine Wissenschaft handelt und dass »keine der Erkenntnisse, die sich mit unseren menschlichen Angelegenheiten beschäftigen, diesen Namen zu tragen verdienen«.[52] Als die gesuchte Wissenschaft – die einzige, die den Menschen weise macht – stellt sich schließlich die Wissenschaft von der Zahl heraus, eine göttliche Wissenschaft, deren Quelle und Gegenstand der Himmel ist.[53] Diese Wissenschaft nun, welche zugleich das kostbarste aller Güter ausmacht, ist keine andere als die *phronesis*, die hier demnach die höchste Form des Wissens bedeutet, nämlich die Kontemplation der Himmelskörper.[54] Später wird nicht nur demjenigen, der sich der Kontemplation gewidmet hat, das Attribut *phronimos* beigelegt, sondern sogar den Himmelskörpern selbst;[55] diese Bezeichnung nämlich komme vor allem demjenigen zu, »welches immer nach denselben Prinzipien, auf dieselbe Art und Weise, und aus denselben Gründen handelt. Darin aber besteht die Natur der Himmelskörper.«[56] Schließlich beschreibt der Verfasser der *Epinomis* die allmähliche Entdeckung der vollendeten Ordnung des Himmels, deren Kontemplation der menschlichen Intelligenz die Teilhabe am göttlichen Verstand (φρό-νησις) gestattet, als eine Art Initiation und Ekstase.[57]

Betrachtet man lediglich die Verwendung des Wortes *phronesis*, so wird man sich keinen deutlicheren Kontrast als den zwischen dem kontemplativen Verstand der *Epinomis* – dem nachgerühmt wird, dass er nichts mit den menschlichen Angelegenheiten zu tun habe – und der aristotelischen *Klugheit* vorstellen können. Es wäre aber gerade falsch, die Gegenüberstellung auf ein terminologisches Merkmal einzuschränken und von hier dann auf eine gänzliche Opposition des Aristotelismus zu den Themen der Astraltheologie zu schließen. Unter anderem hat Jaeger dazu beigetragen, die verwandte Grundhaltung der aristotelischen Jugendwerke – darunter insbesondere *Über die Philosophie* – und der mystischen Themen der *Epinomis* offenzulegen.[58] Ich habe andernorts zu zeigen versucht, dass das Astralthema – wenngleich seiner mystischen Aspekten entledigt – nicht nur für den jungen Aristoteles charakteristisch ist, sondern auch später noch ein zentrales Motiv seiner Theologie darstellt und dieser erst Sinn verleiht.[59] Darüber hinaus nimmt das sechste Buch der *Nikomachischen Ethik* ausdrücklich Bezug auf die Göttlichkeit der Himmelskörper, und zwar in einem Kontext, in dem es darum geht, zu zeigen, dass die *phronesis* – von nun an als Klugheit verstanden – nicht die höchste Form des Wissens ist.[60] Daraus geht hervor, dass die aristotelische Idee der *Klugheit* dem kontemplativen Ideal der Astralreligion nicht entgegengesetzt ist, sondern ganz im Gegenteil der Klugheit erst ihren Rahmen und ihre Bedeutung gibt. Weil die Kontemplation immer mehr zu einer anderen Welt hingezogen wird, die nicht länger nur das intelligible Duplikat der irdischen Welt ist, findet in dieser eine weniger hehre

Art der Erkenntnis ihre Anwendung und werden hier gewisse wacklige Verhaltensnormen zur *Tugend* erhoben. Es wäre also vergeblich, dem Ideal des kontemplativen Lebens ein Ideal des politischen Lebens entgegenzusetzen und dieses in einem angeblichen Ideal der Klugheit wiederzufinden. Selbst wenn Aristoteles von seinen Nachfolgern so verstanden wurde, so hat sich das Problem für ihn selbst doch niemals auf eine vergleichbare Weise gestellt: Die *Nikomachische Ethik* selbst kennt – wie allein schon aus dem Buch X hervorgeht – kein anderes Ideal als das eines Lebens der Erkenntnis und der gelehrsamen »Muße«, und dieses Ideal wird mit der Astraltheologie entlehnten Farben ausgemalt. Die Klugheit ist für Aristoteles nie mehr als ein Notbehelf, der unzulängliche *Ersatz* für eine Weisheit, die über das Menschliche hinausgeht.

Man kann die aristotelische Theorie der Klugheit samt ihren Abwandlungen also nicht wie Jaeger im Rahmen eines Widerstreits von zwei »philosophischen Lebensidealen« und deren abwechselndem Sieg übereinander erklären. Denn zu keinem Zeitpunkt der aristotelischen Entwicklung lässt sich von einem *Ideal* der Klugheit sprechen, ja nicht einmal von einem Primat des politischen Lebens. Vom ideengeschichtlichen Standpunkt aus ist Aristoteles weder der Vorläufer der staatsbürgerlichen Moral der Römer (die Jaeger zufolge Cicero von Di-kaiarch übernahm), noch jener hellenistischen Lehren eines Rückzugs in sich selbst und des inneren Heils. Aristoteles setzt im Menschen nicht die kontemplative Berufung dem Anspruch der Praxis entgegen, sondern hält an der Berechtigung beider fest. Allerdings findet die Praxis in der Kontemplation nicht mehr ihr Leitbild und ihre Richtschnur, sondern muss auf ihrer eigenen Ebene nach einer Norm Ausschau halten, die nichtsdestotrotz eine verstandesmäßige oder »dianoetische« Norm bleibt. Die Klugheit offenbart von daher weniger eine Entzweiung von Theorie und Praxis oder den Sieg der Praxis über die Theorie[61] als vielmehr einen *Bruch im Innern der Theorie selbst.* Doch an diesem Punkt stoßen wir auf Probleme einer immanenten Interpretation der Aristotelischen Philosophie, die sich nicht mit Hilfe der psychologischen und soziologischen Einsichten der Ideengeschichte erhellen lassen.

II.

Wie wir sahen, hat Jaeger eine angebliche Entwicklung der *phronesis*-Lehre freigelegt, die über folgende Etappen verläuft: der *Protreptikos*, die *Eudemische Ethik* und die *Nikomachische Ethik* (wobei die *Magna Moralia* dieselbe Kurve über Aristoteles' eigene Lehrtätigkeit hinaus fortsetzen). Der *Protreptikos* würde demnach in diesem wie auch in anderen Punkten den Platonismus des jungen Aristoteles widerspiegeln. Ganz entsprechend geht Jaeger von der platonischen Bedeutung des Wortes *phronesis* aus, wie sie sich noch im *Protreptikos* nachweisen lässt, und interpretiert so die Lehren der *Eudemischen Ethik* und der *Nikomachischen Ethik* als mehr oder minder weit vom Platonismus entfernt und damit zugleich als älteren oder jüngeren Datums. Diese Vorgehensweise wirft zwei Reihen von Fragen auf: Was taugt die Rekonstruktion des *Protreptikos*, und welche Rückschlüsse kann man daraus auf die Entwicklung der ethischen Auffassungen von Aristoteles ziehen? Sollte man im *platonischen* Begriff der *phronesis* den Ausgangspunkt suchen, von dem aus und in Absetzung gegen den sich die aristotelische Lehre der Klugheit herausgebildet hat?

Fast alle Versuche einer Rekonstruktion des aristotelischen *Protreptikos* – ob es sich nun um den von Rose,[62] von Walzer[63] oder von Ross[64] handelt – fußen auf dem *Protreptikos* des Neuplatonikers Iamblichos. Seit Bywater, der den Anstoß zu diesen Rekonstruktionsversuchen gegeben hat,[65] gilt es als ausgemacht, dass Iamblichos einen Großteil des gleichnamigen Aristotelischen Werkes plagiiert hat; man zögerte deshalb auch nicht, immer ausgedehntere Passagen des neuplatonischen Philosophen auf den Stagiriten zu übertragen.[66] Diese Tendenz hätte sich wohl noch weiter fortgesetzt, wenn uns nicht eine Studie von Rabinowitz[67] an die Regeln textkritischer Vorsicht erinnert hätte. Rabinowitz untersucht die fünf ersten von Rose gesammelten und von Walzer und Ross beibehaltenen Fragmente und kommt zu dem Ergebnis, dass diese sich Aristoteles nur schwerlich zuschreiben lassen; dabei ist abzusehen, dass Rabinowitz' Haltung gegenüber den übrigen Fragmenten nicht weniger negativ ausgefallen wäre. Mag diese Reaktion auch übertrieben sein, so hat sie die Verteidiger der traditionellen These dennoch zu dem Eingeständnis genötigt, dass die Zuschreibung weiterer Abschnitte des

Proptreptikos von Iamblichos an Aristoteles nicht auf Beweisen beruht, sondern lediglich auf einer »Konvergenz der Wahrscheinlichkeiten.«[68] Dieser Streit ist von Düring wiederaufgenommen worden, indem er einerseits Aristoteles einen bedeutenden Teil des *Protreptikos* des Iamblichos zuschreibt,[69] andererseits aber einräumt, dieser habe möglicherweise hier und da Begrifflichkeit und Stil seiner Vorlage verändert.[70]

Schon diese letzte Konzession Dürings müsste genügen, uns vor einem systematischen Gebrauch der »Fragmente« des *Protreptikos* bei der Untersuchung der Entwicklung eines aristotelischen *Begriffes* zu warnen. Doch selbst wenn man zugäbe, dass Aristoteles, der ja den *Protreptikos* noch in einer Atmosphäre platonischen Denkens schrieb,[71] keinen Grund hatte, ein Wort zu vermeiden, dessen Gebrauch sein Lehrer gutgeheißen hatte, so müsste man doch, wollte man den *Protreptikos* zum Ausgangspunkt einer Entwicklung der aristotelischen Lehre von der Klugheit machen, zuvor noch nachweisen, dass Aristoteles im *Protreptikos* überhaupt die Absicht gehabt hatte, eine *Lehre* der *phronesis* aufzustellen; allein unter dieser Bedingung könnte man die Lehre des *Protreptikos* und die Lehren der *Eudemischen Ethik* und der *Nikomachischen Ethik* nebeneinander stellen. Nun deutet nichts darauf hin, dass diese Vorbedingung erfüllt wäre. Gadamer hat schon vor längerer Zeit darauf hingewiesen, dass das protreptische *Genre* als solches jede Diskussion von Lehrmeinungen ausschloss: Da es hier darum ging, den Nicht-Philosophen an die Philosophie heranzuführen, war es ganz offensichtlich nicht opportun, die Meinungsverschiedenheiten der Philosophen auszubreiten, wie es der Fall gewesen wäre, wenn Aristoteles seine eigenen Positionen gegen die gängigen platonistischen Ansichten verteidigt hätte. Dem protreptischen Genre ist eine »theoretische Anspruchslosigkeit« zuzugestehen.[72] »Das aber drängt dazu, in diesem Protreptikos keine philosophische Position zu suchen, sondern die Position der Philosophie selbst.«[73] Gadamer meint abschließend: »Ein Protreptikos ist keine Ethik, auch nicht die Urform einer solchen. Was die Last des Begriffes nicht auf sich nimmt, das kann auch nicht mit dem Maß des Begriffes gemessen […] werden.«[74]

Vor allem hat Gadamer ein allgemeines Gesetz aufgestellt, dem man Rechnung tragen sollte, wenn man die angebliche Entwicklung eines Begriffes bei Aristoteles untersucht: Danach verwendet Aristoteles allgemein gängige Worte jedes Mal, wenn er sie nicht *ex professo* thematisiert, in ihrem traditionellen Sinn und bezieht sich dabei sogar auf geläufige Theorien, mit denen er nicht notwendigerweise auch übereinstimmt. Nun ist der Begriff der *phronesis* ganz offensichtlich nicht das argumentative Zentrum des *Protreptikos* und könnte es auch gar nicht sein.[75] Selbst unter der Voraussetzung, dass Iamblichos die entsprechenden Passagen wortwörtlich von Aristoteles abgeschrieben hat, muss man also annehmen, dass dieser das Wort gebraucht hat, ohne darum bemüht zu sein, ihm eine präzise technische Bedeutung zu geben,[76] und dass er terminologische Fixierungen, die eine Abgrenzung der *phronesis* von benachbarten Begriffen wie *nous, epistêmê, sophia* etc. gestatten würden, Untersuchungen »esoterischer« Art vorbehielt. In der Tat ist man hier mit einem recht bemerkenswerten Umstand konfrontiert, der es verbietet, den Variationen in der Bedeutung von *phronesis* eine chronologische Signifikanz beizumessen: das Wort wird nämlich im aristotelischen Sinne von *Klugheit* einzig und allein in den ethischen Abhandlungen verwendet und nirgendwo anders, nicht einmal in den anderen »esoterischen« Werken Aristoteles'.[77] Weiter oben habe ich einige Zitate aufgeführt, die vor allem aus der *Metaphysik* stammen und aus denen hervorgeht, dass *phronesis* dort synonym mit *sophia* oder *episteme* ist und die höchste Art von Erkenntnis bezeichnet, genauso wie im *Protreptikos*.[78] Alles deutet also darauf hin, dass Aristoteles aufgrund einer Art terminologischer Nachlässigkeit, von der man bei ihm noch weitere Fälle anführen könnte, das Wort weiterhin in seiner platonischen Bedeutung verwendete, obwohl er diese im ethischen Bereich schon seit langem aufgegeben, ja sogar ausdrücklich kritisiert hatte.[79]

In einer Hinsicht sind die sehr richtigen Bemerkungen von Gadamer gleichwohl zu korrigieren, wie dies auch schon andernorts getan wurde.[80] Es wäre falsch zu glauben, dass Aristoteles das Wort *phronesis* in seinem volkstümlichen Sinn gebrauchte, wenn er es nicht *ex professo* thematisiert (d. h. in den exoterischen Werken) und die gelehrtere Bedeutung von *phronesis* den »wissenschaftlicheren« Analysen der Ethiken vorbehält. In Wahrheit ist nämlich das Gegenteil der Fall. Die Bedeutung von »philosophischer Erkenntnis«, die man im *Protreptikos* oder in der *Metaphysik* findet, ist niemals die gängige Bedeutung von *phronesis* gewesen: Beispiele für eine solche

Verwendung des Wortes finden sich nur in der platonischen Literatur. Ganz im Gegenteil greift Aristoteles in den Ethiken, insbesondere in der *Nikomachischen Ethik*, auf die *volkstümliche* Bedeutung des Wortes zurück. Diese Korrektur widerspricht im übrigen nicht der Bemerkung Gadamers: Wenn Aristoteles nicht *ex professo* von der *phronesis* handelt, dann bleibt er der gängigen philosophischen Bedeutung des Wortes treu, die zu seiner Zeit die platonische war; im technisch ausgefeilteren Zusammenhang der Ethik bringt er – vielleicht nicht ohne eine gewisse Prätention von Schlichtheit und Altertümlichkeit – einen Wortsinn wieder zu Ehren, den die Philosophen seit langem als vulgär zurückgewiesen hatten. Genau so geht man ja auch heutzutage nur allzu gern auf die vorphilosophische Bedeutung von bestimmten Worten zurück, weil diese aufgrund ihrer Ursprünglichkeit als die eigentliche gilt. Dieser Wille zur Rückkehr zu den Quellen jenseits des »dialektischen und leeren«[81] Geredes der Platoniker ist im übrigen eine Konstante der Aristotelischen Haltung, für die ich andernorts noch weitere Beispiele angeführt habe.[82] Sie findet ihren Anwendungsbereich insbesondere in der Moral; man stößt hier auf ein entsprechendes Nebeneinander von oftmals scharfer Kritik, mit der Aristoteles die platonische Lehre vom Guten bedenkt, und selbstgefälligem Rückgriff auf die Sprichwörter und Zitate der Gnomiker und Tragiker, die für ihn keine »großen Lügner« mehr sind wie für Platon.[83] Dieser Antiplatonismus, der vorgibt, mehr Philosophie in der Volksweisheit zu entdecken als in der Philosophie der Philosophen, könnte nicht treffender illustriert werden als durch Aristoteles' Rehabilitation der von den Platonikern zu Unrecht vernachlässigten gewöhnlichen Bedeutung von *phronesis*. So trägt Aristoteles während des ganzen sechsten Buches der *Nikomachischen Ethik* dafür Sorge, sich auf den allgemeinen Sprachgebrauch zu beziehen: »Als Merkmal der Menschen mit sittlicher Einsicht *gilt allgemein*, [...]. Daher *halten wir* Perikles und seinesgleichen für klug [...]. Denn wer in den Dingen, die ihm je vorkommen, das Zuträgliche sieht, den *nennt man* klug [...]. Darum *nennt man* auch manche Tiere klug [...]. Daher *erklärt man* einen Anaxagoras, einen Thales und ihresgleichen für weise, aber nicht für klug [...].«[84]

Aristoteles weist uns also selbst darauf hin, wo die Ursprünge seiner Lehre der Klugheit zu suchen sind: *Diese Ursprünge sind keine gelehrten, sondern volkstümliche,* keine platonischen, sondern vorplatonische. Für den Autor der *Nikomachischen Ethik* scheint der platonische Gebrauch von *phronesis,* dem er selbst gelegentlich Tribut zollt, kaum mehr als ein begriffsgeschichtliches Akzidens zu sein. Hier wie anderswo – vor allem auf dem Feld der Rhetorik, der Dialektik oder der Politik – gibt Aristoteles vor, an eine Tradition anzuknüpfen, die der Platonismus unterbrochen haben soll. Gewiss könnte man die Berechtigung eines solchen Anspruchs in Frage stellen und daran erinnern, dass die Kritik, mit der Aristoteles den Platonismus überhäuft, oft schon von Platon selbst vorweggenommen wurde, und dass dieser seinerseits mehr vom Erbe seiner Vorgänger und vor allem der Sophisten bewahrt, als es den Anschein hat. Auch hier gilt es also, den Gegensatz von Aristoteles und Platon abzumildern.[85] Was unser eigentliches Thema betrifft, könnte man alle jene Passagen herausheben, in denen Platon dem Wort *phronesis* eine andere als die »platonische« Bedeutung verleiht und vielmehr die aristotelische Bedeutung vorwegzunehmen scheint. Aber auch in diesem Fall kündigt die platonische *phronesis* die aristotelische *Klugheit* nur deshalb an, weil sie sich auf die traditionelle Bedeutung der *phronesis* besinnt.[86] Wir müssen demzufolge unsere Aufmerksamkeit auf die letztere richten. Die Geschichte des Wortes ist bereits skizziert worden,[87] und ich werde vorläufig nicht auf sie zurückkommen; Aristoteles selbst jedoch zeigt uns den Weg einer begrenzteren, vielleicht jedoch fruchtbareren Untersuchung: Da er sich insbesondere in den Ethiken so oft auf von den Dichtern entlehnte Beispiele oder Zitate bezieht, ist es nicht abwegig zu vermuten, dass eine der Quellen der aristotelischen Moral jene poetische, vor allem die tragische Rede ist, in deren Sätzen vielleicht mehr an Wahrheit über den Menschen, die Welt und die Götter verborgen liegt als in der gelehrten Anthropologie, Kosmologie oder Theologie der Philosophen.

III.

Die Suche nach den Quellen entbindet aber nicht von der wesentlichen Aufgabe der Interpretation – ja nur sie erlaubt es, die »Quellen« überhaupt als solche zu erkennen. Den Anfang muss also die Interpretation machen. Die zahlreichen Schriften, die durch Jaegers wenige Seiten über die *phronesis* inspiriert worden sind, haben letztlich kaum etwas vom philosophischen Sinn der Lehre von der Klugheit zutage gefördert. Indem man sich von der exegetischen Tradition absetzen und Aristoteles wieder in sein historisches Milieu zurückversetzen wollte, indem man Untersuchungen über seine Quellen und seine Entwicklung anhäufte, hat man am Ende nur solche marginalen Texte wie den *Protreptikos*, die *Eudemische Ethik* oder die *Magna Moralia* berücksichtigt und den zentralen Text, der nach wie vor das sechste Buch der *Nikomachischen Ethik* ist, vernachlässigt. Die philologischen Bemühungen um den Nachweis von Quellen und Entwicklungsgeschichte hat zwar die Forschung aus dem Halbschlaf einer langen Tradition banaler Paraphrasierung und frommen Nachbetens gerissen, jedoch zugleich auch die Interpretation in eine Richtung geführt, die das Wesentliche beiseite lässt.

Meine Beschwerde lässt sich folgendermaßen resümieren: Seit den Arbeiten von Philologen wie Kapp[88] und Jaeger hat man die Frage nach der Interpretation der aristotelischen Ethik im Rahmen des *Ganzen* der aristotelischen Spekulation durch die Frage nach der Stellung der *Nikomachischen Ethik* in der Entwicklungsgeschichte der aristotelischen Ethik bzw. in der Entwicklungsgeschichte der Ethik im Allgemeinen ersetzt. Einem sozusagen horizontalen Verständnis, welches die vielfachen Verbindungen mit anderen Teilen des Systems aufzeigt, hat man ein diachronisches Verständnis unterschiedlicher Momente in der Geschichte eines Begriffes oder eines Problems vorgezogen. Weil man im Aristotelismus nur eine Etappe zwischen dem Vor-Aristotelismus des jungen Aristoteles und dem Nach-Aristotelismus seiner Nachfolger sah, vergaß man schließlich, was den Aristotelismus selbst eigentlich ausmacht. Ein solches Unglück ist auch der *phronesis* widerfahren: Man zerlegte sie in die Kontemplation, von der sie sich löst, und in die Praxis, auf die sie hinsteuert, so dass die aristotelische Lehre von der Klugheit nunmehr bloß als ein Übergang vom Idealismus der einen zum

Empirismus der anderen, von den Philosophien der Theorie zu denen der Erfahrung und des Handelns erscheint. Die genetische Methode wird stets mehr vom Prozess als von der Struktur in Anspruch genommen; sie ist mit dem Nachweis der Widersprüchlichkeit einer Lehre schneller bei der Hand als mit einem Verständnis ihrer Kohärenz und richtet ihr Augenmerk eher auf die Instabilität eines Denkens als auf ihr Streben nach Einheitlichkeit. So tendiert die genetische Methode unwillkürlich zu einer pejorativen Interpretation und sieht selbst dort nur Übergang und Wandel zwischen Extremen, wo sich vom Gesichtspunkt des Autors vielleicht ein »Gipfel« ausmachen lässt.

Man wird mir also die Rückkehr zu einer immanenten Interpretation aristotelischer Texte zugestehen, wobei ich vor allem die *Nikomachische Ethik* betrachte, ergänzend aber auch die *Eudemische Ethik* und die *Magna Moralia* hinzuziehe. Allerdings sollen diese Texte in Beziehung zu dem gesetzt werden, was ihren natürlichen Rahmen abgibt: Aristoteles' metaphysische Lehre. Die Anerkennung einer solchen Beziehung und der Notwendigkeit ihrer Untersuchung scheint eine Selbstverständlichkeit zu sein. Dennoch hat sie offenbar keinerlei praktische Auswirkungen gehabt. Der Mehrzahl der Interpreten ist es nicht gelungen, einen wirklichen Bezug herzustellen zwischen einer angeblich »systematischen« Metaphysik und einer Ethik, die sich, insbesondere im Zusammenhang mit dem Begriff der *Klugheit*, zu ihrer eigenen Asystematizität bekennt – vorausgesetzt, dass nicht eine übermäßige Spezialisierung diese Interpreten daran gehindert hat, die *Metaphysik* und die Ethiken gleichermaßen zu studieren. Das Ergebnis ist, dass die Tradition entweder den intellektuellen Stil, den man der *Metaphysik* zuschrieb, auf die Klugheit projizierte und folglich auf dem »intellektuellen« Charakter dieser Tugend bestand, oder ganz im Gegenteil nicht imstande war, sie mit der aristotelischen Wissenschaft zusammenzudenken und deshalb die Klugheit einem prinzipienlosen Empirismus überantwortete und sie als eine Art »Fingerspitzengefühl« abtat, welches unmittelbar die Handlung anleitet. Den ersten Typ verkörpern verschiedene thomistische Interpretationen, auch wenn Thomas von Aquin in diesem wie in vielen anderen Zusammenhängen Aristoteles besser verstanden hat als einige seiner Schüler. Aus einer solchen Perspektive wird geltend gemacht, dass die Idee der

Klugheit als ein Wissen des Einzelnen gestattet, die moralischen Prinzipien, so wie sie das Gewissen oder die *synderesis* definiert, auf die unbestimmte Wandelbarkeit der Umstände anzuwenden, an denen das Handeln sich betätigt. Man spricht zwar von einem »Hiatus [...] zwischen den strengen, uniformen, unberührbaren Moralgesetzen und der unbeständigen Beweglichkeit mannigfaltiger und verschiedenartiger Handlungen, die alle in die veränderlichen Umstände eingebettet sind, aus deren Verkettung unser Leben besteht.« Aber man ist zuversichtlich, dass die Klugheit als Mittelbegriff des praktischen Syllogismus in der Lage ist, die »Verbindung« zu realisieren und »den Zwischenraum auszufüllen«: Die Klugheit ist »die notwendige Vermittlerin zwischen dem Zweck und den Mitteln, zwischen den moralischen Absichten und den moralischen Handlungen.«[89] So kann man allen Ernstes die »intellektuelle Grundlegung der Moral bei Aristoteles«[90] behaupten. Aber damit wird das Problem eher hypostasiert als gelöst, werden die eigenen Wünsche für Wirklichkeiten genommen. Denn wenn eine Erkenntnis des Einzelnen erforderlich ist, um die Richtigkeit der Handlung auf deren eigener Ebene sicherzustellen, so bleibt eben die Frage offen, ob für Aristoteles eine Erkenntnis des Einzelnen überhaupt möglich ist und ob folglich der »Hiatus« anders geschlossen werden kann als durch ein Engagement, das der Verstand niemals gänzlich auszuleuchten vermag. In einer solchen »optimistischen« Interpretation würde unterschlagen, dass der eigentliche Gegenstand der Klugheit das *Kontingente* ist, welches kein Wissen gänzlich durchdringen, geschweige denn vorhersehen kann, und dass Aristoteles die Klugheit der Weisheit, die als etwas rein Theoretisches der moralischen Handlung keinerlei Beistand zu gewähren vermag, so sorgfältig gegenübergestellt hat.

Es ist nachvollziehbar, dass Schwierigkeiten solcher Art allgemein zu einer Reaktion moderner Interpreten geführt haben: Walter, Zeller und Jaeger in Deutschland, Robin in Frankreich, Ross in England sind allesamt geneigter, auf dem »Hiatus« zwischen dem Allgemeinen und dem Besonderen, also zwischen Theorie und Praxis und schließlich zwischen Wissenschaft und Klugheit zu bestehen, als man es zuvor war; die Klugheit beruht ihnen zufolge weniger auf einer »Deduktion«, die von einem Prinzip zu dessen Anwendung herabsteigt, als auf einem »Empirismus«, der inmitten des

Besonderen mehr schlecht als recht um Orientierung ringt. – Auch die Reaktion auf diesen Standpunkt hat nicht lange auf sich warten lassen. Gauthier ist gegen die anti-intellektualistische Interpretation, als deren Vater er Julius Walter betrachtet,[91] zu Felde gezogen und hat daran erinnert, dass die Klugheit, obwohl es sich bei ihr um Erkenntnis eines besonderen, aufgrund ihres praktischen Charakters geforderten Typs handelt, nichtsdestoweniger eine *Erkenntnis* bleibt. Insofern sie »praktisch«, d. h. imperativ ist, umfasst sie zweifellos das Begehren und die Tugend; aber daneben ist sie eben auch »intellektuell« und stellt somit eine Bestimmung des Zwecks und nicht nur der Mittel dar: Die Wahl der Mittel ist nur ein Moment – nämlich das der Wirksamkeit – innerhalb ihrer Gesamtfunktion, welche Theorie und Praxis unauflöslich vereint. Gauthier zögert nicht, im Gegensatz zu einer ehrwürdigen Tradition *phronesis* mit *Weisheit* zu übersetzen, womit er zweifelsohne zeigen will, dass der moderne Begriff der *Klugheit* außerstande ist, die intellektuellen Implikationen wiederzugeben, welche die *phronesis* bei Aristoteles bewahrt. Seine Schlussfolgerung lautet, dass man Aristoteles keineswegs »eine Art *moralischen Empirismus,* welcher der Tugend und dem Begehren die Bestimmung des Zwecks übertragen würde«, unterstellen kann, »als ob die tugendhafte Neigung eine Art von Ersatz für die Erkenntnis wäre und diese nutzlos machte«.[92] Aristoteles korrigiert den sokratischen Intellektualismus nur in einer einzigen Hinsicht, die noch dazu zweitrangig ist: Die Erkenntnis des Guten reicht nicht dazu hin, *unmittelbar* die rechte Handlung zu bestimmen; dazu ist noch die »Unterstützung des Begehrens«[93] erforderlich, welches jedoch der verstandesmäßigen Bestimmung des Zieles untergeordnet bleibt. Aristoteles beschränkt sich also darauf, den sokratischen Intellektualismus zu ergänzen und damit noch zu stärken, indem er die Intelligenz bis zu den von Sokrates vernachlässigten affektiven und praktischen Vermittlungen herabsteigen lässt.

Moralischer Intellektualismus oder Empirismus – auf diese Alternative blieb also bisher die immer wieder auflebende Debatte über den letzten Sinn der aristotelischen Klugheit beschränkt. Wenigstens hatte eine solche Problemstellung den Vorteil, sich an einer klaren Position auszurichten: Die sokratische Theorie des tugendhaften Wissens und ihre Weiterentwicklung durch Platon, der aus dem Wissen der Idee Norm und Beweggrund des rechten Handelns machte. Je nachdem, wie weit entfernt man Aristoteles relativ zu diesem absoluten Ausgangspunkt situierte, beurteilte man dann, ob er zum Empirismus übergelaufen oder Intellektualist geblieben sei. Wir haben gesehen, dass diese Problemstellung diejenige Jaegers gewesen ist. Genauso ist sie auch diejenige Gauthiers, der zwar die Antwort Jaegers, nicht aber seine Frage kritisiert. *Diese Fragestellung selbst ist aber in Frage zu stellen*: Die Rede vom aristotelischen Empirismus oder Intellektualismus, von seiner mehr oder weniger ausgeprägten Neigung zur Theorie oder zu einer unmittelbar auf Erfahrung gestützten Praxis ist sinnlos und führt zu nichts, solange man sich nicht gefragt hat, *warum* Aristoteles die Tugend hätte vom Wissen abhängig machen sollen und, wenn ja, von was für einem Wissen. Die Antwort auf diese Frage findet sich nun aber nicht, wenigstens nicht zur Gänze, in den ethischen Abhandlungen: denn sie ergibt sich aus der allgemeinen Struktur menschlichen Handelns und darüber hinaus aus dem Wesen des Menschen selbst und aus dem Wesen der Welt, auf die sein Handeln gerichtet ist. Man kann nicht von der Klugheit sprechen, ohne sich zu fragen, warum der Mensch in dieser Welt klug zu sein hat – und zwar klug im Gegensatz zu weise oder einfach nur tugendhaft. Das Problem der Klugheit und ihrer sonderbaren Bedeutungsverschiebungen ist nicht zu lösen, solange man es nicht als ein metaphysisches Problem versteht. Doch weist uns Aristoteles selbst den Weg: Gegenstand der Klugheit ist ihm zufolge das *Kontingente*, das, weil es uns betrifft, auch *Zufall* genannt wird; die Klugheit ist außerdem die Weisheit des Menschen und für den Menschen. Ist also die Kontingenz der Welt, in der wir leben, der Grund dafür, dass die Weisheit der Götter in ihr machtlos und stumm ist? Muss sich der Mensch mit einer seiner Situation angemessenen Weisheit bescheiden, weil er selbst kein Gott ist? Diese Probleme waren nicht neu und *sind dennoch nicht platonisch*. Die griechische *Tragödie* war voll von solchen Fragen: Was ist dem Menschen zu wissen gestattet? Was soll er tun in einer Welt, in welcher der Zufall herrscht? Was kann er sich von einer Zukunft erhoffen, die ihm verborgen ist? Wie können wir als Menschen innerhalb der Grenzen des Menschen bleiben? Die von den Chören der Tragödie unermüdlich wiederholte Antwort war: φρονεῖν. Es ist erstaunlich, dass man eine derartig offenkundige Verbindung nicht schon früher bemerkt hat. Doch weil man Aristoteles immer im Schatten Platons betrachtete, vergaß man schließlich, dass er vor allem ein Grieche war – dass er womöglich in höherem Maße Grieche war als sein Lehrer und jener ehrfürchtigen *Klugheit*, welche die wahrhaft tragische Botschaft Griechenlands ist, vielleicht näher stand: eine Klugheit, deren letzte Bedenken Platon zerstreut, deren letzte Schatten er beseitigt zu haben glaubte und die dennoch wiedergeboren wird beim aristotelischen Menschen, den in einer geteilten Welt das Schauspiel eines allzu fernen Gottes nicht mehr zu leiten vermag.

ZWEITER TEIL
AUSLEGUNG DER TEXTE

1. Kapitel
Die Klugheit

»Wer sich mit den Griechen abgibt, soll sich immer vorhalten,
daß der ungebändigte Wissenstrieb an sich zu allen Zeiten
ebenso barbarisiert als der Wissenshaß und daß die Griechen
durch die Rücksicht auf das Leben [...] ihren an sich unersätt-
lichen Wissenstrieb gebändigt haben.«

Friedrich Nietzsche, *Die Philosophie im tragischen Zeitalter
der Griechen*

§ 1 Definition und Existenz

Die aristotelische Definition der Klugheit hat in der moralischen
Tradition des Abendlandes kaum Spuren hinterlassen. Während die
stoischen Definitionen der *phronesis* als »Wissenschaft von den
Dingen, die zu tun und zu lassen sind« oder als »Wissenschaft vom
Guten und Schlechten wie vom Gleichgültigen«[1] sich bei der Nach-
welt leicht durchgesetzt haben,[2] hat die Definition, die Aristoteles
im Buch VI der *Nikomachischen Ethik* vorlegt, einen zu schwerfälli-
gen oder, wenn man will, zu technischen Charakter, als dass ihr
dasselbe Glück hätte zuteil werden können. Die Klugheit wird dort
bestimmt als ein »mit einer richtigen Regel verbundener, zur Grundhaltung verfestigter praktischer Habitus im Bereich der Dinge, die
für den Menschen Güter und Übel sind.«[3] Diese Definition wird
gemäß einer Aristoteles geläufigen Methode als Ergebnis eines zugleich induktiven und regressiven Vorgehens präsentiert. Ausgegan-
gen wird vom gewöhnlichen Sprachgebrauch[4] und festgestellt wird,
dass jemand als *phronimos* bezeichnet wird, wenn er die Fähigkeit
zur Erwägung hat;[5] daran erinnert, dass die Erwägung nur das Kontingente betrifft, während Gegenstand der Wissenschaft das Notwendige ist: also ist die Klugheit keine Wissenschaft. Handelt es sich
bei ihr also um eine Kunst? Nein, denn die Klugheit zielt auf das
Handeln (πρᾶξις) ab und die Kunst auf das Herstellen (ποίησις):

Die Klugheit ist also auch keine Kunst. Wenn sie aber weder eine Wissenschaft noch eine Kunst ist, so bleibt nur (λείπεται), dass sie ein *praktischer Habitus* ist, wobei sie *praktisch* im Unterschied zur Kunst und ein *Habitus* im Unterschied zur Wissenschaft ist. Doch damit ist nicht mehr gesagt, als dass sie eine *Tugend* darstellt. Um sie von den anderen Tugenden zu unterscheiden, bedarf es einer anderen spezifischen Differenz: Während die moralische Tugend ein (praktischer) Habitus im Hinblick auf die Entscheidung (προαιρετική) ist,[6] handelt es sich bei der Klugheit um einen praktischen Habitus im Hinblick auf die *Regel* der Entscheidung. Es geht hier nicht um die Richtigkeit der Handlung, sondern um die Angemessenheit des Kriteriums; aus diesem Grunde ist die Klugheit ein praktischer Habitus, der *mit einer richtigen Regel verbunden* ist. Doch diese Definition ist immer noch zu weit, da sie sich auf jede Verstandestugend beziehen könnte. Die Klugheit wird deshalb von der Weisheit, jener anderen Verstandestugend, unterschieden, indem präzisiert wird, dass das Feld der ersteren nicht das Gute und das Übel im Allgemeinen ist, sondern das, was für den Menschen gut und von Übel ist.[7]

In diesem Vorgehen, das weniger durch positive Bestimmungen vorankommt als durch das fortschreitende Ausschließen dessen, was die Klugheit nicht ist, könnte man die berühmte platonische Methode der *Unterteilung* wiedererkennen. Es gibt zwei grundsätzliche Haltungen des Menschen: das *Wissen*, dem es um das Notwendige geht, und das *Tun*, welches sich auf das Kontingente bezieht. Der Bereich des Tuns im weiten Sinne (für den es übrigens im Griechischen keine Bezeichnung gibt) enthält zwei verschiedene Arten von Habitus: praktische oder poetische. Der praktische Habitus betrifft die Absicht *oder* die Regel der Entscheidung; die Norm der letzteren ist entweder das absolute oder das menschliche Gute. Mittels einer Folge von Ausschließungen gelangt man zur gesuchten Definition, deren Formulierung dem klassischen Schema der Unterteilung einer Gattung in Arten durch Angabe der spezifischen Differenz entspricht.

Aber dem ist nur äußerlich so. Denn in Wirklichkeit geht Aristoteles nicht von der *Gattung* aus, um über eine Reihe von Unterteilungen zum Definiendum hinabzusteigen. Sein Ausgangspunkt ist kein Wesen, dessen verschiedene Bestimmungen zu analysieren wären, sondern ein Wort – *phronimos* –, das einen bestimmten Menschen*typ* bezeichnet, den wir alle zu erkennen vermögen, den wir von verwandten und dennoch verschiedenen Figuren unterscheiden können und mit dessen Modell wir aus Geschichte, Legende und Literatur vertraut sind. Alle Welt kennt den *phronimos*, obgleich niemand die *phronesis* zu definieren weiß. Indem der Philosoph die *phronesis* von der Wissenschaft, der Kunst, der moralischen Tugend und der Weisheit unterscheidet, tut er nichts anderes, als auf wissenschaftliche Weise eine semantische Einheit abzugrenzen, welche ihm als Ausdruck der volkstümlichen moralischen Erfahrung von der Alltagssprache geliefert wird. So wird verständlich, dass die Suche nach der Definition der Klugheit mit folgendem Satz beginnt: »Was ferner die Klugheit sei, können wir daraus lernen, dass wir zusehen, welche Menschen wir klug nennen.«[8] Die Existenz des *Klugen* – so wie sie durch die Alltagssprache bezeugt wird – geht der Bestimmung des Wesens der *Klugheit* voraus.

Diese Vorgehensweise könnte als ein ganz gewöhnliches Untersuchungs- oder jedenfalls Darstellungsverfahren erscheinen, stünde sie nicht relativ isoliert in der Geschichte der Spekulation über die Tugenden da. Betrachtet man die platonische Einteilung der Tugenden, die über Ambrosius zu den Kardinaltugenden werden,[9] so wird man feststellen, dass sie ebenso wie die Definition jeder einzelnen Tugend auf einer vorangehenden Unterteilung der Seele beruht. Diese besteht aus drei Teilen: der Begierde (ἐπιθυμητικόν), dem Mut (θυμικόν) und dem Verstand (λογικόν), welche jeweils mit den drei Tugenden der Mäßigung (σωφροσύνη), der Tapferkeit (ἀνδρεία) und der Weisheit (σοφία oder φρόνησις) korrespondieren,[10] wobei die vierte Tugend, die Gerechtigkeit (δικαιοσύνη), für die Harmonie des Ganzen zu sorgen hat.[11] Was die Stoiker anbelangt – oder zumindest diejenigen unter ihnen, die nicht mit Ariston die absolute Einheit der Tugend behaupteten – so behalten sie dieselbe Klassifikation der vier grundlegenden Tugenden bei (mit dem einen Unterschied, dass sie die φρόνησις endgültig an die Stelle der σοφία setzen) und gründen sie diesmal auf eine Unterteilung ihrer Gegenstände: Die Klugheit betrifft das zu Tuende, die Tapferkeit das zu Ertragende, die Mäßigung das zu Wollende und die Gerechtigkeit das Zuzuteilende.[12] Ob es sich nun um eine subjektive oder objektive Klassifikation handelt, die Theorie der Klugheit geht in beiden Fällen von einer in ihre natürlichen Gliederungen einzuteilenden Ganzheit aus und zielt auf ein erschöpfendes System ab.

Demgegenüber ist der nichtsystematische Charakter der aristotelischen Beschreibung der Tugenden oft betont worden, sei es nun bedauernd[13] oder lobend.[14] Aristoteles beschränkt sich hier wie auch im Zusammenhang mit der Auflistung der Kategorien auf eine empirische Aufzählung wahrscheinlich volkstümlichen Ursprungs,[15] die eine Reihe von Figuren vorführt, welche die Alltagssprache zu Typen stilisiert hat. Und es ist eine Beschreibung dieser Typen, d. h. eine Galerie von Porträts, auf welche sich die aristotelische Analyse der ethischen Tugenden im dritten und vierten Buch der *Nikomachischen Ethik* in der Tat zurückführen lässt. Einige dieser Porträts erreichen eine literarische Vollendung, die dazu beigetragen hat, ihren typenhaften Charakter zu akzentuieren: Dazu zählen etwa die berühmte Beschreibung des *Großgesinnten*, in der manche das idealisierte Porträt[16] oder im Gegenteil die Karikatur[17] des griechischen Menschen erblickten, oder sogar Aristoteles' Selbstporträt bzw. das Porträt seines idealen Selbst.[18] Mit dieser Typengalerie wird Aristoteles wenigstens ebenso sehr zum Wegbereiter eines von seinem Schüler Theophrast ausgestalteten literarischen Genres, nämlich dem der *Charaktere*, oder zum ersten Vertreter einer »phänomenologischen« und deskriptiven Ethik, wie zum Begründer eines moralphilosophischen Systems.

Doch wenn man genau hinschaut, so wird man sich davon überzeugen, dass dieses »porträtierende« Vorgehen in der Beschreibung der ethischen Tugenden, wie sie sich im dritten und vierten Buch der *Nikomachischen Ethik* findet, kein Selbstzweck ist, sondern als Zugang zur Bestimmung des Wesens der jeweils behandelten Tugend verwendet wird. Darüber hinaus leitet Aristoteles im Allgemeinen seine Darstellung mit einer vorläufigen Skizze der Definition der untersuchten Tugend ein. So beginnt etwa das Kapitel über die Freigiebigkeit mit den Worten: »Sie erscheint als die Mitte in Bezug auf Vermögensobjekte.«[19] Hier wird der gattungsmäßige Charakter der Tugend aufgenommen und dann mittels der spezifischen Differenz bestimmt, welche in der besonderen Beziehung zu einem bestimmten Bereich menschlicher Aktivität besteht. Es ist richtig, dass Aristoteles sich nicht lange an diesen logischen Grundriss der Wesensdefinition hält und sie kurz darauf nicht durch eine apriorische

Einteilung der Bereiche menschlicher Aktivität rechtfertigt, sondern indem er auf eine zugleich phänomenologische und axiologische Beschreibung des freigiebigen Menschen und der Werturteile über ihn zurückgreift: »Der Freigiebige wird nicht wegen kriegerischer Tüchtigkeit oder wegen der Vorzüge des Mäßigen oder auch wegen gerechter Entscheidungen gelobt, sondern mit Bezug auf seine Art, Vermögensobjekte hinzugeben und an sich zu nehmen.«[20] Wir stoßen hier genauso wie im Falle der Klugheit gewissermaßen auf eine Methode eidetischer Variationen, die es gestattet, auf empirische Weise den Gehalt eines semantischen Kerns zu bestimmen, der nur scheinbar als apriorische Definition aufgestellt worden ist. Diese Methode könnte man *induktiv* nennen – wobei anzumerken wäre, dass der Ausgangspunkt hier nichts durch Erfahrung Gegebenes ist, sondern ein Sprachgebrauch, der allerdings als eine Manifestation der Dinge selbst angesehen wird.[21] Ein in diesem Sinne induktives Vorgehen ist bei Aristoteles durchaus üblich, wenn es sich darum handelt, Tugenden oder Leidenschaften zu definieren.[22] Er liefert die dazugehörige Theorie in einer Passage der *Zweiten Analytik*, wo er beispielshalber auf eine Tugend Bezug nimmt, nämlich auf die Großgesinntheit. »Ich meine z. B. wenn wir fragen, was Großgesinntheit ist, so müssen wir bei einigen Großgesinnten, die wir kennen, zusehen, welches Eine sie alle als solche an sich haben. Wenn z. B. Alkibiades großgesinnt ist oder Achilles oder Ajax: welches Eine ist ihnen allen gemeinsam?«[23] Im Übrigen kann es vorkommen, fährt Aristoteles fort, dass eine andere Gruppe von Menschen, die »großgesinnt« genannt werden, wie etwa Lysander oder Sokrates, nichts mit den ersten gemein haben: Man müsste dann zwei Arten, oder genauer gesagt zwei Gattungen von Großgesinntheit unterscheiden. Dieser Text stellt zugleich den Mechanismus dieser semantischen Induktion und ihre Grenzen heraus: Es kann vorkommen, dass die Worte zweideutig sind und der Philosoph Unterscheidungen vorzunehmen hat (wie hier zwischen der Unduldsamkeit Achills und dem Gleichmut des Sokrates'), die der Volkssprache entgehen. Wenn der Philosoph aber den Sprachgebrauch beurteilt, verbessert und schließlich ersetzt,[24] so liegt das daran, dass er noch andere Untersuchungsquellen und Kriterien hat, die sich aus einem unmittelbareren, wesentlicheren Zugang zur Sache selbst ergeben. Die Methode der *Typen* ist letzten Endes nur ein Notbehelf, der seine

Anwendung dort findet, wo das *Wesen* nicht durch die logische Methode der Unterteilung einer Gattung nach ihren Unterschieden erreicht werden kann. Tatsächlich werden die beiden Methoden, die apriorische und die induktive, im Allgemeinen Seite an Seite eingesetzt; diese verifiziert und leitet die Intuitionen jener, welche im vorliegenden Fall aufgrund des mangelhaften Überblicks über die zu unterteilende Ganzheit – den unendlichen Bereich menschlichen Handelns – nur hypothetisch sein können.

Im Falle der Definition der Klugheit greift Aristoteles auf eine subjektive Unterteilung der Seele zurück, wie sie Platon vorgegeben hat: Die Klugheit ist die Tugend des berechnenden Teils der Vernunftseele.[25] Außerdem grenzt er innerhalb der dianoetischen Tugenden die Klugheit und die Weisheit voneinander durch eine Unterscheidung ihrer Gegenstände ab: Die Weisheit betrifft das, was weder entsteht noch vergeht, und die Klugheit das Kontingente.[26] Auf diese wichtige Unterscheidung werden wir noch zurückzukommen haben. An dieser Stelle soll gezeigt werden, dass die Definition des *Wesens* der Klugheit – wie auch immer sie aussehen mag – nicht nur *de facto*, sondern auch *de jure* die Existenz des klugen *Menschen* und die Beschreibung dieser Existenz voraussetzt. Der Rückgriff auf das Porträt ist hier kein Notbehelf, sondern ein Erfordernis der Sache selbst. In der Tat kann man sich schon deshalb nicht damit begnügen, die Klugheit als Spezifizierung der Tugend im Allgemeinen zu bestimmen, weil die allgemeine Definition der Tugend schon die Existenz des klugen Menschen impliziert. Um sich davon zu überzeugen genügt es, einen Blick auf die allgemeine Definition der Tugend zu werfen, die Aristoteles im zweiten Buch der *Nikomachischen Ethik* vorlegt: »Es ist mithin die Tugend ein Habitus des Wählens, der die nach uns bemessene Mitte hält und durch die richtige Regel bestimmt wird, und zwar so, wie ein kluger Mensch sie zu bestimmen pflegt.«[27]

Hier ist nicht der Ort, um diese ausgesprochen dichte Definition, welche alle Elemente der aristotelischen Tugendlehre aufnimmt, zu kommentieren. Es ist nicht einmal nötig, die Übersetzung von λόγος mit »richtige Regel« zu begründen, seitdem auf wohl endgültige Weise nachgewiesen worden ist, dass λόγος bei Aristoteles nicht das rationale *Vermögen*, sondern die Regel, die ihm als Norm dient, bezeichnet,[28] und dass die absolute Verwendung von λόγος gleichbedeutend mit dem bei Aristoteles wie bei Platon häufigen Begriff des ὀρθὸς λόγος[29] ist. Von dieser Definition der Tugend möchte ich vorerst nur die Rolle betrachten, welche sie dem *phronimos* zuspricht und deren Tragweite man nicht immer angemessen unterstrichen hat. Die Tugend besteht darin, gemäß der rechten Mitte zu handeln, und der Maßstab der rechten Mitte ist die richtige Regel. Doch was ist die richtige Regel? Aristoteles weist uns keinen anderen Weg, sie ausfindig zu machen, als das Urteil des klugen Menschen in Anspruch zu nehmen. Das wäre nichts Ungewöhnliches, wenn der kluge Mensch seine Autorität der Weisheit oder der Wissenschaft verdankte und demzufolge nur deren Instrument darstellte: denn dann wäre es das Allgemeine selbst, welches sich durch seine Stimme kundtun würde. Doch wie wir sahen, ist der Kluge als solcher weder Weiser noch Wissender: In Ermangelung jeder besonderen Vertrautheit mit dem Transzendenten bewegt er sich auf der Stufe des Besonderen und stellt für jeden die seiner Besonderheit entsprechende rechte Mitte fest.[30] Der Kluge weiß, was gut *für uns* (πρὸς ἡμᾶς) ist; die Wissenschaft vom Guten an sich oder vom Mittelmaß an sich wäre ihm nicht nützlicher als dem Arzt die Wissenschaft von der Gesundheit an sich von Nutzen wäre, wenn es darum geht, Sokrates oder Kallias zu heilen,[31] oder als der Besitz der Herrschaft an sich dem Herren aus Fleisch und Blut dabei behilflich wäre, seine Macht über den »sinnlichen« Sklaven auszuüben.[32]

Doch wenn die Überlegenheit des Klugen nicht auf einem Wissen beruht, d. h. auf der Teilhabe an einer allgemeinen Ordnung, ist dann nicht die Autorität, welche Aristoteles ihm verleiht, eine willkürliche? Hier haben wir einen Menschen, der trotz aller Abmilderungen[33] nicht nur ein Interpret der richtigen Regel ist, sondern der *selbst* die richtige Regel und der lebendige Träger der Norm ist.[34] Zwar hat auch Platon dem Menschen in der *Politeia* eine ähnliche Vorrangstellung vor dem Gesetz eingeräumt, doch der mit königlicher Macht ausgestattete Mensch kehrt der Universalität keineswegs den Rücken zu, sondern tritt vielmehr im Gegensatz zur abstrakten und starren Allgemeinheit des Gesetzes als die lebendige Universalität, als das inkarnierte Wissen auf. »Die Staatsmänner sind die Wissenden«:[35] Weil sie über die Wissenschaft von den ersten Dingen verfügen, nehmen sie den ersten Platz in der Polis ein. Doch der aristotelische Kluge ist kein Vertrauter der Prinzipien. Was verleiht ihm also seine Vorrangstellung?

§ 2 Die Norm

Eine erste Antwort auf diese Frage würde darin bestehen, zu zeigen, dass Aristoteles den Wortlaut platonischer Formulierungen beibehält, sie aber nach und nach ihres Gehaltes entleert. Der *phronimos* wäre demnach der Erbe des platonischen Philosophenkönigs,[36] dem allerdings zwischenzeitlich jene Wissenschaft von den Ideen abhanden gekommen ist, welche die einzige Grundlage seines Königtums gewesen war: ein blasser oder vielmehr ein falscher Erbe! Ein Abschnitt aus dem *Protreptikos*, dessen Wichtigkeit Jaeger unterstrichen hat, würde das fehlende Kettenglied ergänzen: »Welches Kriterium (κανών), oder welche Norm könnte genauer sein als der *phronimos*, um den Wert einer Sache zu beurteilen? Denn das, wofür dieser Mensch sich in Übereinstimmung mit seinem Wissen (κατὰ τὴν ἐπιστήμην) entscheidet, ist Wert und das Gegenteil ist Unwert.«[37] Selbst wenn man schon in diesem Text Zeuge einer Personifikation der Norm wird, in der sich die Formulierung aus der *Nikomachischen Ethik* ankündigt, bleibt der Grundton des *Protreptikos* doch sehr platonisch: dem *phronimos* wird nur im Hinblick auf die *Exaktheit* seines Wissens eine Sonderstellung eingeräumt; er ist nicht selbst die richtige Regel, sondern er befolgt sie. In Übereinstimmung mit der platonischen Bedeutung des Wortes bezeichnet der *phronimos* hier also den Menschen der Kontemplation oder zumindest jemanden, der aus seiner Betrachtung der Ordnung der Natur und der Wahrheit die transzendente Norm allen Handelns schöpft.[38] Wir bleiben hier auf dem Standpunkt einer theonomen Moral, für die das Intelligible die alleinige Norm ist und welche den Vorrang des *phronimos* nur aufgrund dessen, was er repräsentiert, und nicht aufgrund dessen, was er ist, behauptet: Der *phronimos* verweist auf eine transzendente *phronesis*; er stellt, wie man sehr treffend bemerkt hat, den »irdischen Repräsentanten der Idee« vor.[39]

Doch wo es keine Ideen mehr gibt, findet sich der *phronimos* wieder auf seine eigenen Kräfte, auf seine eigene Erfahrung verwiesen. In der *Nikomachischen Ethik* wird das ethische Urteil nicht mehr mit dem Wissen des Geometers, sondern mit dem praktischen Können des Zimmermanns verglichen,[40] und die mathematische Exaktheit wird ihm zugunsten einer – für einen Platoniker zweifelsohne skandalösen – Annäherung an die Rhetorik streitig gemacht.[41] In diesem Zusammenhang ist es außerdem aufschlussreich, die Passagen zu vergleichen, in denen sowohl Platon als auch Aristoteles (wenngleich ohne an dieser Stelle den Namen des *phronimos* zu erwähnen) die unmenschliche Allgemeinheit des den Einzelfall außer Acht lassenden Gesetzes anklagen, und ihr ausdrücklich jenes lebendige und personalisierte Gesetz vorziehen, das sich für Platon in der Person des Königs und für Aristoteles in der des Billigen inkarniert. Der Wortlaut der Formulierungen ist bei beiden Philosophen derselbe,[42] doch dem Sinn nach sind sie einander entgegengesetzt. Platon stellt das Gesetz der Wissenschaft gegenüber: Das Gesetz wird mit einem Menschen verglichen, der selbstgefällig und ungelehrig ist,[43] es ist ein Alibi der Unwissenheit oder zumindest der Ersatz für ein momentan nicht verfügbares Wissen, wie es der Fall ist, wenn der Arzt verreist und schriftliche Anordnungen zurücklässt.[44] Der Herrscher dagegen bedarf des Gesetzes nicht, weil er »von seiner Kunst selbst das Gesetz für sein Handeln entlehnt«:[45] In seiner unbegrenzten Anpassungsfähigkeit an Einzelfälle manifestiert sich die Fruchtbarkeit seines Wissens. Im Gegensatz dazu teilt Aristoteles zufolge die Wissenschaft mit dem Gesetz zugleich den Vorzug und den Nachteil, sich auf das Allgemeine zu beziehen. Deshalb betrifft alles, was Aristoteles gegen das Gesetz vorzubringen hat, aus denselben Gründen auch die Wissenschaft, zumindest sobald es darum geht, die allgemeinen wissenschaftlichen Aussagen auf die einzelnen Handlungsumstände anzuwenden. Oder vielmehr ist das Gesetz, das immerhin sein Möglichstes tut, um nichts verwerflicher als die Wissenschaft, die sich nur unter Absehung von den Einzelfällen konstituieren kann. Während Platon nicht daran gezweifelt zu haben scheint, dass am Ende der Gesamtheit der Einzelfälle ein hinlänglich transzendentes Wissen stehen könne, gibt Aristoteles die Hoffnung auf, jemals das Besondere vom Allgemeinen abzuleiten:»der Fehler liegt weder an dem Gesetz noch an dem Gesetzgeber, sondern in der Natur der Sache«, ἐν τῇ φύσει τοῦ πράγματος,[46] lässt er uns wissen. Wo Platon ein psychologisches Versagen ausmachte, das auf die Unwissenheit der Menschen zurückgeht, erkennt Aristoteles ein ontologisches Hindernis, eine Kluft, welche die Wirklichkeit selbst betrifft und welche kein menschliches Wissen jemals wird überbrücken können. Es ist also nicht der Wissende und noch weniger irgendein Über-Wissender, an den sich Aristoteles wendet, um das unvermeidliche Versagen des Gesetzes zu korrigieren. Während Platon die Wissenschaft theoretisch für fähig hielt, alles zu definieren, weil sie an sich vollkommene Bestimmtheit war, zieht Aristoteles aus der gleichen Situation die entgegengesetzte Folgerung: Wenn die Unbestimmtheit eine ontologische ist, kann sie nur der Zuständigkeit einer selbst unbestimmten Regel unterstehen, τοῦ γὰρ ἀορίστου ἀόριστος καὶ ὁ κακών ἐστιν,[47] auf dieselbe Weise wie das bleierne Maß der Lesbier, bei dem gerade seine Ungenauigkeit eine Anpassung an die Gestalt des Steins erlaubt. Der platonische Herrscher war vom Gesetz nur freigestellt, weil er in sich selbst das Wissen einer jedes Gesetz übersteigenden Ordnung trug; er teilte »unbedingte, auf Einsicht und Kunst gegründete Gerechtigkeit« aus,[48] den Ausdruck einer mathematischen Ordnung.[49] Bei Aristoteles dagegen teilt die abstrakte, wissenschaftliche Gerechtigkeit das Schicksal des Gesetzes: Nunmehr ist es die Gerechtigkeit selbst, welche der Korrektur durch die Tugend der *Billigkeit* bedarf.[50] War bei Platon das Gesetz ein Ersatz für die Unfehlbarkeit der Wissenschaft, so stellt bei Aristoteles die Billigkeit ein Korrektiv der Fehlbarkeit des Gesetzes dar. Endlich hatte der Herrscher bei Platon seinen Blick – wie der Steuermann, der »immer des Schiffes und der Schiffsgesellschaft Bestes wahrnimmt«[51] – auf die Idee des Guten gerichtet.[52] Doch worauf hat der Mensch der Billigkeit seinen Blick gerichtet – angesichts des Zusammenbruchs oder zumindest des Exils der transzendenten Norm?

Man sieht die Parallelität dieser Problematik mit derjenigen der Klugheit, oder vielmehr das Ineinandergreifen der beiden: Wenn die Klugheit jene Verstandestugend ist, welche jeweils die Norm zu definieren gestattet, so muss der Billige die Tugend der Klugheit in höchstem Maße besitzen, um sie in seinem eigenen Bereich anzuwenden, dem Bereich der Güterverteilung und, allgemeiner gesagt, der Verhältnisse zwischen den Menschen. Wie wir gesehen haben, besteht die moralische Tugend allgemein darin, die vom klugen Menschen bestimmte Regel anzuwenden: »Die Richtigkeit der ethischen Tugend hängt von der Klugheit ab«.[53] Doch wovon hängt die

Richtigkeit des Urteils des Klugen ab? Auf diese Frage scheint Aristoteles mitunter eine ziemlich beunruhigende Antwort zu liefern: Da der Kluge das letzte Kriterium darstellt, ist er selbst sein eigenes Kriterium. Die Weisheit wird seit Platon als die Widerspiegelung einer transzendenten Ordnung in der Seele des Weisen verstanden, die sich an dieser Ordnung messen lassen muss. Demgegenüber muss die Klugheit, der keine Essenz zukommt, in Bezug auf welche sie sich bestimmen ließe, zwangsläufig auf die Existenz des Klugen als Grundlage allen Wertes verweisen. Es handelt sich nicht länger um den guten Menschen, der seinen Blick auf die Ideen gerichtet hat, sondern wir sind es, die den Blick auf den guten Menschen gerichtet haben.

In diesem Punkt scheint Aristoteles jenseits des sokratischen und platonischen Intellektualismus zu irgendeinem archaischem Ideal des *Helden* zurückzukehren, der weniger kraft seines Wissens als aufgrund seiner Taten oder ganz einfach seines »Eifers« Achtung gebietet. Es ist kein Zufall, dass Aristoteles die Persönlichkeit, die als Maßstab dient, oft mit dem Ausdruck des σπουδαῖος bezeichnet. Das Wort evoziert zunächst die Vorstellung von Tatendrang, von kriegerischer Leidenschaft, dann einfach nur die ernsthafter Tätigkeit: Der *spoudaios* ist ein Mensch, der mittels seiner Arbeit Vertrauen erweckt, in dessen Nähe man sich sicher fühlt, den man ernst nimmt. Wenn all diese Bestimmungen auch mehr und mehr verinnerlicht wurden und Aristoteles beim Beispiel des *spoudaios* weniger an seine Kraft als an die Güte seines Urteils denkt,[54] so bemisst sich der Wert des *spoudaios* dennoch nicht an irgendeinem transzendenten Wert, sondern er selbst ist das Maß des Wertes. In diesem Sinne schlage ich vor, ihn den *Wertvollen* zu nennen. Vom ersten Buch der *Nikomachischen Ethik* an erscheint diese Figur in ihrer Rolle als Kriterium und Grundlage des Maßes. Aristoteles zeigt dort, dass das Leben der Tugend mit dem Leben der Lust identisch ist, sofern man letzteres nur richtig versteht. Als könnten die von ihm vorgebrachten theoretischen Argumente (die Tugend wie auch die wahrhafte Lust sind Tätigkeiten, die ihren Zweck in sich selbst haben) dem Hörer zu schwierig erscheinen, bekräftigt er sie sodann *ad hominem*: Die sittlichen Handlungen sind »gut und schön, und zwar dieses alles im höchsten Maße, wenn anders der Wertvolle richtig über sie urteilt«, εἴπερ καλῶς κρίνει περὶ αὐτῶν ὁ σπουδαῖος.[55]

Wenn er hier nur auf den *spoudaios* zurückgreift, um eine schon von sich aus überzeugende Argumentation zu bekräftigen, so wird derselbe *spoudaios* andernorts als einziges Kriterium bemüht. Im dritten Buch fragt sich Aristoteles beispielsweise, ob der Gegenstand des Willens (βούλησις) ein wahres oder ein scheinbares Gut sei; im ersten Fall wäre alles Gewollte auch gut, was das Verschwinden des Übels zur Folge hätte, während im zweiten Fall gut ist, was jedem einzelnen so scheint, womit es nicht länger ein absolutes Gut gäbe. Aristoteles entgegnet mit einer erstaunlichen Versicherung: Das wahre Gut ist, was dem wertvollen Menschen so erscheint; in ihm fallen φαινόμενον ἀγαθόν und ἀγατόν ἁπλῶς zusammen. Das, was überall sonst die Unterscheidung der Wahrheit vom Schein erlaubt, ist demnach die Entscheidung des *spoudaios*, dessen Wille weniger erleuchtet (wovon auch?) als erleuchtend ist. »Der wertvolle Mensch nämlich urteilt über alles und jedes richtig und findet in allem und jedem das wahrhaft Gute heraus […] das ist vielleicht des Wertvollen unterscheidendster Vorzug, dass er in jedem Ding das Wahre sieht und gleichsam die Regel und das Maß dafür ist«, ὥσπερ κανών καὶ μέτρον ὤν.[56] Lassen diese Worte auch an die berühmte Formel des Protagoras denken, der zufolge der Mensch das Maß aller Dinge ist, so geht doch aus dem Kontext hervor, dass sie hier eine ganz andere Bedeutung haben. Aristoteles macht nicht etwa dem Relativismus Platz, den er im Gegenteil überwinden will. Er will sagen, dass nicht alle Menschen von gleichem Wert sind und dass es in Abwesenheit eines transzendenten Maßstabs für deren Beurteilung, wie es ihn noch für Platon gab,[57] die wertvollen Menschen als Richter des Wertes selbst fungieren.[58] Aristoteles selbst ist sich der Arbitrarität dieses Standpunktes so bewusst, dass er im selben Text ein »Kriterium« nahelegt, welches gleichwohl notwendigerweise immanent ist: das der *Gesundheit*. So wie man zwischen der Empfindung des Gesunden, der das Bittere als bitter und das Süße als süß beurteilt, und der des Kranken, der sich auf das stürzt, was ihm schadet, zu unterscheiden hat, so muss man zwischen dem wertvollen und dem minderwertigen (φαῦλος) Menschen unterscheiden,[59] zwischen dem vollendeten[60] und dem niedrigstehenden Menschen, zwischen dem freien und dem unterwürfigen Menschen.[61] Aristoteles ist versucht, den humanistischen Relativismus des Protagoras[62] wie den platonischen Absolutismus des Guten durch einen neuen Absolutismus zu ersetzen, der uns heute allerdings sehr relativ erscheint: ein Absolutismus, der sich als Kriterium der physischen Überlegenheit des »Gesunden« und der gesellschaftlichen des »Freien« bedient.

Die anderen Textstellen über den *spoudaios* haben denselben Sinn, und es wäre müßig, sie alle zu zitieren. Ich möchte nur erwähnen, dass der *spoudaios* in der *Nikomachischen Ethik* einige Mal im Zusammenhang mit dem, was man die Problematik des *Kriteriums* nennen könnte, vorkommt,[63] und dass der Vergleich zwischen dem Wertvollen und dem Gesunden ein weiteres Mal herangezogen wird, um die Behauptung zu rechtfertigen, der Wertvolle sei das Kriterium des *echten* Genusses – wobei dieser nicht, wie der reine Genuss bei Platon, durch seinen intrinsischen Charakter bestimmt ist, sondern durch die Güte desjenigen, der ihn als solchen empfindet, während die schändlichen Genüsse nur für die verdorbenen Seelen Genüsse sind.[64] Es ist klar, dass die Übersetzung von *spoudaios* in diesen Passagen mit »tugendhafter Mensch« oder »anständiger Mensch« eine Schwierigkeit, die dem unvoreingenommenen Leser nicht entgehen kann, als gelöst unterstellt. Denn selbst wenn Aristoteles den Wertvollen in die Nähe des Tugendhaften rückt, so wird doch die Tugend durch die Existenz des Wertvollen definiert und nicht anders herum, wie es auch in gewissen zeitgenössischen Moralen vorkommt, in denen das Vorbild des Helden oder Heiligen der intellektuellen Definition des Wertes vorhergeht und sie begründet.

Doch was genau versteht Aristoteles unter *spoudaios*? Welches Lebensideal verbirgt sich in Ermangelung einer abstrakten und intellektuell kontrollierbaren Definition hinter diesem zweideutigen Wort? Dirlmeier hat darauf eine knappe Antwort gegeben, welche die beunruhigenden Resonanzen der zitierten Texte sogar noch verstärken würde, wenn dies noch nötig wäre. Der *spoudaios* ist, wie er uns wissen lässt, »der vollendete Repräsentant edlen Lebens«; in ihm finden sich »die edelsten Traditionen seines Volkes« zur »letzten Norm« erhoben. Der *spoudaios* wäre demzufolge die authentische Verwirklichung des griechischen Menschen, d. h. des Menschen schlechthin, dem die Nichtmenschlichkeit der Barbaren gegenübersteht. Und Dirlmeier fährt fort: »Für die Frage, wieso die hellenischen Traditionen Allgemeingültiges enthalten, hat er noch keine Distanz und im Grunde bleibt das so bis zum Ausgang der Antike, die byzantinischen Kommentatoren eingeschlossen.«[65]

Schon am letzten Teil dieser Einschätzung, der offensichtlich den Beitrag des stoischen Kosmopolitismus unterschätzt (mag dieser in seinen Ursprüngen auch wenig ›griechisch‹ sein[66]), wäre zweifelsohne vieles auszusetzen. Doch handelt es sich nicht auch im Hinblick auf Aristoteles selbst um eine allzu ›archaisierende‹ Interpretation? Freilich scheint Aristoteles die Vorurteile der griechischen Gesellschaft bezüglich der Überlegenheit der Griechen über die Barbaren nicht in Frage gestellt zu haben. Man weiß, dass er über die Institutionen seiner Zeit sogar noch hinausgeht, insofern er den Unterschied zwischen Herrn und Sklave in der Natur begründet sieht.[67] In seinem Jugendwerk *Über die gute Geburt* (Περὶ εὐγενείας) zögert er nicht einmal zu erklären, der Mensch sei nicht, wie Euripides behauptet hatte, von Natur aus edel,[68] sondern aufgrund »wertvoller« Vorfahren (ἐκ πάλαι σπουδαίων), so dass es die »Vortrefflichkeit des Geschlechtes« (ἀρετὴ γένους) und nicht die individuelle Tugend sei, welche den wahren Adel bestimmt.[69] Seine antiplatonische Reaktion führt Aristoteles dann in der *Nikomachischen Ethik* auf die weiter oben beschriebene Weise dazu, die Autorität der »Wissenden« zu bestreiten, um – nicht ohne eine gewisse Affektiertheit – darauf zurückzugehen, »was man sagt« und »was man tut«, auf die volkstümlichen Meinungen und Bräuche. Schließlich nötigt die Aufgabe der transzendenten Norm Aristoteles dazu, inmitten der Menschheit selbst die Norm ihrer Vortrefflichkeit zu suchen. Vor diesem Hintergrund und innerhalb der Grenzen des griechischen Denkens hat es nicht den Anschein, als habe Aristoteles jemals gänzlich auf eine intellektuelle und damit auch universalisierbare Bestimmung des Wertes verzichtet. Der Fehler, den Dirlmeier offenbar im Anschluss an Jaeger begeht, besteht zweifelsohne darin zu glauben, die Aufgabe der Ideentheorie habe Aristoteles jedes objektiven Kriteriums beraubt, und ihm in einer dem Zufall preisgegebenen Welt, in der nach dem Zusammenbruch der transzendenten Werte als deren blasse Substitute nur noch die Autorität der Tradition und die »Vortrefflichkeit des Geschlechtes« übrigbleiben, jeden Anhaltspunkt genommen.

Obwohl in der *Nikomachischen Ethik* keine der traditionellen Meinungen aufgegeben wird und die *eugeneia* unter der Rubrik der äußeren Güter als eine der Bedingungen des Glücks weiterhin Erwähnung findet,[70] so ist dennoch nicht zu bestreiten, dass diese

Gegebenheiten des Volksbewusstseins nun nach Maßgabe eines umfassenderen Systems interpretiert und situiert werden, dessen beständigste Prämisse jetzt die Analyse der menschlichen Natur ist und nicht der Kult der ethnischen oder historischen Partikularität der Griechen. Und auch wenn es stimmt, dass Aristoteles insbesondere in seiner Analyse der Tugenden aus dem »paradeigmatischen Schatz der Überlieferung seines Volkes« schöpft, wie Dirlmeier in geschwollenem Stil schreibt,[71] so muss man doch präzisieren, dass gerade die Vielzahl von mythischen und historischen Helden, die sich der Bewunderung der Griechen darbieten, den Philosophen vor die *kritische* Aufgabe stellt, diejenigen unter ihnen auszuwählen, die sein moralisches Ideal illustrieren. Aristoteles hat sich dieser Anforderung nicht entzogen. Eine erneute Lektüre jener Passage aus der *Zweiten Analytik*, die ich weiter oben zitiert habe, macht durch die Definition der jeweiligen »Tugend« deutlich, dass er Lysander gegenüber Achilles und Ajax und Sokrates gegenüber Alkibiades den Vorzug gibt. Die Helden der griechischen Mythologie oder Geschichte sind also weniger Paradigmen im eigentlichen Sinne, da es kein Intelligibles mehr gibt, dessen Inkarnation sie sein könnten; vielmehr sind sie Typen oder einfach Beispiele, die dazu dienen, eine auf anderen Wegen ausgearbeitete moralische Theorie zu illustrieren.

Wenn wir die allgemeine Definition der Tugend im zweiten Buch mit den gerade zitierten Stellen über den *spoudaios* vergleichen, sehen wir in der Tat, dass der zum Kriterium erhobene Mensch hier einen anderen Namen annimmt: den des *phronimos*. Ein Vergleich der Formulierungen lässt erkennen, dass es sich um die gleiche Schwierigkeit handelt, nämlich darum, die Regel, den ὀϱϑὸς λόγος, zu finden, oder vielmehr das lebendige Kriterium einer solchen Regel.[72] In der Definition der Tugend hätte Aristoteles den, dessen Existenz die Bestimmung der rechten Regel gestattet, genauso gut als *spoudaios* bezeichnen können, insofern dieses Wort offenbar der allgemeine Titel für ein solches Privileg ist. Wenn Aristoteles also den *spoudaios* als *phronimos* spezifiziert, so muss er dabei eine ganz besondere Absicht gehabt haben, die sich der Bedeutung des Wortes wie dem Gesamtkontext auch leicht entnehmen lässt: Weil die fragliche Bestimmung eine ihrem Wesen nach *intellektuelle* Bestimmung ist, wird der als Maßstab dienende Mensch nicht aufgrund seines

Vorbildcharakters, sondern wegen der Richtigkeit seines Urteils herangezogen. Im Unterschied zum Ausdruck *spoudaios*, der sich ursprünglich auf eine physische Qualität bezieht, bezeichnet das Wort *phronimos*, sei es in seinem volkstümlichen oder in seinem gelehrten Sinne, eine intellektuelle Qualität. Dass Aristoteles die *phronesis* andernorts zu einer Tugend macht, hindert nicht, dass diese Tugend ganz und gar keine ethische ist: Sie ist eine Tugend des Verstandes und nicht des *ethos*. Der Kluge dient nur deshalb als Kriterium, weil er mit einem *kritischen* Verstand begabt ist. Er ist nicht jemand, nach dem man urteilt, sondern er ist der Urteilende selbst. Nun erinnert uns Aristoteles daran, dass man nur zutreffend zu beurteilen versteht, was man kennt, und dass man nur darin ein guter Richter ist.[73] Wenn Aristoteles also die platonische Unterordnung der Tugend unter die Wissenschaft, die als Wissenschaft von den Ideen oder den Zahlen verstanden wird, zurückweist, so hält er dennoch an einem gewissen sokratischen Intellektualismus fest. Zwar wird die »rechte Regel« in der Person des *phronimos* individualisiert, was der Klugheit eine existenzielle Grundlage zu geben scheint: Es ist nicht so sehr die Klugheit als vielmehr der Kluge, der die *recta ratio* darstellt, weil es keine Klugheit ohne Kluge gibt (während es, wie uns die Stoiker lehren, sehr wohl eine Weisheit ohne Weise geben kann). Doch der Kluge wird selbst nur als Richter herangezogen, weil er Urteilskraft und Erfahrung besitzt, kurz, eine »Kenntnis«, wenn es sich auch nicht mehr um eine Kenntnis des Transzendenten handelt. Auch wenn der Verstand – der hier nicht mehr νοῦς, sondern διάνοια, σύνεσις oder γνώμη heißt –, keine Widerspiegelung des Intelligiblen mehr darstellt, so besagt das nicht, dass es keine Norm mehr gibt, sondern nur, dass der Verstand seine eigene Norm ist. Aristoteles gibt die Transzendenz des Intelligiblen auf, doch ersetzt er sie nicht durch die illusionäre Transzendenz von irgendetwas Irrationalen, sondern durch die kritische Immanenz des Verstandes. Anstelle der Erkenntnis der Intelligibilia macht er den Verstand der Verständigen zur ethischen Regel und ersetzt die Weisheit der Ideen durch die Klugheit der Klugen, doch es handelt sich weiterhin um eine intellektuelle Grundlage, wenn auch in neuer Form. Aristoteles partikularisiert, individualisiert, relativiert den Verstand, aber er bricht nicht mit dem Intellektualismus. Die Ersetzung des traditionellen *spoudaios* durch einen *phronimos*, der gleichwohl nicht mit dem platonischen Weisen identisch ist, läutet – sowohl gegen den Empirismus der Volkstradition als auch gegen die platonische Philosophie der Wesen – etwas ein, was man als existentiellen Intellektualismus ansprechen könnte.

§ 3 Der Typus

Es bleibt also dabei, dass die Klugheit, selbst wenn sie als Verstandestugend begriffen wird, uns auf die Persönlichkeit des Klugen verweist und dass die typologische Analyse hier der Bestimmung des Wesens der Klugheit voranzugehen hat, wie dies auch bei den anderen Tugenden der Fall ist, ja hier sogar in noch höherem Maße – denn es geht um eine grundlegende Tugend, die in der allgemeinen Definition der Tugend enthalten ist. Nun habe ich schon festgestellt, dass Aristoteles als Typus des Klugen die Persönlichkeit von Perikles anführt,[74] womit er sich ausdrücklich von den Beispielen lossagt, die er andernorts für diese Tugend gegeben hatte: Pythagoras, Parmenides und Anaxagoras.[75]

Wenn Aristoteles in der *Nikomachischen Ethik* nicht mehr auf die Figuren von Parmenides und Pythagoras zurückkommt und dem Beispiel des Anaxagoras stattdessen Thales hinzufügt,[76] so sieht man deutlich, warum er jener Art von Menschen den Titel der *Klugen* verweigert: Freilich besitzen sie die Weisheit, d. h. die Wissenschaft von den höchsten Dingen; dennoch, fügt Aristoteles hinzu und fordert uns damit zu einer gewissen Zurückhaltung in der ihnen gebührenden Bewunderung auf, sind sie dessen unkundig, was ihnen selbst und den Menschen im Allgemeinen nützt, so dass ihr Wissen zwar »etwas Wunderbares, Schweres und Übermenschliches« sein mag, aber dennoch »unfruchtbar« ist.[77] Wenn die Logik und die Chronologie uns auch erlauben, hierin einen Widerruf Aristoteles' zu erblicken, so ist hinzuzufügen, dass dieser Widerruf sich eher auf den Sinn des Wortes *phronimos* als auf den Kern des Problems bezieht. Aristoteles hat stets den uneigennützigen Charakter der Weisheit, die eben nicht unmittelbar praktisch ist, betont, und in eins damit ihren göttlichen Charakter.[78] Allerdings wurde die Nutzlosigkeit der Weisheit anderswo als Beweis ihrer Überlegenheit gewertet, da sie keinen äußeren Zielen dient, sondern sich selbst ihr eigenes Ziel ist. Diesen außerordentlichen Charakter der Weisheit zieht Aristoteles hier nicht in Zweifel. Doch was andernorts als eine Überlegenheit *an sich* verkündet wurde, erscheint vom ethischen Standpunkt als Nachteil *für uns*: Die Uneigennützigkeit ist zugleich auch Desinteresse, die Unabhängigkeit Gleichgültigkeit und die Erhabenheit Ungeschicklichkeit, je nachdem, aus welchem Blickwinkel man sie betrachtet. Diese Bemerkungen sind heutzutage banal und waren es schon für Aristoteles. Hatte Platon nicht die Lächerlichkeit des Philosophen unterstrichen, der in die Höhle zurückkehrt,[79] des genialen Denkers, der unfähig ist, ein Brunnenloch zu verschließen[80], und hatte er nicht das Gelächter der thrakischen Magd der erhabenden Zerstreutheit von Thales, wie er in den Brunnen fällt, gegenübergestellt?[81] Indes verfolgte Platon in diesen Passagen eine ganz andere Absicht als Aristoteles in den oben zitierten: Es handelte sich darum, die Überlegenheit des Philosophen dem Unverständnis der Menschen gegenüberzustellen, während für Aristoteles die Menschen mit ihrem Standpunkt Recht haben. Aristoteles stellt nicht länger die Tugend der Untugend gegenüber, die Wissenschaft dem Unwissen, sondern die übermenschliche Tugend des Philosophen der mittleren Tugend des gewöhnlichen Menschen, die jedoch auf ihre Weise trotzdem eine Vortrefflichkeit ist. Aristoteles ist nicht weit davon entfernt, jener Schmährede des Kallikles in gewisser Hinsicht recht zu geben, wonach die Philosophie dazu führe, dass der Mensch »unbekannt bleibt mit allem, was derjenige kennen muss, der ein Mann von Stellung und Ansehen werden will«; er ist nicht weit davon entfernt, wie dieser zu meinen, die Weisen blieben »unbekannt mit den im Staate geltenden Gesetzen sowie mit den Mitteln der Rede, deren man sich im privaten und öffentlichen Geschäftsverkehr mit den Menschen bedienen muss, ingleichen auch mit den menschlichen Freuden und Leidenschaften« und seien überhaupt »vollständig unbekannt mit den Sitten der Menschen (ἠϑῶν)«.[82] Der einzige Unterschied besteht darin, dass Kallikles uns ermahnt, der nutzlosen Spekulation der Philosophen die Erfahrung der »Staatsmänner«[83] oder desjenigen, den schon er den *phronimos* nennt,[84] vorzuziehen, ohne die wir uns aus Unfähigkeit, uns vor dem erstbesten Ankläger zu verteidigen, unschuldig verurteilen lassen.[85] Aristoteles opfert demgegenüber die Weisheit nicht der Klugheit und scheint in ihnen zwei komplementäre Tugenden zu erblicken, bei denen er nicht daran zweifelt, dass sie in ein und demselben Menschen koexistieren können. In der *Politik* erzählt er uns, wie Thales seinen Landsmännern beweisen wollte, wozu die Philosophie fähig sei, und sich seines meteorologischen Wissens bediente, um mit einer Spekulation im Olivengeschäft reich zu werden.[86] Und es ist wohlbekannt, dass Aristoteles selbst sich gegen Ende seines Lebens wenn auch nicht mittels seiner Beredsamkeit, so doch durch die Flucht der Anklage der Gottlosigkeit entzog und einer vielleicht zweifelhaften, auf jeden Fall aber bezeichnenden Überlieferung zufolge erklärte, er wolle den Athenern nicht die Gelegenheit geben, »sich erneut an der Philosophie zu versündigen.«[87]

Obwohl es also vorkommen kann, dass auch ein Philosoph Klugheit beweist, sieht Aristoteles die typische Illustration dieser Tugend dennoch nicht im Philosophen, sondern in Perikles und Leuten seiner Art, d. h. »den Verwaltern des Hauses und des Gemeinwesens« (τοὺς οἰκονομικοὺς καὶ τοὺς πολιτικούς).[88] Diese Erwähnung von Perikles ist einmalig in den *Ethiken*, so dass auf den ersten Blick schwer zu sagen ist, warum gerade er und nicht ein anderer für Aristoteles zum Repräsentanten der Klugheit werden konnte. Doch die Bezugnahme auf Perikles scheint weniger aus einer eigentümlichen Vorliebe von Aristoteles hervorzugehen, als vielmehr eine klassische Anspielung auf eine Persönlichkeit zu sein, welche die Überlieferung schon zum Typus gemacht hat.[89] Übrigens ist dies nicht das erste Mal, dass die Persönlichkeit des Perikles und durch ihn die des Staatsmannes Anlass zu einer ethischen Debatte gibt. Im *Gorgias* hält der platonische Sokrates mit seiner Kritik an den berühmtesten athenischen Staatsmännern nicht hinterm Berg: Themistokles, Kimon, Miltiades und Perikles, jene Männer, die es sich eher angelegen sein ließen, »die Stadt groß zu machen« als die Bürger gerecht.[90] Denn sie haben »die Stadt mit Häfen und Schiffshäusern und Mauern und Tributen und dergleichen Tand angefüllt«, sich aber weder um »Gerechtigkeit« noch um »Mäßigung« bekümmert:[91] »Geschickt« seien sie freilich gewesen, sogar geschickter als die gegenwärtigen Staatsmänner,[92] doch ist anzunehmen, dass für Sokrates die Tugend des Staatsmannes nicht in der Geschicklichkeit besteht, denn er enthält Perikles den Titel des »tüchtigen Staatsmannes« vor,[93] um ihn paradoxerweise allein sich selbst zuzusprechen.[94] Zwar zeigt sich Platon an anderer Stelle unparteiischer im Hinblick auf Perikles: im *Phaidros* lobt er ihn dafür, dass er es verstanden habe, die bei Anaxagoras erlernte Spekulation mit dem Reden und Handeln zu verbinden.[95] Doch im *Menon* ist dieses Lob zweideutig: Sokrates erinnert daran, dass Perikles unfähig war, seine eigenen Kinder gerecht zu machen,[96] und will damit zeigen, dass die Tugend sich nicht lehren lässt und dass vor allem die Tugend des Staatsmannes, die eher mit der wahren Meinung und der poetischen Ekstase als mit der Wissenschaft verwandt ist, nur die Frucht einer »göttlichen Schickung« sein kann, an welcher der Verstand (νοῦς) keinen Anteil hat[97] und infolge derer die Staatsmänner wie die Wahrsager und Seher »Wahres verkünden [...], ohne doch wirkliche Einsicht zu haben in das, was sie sagen«.[98] Gewiss ist die perikleische Art von Politik auf der Ebene des empirischen Gemeinwesens ein notwendiges Übel, so wie zur Befriedigung der menschlichen Bedürfnisse die Tätigkeit der Handwerker unerlässlich ist.[99] Doch Platon träumt von einem anderen Gemeinwesen und von einer höheren Tugend seiner Herrscher. Wenn Aristoteles sich also in einem ethischen Werk auf Perikles beruft, und zwar in einem Zusammenhang, in dem er einst Anaxagoras und Thales angeführt hatte, so stellt dies notwendigerweise eine provozierende Bekräftigung seiner Opposition zum klassischen Platonismus dar. Man hat von einer aristotelischen Rehabilitation der Staatsmänner gesprochen;[100] ich würde eher sagen, dass die durch Perikles symbolisierte Politik zu einer *Tugend* erhoben wird (allerdings in einer vom Machiavellismus durchaus verschiedenen Perspektive), und zwar einer nicht bloß politischen Tugend, weshalb sie auch dem privaten wie dem öffentlichen Menschen zur Nachahmung empfohlen wird. Indem Aristoteles Perikles einen Platz in seiner Galerie ethischer Porträts einräumt, gliedert er die im eigentlichen Sinne politische Erfahrung wieder in die moralische Erfahrung des Menschen ein.

Dennoch gibt es solche und solche Politiker, so dass die Gestalt des Perikles und, allgemein gesprochen, Aristoteles Vorstellung vom guten Politiker erst noch zu interpretieren sind. Der moderne Interpret ist der großen Versuchung ausgesetzt, jene weit zurückliegenden Persönlichkeiten durch aktuelle Bezüge zu ersetzen. Gauthier, der alle die verurteilt, die »sich immer noch darauf versteifen«, *phronesis* mit »Klugheit« zu übersetzen, und der bekanntlich für eine Wiedergabe mit »Weisheit« eintritt, glaubt diese Übersetzung mit einer terminologischen Bemerkung rechtfertigen zu können, bezüglich derer er nicht genügend zu berücksichtigen scheint, dass sie ihrerseits eine Interpretation ist: »Perikles kann aus unserer Sicht durchaus als Typus des *Weisen*, des *phronimos* durchgehen: Denn haben wir nicht erst vor kurzem ein ›Kommitee der Weisen‹ gehabt, das nicht aus Philosophen, sondern aus Politikern bestand, und ist der Typus des Weisen nicht in den Augen aller Franzosen eher Gandhi als Einstein oder Bergson?«[101] Im Gegensatz dazu hat Jaeger, gegen den sich Gauthiers Interpretation im übrigen wendet, nicht gezögert, sich auf die Realpolitik zu berufen: Im Kontext seiner Untersuchung über die Entwicklung der aristotelischen Politik hin zum Realismus und zum Empirismus weist er auf die Rolle hin, welche der »lange Umgang mit einem Realpolitiker wie Hermias von Atarnaios« gespielt haben mag.[102] Demnach wäre Hermias der aristotelische Typus des Politikers. Gandhi oder Bismarck? Man kommt nicht weiter, indem man geltend macht, Perikles sei weder der eine noch der andere gewesen. Und weil die Geschichte hier wenig hilfreich für die Interpretation eines Denkens ist und die Stilisierung zum Typus eine größere Rolle spielt als die historische Wahrheit, bleibt uns nur übrig, die wenigen Textstellen in der *Ethik* zu untersuchen, in denen Aristoteles den Politiker beschreibt und die der Verteidigung und Illustration des *phronimos* dienen können.

* * *

Zunächst wird man bemerken, dass Aristoteles in der Passage, in der er Perikles anführt, diesem das Prädikat des *phronimos* nur insoweit zuspricht, als er über ein bestimmtes Wissen verfügt: »Wir glauben, dass Perikles und Männer seiner Art klug sind, weil sie nämlich imstande sind, in Betracht zu ziehen (ϑεωρεῖν), was für sie selbst und die Menschen gut ist.«[103] Dem Klugen wird hier also ein gewisser Typ von intellektueller Überlegenheit zuerkannt – man müsste, um Aristoteles genau zu übertragen, von einer *theoretischen* Überlegenheit reden, da ϑεωρεῖν, wie man sich erinnern wird, die Bedeutung von *sehen* hat, ohne dass dieses Sehen notwendigerweise von kontemplativer Art wäre. Auch wenn Aristoteles uns etwas weiter oben schon zu verstehen gegeben hat, dass der Gegenstand dieser Fähigkeit nicht das Notwendige sein könne, sondern das Kontingente, und dass dieses Wissen demzufolge weder eine Wissenschaft noch selbst eine Kunst genannt werden dürfe,[104] so ändert dies doch nichts daran, dass Aristoteles in der politischen Tugend weiterhin eine Verstandestugend sieht: eine Bemerkung, die ihren ganzen Sinn erst erhält, wenn man sich ins Gedächtnis ruft, dass Platon die politische Tugend im *Menon* als eine Art von Wahrsagerei beschrieben hat, die der Hilfe des Verstandes nicht bedarf. Man muss also zugeben, dass Aristoteles neben der Wissenschaft und der Kunst noch eine andere Art der Erkenntnis zulässt, welche man angesichts jener Passagen, in denen er die Klugheit zur Tugend des *meinenden* Seelenteils macht, die *Meinung* nennen könnte.[105] Mehr noch, Aristoteles stellt nicht in Frage, dass diese Erkenntnis auf ihre Weise eine Erkenntnis des Allgemeinen ist. Der Kluge weiß – im Falle der privaten Klugheit –, was gut für ihn selbst ist, und – im Falle der politischen Klugheit – was gut für die Menschen im Allgemeinen ist. Gewiss ist das eine Partikularisierung der platonischen Idee des Guten, doch keine willkürliche Partikularisierung, die alles der persönlichen Vorstellung, die jeder sich vom Guten macht, preisgeben würde. Etwas früher hat uns Aristoteles darauf aufmerksam gemacht, dass das, was er »gut und zweckmäßig an sich« nennt, nicht »gut und zweckmäßig auf spezielle Weise« (κατὰ μέρος) meint, »wie das, was der Gesundheit und der Körperkraft zuträglich ist, sondern auf umfassende Weise, wie das, was dem guten Leben (πρὸς τὸ εὖ ζῆν) zuträglich ist«.[106] Und wenn es auch besondere (περί τι) Klugheiten gibt, die auf ein bestimmtes Ziel (τέλος τι) abzwecken[107], so werden der tüchtige Hauswirt und Politiker doch nicht in diesem Sinne klug genannt, sondern »im großen und ganzen« (ὅλως), da ihr Ziel das glückliche Leben der von ihnen geleiteten Gemeinschaft ist.[108] Nun ist das glückliche Leben (sei es dasjenige des Gemeinwesens, des Hauses oder des Individuums) das Ganze, welches über die Einzelzwecke hinausgeht.[109] Der Kluge ist folglich kein reiner Empirist, der ohne Prinzip und Perspektive in den Tag hinein lebt, sondern ein Mensch der Gesamtansicht; er tritt auf seine Weise das Erbe des platonischen συνοπτικός an, doch hat er ein konkretes Ganzes im Blick – das ganzheitliche Gut der Gemeinschaft und des Individuums – und nicht jenes abstrakte und Aristoteles zufolge unwirkliche Ganze, welches die platonische Ideenwelt darstellte.

Gewiss beharrt Aristoteles im übrigen Teil des Buches VI der *Nikomachischen Ethik*, wo es hauptsächlich um die Abgrenzung der

Klugheit von der Wissenschaft und der Intuition der Intelligibilia (νοῦς) geht,[110] eher darauf, dass der Kluge *auch* das Besondere erkennt,[111] doch zeigt dieses »auch« vor allem an, dass ihm eine gewisse Erkenntnis des Allgemeinen nicht streitig gemacht wird.[112] Auf den letzten Seiten der *Nikomachischen Ethik*, deren Schluss offenbar das politische Werk Aristoteles' einleitet und rechtfertigt, scheint dieser sich Platons Kritik an »empirischen« Staatsmännern anzuschließen. Nachdem er an die (von den Theoretikern der Tugendwissenschaft allerdings missachtete) Erfahrungswahrheit erinnert hat, der zufolge erbauliche Reden nicht hinreichen, um die Menschen tugendhaft zu machen, fährt Aristoteles damit fort, die Scheidung von politischer Praxis und politischen Theorien zu konstatieren, und zwar anscheinend mit Bedauern: einerseits wirkungslose Theoretiker, wie die Sophisten; andererseits Staatsmänner, von denen man sagen möchte, dass sie mehr durch eine Art Tüchtigkeit (δυνάμει) ihres Amtes walten und mehr gestützt auf Erfahrung (δυνάμει) als geleitet von wissenschaftlicher Einsicht (ἐμπειρίᾳ μᾶλλον ἤ διανοίᾳ). Denn man sieht weder, dass sie über Politik schreiben, noch dass sie über dieselbe Vorträge halten – und doch wäre das vielleicht mehr wert, als wenn sie vor Gerichts- und in Volksversammlungen sprechen – und ebenso wenig sieht man, dass sie ihre Söhne oder sonst einen, den sie lieb haben, zu Staatsmännern ausgebildet hätten.«[113] Auf diese Weise unterscheidet sich die Politik – anscheinend misslicherweise – von »den anderen Wissenschaften und Künsten« wie der Heilkunst und der Malerei, die gelehrt und weitergegeben werden können.[114] Hinter dieser Beschreibung einer Politik des Faktischen, der ein Mangel an theoretischer Perspektive vorgeworfen wird, erkennt man ohne weiteres die platonische Polemik aus dem *Menon* und dem *Protagoras* gegen die Staatsmänner, die sich wie Perikles unfähig gezeigt haben, ihre Fähigkeit an ihre Nachkommen weiterzugeben.

Doch unterscheidet sich die Politik, wie Aristoteles sie sich vorstellt, nicht allzu sehr von jener Politik des Faktischen. Sie soll das Gleichgewicht zwischen der Wissenschaft und der Vertrautheit (συνήθεια) mit den Angelegenheiten halten. Nun kann dieses Gleichgewicht nur durch die Vermittlungsfunktion eben dessen gewährleistet werden, was Aristoteles, jetzt in einem positiven Sinne, als *Erfahrung* (ἐμπειρία) bezeichnet, ohne welche die Vertrautheit unerreichbar und die Wissenschaft machtlos ist.[115] Diese Stelle konnte nur deshalb unverständlich scheinen,[116] weil man den vermittelnden Charakter der aristotelischen *Erfahrung*, die zwischen die Wahrnehmung und die Wissenschaft tritt, nicht anerkannt hat.[117] Die Erfahrung ist schon Erkenntnis: Sie setzt eine Summierung des Einzelnen voraus und befindet sich folglich schon auf dem Weg zum Allgemeinen. Den Sophisten wird vorgeworfen, dass sie sich auf ein allzu allgemeines und inhaltsloses Wissen berufen und dennoch bloß Einzelheiten anhäufen, ohne über jenes Minimum an Gesamtansicht zu verfügen, welches die Erfahrung bildet: Sie gleichen jenen Leuten ohne musikalische Erfahrung, die lediglich zu unterscheiden vermögen, ob ein Werk gut oder schlecht ist, ohne jedoch Gründe dafür zu kennen.[118] Die Sammlungen von Gesetzen und Heilmethoden, die lediglich Einzelfälle aneinanderreihen, sind keine Hilfe für jemanden, dem die Erfahrung abgeht,[119] denn diesem fehlen der Verstand und das Urteilsvermögen, die zu ihrer Beurteilung erforderlich sind.[120] Was Aristoteles andernorts die »gesetzgeberische Klugheit« (φρόνησις νομοθετική) nennt,[121] die einen Teil der Politik ausmacht und von der Aristoteles ankündigt, er werde sie in einem späteren Werk entwickeln, wird hier der *Erfahrung* angenähert.[122] Doch die aristotelische *Empirie* hat gänzlich andere Konnotationen als der neuzeitliche »Empirismus«: Sofern man unter letzterem eher ein Handeln als ein Wissen versteht, und darüber hinaus ein Handeln ohne Prinzipien und Perspektiven, das nach Laune der Umstände entsteht und vergeht, so befindet man sich im genauen Gegensatz zur aristotelischen Erfahrung, die der tastenden und unmittelbar nützlichen Praxis genauso entgegengesetzt ist wie der »nutzlosen« Wissenschaft von den Prinzipien. Die Erfahrung ist keine endlose Wiederholung des Besonderen, sie gehört vielmehr schon in das Element der Beständigkeit hinein: Sie ist jenes mehr gelebte als gelernte Wissen, das tiefgründig ist, weil es nicht deduziert wurde und das wir denen zuerkennen, von denen wir sagen, sie »hätten Erfahrung«. Dass ein solches Wissen nicht mitzuteilen ist, wie es das Beispiel des Perikles und seiner Kinder vorführt, beweist nur, dass es sich hier um ein Wissen handelt, welches in der Existenz eines jeden einzelnen wurzelt, und zeigt nicht etwa, dass es sich nicht um ein Wissen handelt: Die Unmittelbarkeit der Erfahrung ist nur die andere Seite seiner unersetzlichen Einmaligkeit, einer

Singularität, die sich ein jeder durch Geduld und Arbeit selbst zu erwerben hat. Während sich die Wissenschaft an das im Menschen wendet, was am wenigsten menschlich und am unpersönlichsten ist, nämlich die Vernunft, und seine Vermittlung sich auf den verallgemeinerbaren Wegen des *logos* vollzieht, ist die Erfahrung auf einer dem Leben näherstehenden Stufe angesiedelt: auf einer Stufe, wo die intellektuellen Vermögen nicht nur für die Logik ihres Gehaltes verantwortlich sind, sondern auch für das Verhalten des durch sie angeleiteten Menschen, auf einer Stufe, wo der *logos* selbst die Sprache der Leidenschaft (πάθος), des Charakters (ἦθος), der Lust und des Schmerzes sprechen muss, wenn er gehört werden und sie auf seine Stufe heben will.[123]

Die Klugheit gleicht also der Erfahrung, und nicht zufällig wird die eine wie die andere Politikern wie Perikles zugeschrieben, die in einer jedes Mal einzigartigen Synthese die Fähigkeit der Gesamtansicht mit dem Gespür für das Besondere vereinen. Was Platon den Staatsmännern vorhielt, muss nunmehr in einem positiven Sinne wieder aufgenommen werden: Die Klugheit lässt sich nicht vom Vater auf den Sohn übertragen, denn sie ist auf Wege der Vermittlung angewiesen, die weniger durchsichtig als belehrende Vorträge und weniger undurchsichtig als die Vererbung sind. Die Beziehung zwischen der Klugheit des Vaters und der des Sohnes hat nicht die Stellung einer Weitergabe, sondern einer *Wiederaufnahme*. Wie einst der Vater, so muss der Sohn von neuem beginnen und seinerseits altern. Während man sich der Mathematik bereits in jungen Jahren widmen kann, braucht es Zeit, um zur Klugheit zu gelangen,[124] und diese Zeit lässt sich nicht beschleunigen, ja nicht einmal absehen. Wenn die Söhne nicht den Vätern ähneln, so ist dies jetzt den Söhnen und nicht mehr den Vätern vorzuwerfen.

Die Klugheit ist ein einmaliges Wissen, reich eher an Anpassungsfähigkeit denn an Gehalt, eher bereichernd für das Subjekt denn reich an klar definierbaren Gegenständen; ein Wissen, dessen Erwerb nicht nur natürliche Veranlagung, sondern auch jene moralischen Tugenden voraussetzt, die ihm wiederum anzuleiten obliegt: [125] Tapferkeit, Scham (αἰδώς) und vor allem Mäßigung (σωφροσύνη), von der Aristoteles uns in einem von Platon übernommenen etymologischen Wortspiel sagt, sie sei die Bewahrerin der Klugheit (σώζουσα τὴν φρόνησιν).[126] Deswegen lobt man jemanden für seine Klugheit und seine Tugendhaftigkeit, nicht aber für seine Intelligenz oder dafür, dass er diese oder jene Naturanlage besitzt.[127]

Diese letzte Bemerkung gestattet uns abschließend, den Klugen von einer anderen Figur abzugrenzen, mit welcher man ihn aufgrund des Vergleichs mit dem Politiker und dem Hauswirt leicht verwechseln könnte: der Figur des Geschickten (δεινός). Die Geschicklichkeit ist das Vermögen, auf mühelose Weise ein Ziel zu erreichen, d. h. vor dem Hintergrund eines gegebenen Ziels die wirksamsten Mittel zusammenzustellen.[128] Doch die Geschicklichkeit als solche ist gleichgültig gegenüber der Beschaffenheit des Ziels: »Ist nun das Ziel gut, so ist sie löblich, ist es schlecht, so ist sie Schlauheit und Durchtriebenheit.«[129] Die Geschicklichkeit ähnelt jenem »Auge der Seele«, von dem Platon spricht,[130] und welches Aristoteles zufolge das Gute nur sieht, wenn die moralische Tugend es in die richtige Richtung zieht.[131] Die Klugheit ist demnach die Geschicklichkeit des Tugendhaften.[132] Kurz darauf greift Aristoteles das Problem aus einem anderen Blickwinkel wieder auf und zeigt, dass die Klugheit zur Geschicklichkeit steht, wie die moralische Tugend zur natürlichen: die Klugheit ist eine Art ethische Wiederaufnahme der Geschicklichkeit, so wie die moralische Tugend eine Erneuerung natürlicher Veranlagungen (zur Mäßigung, zur Tapferkeit etc.) vermittels des Willens zum Guten ist.[133] Doch diese Analyse führt zu einer Komplikation: Während der Wille zum Guten in seiner Eigenschaft als Wille von der moralischen Tugend abhängt, welche allein die Geschicklichkeit zur Klugheit werden lässt, hängt dieser selbe Wille, nämlich sofern er Wille *zum Guten* ist, von der Verstandestugend der Klugheit ab, die allein die natürliche Tugend zur moralischen Tugend werden lässt. Es gibt also nicht nur eine Analogie, sondern eine Verbindung zwischen der Klugheit und der moralischen Tugend: Die Klugheit vermittelt zwischen der natürlichen und der moralischen Tugend, während zugleich die moralische Tugend zwischen der Geschicklichkeit und der Klugheit vermittelt. Auf diesem neuerlichen Umweg sto-ßen wir wieder auf die Wahrheit, dass es weder moralische Tugend ohne Klugheit noch Klugheit ohne moralische Tugend gibt.

Man hat verschiedentlich auf den schlechten Zirkel aufmerksam gemacht, den diese Formulierung zu implizieren scheint. Doch ein solcher liegt nur vor, wenn man dort nach einer Genese sucht, wo

Aristoteles ein Zusammenlaufen von Klugheit und moralischer Tugend in der Einheit desselben Subjekts beschreibt. Weil ein und dieselbe Person zugleich tugendhaft und klug ist, bezeichnet man die moralische Tugend als die natürliche Tugend des Klugen und die Klugheit als die Geschicklichkeit des Tugendhaften. Offensichtlich lehrt Aristoteles uns damit weder, wie man klug wird, noch, wie man tugendhaft wird, denn um durch die Klugheit tugendhaft zu werden, müsste man bereits tugendhaft sein, und um durch die Tugend klug zu werden, müsste man schon klug sein. Aristoteles beschreibt hier eher einen hervorragenden Typus, als dass er ein allgemeines Rezept zu seiner Nachahmung liefern würde: Es ist nicht leicht, ein zweiter Perikles zu werden, selbst wenn man der Sohn von Perikles ist. Die moralische Erziehung muss ihre Grenzen anerkennen, bei denen es sich um nichts anderes als die Unvorhersehbarkeit individueller Schicksale handelt. Ethische Reden nehmen Einfluss nur auf Seelen von edler Geburt.[134] Doch wozu brauchen diese überhaupt ethische Reden? Und wie vermag umgekehrt ein Mensch, der »nur der Leidenschaft« lebt, sein Gehör jenen Reden zu leihen, die ihn bessern wollen?[135] Die Grundlage des moralischen Lebens bildet ein irreduzibler Anteil an »glücklicher Fügung«[136] und göttlicher Gunst.[137] Wenn auch alle für den Zwang empfänglich sind und ein wohlgeordneter Staat somit allen seinen Bürgern »gute Manieren« einschärfen kann, so ist die unmittelbare Teilnahme an der Moralität, d. h. das spontane Auffinden der rechten Regel nur einer kleinen Minderheit von Auserwählten vorbehalten: Die anderen werden möglicherweise unter der rechten Regel leben, doch sie werden nicht die rechte Regel *sein*, wie sie allein der Kluge verkörpert.

Der *phronimos* bleibt demnach bei Aristoteles sehr wohl Erbe einer aristokratischen Tradition, die der Seele von »edler Geburt« einen nicht übermittelbaren Vorrang vor der Masse einräumt. Doch bleibt dieser Vorrang weiterhin ein intellektueller, selbst wenn er sich weder intellektuell definieren lässt noch durch rationale Rede weitergegeben werden kann. Der aristotelische *phronimos* vereint Charakterzüge, die zusammenzudenken wir verlernt haben: Wissen und Unmitteilbarkeit, gesunden Menschenverstand und Einzigartigkeit, natürliche Veranlagung und erworbene Erfahrung, theoretisches Verständnis und praktische Geschicklichkeit, Geschicklichkeit und Rechtschaffenheit, Tüchtigkeit und Strenge, vorsichtigen

Scharfblick und Heldentum, Inspiration und Arbeit. Die Figur des Perikles symbolisiert weder den politischen Idealismus noch den Opportunismus, sondern beide zugleich. Er ist weder eine »schöne Seele« noch Machiavelli, sondern er ist in unauflöslicher Verbindung zugleich ein Mensch des Inneren und des Äußeren, der Theorie und der Praxis, des Zieles und der Mittel, des Gewissens und der Tat. Oder vielmehr handelt es sich hier um moderne Gegensätze, die zurzeit von Aristoteles hervorzutreten begannen[138] und denen er als einen letzten Damm die noch ungeteilte Einheit des *Klugen* der Tradition entgegenzusetzen versucht.

2. Kapitel
Kosmologie der Klugheit

»Gott ist nicht Ursache von allem.«

Platon, *Politeia*, 379c

§ 1 *Die Kontingenz*

»Der Habitus wird [...] durch die Akte sowie durch die Objekte charakterisiert, worauf er sich bezieht.«[1] Diese Formulierung entstammt Aristoteles' Diskussion der moralischen Tugenden, kann sich aber genauso gut auf jede andere ἕξις beziehen. Mit ihr stellt Aristoteles die Janusköpfigkeit der Tugend fest: Eine Tugend bestimmt sich nicht allein als subjektiver Habitus, sondern ebenso durch ihren Bezug auf eine bestimmte *Situation*. Tugendhaftigkeit ist mehr als nur zu handeln, wie es sich gehört, sondern auch, gegenüber wem, wann und wo es sich gehört.[2] Die Definition der Moralität ist hier so untrennbar mit dem Gehalt der Handlung verbunden, dass die Tugend nicht ohne ihren Gegenstand definiert werden kann. Eine tugendhafte Handlung wäre nicht, was sie ist, oder vielmehr was sie sein sollte, wenn die Umstände andere wären; und die Tugend im Allgemeinen wäre nicht, was sie ist – ja, vielleicht wäre sie überhaupt nicht – wenn die Welt eine andere wäre, als sie ist.

Tatsächlich achtet Aristoteles bei seiner Beschreibung der moralischen Tugenden sorgfältig darauf, die jeweiligen Situationen zu anzugeben, in denen sich überhaupt die Gelegenheit zu Tapferkeit, Freigiebigkeit, Gerechtigkeit etc. bietet. Ist eine entsprechende Situation nicht vorhanden oder sogar ausgeschlossen, so gibt es auch keinen Grund dafür, dass diese Tugenden zur Entfaltung kommen sollten. Aristoteles zieht daraus folgerichtig eine Konsequenz, die den Platonikern anstößig erscheinen musste und die noch Plotin Unbehagen bereiten wird:[3] Die Götter sind weder gerecht noch tapfer, weder freigiebig noch maßvoll; denn sie leben nicht in einer Welt, in der es Verträge zu unterzeichnen, Gefahren zu begegnen,

Geldgeschäfte zu erledigen oder seine Begierden zu zügeln gilt.[4] Die Götter leben nicht in einer Welt der Verhältnisse, des Abenteuers und des Bedürfnisses; man würde den Wert der Tugend überschätzen,[5] wollte man sie Wesen zusprechen, die – so, wie sie sind, und dort, wo sie leben – mit ihr ganz offenbar nichts anfangen können.

Demnach gibt es einen *Horizont* der menschlichen Tugend insgesamt, so wie den einzelnen Tugenden jeweils ein bestimmter Situationstyp entspricht. Eine nähere Bestimmung dieses Horizontes ist, wenn überhaupt, so gewiss nur im Zusammenhang mit der Bestimmung des Gegenstandsbereiches der Klugheit zu finden: Denn die Klugheit ist keine Einzeltugend, sondern die Leittugend, welche allen anderen Tugenden ihre Aufgaben zuweist. Zweifellos handelt es sich bei der Klugheit nicht wie bei den anderen um eine *situierte* Tugend, denn ihr obliegt es ja gerade, Situationen einzuschätzen und zu beurteilen. Doch diese Funktion der Klugheit setzt ihrerseits einen umfassenderen Horizont voraus, innerhalb dessen Situationen überhaupt erst möglich sind, und durch den der Mensch ein Wesen der Situation ist, welches Prinzipien nur im Modus des Ereignisses und des Einzelnen zu leben vermag. Diesen Horizont benennt Aristoteles, und zwar mit einem Nachdruck, den seine Ausleger nicht immer im gebotenen Maße berücksichtigt haben: *Die Klugheit bewegt sich im Bereich des Kontingenten,* d. h. im Bereich dessen, was sich anders verhalten kann (τὸ ἐνδεχόμενον ἄλλως ἔχειν).[6] Dadurch unterscheidet sich die Klugheit am deutlichsten von der Weisheit, die, insofern sie eine Wissenschaft ist,[7] das Notwendige betrifft[8], und, insofern sie unter allen Wissenschaften die höchste vorstellt,[9] das schlechthin Unbewegliche betrifft und die Welt des Werdens nicht kennt.[10]

Die Theorie der Klugheit ist also einer Kosmologie und sogar einer Ontologie der Kontingenz verpflichtet, deren Grundzüge hier noch einmal zu skizzieren sind. Doch bevor wir andere Texte von Aristoteles ins Auge fassen, wollen wir uns zunächst ansehen, wie die *Nikomachische Ethik* das Eindringen dieser auf den ersten Blick nicht zum Bereich des Ethischen gehörenden Überlegungen rechtfertigt. Aristoteles scheint zu dem obigen Ergebnis über eine Analyse der Bedingungen des Handelns (πρᾶξις) und des Herstellens (ποίησις) gelangt zu sein. Handeln und Herstellen bedeutet gleichsam, sich der Weltordnung einzufügen, um sie zu verändern; und eine Welt, in der dafür Platz ist, muss einen gewissen Spielraum, eine gewisse Unbestimmtheit, eine gewisse Unfertigkeit mit sich bringen. Der Gegenstand des Handelns und des Herstellens gehört also dem Bereich dessen an, was auch anders sein kann.[11] Während nun der regelgerechte Habitus des Herstellens (ἕξις μετὰ λόγου ποιητική) Kunst (τέχνη) heißt, ist der regelgerechte Habitus des Handelns (πρακτική) die Klugheit.[12] Tatsächlich führt Aristoteles dieses Thema hinsichtlich der Klugheit fast gar nicht weiter aus, da es sich für ihn von selbst zu verstehen scheint. Ein wenig deutlicher wird er im Zusammenhang mit der Kunst, die ebenfalls in Buch VI als eine der intellektuellen »Tugenden« bzw. »Vortrefflichkeiten« betrachtet wird: »Gegenstand jeder Kunst ist das Entstehen, das regelrechte Herstellen und die Erwägung, wie etwas, was sowohl sein als nicht sein kann (τι τῶν ἐνδεχομένων καὶ εἶναι καὶ μὴ εἶναι) und dessen Prinzip im Hervorbringenden, nicht im Hervorgebrachten liegt, zustande kommen mag.«[13] Hier sind zwei Bemerkungen angebracht. Das Kontingente wird hier als »das, was sowohl sein als nicht sein kann«, bezeichnet, wobei es sich jedoch eigentlich nur um eine Unterart dessen, »was anders sein kann«, handelt, wie ja auch die »Veränderung dem Wesen nach«, nämlich Werden und Vergehen (γένεσις καὶ φθορά), nur eine Unterart von Veränderung im Allgemeinen ist.[14] Man braucht kaum zu betonen, dass für Aristoteles und das griechische Denken überhaupt die Möglichkeit des Seins nicht die Möglichkeit eines plötzlichen Auftauchens aus dem Nichts bezeichnet und ebenso wenig die Möglichkeit des Nichtseins als Möglichkeit einer Rückkehr ins Nichts – die christliche *vertibilitas in nihil*[15] – zu verstehen ist; es handelt sich allein um die Möglichkeit, dass ein unbestimmter Stoff eine Form annimmt und so zu einem Wesen wird bzw. um die Möglichkeit, dass dieses Wesen sich in die Elemente auflöst, aus denen es hervorgegangen ist. Wenn also die Kunst tatsächlich neue *Seiende* hervorbringt, so nicht aus dem Nichts, sondern aus dem Unbestimmten. Zweitens wäre hervorzuheben, dass der Bereich des Kontingenten umfassender ist als jener der Kunst, denn Aristoteles scheint innerhalb der kontingenten Dinge zwischen denjenigen zu unterscheiden, deren Prinzip im Herstellenden liegt – den *artefacta* – und denjenigen, die ihr Prinzip in sich selbst tragen, nämlich den natürlichen Wesen.[16] Zwar ist damit die Situation bezüglich der Gegenstände des Herstellens (*fac-*

tibilia) geklärt[17] – doch wo sind die Gegenstände des Handelns (*agibilia*) zu lokalisieren? Es hat nicht den Anschein, als handelte es sich hier um den Bereich der Natur im eigentlichen Sinne, denn obwohl der Handelnde sein Prinzip in sich selbst trägt und in dieser Hinsicht den natürlichen Wesen gleicht, so ist der Ort seines Handelns doch die Welt; und das bedeutet, dass er sich an die Stelle der natürlichen Wesen setzt und damit eine gewisse Künstlichkeit in die Welt hineinbringt. Die immanente Handlung (πρᾶξις) hat weniger die Natur selbst als ihre Unvollkommenheit bzw. ihre Unfertigkeit zum Gegenstand, wobei es genau diese Unbestimmtheit ist, die es Aristoteles hier erlaubt, die Naturabläufe im Bereich des »Anders-Sein-Könnens« einzuordnen.[18] Von diesem Standpunkt aus unterscheidet sich die Handlung nicht grundsätzlich von der Herstellung: [19] Die eine wie die andere sind nur möglich im Horizont der Kontingenz, wobei letztere nicht als eine Region des Seins verstanden werden sollte, sondern als eine gewisse negative Eigenschaft, die sich auf die Naturabläufe auswirkt.

Wir sind also berechtigt, Aristoteles' abschließende Aussage über die Kunst auch auf die Klugheit anzuwenden: »In gewissem Sinne bewegen sich die Kunst und der Zufall um das nämliche Objekt, wie auch *Agathon* sagt: ›Die Kunst den Zufall liebt, der Zufall liebt die Kunst.‹«[20] Dabei ist es unwichtig zu wissen, was genau Agathon damit sagen wollte – wahrscheinlich, dass die Kunst eher eine Frucht der Inspiration denn das Resultat einstudierter Regeln ist. Aber es ist vielleicht nicht ganz uninteressant, dass Aristoteles hier einmal mehr auf die Weisheit der Dichter zurückgreift, um auf gewollt verhüllte Weise daran zu erinnern, dass die menschlichen Unternehmungen eine gewisse Affinität zum Zufall haben, ja sogar in einer Art von geheimem Einverständnis mit ihm stehen. Jedenfalls ist es hier zweifellos noch unangebrachter als anderswo, Aristoteles' elegante Federführung durch gelehrte Kommentare zu erdrücken. So würde ein Verweis auf die Stellen, an denen Aristoteles uns mitteilt, dass die Gesundheit unweigerlich eine Frucht des Zufalls oder der Kunst ist, nichts zur Erklärung beitragen[21]: Denn anstatt auf eine Affinität von Zufall und Kunst würden sie eher auf einen Wettstreit zwischen ihnen hindeuten, da ja beide den glücklichen Ausgang als jeweils eigenes Verdienst beanspruchen. Mehr noch, in anderen Texten lehrt uns Aristoteles – im Einklang mit dem rationalistischen

Optimismus der Sophisten –, der Zufall müsse nach und nach dem Fortschritt der Kunst weichen.[22] Doch im Buch VI der *Nikomachischen Ethik* geht es ihm nicht darum, die Kunst dem tastenden und zufälligen Empirismus gegenüberzustellen, sondern im Gegenteil der Wissenschaft, von der es kurz zuvor heißt, sie bezöge sich auf das, was nicht anders sein kann.[23] Aristoteles meint damit, dass eine der Wissenschaft völlig transparente Welt, in der erwiesenermaßen nichts anders sein kann als es ist, weder der Kunst noch überhaupt dem menschlichen Handeln Raum böte. Wäre es wissenschaftlich erwiesen, dass der Kranke sterben oder genesen wird, so wäre es vergeblich, einen Arzt zu rufen: Die Lückenlosigkeit wissenschaftlicher Erklärung würde der menschlichen Trägheit zur Rechtfertigung dienen.[24] Im Gegensatz dazu lädt der Umstand, dass es in der Welt unerklärliche und unvorhersehbare Zufälle gibt, stets aufs Neue zur menschlichen Initiative ein. Gewiss, um diesen Gedankengang zu verstehen, muss man sich von der modernen Denkweise befreien, die dazu neigt, die Technik als eine *Anwendung* der Wissenschaft zu verstehen.[25] Diese Vorstellung hat überdies nur Sinn, weil die moderne Wissenschaft sich damit begnügt, einer Unmenge natürlicher Kausalketten nachzuspüren, deren Vielzahl der Kontingenz weiterhin eine Rolle vorbehält und so der menschlichen Tätigkeit Raum gibt. Für einen Griechen hingegen bedeutet die Wissenschaft umfassende Erklärung und erfordert daher ein Zurückdrängen der Kontingenz. Die Kunst muss also an zuviel Wissenschaft zugrunde gehen und hat umgekehrt ihren Ort und Sinn nur in dem Maße, wie die Wissenschaft nicht alles erklärt und auch nicht erklären *kann*. Die Kunst schreitet nicht in der gleichen Richtung fort wie die wissenschaftliche Erklärung, sondern verschwindet in dem Maße, wie diese fortschreitet. Für Aristoteles steht jedoch fest, dass dem Vordringen der Wissenschaft Grenzen gesetzt sind, dass sie auf unaufhebbare Hindernisse stoßen muss, die sich als Unbestimmtheit der Materie, einem Synonym für die Kontingenz, zusammenfassen lassen, und dass die Kunst demzufolge kein Ende hat. Die Kunst ist nicht wie für Bacon der zur Natur hinzugefügte Mensch, sondern der Mensch, der sich in die Lücken der Natur einschmiegt[26] – nicht, um sie zu humanisieren, sondern um sie gemäß ihrer selbst zu vollenden, um sie zu naturalisieren. Die Natur der irdischen Welt wird immer von sich selbst getrennt bleiben, ihre Lücken werden niemals vollständig geschlossen werden. Die aristotelische Philosophie der Kontingenz erklärt, dass das Schicksal der Kunst nicht an den Fortschritt der Wissenschaft gebunden ist, sondern im Gegenteil an ihre Misserfolge, und dass die Kunst nur in einer Atmosphäre des Zufalls gedeiht.

Den vorhergehenden Bemerkungen zum Trotz sind der Zufall und die Kunst – entsprechend der platonischen Dreiteilung von Natur, Kunst und Zufall, die Aristoteles aufgreift[27] – klar unterscheidbare Wirkursachen: Die menschliche Kunst macht vom Zufall nur insofern Gebrauch, als sie ihn zu ersetzen bestrebt ist, und beide sind nur Annäherungen an die Natur, so dass die Dreiteilung Natur, Kunst und Zufall weniger drei verschiedene Bereiche voneinander abgrenzt als vielmehr die drei verschiedenen Arten der Ursachen unterscheidet, durch welche die unfertige Natur der irdischen Welt mehr oder weniger erfolgreich ihren Zielen zustrebt. Auf der anderen Seite besagt der Satz des Agathon im aristotelischen Denken nicht, dass die Kunst eine Art von prinzipienloser Hellseherei wäre: Sie hat sich im Gegenteil nach Regeln zu richten, sie ist μετὰ λόγου. Es handelt sich dabei, wie wir sehen werden, um eine lediglich erwägende und beratschlagende Rationalität, welche niemals die Exaktheit der Wissenschaft besitzen wird. Aristoteles führt hier Beispiele an, die es uns erlauben, sein Denken besser zu verstehen, indem sie uns die Anwendungsbereiche der Klugheit näher vor Augen führen: etwa die Medizin, wo die Komplexität stets einzigartiger Fälle der Allgemeinheit der »Rezeptsammlungen« entgeht, oder, in noch höherem Maße, das Beispiel von Kriegskunst oder Schiffahrt, die beide trotz aller gegenteiligen Bemühungen mit einem großen Anteil von Zufälligkeit behaftet sind[28] und in denen keine Wissenschaft den Menschen von der Kunst dispensiert, mittels einer durch Erfahrung gereiften – und dennoch jedes Mal einzigartigen – Intuition das vorteilhafte Terrain abzuschätzen, die günstige Gelegenheit zu erfassen oder den unvorhersehbaren Wind zu nutzen, der das Schiff in den Hafen geleiten wird.

* * *

Bis jetzt hat der Kontext es nicht erfordert, Zufall und Kontingenz voneinander zu unterscheiden. Würden wir den Rahmen der *Ethik*[29] verlassen, die in diesem Zusammenhang nur näherungsweise Aussagen treffen kann, so müssten wir uns die Analysen des Zufalls in der *Physik* in Erinnerung rufen.[30] Diese wären jedoch hier wenig hilfreich. Es gilt als ausgemacht, dass die gelehrte Analyse in der *Physik* eine »relativ späte Ausarbeitung [...] des ursprünglichen und weiter gefassten Begriffes darstellt, mit der sich der Stagirit bis dahin zufrieden gegeben hatte«,[31] und dass sich infolgedessen auch das Buch VI der *Nikomachischen Ethik* auf diese ursprüngliche Auffassung des Zufalls bezieht, die zugleich auch die volkstümliche und religiöse ist. Übrigens spielt die Untersuchung des Zufalls in der *Physik* selbst mehrmals auf diese Auffassung an. In der einleitenden Prüfung überbrachter Meinungen erinnert Aristoteles daran, dass es Leute gibt, die der Meinung sind, »der Zufall sei eine Ursache, eine der menschlichen Vernunft undurchschaubare, da sie etwas Göttliches sei und ins Übernatürliche weise.«[32]

1. Auch wenn eine solche Lehre Aristoteles in der *Physik* fernzuliegen scheint, hat er sie nicht immer als unerheblich angesehen. In der *Eudemischen Ethik* untersucht er ausführlich den Begriff der glücklichen Fügung (εὐτυχία) und wirft die Frage auf, ob ein vom Glück begünstigter Mensch dies infolge der Natur oder auf andere Weise sei. Nach Aristoteles kann niemand aufgrund seiner eigenen Qualitäten – seien es moralische oder intellektuelle – Glück haben; denn das Glück ist etwas Irrationales und lässt sich daher nicht erklären.[33] Auch göttlicher Beistand, der die natürlichen Fehler des Betreffenden ausgleicht, kommt nicht in Frage: Es wäre der Götter unwürdig, ihre Gunst gerade den Schlechtesten zu gewähren.[34] Ist das Glück also weder auf menschliches Verdienst noch auf den Beistand der Götter zurückzuführen, so bleibt nur noch, dass es von der Natur hervorgebracht wird. Andererseits ist »die Natur Ursache dessen, was sich entweder immer oder doch im Großen und Ganzen auf die gleiche Weise verhält, der Zufall [τύχη] aber ist das Gegenteil.«[35] Doch gründet dieser Einwand nicht auf einer falschen Vorstellung vom Zufall? Aristoteles gibt dies zu bedenken, indem er eine Theorie skizziert, derzufolge der Zufall »überhaupt zu eliminieren wäre und wir auszusagen hätten, dass nichts vom Zufall her entsteht, und wir nur deshalb vom Zufall sprechen, weil wir eine zweifellos vorhandene weitere Ursache einfach nicht sehen – wie man denn eine Definition des Zufalls versucht, indem man ihn als für menschliche Berechnung unberechenbare Ursache (αἰτίαν ἄλο-

γον ἀνθρωπίνῳ λογισμῷ) setzt, ihn also als Realität nimmt.«[36] Aristoteles zieht hier also eine Hypothese in Betracht, nach der der Zufall bloß ein Name für unsere Unwissenheit um die eigentlichen Gründe wäre; und obwohl er es ablehnt, das Problem in diesem Kontext ausführlicher zu erörtern – »denn dies wäre«, wie er sagt, »ein Thema für eine andere Untersuchung«[37] –, so ahnt man doch, dass er in der *Eudemischen Ethik* mit einer solchen Auffassung sympathisiert. Im Weiteren wird dann allerdings deutlich, wie dies genauer zu verstehen ist: Jene dem menschlichen Verstande verborgene Ursache, die man unpassenderweise den Zufall nennt, ist zwar in gewisser Hinsicht eine natürliche Ursache, und insofern ist es auch richtig zu sagen, dass man Glück von Natur aus hat.[38] Diese Natur jedoch ist nicht im physikalischen Sinne zu verstehen: Es handelt sich um die gute oder schlechte Natur, die hohe oder niedrige Geburt; diese ist gottgegeben, nicht um unsere Verdienste zu belohnen oder zu ersetzen, sondern sie ist die anfängliche Mitgift, die den weiteren Verlauf unseres Schicksals bestimmt. Sie ist keine Folge, sondern der Ursprung unserer Verdienste und Verfehlungen. Aristoteles geht an dieser Stelle sogar noch weiter: Die Gottheit gibt sich nicht damit zufrieden, uns die Existenz zu schenken und uns anschließend die freie Verfügung darüber zu überlassen, sondern sie verleiht dieser Existenz in jedem einzelnen Augenblick ihre Bewegung. Sofern wir danach streben zu tun, was sich gehört, wie es sich gehört und wann es sich gehört – gemäß der Definition der tugendhaften Absicht –, so darf man dabei nicht glauben, dies wäre das Ergebnis einer freien Erwägung. Aristoteles zeigt dies auf folgende Weise durch eine *reductio ad absurdum*: »Denn niemand beginnt zu erwägen, nachdem diesem Erwägen bereits Akte des Erwägens vorangegangen sind, sondern es gibt einen Anfang (ἀρχή). Und keiner beginnt zu denken, nachdem bereits Denkakte vorausgegangen sind und so weiter *in infinitum*. Nicht also ist des Denkens Anfang das Denkende und nicht des Erwägens Anfang das Erwägende. Was anders also denn der Zufall? Folglich müsste alles vom Zufall kommen. […] Worauf es uns ankommt, ist dieses: Was setzt den Anfang der Bewegung in der Seele? Nun, es ist klar: So wie es in der Gesamtheit der Dinge Gott ist, so bewegt er auch alles in der Seele. Denn in gewisser Weise setzt das Göttliche in uns alles in Bewegung.«[39]

Man sieht, welch hohe Meinung Aristoteles hier vom Zufall hat, oder vielmehr von dem, was er repräsentiert: Er ist der Name, den wir aus Unwissenheit der Ursache aller Ursachen verleihen, derjenigen, die alle Dinge bewegt, ohne selbst bewegt zu werden, dem Prinzip, welches sich auf sich selbst gründet, d. h. Gott. Gott ist der erste Beweger unserer Seele und des Weltalls; in diesem Sinne ist er der grundlegende Zufall, an dem unsere Existenz hängt. Aristoteles zieht daraus die Folgerung, dass die vom Glück begünstigten Menschen ihr Glück weder ihrer Intelligenz noch insbesondere ihrer Fähigkeit zur Erwägung verdanken: »Und deshalb werden, wie ich ja schon gesagt habe, als Glücksgünstlinge jene bezeichnet, die, wenn sie ihren Impulsen gefolgt sind, Erfolg haben – obwohl die Einsicht fehlt (ἄλογοι ὄντες). Und zu erwägen ist für sie überflüssig. Denn es ist eine Anfangskraft in ihnen, die stärker ist als Denken und Erwägen – in den anderen ist das Denkende da, dafür haben sie dieses nicht –, und zwar wohnt ihnen Gott inne.«[40] Es stimmt zwar, dass in gewissem Sinne alles durch den Zufall, d. h. durch Gott, bewegt wird; aber man muss diese Behauptung doch dahingehend berichtigen, dass sich die unmittelbare göttliche Eingebung nur auf einen Kreis von Auserwählten beschränkt, während die anderen der mühsamen Grübelei des Urteilens und Erwägens preisgegeben sind. Die glückliche Fügung (εὐτυχία), die hohe Geburt (εὐφορῒα, εὐγένεια) machen den Gebrauch des Verstandes (νοῦς) und selbst der Tugend, die nur ein »Instrument des Verstandes« ist, überflüssig.[41] Umgekehrt sind die intellektuellen und die moralischen Tugenden und insbesondere die Tugend der *Klugheit*, die alle anderen Tugenden in sich begreift, nichts als ein Ersatz, ein Notbehelf, der auf dem Umweg der Erwägung versucht, jene Güter wiederzugewinnen, welche die Götter den vom Glück begünstigten Menschen auf unmittelbare Weise zuteil werden lassen.[42] Obwohl solchen Menschen »die Einsicht fehlt, treffen sie (ἀποτυγχάνουσιν) die Eigenschaften der Klugen und Weisen, insbesondere die Fähigkeit zu einer schnellen Divination. [...] Denn diese sieht trefflich in die Zukunft und in die Gegenwart, und so sehen die, deren Denken (λόγος) ausgeschaltet wird. [...] Es scheint nämlich, dass die Anfangskraft sich stärker auswirkt, wenn das Denken ausgeschaltet wird.«[43] Die mystische Färbung dieser Stellen, die auf den ersten Blick im Widerspruch zum Humanismus des Buches VI der *Nikomachischen*

Ethik zu stehen scheint, ist verschiedentlich hervorgehoben worden.[44] Dort scheint der Zufall, mit der Kontingenz gleichgesetzt, gerade durch seine Unbestimmtheit die schöpferische Inititative der Menschen herauszufordern und die Wirksamkeit ihrer Beratschlagungen zu garantieren. In der *Eudemischen Ethik* dagegen dominiert der Zufall alles und ist die verborgene Ursache des Universums: Selbst die tugendhaften unter den Handlungen und Erwägungen der Menschen können sich ihm weder entgegensetzen noch auch nur etwas zu ihm beitragen. Die Klugheit ist hier gerade nicht durch den Zufall bedingt, sondern umgekehrt bloß ein unumgänglicher Notbehelf für jene Menschen, die dem sie leitenden Schicksal gegenüber blind sind. Die Klugheit ist noch nicht die Fähigkeit zur Voraussicht, »das Auge der Seele«, sondern sie kennzeichnet im Gegenteil den Mangel an einer solchen Fähigkeit und ersetzt diese gleichsam; bei der Klugheit handelt es sich um die lächerliche Umtriebigkeit von Menschen, die versuchen, aus eigener Kraft das Fehlen göttlicher Eingebung auszugleichen und dabei nicht immer Erfolg haben.

Doch ist die durch diesen Text nahegelegte Vorstellung vom Zufall nicht so klar und unproblematisch, wie es zunächst den Anschein hat. Denn neben dem religiösen Begriff des Zufalls – als der verborgenen Kraft, die alles lenkt – taucht eine andere Vorstellung auf, die den Zufall nicht mit der unergründlichen Transzendenz der Gottheit in Zusammenhang bringt, sondern mit dem Versagen ihrer Tätigkeit. Wir haben gesehen, dass der Zufall als das Außergewöhnliche in diesem Text der Natur als dem Immergleichen gegenübergestellt wird.[45] Etwas später fügt Aristoteles hinzu, dass sich ein zufälliges Ereignis selbstverständlich von Ursachen ableitet, aber eben von unbegrenzten und unbestimmten (ἀπείρων καὶ ἀορίστων), d. h. von solchen Ursachen, von denen es keine Wissenschaft geben kann.[46] Zweifellos legt die allgemeine Tendenz des Textes nahe, Aristoteles würde sich mit der Unmöglichkeit einer Wissenschaft vom Zufall leicht abfinden, da es etwas Höheres als die Wissenschaft gibt, nämlich Gott.[47] Aber das Unbegrenzte und Unbestimmte bezeichnen bei ihm – wie im übrigen in der griechischen Philosophie allgemein – nicht immer das Gegenstück unserer Unwissenheit (die durch ἄδηλος ausgedrückt wird),[48] sondern eher objektive Eigenschaften der Dinge: Infolgedessen muss man einräumen, dass das, was für uns unbestimmt ist, es auch an sich ist, d. h. für Gott. Die gewichtigste Unsicherheit findet sich aber in der Auffassung der Beziehung zwischen göttlicher Bewegung und menschlicher Erwägung. Jede Erwägung, so beginnt Aristoteles, wird durch Gott in Bewegung gesetzt, was bedeuten würde, dass das Gefühl von Freiheit, das mit ihr einhergeht, illusorisch ist und die Erwägung als solche unwirksam. Doch im Anschluss daran scheint Aristoteles zwei Arten von Menschen zu unterscheiden: solche, die erwägen, und solche, die zwar nicht imstande sind zu erwägen,[49] denen aber Gott einwohnt. Die Erwägung ist also nicht allgemein im Menschen gegenwärtig, und wo sie gegenwärtig ist, dort muss sie auch einen Sinn haben. Was für ein Sinn könnte das aber sein? Wenn die Erwägung eine bloße Erscheinung ist und Gott »alles bewegt« – warum spart er sie nicht ein, so wie bei den »vom Glück begünstigten« Menschen? Und wenn er das nicht tut, ist es dann nicht so, dass er die Erwägung dort, wo seine unmittelbare Eingebung fehlt, eher *zulässt*, als dass er sie hervorruft? Mit anderen Worten: Wenn alles durch Gott bewegt wird, warum wirkt sich seine Bewegung einmal unmittelbar, ein andermal mittelbar aus? Ist diese Mittelbarkeit nicht geradezu ein Zeichen dafür, dass Gott es nicht vermag, auf *unmittelbare* Weise alle Dinge zu bewegen, dass er Vermittler benötigt? Werden diese Vermittler dann aber nicht ein Eigenleben entwickeln und sich an Gottes Stelle setzen, anstatt seine gefügigen – und also unnützen – Handlanger zu spielen?

Eine derartige Auffassung wird im fraglichen Kapitel der *Eudemischen Ethik* zugegebenermaßen nicht ausdrücklich entwickelt. Aber sie allein erlaubt zu verstehen, warum Aristoteles, der doch in der Erwägung eine gegenüber der Eingebung tieferstehende Art der Bestimmung sieht, ihr nicht jede Eigenwirksamkeit abspricht – denn der Erfolg beruht eben nicht ausschließlich auf der glücklichen Fügung,[50] sondern auch auf Klugheit und Tugend.[51] Gewiss wäre es vorzuziehen, von Gott geleitet zu werden und es nicht nötig zu haben, klug oder tugendhaft zu sein; aber ein Mensch, der nicht vom Glück begünstigt ist, muss sich eben auf sich selbst verlassen und *kann* dies auch – denn das Ausbleiben glücklicher Schicksalsfügungen bedeutet eben nicht schon Unglück, sondern lediglich eine dem menschlichen Handeln eigene Unbestimmtheit.

2. Allerdings werden solche Ansichten, die letzten Endes das menschliche Handeln auf die Kontingenz gründen, nicht in der

Physik entwickelt. Aristoteles hat dort nur die Absicht, eine Theorie des Zufalls vorzulegen, die sich in den Rahmen einer allgemeinen Theorie der Kausalität einfügt. Wenn Aristoteles auch die traditionellen anthropologischen Implikationen der Vorstellung der τύχη erkannt hat,[52] so betrachtet er diese doch hier nur als äußerliche Sprachverwendung, welche auf die Theorie selbst keinerlei Auswirkungen hat. Ob der Zufall nun Wesen betrifft, die mit freier Wahl begabt sind oder nicht (im letzteren Falle wird er αὐτόματον genannt), so stellt er für Aristoteles doch stets das Zusammentreffen irgendeiner Kausalität und eines menschlichen Interesses dar, oder vielmehr das Zusammentreffen einer mit einer gewissen Zweckdienlichkeit versehenen realen Kausalreihe und einer imaginären Zweckdienlichkeit, wie sie nach dem Ergebnis retrospektiv rekonstruiert werden könnte. Man kennt das berühmte Beispiel des Mannes, der zum Markt geht und dort seinen Schuldner trifft:[53] alles geschieht so, als hätte er sich zum Markt begeben, um sein Geld zurückzuverlangen, während er in Wirklichkeit aus einem anderen Motiv dorthin gegangen ist; dieses letztere und allein reale Motiv ist dann die *akzidentelle* Ursache einer Wirkung, die nicht als solche angestrebt wurde, nämlich der Rückerstattung der Schuld. Wie man sieht, führt eine solche Auffassung des Zufalls keinen Bruch in die Kausalkette ein; der Zufall fügt lediglich eine Absicht hinzu, die jedoch – da sie eben imaginär ist – zur Wirklichkeit der Naturabläufe weder irgendetwas beiträgt noch etwas von ihnen abzieht. In diesem Sinn ist der Zufall bloß eine retrospektive Illusion, die Projektion einer menschlichen Zweckdienlichkeit auf eine Kausalverbindung, welcher diese Zweckdienlichkeit vollkommen fremd ist.[54] Unter diesem Gesichtspunkt scheint die Theorie des Zufalls im Buch II der *Physik* in keinerlei Zusammenhang mit der Frage der Kontingenz zu stehen[55] – die Wendung ἐνδεχόμενον ἄλλως ἔχειν findet sich übrigens weder im Buch II noch sonst irgendwo in der *Physik* – und sie scheint eher eine deterministische Interpretation nahezulegen.

Doch innerhalb derselben Entwicklung wird eine andere Auffassung des Zufalls sichtbar, die diesen nicht als Ursache, sondern als Wirkung ansieht. Unter diesem Gesichtspunkt erscheint der Zufall *als Zusammentreffen* einer realen Reihe und eines nicht tatsächlich verfolgten Zwecks, als außergewöhnliche Tatsache[56] ohne Ursachen, wenigstens ohne zuweisbare Ursachen: In diesem Sinne gehört der

Zufall zum Bereich des Unbestimmten,[57] da seine Ursachen akzidentell und folglich unbestimmt sind:[58] »Die Ursache im eigentlichen Sinn ist eindeutig bestimmt, die Ursache im akzidentellen Sinn nicht festgelegt; denn auf diesen einen Gegenstand kann ja unendlich Vieles zutreffen.«[59] Der Zufall tritt also nur in einer Welt auf, in der sich das Akzidentelle – d. h. das, was einem Gegenstand widerfährt, συμβαίνει – nicht auf das Wesen zurückführen lässt, d. h. in einer Welt, in der nicht alles deduzierbar ist, wo die Unendlichkeit möglicher Akzidenzien zu einer unüberschaubaren Menge aus ihnen entstehender Kombinationen führt.

3. Es ist dieser dritte Begriff des Zufalls – eines Zufalls, der nur vor dem Hintergrund einer objektiven Unbestimmtheit, d. h. der Kontingenz, möglich ist – der in einem anderen Gedankengang, den u. a. das Buch VI der *Nikomachischen Ethik* bezeugt, mehr und mehr zum Tragen kommt. Man könnte sagen, dass dieser Gedankengang weniger physikalisch als theologisch-anthropologisch ist, da die Welt hier nur als Ort der Verbindung von Mensch und Göttlichem ins Auge gefasst wird. Der Ausgangspunkt scheint Aristoteles' Zurückweisung des traditionellen Verständnisses der Vorsehung zu sein. Man hat gelegentlich behauptet, Aristoteles habe eine solche Auffassung zugelassen.[60] Doch die Stelle, mit der man dies gewöhnlich belegen will, hat eine ganz andere Bedeutung: »Denn wenn die Götter, wie man doch allgemein glaubt (ὡς δοκεῖ), um unsere menschlichen Dinge irgendwelche Sorge haben, muss man ja vernünftiger Weise annehmen, dass sie an dem Besten und ihnen Verwandtesten Freude haben – und das ist unsere Vernunft –, und dass sie denjenigen, die dasselbe am meisten lieben und hochachten, mit Gutem vergelten.«[61] Nicht nur, dass es sich dabei, wie Eduard Zeller[62] und Franz Dirlmeier[63] bemerken, um eine Anspielung auf volkstümliche Überzeugungen handelt, die Aristoteles nicht notwendigerweise selbst vertritt; darüber hinaus wird diese Anspielung auch in hypothetischer Form vorgetragen: Wenn es eine Vorsehung gibt, dann müssen die Weisen glücklich sein.

Aber sind die Weisen glücklich? Bekanntlich weicht Aristoteles in diesem entscheidenden Punkt von der ganzen sokratischen Tradition ab, die das Glück mit der Weisheit oder mit der Tugend gleichsetzte. Besonders im Buch I der *Nikomachischen Ethik* gibt es zahlreiche Stellen, die die Tugend zur notwendigen, jedoch nicht zur hinreichenden Bedingung des Glücks machen. In die Definition des Glücks müssen die äußeren und die leiblichen Güter eingehen, wie »ehrbare Herkunft, brave Kinder, körperliche Schönheit. […] Er kann nicht als sonderlich glücklich gelten, der von ganz hässlichem Äußern oder ganz gemeiner Abkunft oder einsam und kinderlos ist.«[64] Nun erwirbt man derartige Güter nicht durch Übung oder Verdienst, sondern sie sind von der glücklichen Fügung (εὐτυχία) abhängig. Gewiss reicht diese nicht zur Definition des Glücks (εὐδαιμονία) hin, doch ohne sie ist das Glück unmöglich, und zwar in doppelter Hinsicht: zunächst, weil die Tugend auf einen Stoff angewiesen ist, an dem sie sich betätigen kann, und, wie wir gesehen haben, eine »Welt« erfordert, d. h. Bedingungen, die nicht von uns abhängen, wie Freunde, Geld, eine gewisse politische Macht[65] und zudem Gelegenheiten, die nicht einem jeden zuteil werden (so hat etwa Herkules das Glück gehabt, den nemeischen Löwen und die lerneische Hydra zu treffen).[66] Doch in einem zweiten Sinne kann es kein vollendetes Glück ohne ein erfülltes Leben (βίος τέλειος) geben,[67] was zweifellos eine *größtmögliche* Dauer voraussetzt, aber auch die körperliche Unversehrtheit und das Gedeihen unserer Unternehmungen, wie die Griechen es mit dem Wort εὐπραγία zusammenfassen. Auch wäre es eine paradoxe, von Aristoteles keinesfalls vertretene These, jemanden für glücklich zu erklären, der »die größten Übel und Missgeschicke zu erdulden« hat.[68] In diesem Sinne hat Solon behauptet, man könne von einem Menschen nicht vor seinem Tod sagen, dass er glücklich *gewesen* sei, da er zeit seines Lebens den Unwägbarkeiten des Zufalls unterworfen ist.[69] Dies lehrt etwa das Beispiel des Priamos, der noch als Greis von den größten Unglücksfällen getroffen wird und den »niemand glücklich preist«.[70] Glücklich kann allein das den Ungewissheiten einer uns verborgenen Zukunft entzogene Leben genannt werden,[71] das Leben, welches der Tod zum Schicksal verwandelt hat.[72]

Diese Aussagen entsprechen dem volkstümlichen Bewusstsein von der Tragik des Lebens und greifen von Dichtern und Tragikern entwickelte Themen auf, wie etwa das des fortwährend den Schicksalsschlägen ausgesetzten Weisen, das der Welt und der Menschen, die die Götter der Willkür des Zufalls überantwortet haben, oder das Bild der triumphierenden Ungerechtigkeit. Freilich greift Aristoteles diese Themen nur im Rahmen aporetischer Entwicklungen und im

Sinne einer Bestandsaufnahme. Tatsächlich widersprechen diese Warnungen volkstümlicher Klugheit einer in seinen Augen essentiellen Eigenschaft des Glücks, nämlich seiner *Beständigkeit*.[73] Das Glück muss demzufolge schon begrifflich der Unbeständigkeit des Zufalls entzogen sein,[74] da der Glückliche andernfalls einem Chamäleon oder einem Haus, das zu verfallen droht, ähneln würde.[75] Nun gibt es unter den menschlichen Tätigkeiten keine beständigeren als die tugendhaften, insbesondere die höchste unter ihnen, nämlich die Kontemplation.[76] Was bedeutet das? Zunächst zweifelsohne, dass der Weise unter allen Menschen derjenige ist, der sich in höchstem Maße selbst genügt, der im höchsten Maße autark, αὐταρκέστατος ist[77] – ein Thema, das im Buch X ausführlich entwickelt werden wird. Es heißt jedoch auch, dass man selbst in der Ausübung moralischer Tugenden immer aus der Not eine Tugend machen kann, also die Schläge des Schicksals entweder gelassen (εὐκόλως) tragen oder sie sogar dazu nutzen kann, »dasjenige zu tun, was unter den jeweiligen Umständen das Beste ist, wie wir uns ja auch den guten Strategen als einen Mann vorstellen, der sein Heer, wie es eben ist, so gut als möglich zum Krieg verwendet, und den guten Schuster als einen Mann, der aus dem verfügbaren Leder so gute Schuhe wie möglich macht.«[78]

Man erkennt hierin Themen wieder, die als sokratisch bezeichnet werden können: das antisthenische Thema der Autarkie, das kynische Thema der »Taten«, die dem Menschen Gelegenheit geben, seine Vortrefflichkeit unter Beweis zu stellen. Doch am bemerkenswertesten ist nicht, dass Aristoteles diese Themen, die ohne Zweifel schon zum Traditionsbestand der philosophischen Schulen gehörten, aufgreift, sondern dass er es so zaghaft, so ohne Überzeugung tut. Man möge in diesem Punkt den wenig konsistent scheinenden Gedankengang Aristoteles' mit der Strenge der stoischen Moral vergleichen, die die Erbin der sokratischen Tradition ist. Nur die Unterscheidung von Dingen, die von uns abhängen, und solchen, die nicht von uns abhängen, und der Ausschluss letzterer von der Definition des Glücks waren dazu angetan, dem aus dem Unglück des Weisen gewonnenen klassischen Einwand wirksam zu begegnen: Der Weise ist *per definitionem* glücklich, wenn das Glück in der Tugend besteht, diese von uns abhängt und alles übrige gleichgültig ist. Unter dieser Bedingung, und nur unter ihr, würde sich die Ambition aller post-sokratischen Sittenlehren verwirklichen lassen, nämlich die – wie sehr treffend gesagt worden ist – »durch eine innere Haltung zustande gekommenen Befreiung von all demjenigen, was die Griechen übereinstimmend als Unglück betrachteten.«[79] Es geht dabei um eine Befreiung nicht nur von inneren Übeln – dem Irrtum, der Ungewissheit, dem Unwissen, dem fruchtlosen Bedauern oder dem sorgenvollen Erwarten –, sondern darüber hinaus von äußerlichen Übeln: den Krankheiten, der Armut, der Trauer, der Sklaverei, der Gewalt, den Schmähungen oder den Verleumdungen. Selbst die Zeit, Ort der Heteronomie und Zeichen meiner Ohnmacht, vermag dann gegen mein Glück nichts mehr auszurichten: Sie wird eingeholt im Augenblick der tugendhaften Handlung, der einer Ewigkeit des Glücks gleichkommt. »Und man hat keinerlei Aufschub vor dem Urteil nötig, ob jemand glücklich gewesen ist, wie wenn man den letzten Tag seines Lebens hätte abwarten müssen.«[80] Die Klugheit Solons erscheint den stoischen Weisen als wenig weise.[81] In einer zweiten Bewegung, die das universelle »Königtum« des Weisen vollendet, geht der neue Stoizismus sogar so weit, die bis dahin als gleichgültig angesehenen Umstände zu einer *materia virtutis* zu machen, zu einer stets offenstehenden Gelegenheit, die Tugend auszuüben.[82] Die Welt löst sich so in Transparenz und Verfügbarkeit auf: Es gibt nichts Unverständliches für den Weisen, wenn er sich auf die Vorsehung verlässt; nichts ist ihm unmöglich, wenn er sich ein für allemal von der Todesangst, dem einzigen »unbedingten Meister«, befreit hat.[83]

Dieser Tonfall ist Aristoteles fremd, der sich nicht damit abfindet, die äußerlichen und leiblichen Güter für gleichgültig anzusehen. Es wäre jedoch müßig, ihn kleinbürgerlichen Kleinmutes zu zeihen, als hätte er aus Furcht vor den radikalen Schlussfolgerungen des Sokratismus bei ihrer Deduktion auf halbem Wege innegehalten. In Wirklichkeit steht Aristoteles nicht aufgrund größerer oder geringerer Strenge bei der Entwicklung desselben Themas im Gegensatz zu den Sokratikern, sondern durch eine radikal verschiedene Weltanschauung. Die grundlegende Intuition von Aristoteles ist die der *Trennung*, des inkommensurablen Abstandes zwischen Mensch und Gott.[84] Der Mensch ahmt Gott zwar nach, doch ohne ihn jemals erreichen zu können. So ist der Weise von allen Menschen derjenige, der Gott am meisten ähnelt.[85] Er ist in höchstem Maße autark, αὐταρκέστατος,[86] er ist der Liebling der Götter, θεοφιλέστατος,[87] er ist am glücklichsten, εὐδαιμονέστατος.[88] Aber diese Bezeichnungen muss man für das nehmen, was sie sind, nämlich *relative* Superlative und keine absoluten. Schon Platon gab zu, dass sich der Weise Gott nur angleicht, »soweit es möglich ist« (κατὰ τὸ δυνατόν).[89] Für Aristoteles geht diese »Möglichkeit« nicht so weit, dass man dem Weisen Vollkommenheiten zusprechen könnte, die ausschließlich göttliche Eigenschaften sind, wie die Kontemplation seiner selbst.[90] Der Weise ist autark, doch geht diese Autarkie nicht so weit, dass sie ihn davon entbindet, Freunde zu haben, wie das bei Gott der Fall ist, denn während Gott »sein eigenes Glück ist«, so gilt für uns, dass das Glück eine Bezogenheit nach außen hat.«[91] Der Weise wird unsterblich »soweit dies möglich ist«, ἐφ᾽ ὅσον ἐνδέχεται,[92] d. h. dass er allenfalls einen Ersatz für die Unsterblichkeit erreichen kann. Und wenn auch die Kontemplation stetiger als jede andere Tätigkeit ist,[93] so ist diese Stetigkeit beim Menschen nicht vollkommen,[94] da er ermüdet,[95] ganz zu schweigen davon, dass das kontemplative Leben Muße voraussetzt.[96] In deren Abwesenheit wird sich der moralische Mensch mit der ethischen Tugend zufrieden geben, die, wie wir gesehen haben, noch weitere Vermittlungen erfordert. Nun stehen diese dem Menschen nicht zur freien Verfügung. Sie gehören zu einer Welt, die vielleicht nicht dazu disponiert ist, sie ihm zu liefern, und die ihm, wenigstens was ihren zukünftigen Verlauf angeht, »verborgen« bleibt. Sollte man sagen, dass dem Weisen alles einen Anlass bietet, seinen Wert unter Beweis zu stellen, und dass die Unbestimmtheit der Welt für ihn eine Plastizität darstellt, die wir stets zu formen vermögen? Doch in dem mannigfaltigen Universum der Tugend kann nicht einfach alles durch alles hervorgebracht werden. Man kann nicht tapfer im Frieden, gerecht in der Einsamkeit, freigiebig in der Armut sein. Es ist eine »glückliche Gelegenheit«, einen Krieg führen, Verträge unterzeichnen und ein Vermögen verteilen zu müssen. Die Tugend hängt in ihren Daseinsbedingungen von der Welt ab, und diese Welt ihrerseits hängt nicht von uns ab. Der aristotelische Tugendhafte, ja selbst der Kontemplierende – die weniger zwei unterschiedliche Figuren sind als vielmehr dieselbe Figur auf verschiedenen Rangstufen der Vollkommenheit – sind zu dieser Heteronomie verdammt, zu dieser Abhängigkeit vom »Zufall«, die Aristoteles ihnen anscheinend gern erspart hätte.[97]

In Wirklichkeit sind die Textstellen, in denen Aristoteles auf der Autarkie des moralischen Menschen besteht, und diejenigen, in denen er seine Abhängigkeit anerkennt, weniger widersprüchlich als komplementär. Die einen definieren das Wesen des Glücks, die anderen seine Daseinsbedingungen. Das Glück genügt sich selbst, doch um ein solches selbstgenügsames Glück zu erreichen, muss man den Weg über Vermittlungen nehmen, die nicht von uns abhängen, so dass wir unbesehen unseres Verdienstes das Glück, auf das wir einen Anspruch haben und das uns gehören würde, *wenn wir es nur besäßen,* auch verfehlen können. Die Tragik des moralischen Lebens besteht darin, dass die Einheit von Glück und Tugend sozusagen nicht analytisch ist, wie die Sokratiker glaubten, sondern stets synthetisch, da sie in irreduziblem Grade vom Zufall abhängt. Wenn dieses Merkmal keinen besonderen Eindruck auf die Kommentatoren gemacht hat, so deswegen, weil diese Tragik bei Aristoteles einen gewissermaßen residuellen Aspekt hat, so dass man in ihr die Überreste einer volkstümlichen Klugheit sehen konnte – nur nichts übertreiben, nur die Götter nicht herausfordern, indem man die Autarkie und »Unsterblichkeit« des Menschen allzu laut verkündet –, von denen Aristoteles sich nicht gänzlich zu befreien vermochte; womöglich handelte es sich auch einfach um ein lediglich äußerliches Zugeständnis an eine derartige Denkweise. Doch wollte man all das, was bei einem Philosophen in dieselbe Richtung wie die Volksmentalität geht, als »Redeweisen« abtun, so liefe man Gefahr, den tieferen Sinn der Verwurzelung seines Denkens in der Tradition und seine möglicherweise eigenständige Wiederaufnahme dieses traditionellen Denkhintergrundes außer Acht zu lassen.[98] Die aristotelische Tragik ist also in der Tat residuell, doch in einem ontologischen Sinne, nämlich insofern sie der immer wieder verengte, doch unüberwindliche Abstand ist, der den Menschen vom Glück trennt bzw. das menschliche Glück vom Glück schlechthin. Dieser Abstand ist dafür verantwortlich, dass die Menschen zwar glücklich sein können, doch nur »wie die Menschen es zu sein vermögen«,[99] dass das wahrhafte Glück, das Glück der autarken Kontemplation, nur jenseits der *conditio humana* (κρείττων ἢ κατ᾽ ἄνθρωπον) zu finden ist,[100] und dass der Mensch zwar über sich selbst hinausgehen kann, aber nur »soweit es möglich ist«.

Diese letzte Formulierung habe ich weiter oben besonders be-

tont. Sie ist keineswegs neu und erscheint bei allen Vorgängern von
Aristoteles.[101] Sie stellt einen vielleicht manchmal zur Floskel geron-
nenen Ausdruck der alten griechischen Klugheit dar, die es dem
Menschen untersagte, den Menschen zu vergöttlichen. Doch zumindest bei Aristoteles ist diese banale Wendung mit philosophischen
Implikationen befrachtet, als würde er jene Warnung, die seine Vorgänger zu hören verlernt hatten, wörtlich nehmen. Anders könnte
man nicht die immer wiederkehrende Aporie verstehen, dass günst-
tige Umstände die Bedingung sowohl für die Ausübung der Tugend
wie für ihre Belohnung sind. Es gelingt Aristoteles, auf die Natur
und auf einen ordnenden Gott zu vertrauen, aber dieses Vertrauen
bleibt immer irgendwie reserviert. So haben wir gesehen, dass es
einer guten Natur, einer guten Geburt bedarf, um glücklich zu sein.
An wenigstens einer Stelle scheint Aristoteles dies alles dem Menschen freigiebig zuzusprechen: Wie er sagt, muss das Glück »für
viele zugleich erreichbar sein, da es allen, die in Bezug auf die Tugend nicht gleichsam verstümmelt sind (τοῖς μὴ πεπηρωμένοις πρὸς
ἀρετήν), durch Schulung und sorgfältige Bemühung zuteil werden
könnte.«[102] Demzufolge ist die ganze Welt, *ohne Ausnahme,* zur Tugend und zum Glück fähig. Wie optimistisch auch immer die Kommentatoren hier sein mögen,[103] es springt weniger Aristoteles' Uni-
versalismus ins Auge, als die Ausnahme, auf der er hartnäckig besteht. Gäbe es nur ein einziges Monstrum auf der Welt – und wie wir
aus den biologischen Abhandlungen wissen, gibt es davon eine
Menge –, so wäre das ein hinreichender Beweis dafür, dass der
Mensch nicht Herr seines Schicksals ist und dass er einem fundamentalen Zufall unterworfen ist, der, da er Monstren bzw. Missge-
burten hervorbringen kann, *a fortiori* auch in der Lage ist, Unschuldige zu treffen und es Übeltätern gut gehen zu lassen. Nichts anderes sagten die griechische Tragödie und vor ihr die Dichtung von
Hesiod und Theognis. Auch wenn Aristoteles das Tragische einschränkt, so beseitigt er es doch nicht gänzlich: Es ist der Abstand
der οἱ πολλοί von πάντες trennt, ὡς ἐπὶ τὸ πολύ von ἀεί, das Bestmögliche vom absolut Guten, den relativen vom absoluten Superlativ, das Ziel unserer Bemühungen von ihrem unzugänglichen Vorbild.

4. Wenn es also »Irrtum und Lästerung« wäre, »das Größte und
Schönste«, nämlich das Glück des Menschen, »dem Zufall zu über-

lassen«,[104] so wäre es noch besser, wenn sich die Frage gar nicht stellen würde oder wenn man wenigstens anders auf sie antworten könnte als mit dem frommen Wunsch, die Tugend möge doch *fast* allen zugänglich und *fast* immer belohnt werden.[105] Aber das könnte nur unter der doppelten Bedingung der Fall sein, dass der aristotelische Gott herabsteigen würde, um sich des Schicksals der Menschen anzunehmen, und dass seine Macht seiner Güte gleichkäme. Nun hat es jedoch den Anschein, als wäre die gesamte theologische und metaphysische Spekulation bei Aristoteles beherrscht von dem doppelten Gefühl der Gleichgültigkeit Gottes gegenüber einer Welt, die zu kennen »schlimmer« für ihn wäre als nicht von ihr zu wissen,[106] und seiner Machtlosigkeit, diese Welt im Einzelnen zu lenken. Dieses letztere Thema ist im aristotelischen Werk sehr alt. In *Über die Philosophie* kritisiert er die von Platon im *Timaios* und vor allem in den *Gesetzen* entwickelte Idee einer Vorsehung, die sich auf die irdische Welt erstreckt, und sei es mit Hilfe von Zwischenwesen wie der »Helfer« und »Dämonen«,[107] deren Aufgabe es ist, auf der Ebene des Einzelnen die allgemeinen Pläne der Gottheit umzusetzen.[108] Es ist nicht so, dass der aristotelische Gott nicht mit Ordnung beschäftigt wäre: wie die Natur tut er nichts umsonst,[109] und Aristoteles' Ausspruch, die Natur handele wie ein guter Hauswirt, der die ihm zur Verfügung stehenden Ressourcen aufs Beste ausnutzt,[110] ließe sich auch auf Gott anwenden. Doch diese Metapher drückt genauso die Grenzen der göttlichen Einwirkung auf die Welt aus wie die Ausdehnung seiner Güte. Gott will das Beste, aber er tut was er kann, und er kann nicht alles, was er will.[111] Die Dualität von Gott und einer Welt, die er nicht geschaffen hat, impliziert, dass er als Handelnder auf der Ebene dieser Welt deren Bedingungen unterworfen ist und dass diese Welt möglicherweise nicht disponiert ist, sein Gesetz zu empfangen. Auch der stoische Gott hat die Welt nicht geschaffen; aber er *ist* die Welt, und aus diesem Grund stellt sich das Problem einer Begrenzung der Vorsehung den Stoikern der klassischen Epoche nicht, da die Identität von Gott und Welt deren vollkommene Vernunftgemäßheit und vor allem das Zusammenfallen von Gottes Macht mit seinem Willen zulässt.

Es besteht kein Zweifel daran, dass das theologische Thema eines fernen Gottes, dessen Macht proportional zu seiner wachsenden Entfernung von den Dingen sinkt, bei Aristoteles den Ursprung des kosmologischen Themas der Kontingenz bildet. Diese aristotelische Kontingenz ist nicht fundamental, nicht konstitutiv, wie später die Kontingenz der Welt im Christentum. Sie ist, wie man ein weiteres Mal sagen könnte, *residuell*. Sie ist nicht die Abwesenheit des Gesetzes, sondern der womöglich unendlich kleine, doch niemals ganz zu schließende Abstand, der das allgemeine Gesetz von seiner Verwirklichung im Einzelnen trennt. Dieser Abstand, der das Einzelne zu einem gegenüber den Bestimmungen des Gesetzes unzugänglichen Grenzwert macht, rührt von der Materie her, die als unbestimmtes Vermögen von Gegensätzen[112] immer anders sein kann als sie ist. Wie ich andernorts zu zeigen versucht habe, ist die Materie die Bedingung der Möglichkeit der *Bewegung*,[113] und je weiter sich diese Bewegung von der Bewegungslosigkeit des Göttlichen entfernt, desto widerspenstiger wird die Materie, die ihre Voraussetzung ist. Es ist also verständlich, dass nach dem treffenden Ausdruck von Rodier die Kontingenz und die Unordnung mit der Kompliziertheit wachsen und dass diese Kompliziertheit sich manifestiert, »wenn man von den oberen Sphären in den sublunaren Bereich und von den einfachen Elementen zu den zusammengesetzten Körpern übergeht«, denn »je mehr Materien und verschiedene Vermögen eine Sache enthält, desto mehr Unbestimmtheit und Ambiguität hat sie an sich.«[114] Denselben Gedanken drückt die Formulierung aus, dass die Kontingenz von der Ohnmacht der Form herrührt, die Materie zu beherrschen, wobei letztere weniger mit einem eigenen Vermögen des Widerstandes begabt ist, als vielmehr mit einer Unbestimmtheit, die dazu führt, dass ihre überschwänglich kausale Wirksamkeit Gefahr läuft, außer Kontrolle zu geraten und so Monstren hervorzubringen.[115] Alexander von Aphrodisias drückt diese mit dem Abstieg in die niederen Weltregionen wachsende Erschöpfung der prägenden Kraft der Natur sehr treffend aus, indem er sagt, dass auf dieser Ebene »den Seienden Nicht-Sein beigemengt«[116] und wie »unter ihnen verstreut«[117] sei. Zweifelsohne darf man diese Ausdrücke, die Aristoteles sicherlich nicht akzeptiert hätte,[118] nicht buchstäblich verstehen. Doch zumindest haben sie den Wert, einem vor Augen zu führen, dass die aristotelische Kontingenz, die Alexander den Zufall nennt,[119] weniger eine positive Wirklichkeit, ein Prinzip der Unordnung, ist, als die Ohnmacht der Form, der Natur, und d. h. letztlich Gottes.

Ein erneuter Vergleich mit dem Stoizismus wird uns die ethischen Konsequenzen dieser Metaphysik der Kontingenz ermessen lassen. In einer gänzlich geordneten Welt wie der stoischen[120] kann die moralische Handlung kein Einwirken *auf* die Welt sein: Da diese vernunftgemäß ist, wäre es absurd und überdies vergeblich, sie verändern zu wollen. Bréhier konstatiert die Gleichgültigkeit von Chrysipp gegenüber jeder Sozialreform und macht in diesem Zusammenhang die allgemeinere Bemerkung, dass »die Stoiker [...] einen Grund hatten [...] nicht nach der Verwirklichung der Gerechtigkeit in der Welt zu streben; sie sind nämlich überzeugt, dass sie schon längst verwirklicht ist: Die kosmische Wirklichkeit ist ihrem Wesen nach moralisch und enthält die höchste Weisheit und das höchste Glück.«[121] Der Weise wirkt demzufolge nicht auf die Welt ein, sondern er »folgt« ihr, richtet sein privates Leben an der universalen Harmonie aus, willigt in die Beschlüsse einer Vorsehung ein, die trotz des unvermeidlichen Anscheins von Übel der höchste Ausdruck des Logos bleibt. Der Weise ist Teil der Welt, deren Ordnung er folgt; wie die Welt, deren Harmonie er in sich reproduziert, *ist* er selbst ein Kunstwerk. Die der Weisheit entgegenstehenden Hindernisse sind nicht die Umstände, sondern die Leidenschaften, die uns abhängig von den Umständen machen und von denen wir vergessen, dass sie ihrerseits von uns abhängen.

Im Gegensatz dazu kann das moralische Ideal des Aristoteles nicht in einer Angleichung an die Welt im Ganzen bestehen, da diese nur in ihrem oberen Bereich vernunftgemäß ist; was bleibt, ist einzig die Nachahmung der Ordnung, die dort herrscht. Die Erkenntnis jener Ordnung, die nicht wie für die Stoiker in der Physik zu suchen ist,[122] sondern in der Theologie, wird von Aristoteles als *Weisheit* bezeichnet. Doch das Leben gemäß der Weisheit ist dem Menschen nicht durch eine innere Askese unmittelbar zugänglich, denn auch die Weisheit hängt in den Bedingungen ihrer Realisierung von äußeren Umständen ab, die weder ihrem äußeren Anschein noch ihrem inneren Wesen nach gänzlich vernünftig sind. Die Herrschaft der Weisheit erfordert demnach eine vorgängige Unterwerfung der Umstände, wie sie nur durch technisches Einwirken auf die Welt erreicht werden kann. Wenn sich bei den Stoikern die Gleichgültigkeit gegenüber den Umständen letztendlich durch den Glauben an die Vorsehung und die entsprechende Überzeugung, dass alles Wirkliche vernünftig ist, rechtfertigt, so ist der Mensch bei Aristoteles nicht in der Lage, im Angesicht einer Welt, deren Unbestimmtheit die im eigentlichen Sinne aristotelische Form des Übels ist,[123] Gleichgültigkeit vorzuschützen. Doch an dieser Stelle findet eine Umkehrung statt, die dem moralischen Handeln seinen Bereich und seine »Chance« erschließt: Wenn die Kontingenz der Quell des Übels ist, so ermöglicht sie doch auch die menschliche Initiative mit Blick auf das Gute; sie markiert die Ohnmacht der universalen Vernunft und eröffnet zugleich das vernünftige Handeln des Menschen. Die Menschen handeln gelegentlich gegen die Natur vernünftig – eine Trennung von Vernunft und Natur, die den Stoikern absurd geschienen hätte.[124] Doch wenn die Menschen dazu imstande sind, so nur deshalb, weil die Natur nicht ist, was sie sein kann, und weil es folglich möglich ist, sie zu begradigen. Der Mensch kann sich Aristoteles zufolge nicht gleichgültig gegenüber den Umständen geben, aber es ist ihm erlaubt, sie in dem Maße, in dem sie noch formbar sind, auf menschliche Weise zu gestalten; wenn er nicht aufgerufen wird, eher seine Begierden anstelle der Weltordnung zu verändern, so deshalb, weil Aristoteles darauf zählt, dass die vernünftige Begierde die Nachfolge der lückenhaften Vorsehung antritt und die Ordnung der Welt vollendet. Damit wird deutlich, dass es für Aristoteles im Gegensatz zu den Stoikern zum Menschen gehört, nicht nur seine Begierden, sondern auch die Welt zu verändern, die nur im Allgemeinen oder, was auf dasselbe hinausläuft, in ihrer himmlischen Umhüllung geordnet ist.[125] Die Kontingenz ist ein Übel, aber sie ist zugleich auch ein Heilmittel, wenigstens wenn der Mensch es so will.[126]

Diese Überlegungen könnten uns von der *Klugheit* zu entfernen scheinen. Sie führen uns jedoch zu ihr zurück, indem sie die Verbindung zwischen der aristotelischen Auffassung der Klugheit und der aristotelischen Weltsicht enthüllen. Im Rahmen einer einheitlichen Kosmologie wie der stoischen hätte die Unterscheidung zweier gleichberechtigt leitender Verstandestugenden keinen Sinn: Wenn es keinen Unterschied macht, ob man Physiker oder Theologe ist, weil die Welt Gott ist, so macht es ebenso wenig einen Unterschied, ob man weise oder klug ist, denn es handelt sich darum, ein und dasselbe Wissen praktisch umzusetzen. Freilich unterscheiden die Stoiker zwei moralische Stufen, die der rechten

Handlung, der κατόρθωμα, und die der nur schicklichen Handlung, d. h. der Pflichten oder καθήκοντα, wobei die zweite Stufe wieder Differenzierungen im Bereich der gleichgültigen Dinge einführt, oder, anders gesagt, innerhalb der Ökonomie der Moral die Würdigung der Umstände wiederherstellt. Doch diese Maximen der Schicklichkeit betreffen, wie man bemerkt hat, nur den »Durchschnittsmenschen«,[127] der unfähig ist, das Prinzip der Weisheit in seiner Einheit zu erfassen. Für den Stoiker ist das *Vorzuziehende* (προηγμένον) nichts anderes als eine verwirrte, irgendwie zerstreute Sicht des Guten, welches allein in der guten Absicht besteht. Doch das Vorzuziehende ließe sich vom Guten ableiten, wenn wir nur das absolute Wissen besäßen, das uns gestatten würde, mit den Plänen der Vorsehung übereinzustimmen. Zweifellos ist es im Allgemeinen *vorzuziehen*, gesund anstatt krank zu sein, reich statt arm, von Freunden umgeben statt einsam, doch wenn wir *wüssten*, dass uns dies von der Vorsehung zugedacht worden ist, dann würden wir auch Krankheit, Armut, Einsamkeit etc. *wollen*.[128] Die Moral des Vorzuziehenden ist folglich nur ein Korrektiv unseres Unwissens; sie ist nur aufgrund der Unvollkommenheit unserer Natur erforderlich, die nur ein Teil ist und deshalb mit dem Ganzen nur der Absicht nach übereinstimmen kann.[129]

Ganz anders ist der Bezug, den Aristoteles zwischen Weisheit und Klugheit herstellt, und zwar im Wesentlichen aus dem Grund, dass kein menschliches Wissen jemals den Abstand zwischen diesen beiden zu überbrücken vermag. Was Aristoteles zufolge den Menschen von der Weisheit trennt und mangels einer besseren Alternative erforderlich macht, dass er nach den Regeln der Klugheit handelt, ist nicht nur seine eigene Unvollkommenheit, sondern die Unvollendetheit der Welt. Während der stoische Weise ein Teil der Welt ist, trennt die Welt bei Aristoteles aufgrund ihrer Kontingenz den Menschen von der Weisheit. Die Weisheit des Unbeweglichen gewährt uns keinerlei Hilfe in einer Welt, in der alles entsteht und vergeht. Zumindest hat sie für uns nur den Wert eines ziemlich entfernten Vorbildes. Während wir darauf harren, unmittelbar in uns selbst die Ordnung verwirklichen zu können, die wir im Himmel schauen, obliegt es uns, die Welt zu ordnen – nicht, indem wir sie zugunsten einer anderen Welt verneinen, sondern indem wir uns in ihr engagieren, indem wir notfalls auch auf List zurückgreifen, indem wir uns ihrer bedienen, um sie zu vollenden. Die ist die vorläufige, doch zweifellos auf unbestimmte Zeit vorläufige Aufgabe, die der Mensch in der Welt, *so wie sie ist*, zu übernehmen hat, und die sich nur an jenem fortwährend zurückweichenden Tag erübrigt haben wird, an dem die menschliche Vernunft und Arbeit den Zufall gänzlich beherrschen werden.[130] Auch wenn Aristoteles klar zwischen der technischen *Geschicklichkeit*, die ihren Zwecken gegenüber gleichgültig ist, und zwischen der *Klugheit*, die sowohl in ihren Zwecken wie in ihren Mitteln moralisch ist, unterscheidet, so ist er dennoch stets versucht, das moralische Handeln in Analogie zur technischen Tätigkeit zu denken, da es sich in beiden Fällen darum handelt, sich in der Kontingenz einzurichten und nicht nur den Menschen, sondern auch die Welt vernünftig zu machen. Aristoteles verwechselt das moralische Leben weder mit der geistigen Schau noch mit dem rechten Willen. Doch wie die Arbeit, mit der es oft verglichen wird, bringt es die doppelte Unterscheidung vom Möglichen und vom Wünschenswerten mit sich, die Anpassung der Mittel an die Zwecke, aber auch der Zwecke an die Mittel. Der stoische Weise wird sich selbst als ein Kunstwerk sehen, als Spiegelung einer vollendeten Welt. Der aristotelische Kluge ist eher in der Lage des Künstlers, der zunächst etwas *tun* muss, um in einer Welt zu leben, in der er wirklich Mensch *sein* kann. Die Moral von Aristoteles ist, wenn nicht ihrer letzten Bestimmung, so doch ihrer Bedingung nach, eine Moral des *Tuns*, bevor sie und damit sie eine Moral des *Seins* werden kann.

* * *

Diese Themen könnten seltsam »modern« anmuten. Wir sind heute daran gewöhnt, die Unbestimmtheit und Zweideutigkeit der Welt und jene Abwesenheit des Schicksals, die zugleich Unterpfand und Bürde der menschlichen Freiheit ist, als Wert anzusehen, selbst wenn diese Erhöhung der Kontingenz manchmal schmerzlich ist.[131] Doch die aristotelische Empfindung ist eine andere und muss es sein: Die menschliche »Freiheit« ist nicht mit der Kontingenz verbunden, sondern setzt sich ihr entgegen. In einer bemerkenswerten Passage im Buch Δ der Metaphysik wird das Universum mit einem »Haus« (οἰκία) verglichen, in dem die freien Menschen die Gestirne darstellen, da es ihnen »am wenigsten gestattet ist, etwas Beliebiges zu tun « (ὅ τι ἔτυχε ποεῖν) und deren Handlungen zumindest größtenteils geordnet (τέτακται) sind, während »die Sklaven hingegen und die Tiere« die unteren Bereiche des Universums, d. h. die irdische Welt, symbolisieren, da für sie »nur weniges von dem, was auf das Allgemeine Bezug hat« (εἰς τὸ κοινόν), geordnet ist und »das meiste ihrem Belieben überlassen bleibt«.[132] Es sind folglich die Sklaven, die im modernen Wortsinne »frei« sind, weil sie nicht wissen, was sie tun, während sich Freiheit und Vollkommenheit des griechischen Menschen nach der mehr oder minder großen Bestimmtheit seiner Handlungen bemessen. In diesem Sinne ist es zulässig, Gott nicht für »frei« zu halten, da eine solche Freiheit Unschlüssigkeit beinhalten und auf einen Mangel an Erkenntnis hindeuten würde.[133] Die Vortrefflichkeit (τίμιον) hängt demzufolge mit der Ordnung zusammen, d. h. *a parte subjecti*, mit der Wissenschaft,[134] die allein die Handlung notwendig machen kann.

Dennoch scheint sich Aristoteles wenigstens in einer Textstelle über die moralischen Konsequenzen einer Philosophie der Notwendigkeit zu beunruhigen. Es handelt sich um den berühmten Passus in der *Hermeneutik*, der zeigt, dass man im Falle von auf die Zukunft bezogenen singulären Aussagen eine Ausnahme vom Widerspruchsprinzip machen muss. Denn würde man zugestehen, dass von zwei einander widersprechenden Aussagen über die Zukunft die eine von Ewigkeit her wahr und die andere falsch ist, so würde dies zu »Ungereimtheiten« (ἄτοπα)[135] und »unmöglichen« (ἀδύνατα) Konsequenzen[136] führen. Nun kann die Unmöglichkeit hier keine logische sein, da sie im Gegensatz eine Folgerung der strengstmöglichen Logik betrifft. Die Unmöglichkeit drückt hier vielmehr eine Unvereinbarkeit mit der Erfahrung aus: denn »wir *sehen*«, wie Aristoteles sagt, »dass manches Zukünftige seinen Grund darin hat (ἀρχὴ τῶν ἐσομένων), dass man etwas erwägt und tut«.[137] Doch die Feststellung der Erfahrung und der Appell an das »unmittelbar Gegebene«[138] scheint ein diskreter Protest moralischer Art zu begleiten, wenn Aristoteles kurz zuvor schreibt, bei einer solchen Folgerung (nämlich der Notwendigkeit künftiger Ereignisse) bräuchte man »weder zu erwägen noch sich zu bemühen«.[139] Die These von der Notwendigkeit führt also nicht nur zu einer »physikalischen« Unmöglichkeit, sondern auch zu einer moralischen Absurdität. Wenn dies auch nicht das einzige Argument ist, so wird die These doch wenigstens zum Teil im Namen der Moral verworfen. Es ist keineswegs ein

Zufall, dass die spätere Tradition die Bezeichnung »faule Vernunft« (ἀργὸς λόγος, *ignava ratio*) auf eine Beweisführung anwendet, deren Schema Aristoteles bereits an dieser Stelle liefert, und die darin besteht zu zeigen, dass der Fatalismus zur Untätigkeit führt.[140] Nun scheint die Faulheit, wenn sie auch auf ihre Weise die Unbeweglichkeit Gottes »nachahmt«, niemals für besonders lobenswert gehalten worden zu sein;[141] Aristoteles jedenfalls drückt sich in dieser Hinsicht sehr deutlich aus und sieht sie als der menschlichen Natur zuwiderlaufend an.[142] Indem er – wenn auch nur zaghaft – die Tugend der Erwägung und folglich die dem Menschen offenstehende ethische Möglichkeit rühmt, tut Aristoteles übrigens hier wie anderswo nichts anderes, als auf die Volkstradition jenseits der gelehrten Paradoxe der platonischen und nachplatonischen Philosophie zurückzugehen. So bekämpft der Verfasser der *Epinomis* die Meinung der Menge, der zufolge das, »was auf immer gleiche Weise die immer gleiche Sache tut, ohne Seele sei«, während die liebenswerte Illusion des menschlichen Handelns ein Zeichen von Intelligenz und Leben sein soll; in Wirklichkeit ist es die vollkommene Determination der Gestirnbewegungen, die auf die höchste Intelligenz – in seiner Terminologie die *phronesis* – hindeutet.[143]

Aristoteles war der Astraltheologie zu sehr verbunden, um diese Sichtweise gänzlich zurückzuweisen. Und deshalb kann sein Standpunkt zu dieser Frage zweideutig erscheinen. Eine semantische Unterscheidung, die Aristoteles der Tradition entlehnt, ist jedoch möglicherweise geeignet, seine Position zu erhellen. Wie alle Tugenden ist auch die Klugheit – die Tugend der Erwägung und Beratschlagung – lobenswert, ἐπαινετόν,[144] aber sie ist nicht verehrungswürdig, τίμιον. Diese letzte Qualifikation wird von Aristoteles dem Göttlichen oder wenigstens dem, was Gottes würdig ist, vorbehalten.[145] Die Weisheit ist Gottes würdig. Die Klugheit ist es nicht. Und trotzdem, oder vielleicht gerade deswegen, ist sie die eigentlich menschliche Verstandestugend: Sie ermöglicht es dem Menschen, sich mit Blick auf das realisierbare Gute in der Welt, so wie sie ist, zu bewegen. Es wäre besser, wenn der Mensch nicht klug zu sein hätte, oder wenn es genügen würde, weise zu sein: In diesem Sinne kann die Klugheit nicht an das Absolute herangetragen und – nicht einmal in ihrem höchsten Maße – einem Gott zugeschrieben werden, der eben kein Gott mehr wäre, wenn er erwägen und mit sich zu Rate gehen müsste. Doch da die Welt nun einmal ist, wie sie ist, nämlich der Kontingenz ausgeliefert, so sollte der Mensch lieber klug als unklug sein. Es ist kein schlechter Einfall der Lateiner, die *phronesis* des Aristoteles und der Volkstradition mit *prudentia* zu übersetzen, was nach Cicero aus *providentia* kontrahiert ist:[146] Die Klugheit ist der dem Menschen eigentümliche Ersatz für das Versagen der Vorsehung. Sie ist zunächst die Voraussicht, die eine undurchsichtige, weil zweideutige Zukunft zu durchdringen sucht; sie ist außerdem die Vorsorge, die den einzelnen vor Gefahren bewahrt. Doch wäre sie darauf beschränkt, dann wäre die Klugheit lediglich eine Art von Geschicklichkeit: Sie ist jedoch auch eine *Tugend*, insofern sie nämlich in der sublunaren Welt ein wenig von dem Guten verwirklicht, das die Gottheit nicht in sie einzuführen vermochte. Als Tugend der Welt, und zwar einer Welt, deren von uns bewohnter Bereich nicht göttlich ist, ist die Klugheit gewiss nicht das denkbar Höchste.[147] Doch in einer vollkommenen Welt gäbe es nichts mehr zu tun; und im Gegensatz zu der Unbeweglichkeit, die Gott und die Pflanzen seltsamerweise gemeinsam haben,[148] verwirklicht der Mensch seine ἀρετή, seine ureigene menschliche Vortrefflichkeit, gerade im Machen und Tun. Das Wissen würde uns vom Tun abbringen, indem es uns vom Wählen befreien würde; doch der Mensch wird die veränderliche und unvorhersehbare Welt niemals völlig erkennen und muss deshalb erwägen und zu Rate gehen und dann wählen. Die Klugheit ist die Tugend der Menschen, die zum Erwägen und Beratschlagen innerhalb einer unergründlichen und verwickelten Welt bestimmt sind, einer Welt, deren Unfertigkeit selbst eine Aufforderung an das ist, was man wohl die menschliche Freiheit nennen muss: Wie es in den *Magna Moralia* heißt, ist die Klugheit »eine feste Grundhaltung, die auf Entscheidung eingestellt ist und auf das Verwirklichen dessen, was zu tun oder nicht zu tun bei uns steht«.[149]

§ 2 Der rechte Augenblick (καιρός)

Während die Weisheit das Ewige betrifft (τὸ ἀίδιον, τὰ ἀεὶ ὡσαύτως ὄντα), richtet sich die Klugheit auf die der Veränderung unterworfenen Wesen (τὰ ἐν μεταβολῇ ὄντα).[150] Das Ewige ist Gegenstand des Beweises, wie etwa die immer gleich bleibenden geometrischen Figuren. Doch das Zweckmäßige als eigentlicher Gegenstand der Klugheit ist nicht gänzlich unveränderlich: »Es ist jetzt dieses zweckmäßig, morgen dagegen nicht; ist für diesen zweckmäßig, für jenen dagegen nicht; ist in dieser Form (οὗτος) zweckmäßig, in jener (ἐκείνως) aber nicht.«[151] Man hat nicht ausreichend bemerkt, dass diese Bemerkungen die Dimension der Zeitlichkeit in die moralische Ökonomie des Aristoteles einführen. Während die stoische Moral uns einlädt, der vergehenden Zeit, dem Ort vergeblicher Trauer und vergeblichen Hoffens, zu entkommen und in der Rechtschaffenheit des tugendhaften Augenblicks das Äquivalent der Ewigkeit zu suchen,[152] kann die aristotelische Moral, die uns auffordert, unsere Vortrefflichkeit in dieser Welt zu realisieren, nicht übersehen, dass diese Welt in der Zeit, die die »Zahl« ihrer Bewegung ist, andauert und sich verändert.[153] Aristoteles kritisiert jene sokratischen Vorläufer der Stoiker, die die Tugenden als eine gewisse »Unempfindlichkeit und Ruhe« (ἀπαθείας τινὰς καὶ ἠρεμίας) definieren, und wirft ihnen vor, die Unendlichkeit schlechthin (ἁπλῶς) zu fordern, »statt zu sagen, wie man unempfindlich sein muss und wie nicht, und *wann*« (ὡς δεῖ καὶ ὡς οὐ δεῖ καὶ ὅτε).[154] Kurz darauf erinnert er daran, dass der Stoff der moralischen Tugend jene Affekte (πάθη) und Handlungen (πράξεις) sind, bei denen es Übermaß, Mangel und die rechte Mitte geben kann, und er definiert die Tugend als rechte Mitte, indem er sagt, sie bestünde darin, zu handeln und Affekte zu leiden »*wann* man soll, und in welchem Fall und gegen wen und weswegen und wie man soll.«[155]

Wenn es auch nur eine Art gibt, das Gute zu tun, so gibt es doch viele Arten, es zu verfehlen.[156] Eine davon besteht darin, die erforderliche Handlung zu früh oder zu spät auszuführen. Die Griechen haben ein Wort, welches diese Übereinstimmung der menschlichen Handlung und der Zeit bezeichnet, welche den Zeitpunkt gelegen und die Handlung gut macht: Es handelt sich um den καιρός, die günstige Gelegenheit, den geeigneten Augenblick. Die Originalität von Aristoteles besteht sicher nicht darin, diese Vorstellung volkstümlicher Provenienz – die im übrigen der Weisheit aller Völker vertraut ist – zu übernehmen, sondern darin, dass er ihr in der Definition der moralischen Handlung einen Platz gibt. Die Moral ist keine exakte Wissenschaft, weil ihr Bereich »nichts an sich hat, was ein für allemal feststände« (οὐδὲν ἑστηκὸς ἕξει); genauer gesagt, kann sie durchaus allgemeine Gesetze geben, doch muss »der Handelnde selbst wissen, was dem gegebenen Fall entspricht (τὰ πρὸς τὸν καιρὸν σκοπεῖν), wie dies auch in der Heilkunst und in der Steuermannskunst geschieht.«[157] Auch was unsere Beurteilung der Handlungen eines anderen angeht – die nur in dem Maße lobens- oder tadelnswert sind, wie sie freiwillig sind[158] – sind die Umstände, unter denen die Handlung ausgeführt wird, zu berücksichtigen. So wie man in einem Sturm eine Ladung über Bord wirft, derer man sich kalten Blutes nicht entledigen würde, so würden wir als Gefangene eines Tyrannen, der uns nahestehende Personen in seiner Gewalt hat, »freiwillig«, wie Aristoteles sagt, Handlungen begehen, die wir um ihrer selbst willen sonst nicht wollen würden.[159] Auf eine für uns Moderne ungewohnte Weise verweist Aristoteles nicht deshalb auf die Umstände, um Freiheit und Verantwortung zu begrenzen, sondern um sie zu erweitern: Um zu beurteilen, inwieweit eine Handlung freiwillig (ἑκούσιον) ist, darf man sie nicht für sich allein betrachten, sondern in ihrem Kontext; man wird dann sehen, dass der »Wille« immer mit irgendeinem Zwang fertig werden muss und darum dennoch nicht verschwindet. Das von Aristoteles angeführte Beispiel eines Mannes, der von einem Tyrannen gefangen gehalten wird, ist keine Ausnahme, sondern illustriert eine allgemeine Wahrheit über die *conditio humana*, denn »das Ziel [...] einer Handlung richtet sich jedes Mal« – und nicht nur in Ausnahmesituationen – »nach dem Augenblick«.[160] Gegenstand des Willens bzw. – in aristotelischer Diktion – der *Wahl*[161] ist nicht das absolut Gute, sondern das relativ zur Situation und zum gegenwärtigen Zeitpunkt Gute, das – weil es stets einen Teil des Guten für einen anderen opfert – immer nur ein geringeres Übel ist.

Was an diesen Textstellen über den *kairos* als erstes auffällt, ist der scheinbare Amoralismus, der aus ihnen hervorgeht: Nicht dass Aristoteles jemanden, der eine schändliche Tat begeht, um ein größeres Übel zu vermeiden, notwendigerweise von aller Schuld freisprechen würde (im Gegenteil stellt er ihn *trotz* der Umstände als »verantwortlich« für seine Taten dar), aber er enthält sich einer absoluten Verurteilung. Mit einigen Ausnahmen (wie etwa im Falle des Ehebruchs) gibt es keine allgemeine Regel, die eine Handlung als intrinsisch schlecht qualifiziert. Es bleibt dem Richter[162] und vor allem dem Handelnden überlassen, die Beziehung zwischen der Qualität der Absicht und den Nachteilen und Risiken, die ihre Realisierung nach sich zieht, jedes Mal aufs Neue einzuschätzen. Es ist dies vor allem ein *technisches* Problem der gegenseitigen Anpassung von Mitteln und Zwecken, genau analog zu den Problemen, die sich auf alltägliche Weise dem Arzt und dem Steuermann stellen. Jede medizinische Intervention, jede Initiative in der Schifffahrt bringen Gefahren mit sich: Es geht allein darum zu wissen, ob diese Gefahr geringer ist als diejenige, der der Kranke oder das Schiff ausgesetzt wären, wenn man gar nichts tun würde. Schlecht ist eine Handlung demnach, wenn sie sich gegen ihre Absichten wendet, gut ist sie, falls sie »gelingt«. Die Moral scheint zu einer Frage der *Taktik* zu werden,[163] insofern die Betonung weniger auf der Definition des Guten als auf der Realisierung des Bestmöglichen liegt.

Indem Aristoteles den Begriff des *kairos*, den vor ihm vor allem Rhetoren und Ärzte ausgearbeitet haben,[164] in die Moral einführt, scheint er also das moralische Problem auf ein technisches Problem zu reduzieren und jede Rücksichtnahme auf die *Zwecke* zu eliminieren. Doch tatsächlich war es nur natürlich, dass der Verfasser der *Ethik* in der Hitze einer noch kaum erloschenen Polemik einen Aspekt betonte, den der klassische Platonismus vernachlässigt zu haben schien. Die Unterscheidung von φϱόνησις und δεινότης bietet ausreichende Gewähr, dass Aristoteles diese Reduktion nicht bis zum Ende durchgeführt hat. Doch möchte er mit seinem Beharren auf dem *kairos* anscheinend eine gewisse Struktur des menschlichen Handelns herausstellen, die sich im Wechsel der Zwecke durchhält. Die moralische Handlung ist nur ein Einzelfall der πϱᾶξις schlechthin, und kann sich von daher nicht dem Anspruch einer jeden Praxis entziehen, der darin besteht, eine gelungene Handlung, eine εὐπϱαγία, zu sein. Eine missglückte Handlung ist keine Handlung und *a fortiori* keine moralische. Gegen einen gewissen Platonismus und vor allem gegen den diffusen Sokratismus, der sich einige Jahre später zum Stoizismus entfalten sollte, macht Aristoteles einfach nur geltend, dass die Moralität sich nicht von Ohnmacht und Scheitern nähren kann, und zwar aus dem wesentlichen Grund, dass sie ihren Sitz nicht allein in der Absicht, sondern in der Handlung hat. Zwar kann die Absicht dem Ergebnis gegenüber gleichgültig sein; die Handlung jedoch hat mit der Unvorhersehbarkeit der Welt zu rechnen.

Doch wie seine Vorgänger stößt Aristoteles hier auf die Unmöglichkeit, eine rationale Bestimmung dieses *kairos* zu liefern, ohne dessen Erkennen es keine gute Handlung geben kann. Dionysios von Halikarnassos beklagt sich später darüber, dass weder irgendein Philosoph noch irgendein Redner jemals etwas Nützliches über den *kairos* zu sagen gewusst habe. Während er diesen Vorwurf besonders an Gorgias richtet,»der als erster über diesen Gegenstand zu schreiben unternommen hat«, legt er unfreiwillig zugleich den Grund für dieses Versagen dar. Dionysios teilt uns – gewiss in Anlehnung an Gorgias – mit, dass der *kairos* nicht der Wissenschaft, sondern der Meinung zugänglich ist (οὐδ' ὅλως ἐπιστήμῃ θηρατός ἐστιν ὁ καιρός, ἀλλὰ δόξῃ),[165] und dass man folglich keine »allgemeine und methodische Darstellung« des Problems erwarten könne, ganz zu schweigen von einer anwendbaren Technik.[166] Isokrates führt dasselbe Thema in der *Antidosis* aus: Mit den Umständen (καιροὶ), die in ihrer unendlichen Vielfalt der Wissenschaft entgehen, macht man sich nicht durch allgemeine Erkenntnisse, sondern durch die Meinung vertraut.[167]

Aristoteles entwickelt in der *Eudemischen* und der *Nikomachischen Ethik* bezüglich des *kairos* einen Gedanken, der mit dem Vorhergehenden durchaus zusammenhängt. Es geht darum, gegen Platon zu zeigen, dass das Gute keine einer Vielzahl von Individuen gemeinsame Idee ist: οὐκ ἂν εἴη κοινόν τι καθόλου καὶ ἕν,[168] da es in diesem Falle nur gemäß einer einzigen Kategorie ausgesagt würde. In Wirklichkeit gibt es aber so viele Bedeutungen des Guten wie es Seinskategorien gibt: So steht das Gute in der Kategorie des Wesens für Gott und den Verstand, in der Kategorie der Qualität für die Tugend, in der der Quantität für das rechte Maß (μέτριον), in der der Relation für das Zweckmäßige, in der der Zeit für die *Gelegenheit* (καιρός), in der Kategorie des Ortes für den günstigen Aufenthalt (δίαιτα)[169] und in den Kategorien des Handelns und des Erleidens für das Lehrende und das Belehrte.[170] Diese Aufzählung gibt uns zunächst eine Bestimmung des so schwer fassbaren Begriffes des *kairos* an die Hand: Der *kairos* ist das Gute der Zeit nach, oder vielmehr die Zeit, sofern wir sie als gut betrachten.[171] Doch von noch größerem Interesse ist im gegenwärtigen Kontext die Art und Weise, wie die beiden *Ethiken* die vorangegangene Aufzählung kommentieren: Weil es keine allgemeine Idee des Guten gibt, existieren so viele Wissenschaften vom Guten, wie es *Gattungen* des Guten gibt bzw. *Kategorien*, gemäß denen es ausgesagt wird. Aristoteles geht sogar noch über diese Feststellung hinaus: Selbst innerhalb einer Kategorie gibt es nicht nur eine einzige Wissenschaft vom Guten, z. B. »von der Gelegenheit oder vom rechten Maß«, denn »die einen studiert diesen rechten Augenblick, die andere einen anderen« (ἑτέρα ἕτερον καιρὸν θεωρεῖ): Die Gymnastik oder die Medizin studieren ihn im Bereich der Gesundheit, die Strategie im Bereich des Krieges.[172] Das Gute ist also so wenig der Wissenschaft zugänglich, dass sich nicht einmal von der Gelegenheit oder dem Maß etc. im Allgemeinen wissenschaftlich reden lässt, sondern bloß von ihren verschiedenen Anwendungsbereichen. Aristoteles geht an dieser Stelle nicht weiter, doch mag man sich fragen, ob eine derartige Fragmentierung des Begriffes des *kairos* nicht jede Wissenschaft in eine irreduzible Mannigfaltigkeit auflösen würde; denn selbst innerhalb der Medizin oder der Kriegskunst gibt es ja so viele Gelegenheiten wie einzelne Situationen. Man könnte einen Zusammenhang zwischen diesen Passagen und jener Stelle in der *Politik* herstellen, wo Aristoteles gegen das sokratische Bestreben, nach allgemeinen Definitionen zu suchen, klar für Gorgias Partei ergreift.[173] Auf Sokrates' Frage *Was ist Tugend?* hat Menon, wie man sich entsinnt, mit der Aufzählung eines »Schwarms von Tugenden« geantwortet.[174] Aristoteles nun täuscht Unkenntnis der sokratischen Lehre vor und unterstreicht seinerseits, dass es nicht eine Tugend, sondern Tugenden gibt; so ist etwa die Tugend des Sklaven nicht die des Herren, »und die Mäßigkeit des Weibes und des Mannes ist nicht dieselbe, und ebenso wenig ihre Tapferkeit und ihre Gerechtigkeit, wie Sokrates meinte«; man »täuscht sich deshalb selbst, wenn man auf allgemeine Weise sagt, Tugend sei seelisches Wohlbefinden oder rechtes Handeln oder sonst so etwas; und die, die wie Gorgias der Reihe nach aufzählen, machen es immer noch weit besser als diejenigen, die sie so definieren.«[175] Mag es sich nun um die Tugend oder um die Gelegenheit handeln, jedenfalls ist es unmöglich, auf *allgemeine* Weise zu sprechen: Die Wissenschaft zerfällt unweigerlich in so viele Teile wie ihr Gegenstand. Doch angesichts einer derartigen Zersplitterung lässt sich fragen, ob sie dabei überhaupt noch Wissenschaft bleibt. Letzten Endes sind die ethischen Situationen immer einzigartig und inkommensurabel: Über die jeweils angebrachte Handlung und den rechten Zeitpunkt ihrer Ausführung erteilt nicht die dianoetische Vernunft mit ihren allgemeinen Reden Aufschluss, sondern irgendein anderes Vermögen. Aristoteles beruft sich nicht nur auf die Lehren der ärztlichen Erfahrung, sondern auch auf das tiefe Gespür der Rhetoren für die *conditio humana*, und knüpft so ganz bewusst an eine Denkströmung an, die Platon ungerechtfertigterweise mit Verachtung bedacht hatte.

Doch wenn uns weder irgendeine Wissenschaft noch irgendeine Kunst in den Stand versetzen, den *kairos* einzuschätzen und zu nutzen (denn auch die Kunst verfährt mittels allgemeiner Urteile[176]) – wie lässt sich dann erklären, dass einige Menschen ihn öfter als andere treffen? In dem bereits besprochenen Kapitel der *Eudemischen Ethik* über die glückliche Fügung ist Aristoteles versucht, eine irrationalistische Antwort darauf zu geben: Wir beobachten, dass manche Leute »ihr Begehren auf diesen bestimmten Gegenstand und zu dieser bestimmten Zeit richten, und zwar so richten, wie und worauf und wann es in der Ordnung ist«, und das »ohne rationale Steuerung (ἄνευ λόγου)«[177], sogar »gegen alles Wissen und gegen die richtige Berechnung (παρὰ πάσας τὰς ἐπιστήμας καὶ τοὺς λογισμούς τοὺς ὀρθούς)«[178], und auch ganz allgemein »ohne Verstand und Erwägung« sind (κἂν τύχωσιν ἄφρονες ὄντες καὶ ἄλογοι.[179] Sollte man in diesem Fall von glücklicher Fügung (εὐτυχία) sprechen? Gewiss, doch hat dieser Ausdruck eine doppelte Bedeutung: Manchmal bezeichnet er einen glücklichen Zufall, oder eine Folge von glücklichen Zufällen, die jedoch ihrem Wesen nach ungewiss und diskontinuierlich ist;[180] manchmal handelt es sich um eine dauerhafte Richtigkeit des Verlangens (ὁρμή), und in diesem Fall muss man anerkennen, dass man es mit einer guten Natur (εὐφυΐα) zu tun hat, d. h. mit einer Gunst der Götter.[181] Doch keiner der beiden Fälle, weder das zufällige Zusammentreffen noch die göttliche Begabung, involviert die Urteilskraft.[182] Aristoteles zieht daraus die extreme Folgerung, dass der *kairos* unvorhersehbar ist: Weder das

Studium noch selbst die Übung[183] ermöglichen uns, ihn sicher zu treffen, sondern nur die dauerhafte Gunst der Götter. Die Kontingenz der Welt liefert uns der Willkür des göttlichen Ratschlusses aus: Nicht eigenen Werken verdanken wir unsere Rettung, sondern wir sind Spielbälle des Schicksals. Dieser Mystizismus der Prädestination, dieses Gefühl der Vergeblichkeit aller menschlichen Initiative knüpft an die düstersten Themen der Tragödie an. Die Behauptung eines fundamentalen Zufalls führt zu derselben pessimistischen Konsequenz wie die einer universalen Notwendigkeit, da in beiden Fällen die Zukunft nicht vom Menschen abhängt. Der Aristoteles der *Eudemischen Ethik* scheint jenen Weg, dem zu folgen Epikur den Stoikern vorwirft,[184] in umgekehrter Richtung beschritten zu haben: Er entsagt der »natürlichen« Notwendigkeit der Physiker, nur um unter das Joch des religiösen Geschicks zurückzufallen.

Doch Aristoteles bleibt dabei nicht stehen.[185] In der *Eudemischen Ethik* zeigt er, dass ein Mensch, dem Gott einwohnt, nicht erwägen und beratschlagen (βουλεύεσθαι) muss, da er in sich ein Prinzip hat, das höher steht als Verstand und Erwägung,[186] und da er auf diese Weise mühelos die Schnelligkeit der Klarsicht von Klugen und Weisen[187] erreicht. Aber lässt sich diese Argumentation nicht umkehren? Vermag nicht vielleicht die von der Klugheit angeleitete Erwägung und Beratschlagung das Ausbleiben der Eingebung zu kompensieren, so wie in der Kunst die Arbeit oft das Genie ersetzt? Allerdings teilt uns Aristoteles im selben Text mit, dass das Prinzip der Erwägung nicht in dieser selbst liegt, sondern in Gott.[188] Doch wie wir gesehen haben, rückt der Gott des Aristoteles in eine immer größere Ferne: Gewiss bleibt er auch weiterhin der Erste Beweger aller Dinge und insbesondere der Seele,[189] doch nachdem diese einmal den ursprünglichen Impuls empfangen hat, entgehen ihre Bewegungen im Einzelnen der göttlichen Bestimmung. Was wir mit Theophrast die Ohnmacht Gottes genannt haben, hat zwei Seiten: Während sie den Menschen einerseits nicht gegen den Zufall zu schützen vermag, unterwirft sie ihn andererseits nicht schon von vornherein dem Schicksal; ist die Vorsehung lückenhaft, so ist es in nicht minderem Maße auch die Zwangsläufigkeit des Geschicks. Sofern der Mensch sich selbst überlassen bleibt, ist er auch sich selbst anvertraut. In diesem Sinne setzt der »Zufall«, den Aristoteles in der Welt entdeckt und der die Unvorhersehbarkeit der Zukunft zur Folge hat, den Menschen in dem Maße frei, wie er sein Dasein zerbrechlich und bedroht macht. Die τύχη der Tragödie öffnet sich der *Erwägung und Beratschlagung* und wird so säkularisiert und humanisiert.

Doch bevor wir untersuchen, wie die menschliche *Klugheit* mittels der rechten Erwägung und Beratschlagung in eins auf die Gefahren und Verlockungen der τύχη antwortet, lässt sich eine parallele Bemerkung hinsichtlich des *kairos* machen. Anscheinend hatte der *kairos* zunächst eine religiöse Bedeutung und verwies auf die willkürlichen Initiativen eines Gottes, der mit der Zeit »spielt«.[190] Doch nach und nach wurde die Gottesvorstellung rationaler und vertrug sich nicht mehr mit der Vorstellung launenhaften Verhaltens, so dass die Idee des *kairos* keine Anwendung mehr auf Gott fand. Dennoch verleiht der *kairos* weiterhin dem zufälligen Charakter unserer Zeiterfahrung Ausdruck und wird so säkularisiert und humanisiert. Der *kairos* ist nicht mehr länger der Zeitpunkt der entscheidenden göttlichen Handlung, sondern derjenige einer möglichen menschlichen Handlung, die sich in das allzu lose Gewebe einer vernünftigen, doch fernen Vorsehung einfügt. Der *kairos* ist jener Moment, in dem der mangelhaft gelenkte Zeitfluss innezuhalten und zwischen dem für den Menschen Guten und Schlechten zu schwanken scheint. Obgleich der *kairos* letzten Endes die Bedeutung der günstigen Gelegenheit annimmt, bezeichnete er anfangs umgekehrt den »fatalen« Augenblick, in dem sich das Geschick dem Unglück zuneigt.[191] In dieser Welt, in der alles »sein oder nicht sein kann«, mag der Augenblick des Verderbens genauso gut die Rettung bringen. Gerade weil die Zeit »ekstatisch« ist[192], d. h. die Wesen aus sich selbst heraustreten lässt, sie daran hindert, mit sich zusammenzustimmen, haftet der Zeit diese »physische« Konsequenz der Zerstörung und der Auflösung an.[193] Obwohl die Zeit bei Aristoteles als Degradierung der Ewigkeit physikalisch entwertet wird, ist sie Gegenstand einer anthropologischen Rehabilitation; denn gerade aufgrund ihrer kontingenten Struktur ist sie der wohlwollende Gehilfe (συνεργὸς ἀγαθός) des menschlichen Handelns.[194] Es gilt indessen, die »Chancen«, die sie uns bietet, zu ergreifen. Falls die Zeit eine Wunde ist, so ist sie auch das Heilmittel dafür. Allerdings gibt es Heilmittel, die die Wunde verschlimmern, wenn sie zum falschen Zeitpunkt angewendet werden. Es gibt Ärzte, die ihre Kranken töten, weil ihre Anordnungen allgemein sind, d. h. zeitlos, während man doch *in der Zeit* lebt und stirbt. Welcher »Sinn« – ein Sinn, der, wie wir sahen, weder eine Wissenschaft noch lediglich eine Gunst der Götter sein kann –, erlaubt uns, das Gute in der Zeit, d. h. rechtzeitig, ἐν καιρῷ, zu tun? Seinen Namen hat ihm schon Pindaros gegeben: φρονεῖν.[195]

3. Kapitel
Anthropologie der Klugheit

§ 1 *Erwägung und Beratschlagung* (βούλευσις)[1]

Im Vorangegangenen habe ich gezeigt, dass die Klugheit allein in einer kontingenten *Welt* eine Existenzberechtigung hat. Wenn wir sie nun nicht mehr von einem kosmischen, sondern von einem menschlichen Standpunkt aus betrachten, so erscheint uns die Kontingenz als Eröffnung der gleichermaßen zufälligen wie wirksamen Aktivität des Menschen. Ohne Kontingenz wäre das Handeln der Menschen unmöglich. Aber ohne Kontingenz wäre es auch unnütz. Es ist dieses durch die Kontingenz gleichermaßen erlaubte wie verlangte Handeln des Menschen, das es jetzt in seinen Beziehungen mit der es leitenden Klugheit zu analysieren gilt. Man darf sich nicht wundern, wenn wir hier in »subjektiven« Ausdrücken das wiederfinden, was wir weiter oben durch »objektive« Ausdrücke freizulegen versucht haben. Die Theorie der Kontingenz und jene des rechten Handelns sind nur zwei Seiten ein und derselben Lehre: Die Unbestimmtheit der Zukunft macht den Menschen zu ihrem Prinzip; die Unvollendetheit der Welt ist die Geburt des Menschen.

Der Kluge ist, wie wir gesehen haben, ein Mensch, der zur Erwägung und Beratschlagung fähig ist (βουλευτικός) und insbesondere derjenige, der gut erwägt (καλῶς βουλεύσασθαι).[2] Diese letzte Präzisierung ist zunächst wichtig, weil die Erwägung als solche (βούλευσις) kein ethischer Begriff ist und Anwendung vor allem in den Bereichen der Technik und der Politik findet. Doch einer Untersuchung der Bedingungen des moralischen Handelns muss eine Betrachtung der Struktur des Handelns im Allgemeinen vorangehen. Darum nimmt sich Aristoteles insbesondere im Buch III der *Niko-machischen Ethik* (wo er die Anforderungen an das tugendhafte Handeln untersucht, d. h. zunächst des Handelns schlechthin) vor, uns eine Theorie der Erwägung zu geben.

Diese Theorie könnte nun tatsächlich demjenigen, der hier eine

Psychologie der Erwägung erwartet, enttäuschend erscheinen: Die Seelenzustände des erwägenden Menschen, die von den Modernen genauso wie schon von Homer beschrieben werden, lässt Aristoteles ganz aus. Er beschäftigt sich allein mit dem *Gegenstand* der Erwägung: Wo wir eine psychologische Analyse des menschlichen Handelns erwarteten, werden wir erneut auf eine Ontologie der *agibilia* verwiesen, der πρακτά.[3] In diesem Punkte wird die Analyse der Erwägung nur unsere Vorahnungen bekräftigen und präzisieren. Man macht nicht alle Dinge zum Gegenstand von Erwägung und Beratschlagung, sondern lediglich diejenigen, die von uns abhängen (τὰ ἐφ' ἡμῖν),[4] was die unbewegten und ewigen Wesen ausschließt (wie die Weltordnung oder die mathematischen Wahrheiten), die Wesen, deren Bewegung ewig ist (astronomische Phänomene) und auch jene Ereignisse, die einer grundsätzlichen Zufälligkeit unterliegen (wie Trockenheit oder Regen oder die Entdeckung eines Schatzes).[5] Wenn wir die platonische Einteilung der Ursachen in φύσις, ἀνάγκη, τύχη und νοῦς heranziehen, so wäre die Erwägung unter die letzte Rubrik einzuordnen, welche für Aristoteles die »Handlungen, die bei uns stehen« (πᾶν τὸ δι' ἀνθρώπου) umfasst.[6] Aristoteles ergänzt die Vierteilung der Ursachen bei Platon um eine Erläuterung, die diesem unbekannt war: die Inkompatibilität des menschlichen Tuns mit der Wissenschaft von den Dingen, die sich aus der Trennung beider Bereiche ergibt. Die Wissenschaft betrifft das Notwendige und umfasst die beiden ersten Ursachen Platons (obwohl Aristoteles hier nichts dazu sagt, wie die φύσις auf die ἀνάγκη zurückgeführt werden kann). Hingegen gehört die verstandesartige Tätigkeit des Menschen, wenn nicht zum Zufall (wie Aristoteles es im Buch VI ausführen wird, wo er die Affinität von τύχη und τέχνη unterstreicht), so doch zu dem Bereich, der hier zwischen der Notwendigkeit und dem Zufall angesiedelt wird: dem Bereich der Dinge, die regelmäßig vorkommen (ὡς ἐπὶ τὸ πολύ), wenn auch ihr Ausgang ungewiss ist (ἀδήλοις δὲ πῶς ἀποβήσεται) und das Unbestimmte (ἀδιόριστον) beinhalten.[7]

Diese Analyse verweist ein weiteres Mal auf die Lehre von der Kontingenz und erlaubt uns, in der Erwägung eine Konstante in der Beziehung des Menschen zur Welt zu erkennen und nicht bloß ein vorläufiges, der Unwissenheit geschuldetes Zögern. Zwar erwägen wir um so mehr, als wir unwissend sind, und die Erwägung bezüglich des Kontingenten ist darum nur der Zwischenraum, der uns vom Wissen um das Notwendige trennt: So »ist in der Steuermannskunst, weil sie weniger erforscht ist (ἧττον διηϰρίβωται), mehr Raum für Erwägung als in der Gymnastik«.[8] Doch vielleicht ist sie deshalb weniger erforscht, weil sie weniger erforschbar ist, denn wie uns die *Eudemische Ethik* belehrt, zählt die Steuermannskunst zu denjenigen Aktivitäten, die einen irreduziblen Anteil an Zufall in sich schließen.[9]

Aristoteles gibt uns allerdings gleich im Anschluss daran eine quasi mathematische Erläuterung der Erwägung, was traditionell übrigens am stärksten berücksichtigt wurde. Die Erwägung ist eine Art der Erforschung, ζήτησις[10], der menschlichen Dinge. Sie besteht darin, die Mittel zur Realisierung eines vorgesetzten Zwecks zu suchen.[11] Sie ist somit ausgehend vom Zweck ausgehende regressive Analyse der Mittel und ähnelt der Konstruktionsweise einer mathematischen Figur: Man geht davon aus, dass man die Figur als konstruiert bzw. den Zweck als erreicht unterstellt, und fragt sich dann, welches die Bedingungen dafür sind. Um zu handeln, genügt es also, die Ordnung der Analyse umzukehren: Was in der Analysefolge zuletzt kommt, geht der Entstehung nach voran.[12] Diese Beschreibung bezieht sich auf die Methode der *Analyse,* wie sie bereits zur Zeit des Aristoteles von Mathematikern praktiziert wurde und wie sie später bekanntlich von Pappus zusammenfassend systematisiert wurde.[13] Die Frage ist nun aber, wie weit diese Analogie im Hinblick auf die Erwägung reicht. Tatsächlich setzt die mathematische *Analyse,* um anwendbar zu sein, eine Art operative Homogenität voraus, eine »uneingeschränkte Umkehrbarkeit«[14] zwischen Prämisse und Folgerung, da sie ja darin besteht, die (bekannte) Prämisse von der (unbekannten und lediglich unterstellten) Folgerung herzuleiten, um anschließend einen gültigen Beweis im umgekehrter Richtung zu führen. Descartes hat später die »langen Ursachenketten« bewundert, die man in beiden Richtungen durchlaufen kann. Sie setzen jedoch ein homogenes Universum voraus, das man in Gänze von irgendeinem seiner Teile ableiten könnte. Nun vollzieht sich menschliches Handeln in irreversibler Zeit. Man könnte die Beziehung von Mittel und Zweck mit derjenigen zwischen mathematischen Sätzen nur dann gleichsetzen, wenn der Zweck vom Mittel oder das Mittel vom Zweck *ad libitum* abgeleitet werden könnten. Doch dem ist nicht so, und zwar aus zwei Gründen: Zunächst kann ein und derselbe Zweck durch mehrere unterschiedliche Mittel verwirklicht werden. Ferner ist die instrumentelle Kausalität des Mittels, sofern sie nicht durch die Erfahrung verifiziert ist, eine nur unterstellte Kausalität, und das wiederum aus zwei Gründen: Erstens können sich zwischen Ursache und Wirkung unvorhersehbare Ereignisse schieben, welche die Kausalität der Mittel hemmen und ganz allgemein verhindern, dass *in der Zeit* syllogistisch von der Ursache auf eine nicht gleichzeitige Wirkung schließt.[15] Sodann kann umgekehrt die Kausalität der Mittel den angestrebten Zweck überschreiten: Das Mittel ist nicht nur Mittel *für* einen Zweck, es hat auch eine eigene Wirkursächlichkeit, welche, wenn sie mangelhaft beherrscht oder ganz einfach übersehen wird, ein Eigenleben gewinnen kann und die daran geknüpften Erwartungen verfehlt oder übersteigt. So sind Arzneimittel oder ein chirurgischer Eingriff zwar Mittel im Blick auf die Gesundheit, doch kommt es vor, dass sie den Kranken töten.[16] Sie töten ihn zwar *akzidentell*, und »vom Akzidentellen gibt es keine Wissenschaft«,[17] was aber für den Arzt keine Entschuldigung ist, da er bedenken muss, dass er in einer Welt lebt, in der die Möglichkeit des Unfalls immer gegenwärtig ist, und dass diese Welt darum seiner Wissenschaft nicht vollständig transparent ist.

Tatsächlich unterscheidet Aristoteles zwei Fälle: den einen, wo es bei gesetztem Zweck nur ein Mittel zu seiner Realisierung gibt, und den anderen, wo der Zweck durch mehrere Mittel realisiert werden kann. Im ersten Fall gibt es nur eine Lösung, und es handelt sich nur darum, sie ausfindig zu machen. In diesem Fall ist die Beziehung zwischen Zweck und Mittel reziprok und notwendig; sie wird deshalb Gegenstand der Wissenschaft, und die der Lösung vorhergehende »Erwägung« ist nur das Maß unserer Unwissenheit oder zumindest der Schwierigkeit, unser Wissen zu aktualisieren. Wo es nur eine einzige Lösung gibt, haben wir es allein uns selbst vorzuwerfen, wenn wir sie nicht finden: Der gute Mathematiker erwägt nicht, genauso wenig wie der gute Grammatiker.[18] Man kann sich allerdings fragen, wie häufig dieser privilegierte Fall, der Aristoteles zum Vergleich mit der mathematischen Analyse führt, auf menschliche Angelegenheiten angewandt werden kann, z. B. in »Ausübung der Heilkunst und beim Gelderwerb«.[19] Weil hier der Zweck gegeben ist (heilen oder sich bereichern), rührt die Schwierigkeit von der Tatsache her, dass es viele Mittel zu seiner Realisierung gibt: Die Verlegenheit erwächst dann nicht aus der Abwesenheit eines Weges, sondern aus der Vielzahl der sich öffnenden Wege,[20] deren jeweiliger Ausgang jedoch stets ungewiss bleibt. Hier nun finden Erwägung und Beratschlagung ihre Anwendung, weil es sich darum handelt, die entsprechende Wirksamkeit der möglichen Mittel und auch die Gefahren der mit ihnen jeweils gegebenen und parasitären Kausalität zu erkennen oder vielmehr vorherzusehen – und zwar nicht durch Wissenschaft, sondern durch Meinung.[21] Hier ist von der Mathematik – zumindest von der griechischen Mathematik, die das Problem des *optimum*[22] nicht kannte – keine Hilfe zu gewärtigen. Der Mensch ist auf Vermutungen angewiesen und muss allein durch das Vergleichen der Vermutungen unter den möglichen Mitteln das »leichteste und beste« finden.[23] Der Vergleich zwischen Erwägung und Beratschlagung einerseits und mathematischer Analyse andererseits soll letztlich nur den *regressiven* Charakter der vom Zweck ausgehenden Suche nach den Mitteln deutlich machen. Man hätte Unrecht, wollte man mehr darin sehen und etwa auf eine quasi-mathematische Struktur des Handelns zu schließen. Vor dieser Versuchung warnt uns im übrigen Aristoteles selbst hinlänglich.[24]

* * *

Viel aufschlussreicher ist Aristoteles' Anspielung auf die politischen Ursprünge des Begriffs.[25] Das Wort βούλευσις, das Aristoteles erstmals als einen Fachterminus gebraucht, verweist auf die Institution der βουλή, die bei Homer den Rat der Alten und in der attischen Demokratie den Rat der Fünfhundert bezeichnet, der durch vorhergehende Erwägung und Beratschlagung die Entscheidungen der Volksversammlung vorzubereiten hatte: Der Rat beratschlagte (βουλεύεται), das Volk wählte oder stimmte zumindest zu. Indem er auf die bei Homer erwähnte Praxis hinweist, will Aristoteles einfach daran erinnern, dass es keine Entscheidung (προαίρεσις) ohne vorangehende Erwägung gibt. Doch schon durch die Wahl des Wortes βούλευσις erinnert er uns zugleich daran, dass die Erwägung als das Zuratgehen mit sich selbst nur die verinnerlichte Form[26] der öffentlichen Beratung, des συμβουλεύειν, ist, so wie sie, wenn auch nicht in der Volksversammlung, so doch zumindest im Rat der erfahrenen Männer, der φρόνιμοι, praktiziert wurde.

Die Theorie der erwägend-beratschlagenden Rede hat Aristoteles in seiner *Rhetorik* ausgearbeitet. Er unterscheidet dort drei Arten der Rede, je nach der Hörerschaft, an die sie sich richtet. Wenn der Hörer nicht nur Zuschauer (θεωρός) ist, sondern Richter (κριτής), und sein Urteil nicht auf das Vergangene (τῶν γεγενημένων), sondern auf das Zukünftige (τῶν μελλόντων) gerichtet ist, d. h. im Klartext, wenn man es mit dem Mitglied einer Versammlung (ἐκκλησιαστής) zu tun hat, wird die Rede erwägend bzw. beratschlagend (συμβουλευτικός) genannt.[27] Dass es drei Arten der öffentlichen Rede und drei Kategorien der Hörerschaft gibt, beruht darauf, dass es drei Haltungen des Menschen hinsichtlich der Zeit gibt. Die nachträgliche Ausmittlung von Gründen im Hinblick auf die *Vergangenheit* ist die *richterliche* Rede; mit der zuschauenden und unkritischen Haltung hinsichtlich der *Gegenwart* sind Lob und Tadel gegeben, welche der *aufweisenden* Art der Rede angehören; schließlich ruft die vorausschauende Sorge um die *Zukunft* die *erwägend-beratschlagende* Rede hervor.[28]

Man hat dieser Bezeichnung unter dem Vorwand, sie stehe in einer bloß rhetorischen – also ›unwissenschaftlichen‹ – Abhandlung, nicht die gebührende Bedeutung beigemessen. Wenn man sagt, dass Erwägung und Beratschlagung sich auf die Zukunft richten, dann gibt man damit immerhin zu, dass die Zukunft Gegenstand der Erwägung sein kann – was alles anderes als selbstverständlich ist. Zwar entwickelt Aristoteles seine Theorie von der erwägenden Rede, ohne zuvor nach deren Rechtfertigung gefragt zu haben. Doch zweifellos hätte er sich nicht mit der Ausarbeitung einer solchen Theorie aufgehalten, wenn er der Meinung gewesen wäre, dass all unser Erwägen umsonst ist und die Zukunft in jedem Falle so sein wird, wie sie – auch ohne unser Erwägen – sein muss. Die Theorie der erwägenden Rede impliziert somit die Wirksamkeit menschlichen Erwägens und Zurategehens, womit nur aufs Neue die Kontingenz des Zukünftigen vorausgesetzt wird, denn stünde die Zukunft schon geschrieben, so müsste die erwägende Rede der Menschen vor den Verfügungen des Schicksals, wie sie uns die prophetische Rede der Seher mitteilt, verstummen.

Auch hier zeigt sich erneut die Zweideutigkeit der aristotelischen Zeiterfahrung. Wenn wir Erwägungen über die Zukunft anstellen, so deshalb, weil sie uns verborgen ist; unsere Angewiesenheit auf die

Erwägung ist, absolut gesehen, eine Unvollkommenheit. Doch unser Erwägen ist nicht nur die mühsame Suche nach einem Wissen, das uns entweicht; sie beschränkt sich nicht darauf, eine Zukunft abzuschätzen, die zu kennen nur Göttern und Sehern zukommt – so wie Wohnzimmerstrategen den Ausgang einer Schlacht abschätzen, an der sie gar nicht teilnehmen. Die Erwägung besteht darin, wirksame Mittel zu realisierbaren Zwecken zu kombinieren. Die Zukunft steht uns also offen. Wenn der Mensch in Anbetracht der Zukunft nicht bloß eine theoretische, sondern eine entscheidende Haltung einnehmen kann, wenn er nicht nur ein θεωρὸς τοῦ παρόντος, sondern ein κριτὴς τῶν μελλόντων ist,[29] dann hat das darin seinen Grund, dass er selbst ein Prinzip des Zukünftigen ist, ἀρχὴ τῶν ἐσομένων.[30] So manifestiert sich in der aristotelischen Analyse die tiefe Verbindung zwischen einer Philosophie der Kontingenz und der Praxis des demokratischen, d. h. des erwägenden und beratschlagenden Systems. Eine Philosophie, die auf die *Wissenschaft* zählte, um die Wirklichkeit noch in ihren kleinsten Bestimmungen zu erkennen, konnte für die Herrschaft einer Versammlung, wo Worte nur die Inkompetenz bemänteln, oder bestenfalls eine falsches Substitut der Kompetenz sind, nur Verachtung übrig haben.[31] Im darauf folgenden Zeitalter konnte eine Philosophie des *Schicksals*, der zufolge nur unsere Zustimmung gegenüber unseren Vorstellungen von uns abhängt, nur die Gleichgültigkeit gegenüber den äußeren Umständen, den *tempora*, lehren, woraus sich eine gewisse Neigung zu politischer Enthaltsamkeit ergab. Zweifellos spiegeln in diesem Punkt die Weltanschauungen die soziale Realität, wenn auch mit einer gewissen Verzögerung. Die Gesellschaft der Zeit Platons mag ihr inneres Gleichgewicht verloren haben, aber noch scheinen dem auf Wissenschaft gegründeten menschlichen Handeln alle Möglichkeiten offen zu stehen. Im Hellenismus begünstigt die politische Ohnmacht der Griechen eine Kosmologie des Schicksals und eine Religion der Vorsehung, in der sich die Unmöglichkeit einer Veränderung der Welt zum gleichsam mystischen Glauben an ihre verborgene Rationalität wandelt.[32] Zwischen diesen beiden Welten liegt die des Aristoteles; sie ist zweideutig, wie die Gesellschaft, in der er lebt: nicht alles ist möglich, aber auch nicht alles ist unmöglich; die Welt ist weder gänzlich rational noch gänzlich irrational. Die Erwägung drückt diese Zweideutigkeit aus: Auf halbem Wege zwischen der Wissenschaft und der zufälligen Divination gelegen,[33] gehört sie zur Ordnung der Meinung,[34] d. h. eines näherungsweisen Wissens, welches in dieser Hinsicht seinem Gegenstand gleicht. Kein Erwägen und Beratschlagen, das auf einem solchen Wissen gründet, kann unfehlbar sein. Der gut beratene Mensch spricht aus, was möglich und was nicht möglich ist, er ergreift den »Punkt der Möglichkeit«,[35] kann aber dieses »Mögliche« nicht notwendig machen. Von daher birgt die besterwogene Handlung immer ein gewisses Risiko des Scheiterns. Doch was die Erwägung trotz ihrer unausweichlichen Fehlbarkeit menschlich rechtfertigt, ist, dass eine ideale und »wissenschaftliche« Handlung (wie sie sich Platon erträumte) den widerständigen Vermittlungen der Materie und der (alles in allem relativen) Unvorhersehbarkeit der Zeit weit stärker ausgesetzt wäre, eben weil sie diese nicht in Rechnung stellt. Man sieht, dass die heutige Bedeutung des Wortes *Klugheit* nicht allzu weit von den Erwartungen entfernt ist, die Aristoteles an einen guten βουλευτικός richtete.

Die erwägend-beratende Demokratie und vor allem die patriarchalische Institution des Ältestenrates geben uns also ein Modell des *klugen* individuellen Verhaltens an die Hand: Bei Homer ist es nicht der aufbrausende Achilles, sondern der kluge Odysseus, der häufig »mit sich selbst« zu Rate geht. Von seinen politischen Ursprüngen her bewahrt der Begriff der βούλευσις seine nur relative Rechtfertigung. Es wäre vorzuziehen, wie sich Aristoteles im Anschluss an Homer ausdrückt, dass »ein einziger herrsche«.[36] Der unsichere Dialog gemeinsam erwägender Menschen – selbst wenn es sich um φρόνιμοι handelt[37] – steht in keinem Vergleich zum selbstsicheren Monolog des kompetenten Menschen, des *sophos*. Doch abgesehen davon, dass der Wissenschaft nichts so ähnlich sieht wie die Scheinwissenschaft, bietet sie keine Hilfe, wenn die Wirklichkeit, auf die sich das Handeln richten soll, nicht ausreichend bestimmt ist, um auf wissenschaftliche Weise erkannt zu werden. Gewiss ist die Demokratie eine mittelmäßige Regierungsform[38] – die schlechteste der guten Herrschaftsformen und die beste der schlechten, wie schon Platon sagte[39] –, doch gerade diese Mittelmäßigkeit, welche sie von großartigen Entwürfen wie von großartigen Verirrungen gleich weit entfernt,[40] spiegelt die Welt, in der wir leben.

Da die Dinge nun einmal sind, wie sie sind, und der Mensch ist, wie er ist, obliegt es uns, nicht nach dem schlechthin Besten, sondern stets nach dem in Anbetracht der Umstände Bestmöglichen zu streben.[41] Natürlich sollte man prinzipiell einen Spezialisten urteilen und wählen lassen,[42] und zwar, wie man unterstellen darf, ohne vorhergehende Beratschlagung. Dennoch ist Aristoteles nicht um Argumente dafür verlegen, dass er dem Volk das Recht auf Beratschlagung zubilligt. Zunächst einmal muss man kein Gelehrter sein, um Entscheidungen zu treffen – es genügt, »gebildet«[43] zu sein. Außerdem mag es zwar zutreffen, dass niemand über alles zu urteilen vermag;[44] doch vereint das versammelte Volk die unterschiedlichen Kompetenzen, so dass es insgesamt über ein angemessenes Urteilsvermögen verfügt:[45] »Denn jeder einzelne wird zwar ein schlechterer Richter sein als die Wissenden, wenn sie sich aber alle zusammentun, sind sie besser oder doch nicht schlechter.«[46] Der Pluralismus der gemeinsamen Erwägung ist also für Aristoteles nur ein Notbehelf, das geringere Übel im Vergleich zur monarchischen Autorität der Wissenschaft.[47] Aber indem dieser Pluralismus eine gegenseitige Kritik der Meinungen instituiert, ist er den willkürlichen Entscheidungen des Tyrannen, der hinter jedem Monarchen steht wie dessen Schatten, immer noch vorzuziehen.

Die Erwägung als Selbstgespräch der Seele ist überdies, auch wenn die damit einhergehende Verlegenheit einem wahrhaft göttlichen Geist unwürdig ist, den zufälligen Eingebungen der Leidenschaften vorzuziehen. Nichts gleicht der Autorität mehr als die Willkür, nichts der Inspiration mehr als die Improvisation; nichts dem Unmenschlichen mehr als das Übermenschliche. Die Erwägung bezeichnet den menschlichen Weg,[48] einen mittleren Weg, den Weg eines Menschen, der weder gänzlich wissend noch gänzlich unwissend ist, in einer Welt, die weder gänzlich rational noch gänzlich absurd ist, und die es unter Verwendung der wackligen Vermittlungen, die sie uns bietet, dennoch zu ordnen gilt.

* * *

Die Erwägung bzw. Beratschlagung ist also die Bedingung, ohne welche eine menschliche Handlung nicht gut, d. h. nicht tugendhaft sein kann. Aristoteles ist sich allerdings darüber im Klaren, dass die Erwägung, deren Begriff er der politischen Praxis entlehnt, für die Konstitution der Tugend nicht ausreicht. Denn die Erwägung betrifft nicht den Zweck, sondern die Mittel, nicht das Gute, sondern das Zweckmäßige,[49] und die Erwägung als solche kann auch dem Schlechten dienen.[50] Darum führt Aristoteles in den Reigen der die Klugheit begleitenden Verstandestugenden den Begriff der εὐβουλία ein,[51] der die Vorstellung einer bestimmten Richtigkeit (ὀρθότης)[52] impliziert, genauer gesagt einer Richtigkeit des Verstandes (ὀρθότης τῆς διανοίας).[53] Aber auch hier löst sich Aristoteles noch nicht von den politischen Implikationen des Begriffs, der in der Umgangssprache eher die Geschicklichkeit und Kaltblütigkeit in der Wahl der Mittel als die Rechtschaffenheit der Absicht bezeichnet.[54] In die Beschreibung der εὐβουλία gehen also der moralische Charakter des Zwecks,[55] die Bestimmung der günstigsten Mittel[56] und selbst die optimale – nicht zu lange und nicht zu kurze – Dauer der Erwägung[57] zusammen ein, so dass die εὐβουλία zuletzt definiert wird als »Richtigkeit in Bezug auf das Nützliche, welche sowohl den zu erreichenden Zweck betrifft, wie die Art und Weise und die Zeit«.[58] Wie man sieht, gelingt es Aristoteles noch nicht, die Bedingungen einer technisch effizienten und die einer moralisch guten Handlung bzw. die Definition des Zweckmäßigen und die des Guten zu unterscheiden. Es ist allerdings richtig, dass diese Zweideutigkeit vor allem auf die griechische Sprache zurückzuführen ist: Man hat oft auf die Doppelbedeutung von Ausdrücken wie ἀγαθός, εὖ, εὖ πράττειν etc. aufmerksam gemacht, die sich sowohl auf das Zweckmäßige wie auf das Moralische beziehen, und Aristoteles selbst weist auf die Ambiguität des Wortes ὀρθότης hin,[59] welches ebenso gut die Richtigkeit des Zwecks wie die moralisch neutrale Weitsichtigkeit des Urteils bezeichnet.

Diese letzte Bemerkung bezeugt, dass man sich zu Zeiten von Aristoteles bereits voll und ganz der Vieldeutigkeit der Worte und der Notwendigkeit, diese zu überwinden, bewusst war. Schon die *Epinomis*[60] weigerte sich, geistige Qualitäten, aus denen Platon Tugenden gemacht hatte – wie Gedächtnis, Auffassungsgabe und Scharfsinn[61] – als *Weisheit* (ϲοφία)[62] anzusehen.[63] Man müsse, so heißt es in der *Epinomis*, zwischen dem Natürlichen (φύσις) und der Weisheit unterscheiden, oder, wie dann Aristoteles sagt, zwischen der natürlichen Tugend (ἀρετὴ φυσική) und der moralischen Tugend.[64] Auch wenn man mit Recht darauf verweisen kann, dass das Wort ἀρετή ursprünglich keinen engen moralischen Sinn hatte, sondern die Vorzüglichkeit im Allgemeinen bezeichnete,[65] so verliert diese Bemerkung ab der Zeit des Aristoteles ihre Geltung. Es scheint, als habe das Wort ἀρετή in seiner absoluten Verwendung bereits zur Zeit von Aristoteles die »Tugend« im modernen Sinn bezeichnet, d. h. das, was verdienstvoll und lobenswert (ἐπαινετός) ist, im Gegensatz zum moralisch Neutralen wie der Wissenschaft[66] oder Geschicklichkeit, oder auch dem, was zum Preis von Arbeit und Anstrengung erreicht wird, im Gegensatz zum Natürlichen und uns nicht Zurechenbaren. Mit anderen Worten, ἀρετή scheint mit der moralischen Tugend synonym.[67] Vor diesem Hintergrund wird verständlich, dass der Begriff der *Verstandestugend* ein unsauberer Begriff ist, der von Aristoteles niemals klar ausgearbeitet wurde. Auf der einen Seite versuchte er, den alten Sinn des Wortes ἀρετή, den einer moralisch nicht zurechenbaren Vorzüglichkeit, wieder herzustellen: In diesem Sinne ist die Kunst und selbst die Wissenschaft eine Verstandestugend.[68] Auf der anderen Seite befreit er sich nicht gänzlich von den ethischen Implikationen des Wortes ἀρετή und bemüht sich darum, moralisch neutrale geistige Qualitäten, die als solche keine Tugenden sind, von denselben Qualitäten zu unterscheiden, insofern sie der Verwirklichung des Guten dienen und daher Verstandes*tugenden* sind, wenn auch nur deshalb, weil sie auf gewisse Weise mit der moralischen Tugend in Verbindung stehen.[69]

Die Doppeldeutigkeit des Wortes εὐβουλία – welches den unvorbereiteten Zuhörer etwa an die Eigenschaft eines von einem guten Strategen beratenen Menschen denken lassen musste,[70] dem Aristoteles jedoch auf nicht besonders überzeugende Weise den künstlichen Sinn einer »Erwägung in Richtung auf das Gute« geben möchte – drückt eine allgemeinere Schwierigkeit aus:[71] Aristoteles' Analysen der Bedingungen der Klugheit und der mit ihr zusammenhängenden Verstandestugenden sind weniger ein Beitrag zur Ethik als vielmehr die Grundlegung einer allgemeinen Handlungstheorie, d. h. einer Hermeneutik der menschlichen Existenz, insofern diese in der Welt und bezogen auf die Welt handelt. Unter diesem Gesichtspunkt ist Aristoteles einzigartig, wenn er uns auch trotz seines vagen Suchens nicht geben kann, was uns in Ermangelung einer Theorie der Sünde kein Grieche zu geben vermochte: das Mittel zur Unterscheidung der schlechten von der eigentlich tugendhaften Handlung. Im Folgenden soll nun diese Analyse des Handelns anhand ihres zweiten Momentes weiterverfolgt werden: dem der *Wahl.*

§ 2 Die Wahl (προαίρεσις)

Der Begriff der προαίρεσις taucht innerhalb der Ökonomie der aristotelischen Ethik auf zwei Ebenen auf. Einmal geht er in die Definition der moralischen Tugend ein, die im zweiten Buch der *Nikomachischen Ethik* als eine ἕξις προαιρετική, eine auf die Absicht bezogene Haltung definiert wird.[72] Er taucht außerdem in Buch III desselben Werkes auf, im ganz anderen Kontext einer allgemeinen Analyse der Handlungsstruktur: Hier erscheint die *prohairesis* in der Bedeutung der sich an die *Erwägung* anschließenden *Wahl.* Diesen letzten Gesichtspunkt müssen wir hier näher betrachten, weil die Eigenart des klugen Menschen darin liegt, dass er gut *erwägt,* und weil es demzufolge wichtig ist zu wissen, zu welcher *Wahl* seine Erwägung führt.

Aristoteles analysiert diese Frage in den Kapiteln 4–6 des dritten Buches der *Nikomachischen Ethik* findet, deren Ordnung ich modifiziere, weil die προαίρεσις dort vor der βούλευσις behandelt wird, obwohl diese die Bedingung von jener ist. Bevor ich jedoch den Faden dieser Analyse wiederaufnehmen kann, ist es zur Vermeidung von Missverständnissen, denen frühere Interpreten nicht immer entgangen sind, notwendig, jene Dualität der Kontexte, der Problematiken und letzten Endes auch des *Sinnes* zu unterstreichen. Wenn Aristoteles die moralische Tugend als ἕξις προαιρετική definiert, so denkt er dabei keineswegs an die heute in Buch III enthaltene Analyse der abgewogenen Wahl. Er will sagen, dass die Tugend eine Disposition ist, welche eine Entscheidung ausdrückt, deren Prinzip wir sind – eine Haltung, die unsere Freiheit impliziert, unsere Verantwortung, unser Verdienst: Das Adjektiv προαιρετικός bezeichnet die spezifische Differenz, welche die moralische Tugend, die uns zugerechnet werden kann, von der natürlichen Tugend trennt, in deren Besitz keinerlei Verdienst liegt, weil sie nicht unsere *prohairesis* betrifft. Dieser Sinn des Wortes προαίρεσις, welcher unsere Absicht ausdrückt, oder besser noch unsere innerliche Disposition, die intime Verwicklung unseres Seins, in welcher unser Wert oder unsere Schuld liegt, wird durch zahlreiche Stellen bei Aristoteles bezeugt. Man könnte sogar sagen, dass dieser Sinn außerhalb der Analyse von Buch III der häufigste ist. Dies ist insbesondere in der *Eudemischen Ethik* der Fall, wo *prohairesis* zumeist die Fähigkeit eines jeden vernünftigen Wesens bezeichnet, für sein Leben ein Ziel (σκοπός) festzulegen, welches allein den einzelnen Aktionen Sinn gibt.[73] Aber *prohairesis* bezeichnet auch die Verantwortung, welche sich daraus gegenüber dem Urteil des anderen ergibt: ἐκ τῆς προαιρέσεως κρίνομεν ποῖός τις, »wir beurteilen die moralische Eigenschaft von jemandem nach seiner Absicht, das heißt nach dem, worumwillen er es tut (τὸ τίνος ἕνεκα πράττει), nicht nach dem, was er tut.«[74] Etwas später präzisiert Aristoteles die Bedeutung dieser Regel, indem er die später im Stoizismus klassisch gewordene Unterscheidung zwischen Absicht (προαίρεσις) und Tat (ἔργον) einführt: »Bei unseren Lob und Tadel schauen wir allgemein eher auf die Absicht als auf die Werke (εἰς τὴν προαίρεσιν βλέποντες μᾶλλον ἢ εἰς τὰ ἔργα), weil die Menschen Schlechtes auch in einer Zwangslage tun, selbst wenn niemand es freiwillig wählen würde (προαιρεῖται δ᾽ οὐδείς).«[75] Die *prohairesis* ist also der Sitz der Zurechenbarkeit: Sie steht im Gegensatz zum Zwang und ist das Fundament derjenigen Handlungen, die mit voller Absicht getan werden (ἑκούσια), also der einzigen, welche Gegenstand von Lob oder Tadel sein können.[76] Eben weil die Tugend (ebenso wie ihr Gegenteil, das Laster) eine ἕξις προαιρετική ist, muss sie unter die εκουσια gezählt werden.[77] – Denselben Sinn hat das Wort *prohairesis* in Buch VII der *Nikomachischen Ethik*, wo es darum geht, den Willensschwachen (ἀκρατής), der das Gute kennt und will, aber durch Leidenschaft daran gehindert wird, vom Schlechten (κακός) zu unterscheiden, dessen Absicht wesensmäßig verkehrt ist: Die Willensschwäche (ἀκρασία) läuft nach Aristoteles der Absicht zuwider, sie ist παρὰ προαίρεσιν, während die Bosheit der Absicht gemäß ist, κατὰ τὴν προαίρεσιν.[78] Ein Beispiel, welches einem anderen Teil des aristotelischen Werkes entnommen ist, liefert eine hinreichende Bestätigung dieses Sinnes. Im Buch Γ der *Metaphysik*, wo Aristoteles das Verhältnis von Sophistik und Philosophie untersucht, erkennt er an, dass sich beide auf demselben Feld bewegen, präzisiert dann aber, sie würden sich in dem sie antreibenden »Lebenszweck« unterscheiden, τοῦ βίου τῇ προαιρέσει:[79] dem Zweck der Wahrheit einerseits und dem des Gewinnes andererseits.

Wenn wir im Gegenteil die beiden Passagen der *Eudemischen Ethik* und der *Nikomachischen Ethik* betrachten, in denen die *prohairesis ex professo* behandelt wird, dann sehen wir dort eine ganz andere Bedeutung auftauchen, nämlich die der Wahl der Mittel,[80] welche einer Erwägung bzw. Beratschlagung folgt.[81] Zwar ist die Wahl selbst ein Begehren (ὄρεξις),[82] denn die Mittel will man nur, weil man den Zweck will, und die Wahl der Mittel beruht auf dem Wollen des Zweckes, ohne welches sie allen Sinn verlöre; in diesem Sinne bewahrt die *prohairesis* einen voluntaristischen Aspekt. Aber die Betonung liegt dieses Mal nicht auf der Qualität des Zwecks, sondern auf der Wirksamkeit der zur Realisierung eines gegebenen oder vielmehr gewollten Zweckes bestimmten Mittel. Es kommt darauf an, dass die Mittel nicht unter das Unmögliche fallen,[83] und, genauer, dass sie unter denjenigen Dingen ausgewählt werden, die von uns abhängen.[84] Wie wir gesehen haben, ist diese Bestimmung des bestmöglichen Mittels das Werk der Erwägung und Beratschlagung. Die *prohairesis* ist also der Moment der Entscheidung, der auf die Beratschlagung folgenden Abstimmung (αἵρεσις), welche nicht mehr nur die erwägende Intelligenz manifestiert, sondern den begehrenden Willen, der eingreift, um die Beratschlagung in Bewegung zu setzen, aber auch, um sie zu beenden. Mittels der *prohairesis* wird das in Betracht gezogene oder abgeschätzte Mögliche ein gewolltes Mögliches – gewollt nicht um seiner selbst willen, sondern als Mittel zu einem Zweck. All das fasst Aristoteles in seiner konzisen Definition der *prohairesis* als einer βουλευτικὴ ὄρεξις τῶν ἐφ᾽ ἡμῖν zusammen, d. h. einem »erwägenden Begehren der Dinge, die von uns abhängen«.[85]

Besonders auffällig ist hier das Fehlen jeglichen Bezugs auf den Zweck (dessen Ausrichtung zwar von der Wahl vorausgesetzt wird, diese aber nicht konstituiert) und, mehr noch, auf die Qualität dieses Zwecks. Das einzige Beispiel, mit dem Aristoteles seine Analyse in Buch III illustriert, ist in dieser Hinsicht bezeichnend: Wir wollen (βουλόμεθα) gesund sein, und wir wählen (προαιρούμεθα) die Mittel dazu.[86] Die Wahl ist hier jeglicher moralischen Verantwortlichkeit entkleidet, weil sie nicht den Zweck setzt, sondern nur ἐξ ὑποθέσεως wählt,[87] unter der Vorraussetzung eines Zweckes, für den sie nicht verantwortlich ist. Sie ist nicht mehr der Ort der Zurechenbarkeit, sondern das Moment der Geschicklichkeit. Sie drückt kein moralisch qualifizierbares Prinzip aus, sondern einen sozusagen »technischen« Moment in der Struktur einer jeden Handlung. Die gute Wahl wird nicht mehr an der Richtigkeit der Absicht gemessen, sondern an der Wirksamkeit der Mittel.

Die Zweideutigkeit des Wortes *prohairesis*, eines einerseits ethischen, andererseits jedoch moralisch neutralen Begriffes, ist den meisten modernen Interpreten nicht entgangen.[88] Sie haben daraus jedoch nicht alle Folgerungen gezogen.[89] Genauso unbefriedigend wäre es, hier lediglich eine begriffliche Entwicklung festzustellen.[90] Bereits in der *Eudemischen Ethik* nämlich findet man die Doppelbedeutung von »Absicht« und »Wahl der Mittel«, wenn hier auch die eigens der *prohairesis* gewidmete Abhandlung ein stärkeres Interesse als die *Nikomachische Ethik* erkennen lässt, die erste dieser beiden Bedeutungen beizubehalten. Aber auch die *Eudemische Ethik* betont im zehnten Kapitel von Buch II nicht weniger stark und vielleicht sogar klarer als die *Nikomachische Ethik* die Tatsache, dass man nicht den Zweck wählt, sondern die Mittel.[91] Die Beispiele, die Aristoteles hier gibt, bestätigen vollends den moralisch neutralen Charakter des Begriffes: »Man wählt nicht, gesund zu sein, sondern man wählt im Hinblick auf die Gesundheit, spazieren zu gehen oder sich hinzusetzen; man wählt nicht, glücklich zu sein, sondern man wählt im Hinblick auf das Glück, Dinge zu erledigen und sich Gefahren auszusetzen.«[92] Dieses letzte Beispiel könnte Widerspruch hervorrufen, denn hier ist es nicht der Zweck, der moralisch qualifizierbar ist – die Suche nach dem Glück ist ja bei allen Menschen gleich[93] –, sondern die gewählten und mehr oder weniger moralischen Mittel. Eine solche Bemerkung wäre hier allerdings unangebracht. Der Kontext scheint im Gegenteil nahe zulegen, dass Aristoteles nicht die Qualität der Mittel im Auge hat, sondern ihre Wirksamkeit. In der folgenden Analyse der Erwägung, die hier wie in der *Nikomachischen Ethik* als Bedingung der Wahl genannt wird,[94] entnimmt Aristoteles seine Beispiele der medizinischen Kunst,[95] der Gymnastik[96] oder der Kriegskunst: So stellt man Erwägungen an hinsichtlich der Wahl seiner Feinde,[97] was nichts mit der Frage zu tun hat, ob der zu führende Krieg gerecht ist oder nicht. Im Übrigen präzisiert Aristoteles etwas später, dass die Tugend für die Richtigkeit des Zwecks verantwortlich ist,[98] was zu der Vermutung berechtigt, dass die Wahl, welche für die Richtigkeit der Mittel verantwortlich gemacht wird,[99] nicht als solche tugendhaft oder lasterhaft genannt werden kann. Man wird also nur in um so größeres Erstaunen versetzt, wenn der Autor der *Eudemischen Ethik* am Ende dieser Analyse (in dem von uns bereits zitierten Text[100]) die Zurechenbarkeit auf die *prohairesis* ausdehnt und dafür die folgende Erklärung gibt: Wir beurteilen einen Menschen nicht aufgrund dessen, was er tut, sondern aufgrund dessen, wozu er es tut.[101] Warum sollte man ihn aber nicht nach seinem Wollen des Zwecks beurteilen, d. h. nach dem, was Aristoteles seine βούλησις nennt? Es ist doch merkwürdig, dass die Wahl der Mittel mehr über die Qualität des Zwecks verraten soll als der beabsichtigte Zweck selbst. Nachdem er ausführlich dargelegt hat, dass die *prohairesis* die Mittel betrifft und nicht den Zweck, erinnert Aristoteles ganz am Ende daran, dass ein Mittel immer Mittel in Bezug auf einen Zweck ist.[102] Er tut das allein deshalb, um die wahrscheinlich traditionelle These zu rechtfertigen, dass man einen Menschen nach seiner *prohairesis*[103] beurteilt und dass Tugend und Laster *folglich* etwas Freiwilliges sind.[104] Die Gedankenfolge ist hier wenig natürlich und sogar vollkommen unverständlich, wenn man nicht sieht, dass sich hier zwei Problemstellungen überlagern: Die moralische Problematik der Verantwortung und die technische Problematik von Zweck und Mittel. Die Quelle der Verwirrung liegt darin, dass *prohairesis* sowohl in dem einen wie in dem anderen Feld eine eigene Bedeutung hat und dass diese beiden Bedeutungen schließlich Gegenstand einer ungeschickten und wenig kohärenten Synthese werden.

Die Parallelstelle in der *Nikomachischen Ethik* hat eine ähnliche und ebenfalls zweideutige Struktur. Man sieht dort aber, dass das technische Problem der Mittelbestimmung das ethische Problem der Verantwortung zurückdrängt, welches fast gänzlich in Vergessenheit gerät. Zwar ist die ein Ganzes bildende Analyse der Wahl, der Erwägung und des Willens (βούλησις) (Kap. 4–6) in eine allgemeine Untersuchung über die Verantwortung für unsere Handlungen eingefügt (was vielleicht nachträglich geschehen ist). Die Kapitel 1–3 von Buch III fragen in der Tat danach, unter welchen Bedingungen eine Handlung absichtlich ›(ἑκούσιον) genannt werden kann, und Kapitel 7 stellt fest, dass Tugend und Laster etwas Absichtliches sind. Man kann jedoch nicht sagen, dass die dazwischen geschaltete Analyse der Wahl und ihrer Bedingungen irgendein

Argument zu dieser These beigetragen hätte.[105] Aristoteles selbst ist sich dessen so bewusst, dass er seine Analyse der Wahl der Mittel mit seiner Analyse der moralischen Verantwortung durch einen Trick zu verbinden sucht, der seiner sonstigen Lehre widerspricht. Die Wahl der Mittel, verkündet er, sei absichtlich. Da nun »die tugendhaften Handlungen die Mittel betreffen«,[106] sei die Tugend *folglich* etwas Absichtliches bzw. hänge sie, wie Aristoteles ihr sagt, von uns (ἐφ' ἡμῖν) ab.[107] In der *Eudemischen Ethik* hatte Aristoteles (oder der Herausgeber) auf der *Zweckmäßigkeit* der Mittel bestanden, um so aus der *prohairesis* den Sitz der Tugend zu machen. Hier zieht er es vor zu sagen, dass sich die Tugend in der Wahl der Mittel und nicht in der Qualität des Zwecks manifestiere. Diese These widerspricht jedoch ganz offensichtlich nicht nur dem gesunden Menschenverstand, sondern auch Aristoteles' eigenen Aussagen,[108] und scheint hier nur aus einem einzigen Grund erfunden zu sein: um die Abhandlung über die *prohairesis* mit der über das ἑκούσιον zu verbinden – koste es, was es wolle.

Es geht mir mit diesen Bemerkungen nicht darum, ein weiteres Mal Aristoteles' »Widersprüche« anzuprangern, sondern darum, seine eigentliche Auffassung der *prohairesis* als erwägende Wahl herauszustellen. Wenn man an den Begriff der *prohairesis* aus der Perspektive des Problems der »Willensfreiheit« herangeht,[109] dann erwartet man vom aristotelischen Text zwangsläufig etwas, was sich darin nicht findet,[110] und lässt das außer Acht, was sich darin findet. Was sich nicht darin findet, ist eine Lehre von Freiheit und Verantwortung.[111] Was sich darin findet, ist ein neuer Beitrag zur Ontologie und Anthropologie der Handlung.[112]

* * *

Zunächst wird man feststellen, das Aristoteles bei der Beschreibung der *prohairesis* als Wahl des besten Mittels ganz bewusst auf den etymologischen Sinn des Wortes zurückgreift, der, wie er sagt, das προαιρετόν als »das, was anderen vorgezogen wird« (πρὸ ἑτέρων αἱρετόν) erscheinen lässt.[113] Dieser selbstgefällig hervorgehobene Rückverweis auf den etymologischen und volkstümlichen Sinn des Wortes und dessen Erhebung in den Rang eines philosophischen *terminus technicus* ist ein von Aristoteles gern gepflegtes Verfahren, welches wir bereits im Zusammenhang mit dem Begriff der *phrone-*

sis beobachten konnten. Obwohl ein Beweis schwierig sein dürfte, habe ich auch hier wiederum den Eindruck, dass Aristoteles auf den gewöhnlichen Gebrauch des Wortes jenseits einer gelehrten Terminologie zurückgeht (oder zurückzugehen vorgibt), die auf Platon und der alten Akademie fußt, später von den Stoikern übernommen wird und die Aristoteles selbst gewohnheitsmäßig verwendet, sobald er den Gegenstand nicht ausdrücklich thematisiert. Aristoteles geht mit anderen Worten von der Bedeutung der absichtlichen Wahl, die in der Akademie gängig war, auf die ursprünglichere Bedeutung der erwägenden und vorziehenden Wahl zurück, die er im gewöhnlichen Sprachgebrauch findet und deren erster (und in der Antike zugleich letzter) Theoretiker er ist.

Wenn wir nun die Geschichte des Wortes *prohairesis* insgesamt überblicken, sehen wir, dass sich bei Aristoteles zwei Abstammungsreihen treffen, die gleichwohl nicht miteinander zu verwechseln sind. Die erste führt von Sokrates über Platon und die Akademie zum Stoizismus; die zweite geht unmittelbar vom gewöhnlichen Sprachgebrauch zur aristotelischen Begriffsklärung über und bleibt, wie das auch für andere aristotelischen Begriffe gilt, in der Geschichte der Philosophie ohne Nachwirkung. Ich kann diese Behauptungen hier nur mit einigen Hinweisen untermauern, die mir allerdings ausreichend erscheinen. Obwohl die Worte προαιρεῖσθαι, προαίρεσις ursprünglich eine relative Wahl bedeutet haben, d. h. eine Präferenz[114] und die Option für ein geringeres Übel,[115] so scheint man doch recht schnell zur Idee einer absoluten Wahl gelangt zu sein, der Wahl einer Lebensweise, welche für unsere Existenz insgesamt verbindlich ist: In diesem Sinne steht die Wahl nicht mehr innerhalb des Lebens, sondern ist eine Wahl des Lebens selbst, προαίρεσις τοῦ βίου.[116] Diese Bedeutungsverschiebung scheint ihren Ausdruck und ihre Kristalisation in einem berühmten platonischen Mythos gefunden zu haben, nämlich dem des »Er« im zehnten Buch der *Politeia*. Dort sehen wir, wie die Seelen unter einer Vielzahl von ihnen vorgeschlagenen Leben ihr eigenes wählen (αἱροῦνται), wie diese Wahl daraufhin unumkehrbar wird, wie die Seelen, nachdem sie vom Wasser des Flusses Lethe getrunken haben, vergessen, dass sie selbst es waren, die gewählt haben und wie sie ein Leben, für welches sie sich doch aus eigener Erwägung entschieden haben und wofür sie folglich auch die Verantwortung tragen, als ein Schicksal (δαίμων) zu leben beginnen.[117] Neben verschiedenen anderen Bedeutungen erklärt Platon mit diesem Mythos das Paradox, dass der Mensch verantwortlich für seine Natur ist, d. h. für das, was er von Geburt aus ist: Wir haben unsere Natur gewählt, selbst wenn wir uns daran nicht mehr erinnern, und können die Verantwortung für das, was wir sind, folglich nicht Gott[118] oder dem Zufall[119] zuschieben. Tatsächlich ist die Bedeutung des Mythos zweischneidig. Jaeger interpretiert ihn in seiner *Paideia* humanistisch: Der Mythos befreie den Menschen von seinen »Dämonen«[120] und rechtfertige seine Perfektibilität, indem er ihn als frei wählend darstelle, womit zugleich die große philosophische Aufgabe der Erziehung gerechtfertigt sei.[121] Aber der platonische Mythos betont zugleich die Unumkehrbarkeit der Wahl,[122] die zumindest in diesem Leben jegliche Umkehr auszuschließen scheint. Der Mythos schreibt uns eine Verantwortung zu, von der Gott auf diese Weise entlastet wird, ohne uns zugleich die effektive und empirische Freiheit zuzugestehen, unser Schicksal durch unsere Werke und in der Zeit zu gestalten. Die Freiheit konzentriert sich gänzlich in einer mythischen Zeit, von der uns das Vergessen trennt. Man muss sich also fragen, ob jene Aufführung, welcher die Jungfrau Lachesis, »die Tochter der Notwendigkeit«,[123] vorsitzt, nicht vielmehr die List eines Gottes ist, der eher darum besorgt ist, sich seiner Verantwortung zu entledigen als dass er fähig wäre, die effektive Freiheit des Menschen zu begründen. Jedenfalls steht fest, dass der Mythos die Idee der Wahl mit der der Verantwortung verbindet. Wie der Herold feierlich verkündet: Αἰτία ἑλομένου, »Die Schuld liegt bei dem Wählenden.«[124] Platon verweist so auf frappierende Weise auf einen Zusammenhang, den bereits das volkstümliche Bewusstsein bemerkt hatte und der die spätere Entwicklung des Begriffs erklärt. Man bewahrt vom Begriff der *prohairesis* immer weniger die Vorstellung einer vorziehenden Wahl, welche eine Alternative und eine vorangehende Erwägung voraussetzt, und behält so nur noch die Vorstellung einer inneren (nicht notwendigerweise bewussten) Disposition zurück, d. h. eines freien und von daher moralisch qualifizierbaren Engagements des Willens.[125] Ihre Vollendung erreicht diese Entwicklung im Stoizismus, wo *prohairesis* nur noch die Bedeutung einer »freien Entscheidung« hat,[126] während die Vorstellung einer Präferenz so weit verschwunden ist, dass die Stoiker auf andere Verben zurückgreifen müssen, um sie auszudrücken: προάγειν, ἐκλέγεσθαι, deren Bedeutung sich im Altgriechischen von derjenigen von προαιρεῖςθαι nur geringfügig unterschied.[127] Bei Epiktet schließlich bezeichnet das Wort προαίρεσις nur noch die »moralische Person«[128] als Sitz des vernünftigen und freien Willens, der sich selbst sein eigener Zweck ist.

Die eigentlich aristotelische Analyse der *prohairesis* aber steht außerhalb dieses Stammbaumes. Die vom platonischen Mythos nahegelegte Idee einer ursprünglichen und unumkehrbaren Wahl, die uns für immer verantwortlich für das macht, was wir sind, steht im Gegensatz zur aristotelischen Idee der Kontingenz und zum damit einhergehenden Gefühl einer Art heimlichen Einverständnisses zwischen Zeit und menschlicher Aktivität. Auch wenn er zugesteht, dass die Natur einen irreduziblen Anteil an der Moral hat,[129] so zieht Aristoteles es vor, diesen Anteil ganz entgegen der Ansicht Platons auf die Rechnung des Zufalls zu setzen. Der letztlich trostlosen Rationalität des moralischen Universums des Sokratismus und einer bestimmten Spielart des Platonismus, in dem alles – wenigstens dem Anspruch nach – für die vernünftigen Entscheidung durchsichtig ist und in dem nichts der Verantwortung des Menschen entgeht, setzt er eine Lehre entgegen, welche undurchschaubaren Mächten das zuspricht, was der Menschheit zuzurechnen ungerecht wäre. Mehr noch als eine Sache der Natur ist die Tugend für Aristoteles eine Sache der Gewohnheit:[130] Nicht das, was wir ein für allemal zu sein wählen, macht uns aus, sondern das, was wir in jedem Moment *zu tun* wählen. Zwar gibt es für ihn wie für Platon eine anfängliche Freiheit, welche eine zunehmend unumkehrbare Verkettung nach sich zieht und so dem Menschen schließlich zum Schicksal wird: Der Lasterhafte versinkt so immer tiefer in sein Laster und der Tugendhafte führt tugendhafte Handlungen immer »mechanischer« aus. Doch weil diese Unumkehrbarkeit eine Eigentümlichkeit der menschlichen Zeit ist und keinen transzendenten Plan reflektiert, hat sie nichts Absolutes: Sie drückt lediglich die menschliche Wahrheit aus, dass es für den Lasterhaften immer schwieriger wird, sich zu bessern,[131] und für den Tugendhaften immer leicht, tugendhaft zu sein.[132] Doch weder ist der Tugendhafte vor Schwächen gefeit,[133] noch ist der Lasterhafte gänzlich außerstande zur Umkehr. Das kosmische Drama Platons, der zumindest dem Wortlaut nach eine Perfektibilität des Menschen nur in der Aufeinanderfolge der Inkarnationen erblickte und den moralischen Fortschritt so mit der mythischen Voraussetzung der Unsterblichkeit der Seele verband, wird bei Aristoteles humanisiert. Wie Heraklit sagt, ist »der Charakter des Menschen Dämon«.[134] Doch der Charakter (ἦθος) ist für Aristoteles nur ein Ensemble von Gewohnheiten (ἔθη),[135] derer man sich niemals gänzlich sicher sein kann, falls sie gut sind, die aber auch niemals gänzlich unumkehrbar sind, falls sie schlecht sind. So sorgt die janusköpfige Kontingenz dafür, dass immer die Kehrseite einer entmutigenden Aussage bei Aristoteles stets eine tröstliche Perspektive ist, und dass die Prekarität unserer moralischen Existenz nur ein anderer Ausdruck für ihre Perfektibilität ist. Die aristotelische Ethik ist wahrscheinlich die einzige griechische Ethik, die nicht nur Gute und Böse kennt,[136] ja für die es keine vollends Guten und Bösen gibt, sondern allein Menschen, *proficientes*, die auf dem Weg zum Guten oder zum Bösen voranschreiten.

* * *

Nachdem Aristoteles die Vorstellung hinter sich gelassen hat, dass eine existentielle Wahl uns für immer an eine gewisse Qualität unserer moralischen Person binden würde, steht einer Wiederaufnahme der Analyse der *prohairesis* nichts mehr im Weg. Aristoteles bemerkt erneut, dass die etymologische Bedeutung des Wortes einer philosophischen Entwicklung nicht weniger fähig ist als die in den Kreisen der Akademie vorherrschende abgeleitete Bedeutung.[137] Dieser ursprüngliche Sinn von *prohairesis* zeigt uns, dass es sich nicht um eine absolute Wahl handelt, ἁπλῶς, sondern um ein Vorziehen, ἑτέρου πρὸ ἑτέρου.[138] Die Wahl ist eine komparative, keine superlative Aktivität; auch wenn sie immer die Wahl des Besten, βέλτιστον, ist, so bezeichnet dieses *Beste* doch einen relativen und keinen absoluten Superlativ.

Unter diesem ersten Gesichtspunkt steht die Wahl im Gegensatz zum *Willen*, βούλησις, insofern wir das *Gute* wollen,[139] während wir das *Beste* wählen, d. h. nicht das absolut Gute, sondern das Bestmögliche, βέλτιστον ἐκ τῶν δυνατῶν.[140] Aristoteles drückt dies mit der Aussage aus, dass der Wille sich auch auf Gegenstände richten könne, von denen man weiß, dass sie unmöglich sind, während die Wahl zwar von der Absicht auf das Beste geleitet werde, sich aber nicht auf das Unmögliche erstrecken könne.[141] Die βούλησις kann durchaus ein frommer Wunsch bleiben oder – um einen Ausdruck zu benutzen, den Aristoteles vielleicht nicht abgelehnt hätte[142] – ein *platonischer* Wunsch: Wie man sich etwa wünscht, Herr der Welt oder unsterblich zu sein.[143] Im Gegensatz dazu kann der Wahl die Verwirklichung des Zwecks nicht gleichgültig sein; und wenn Aristoteles ihr als Gegenstand das δυνατόν zuweist, darf man darunter nicht ein *logisches* Mögliches verstehen (denn es ist vielleicht nicht in sich widersprüchlich, dass ich Herr der Welt bin), sondern ein *menschlich* Mögliches. Das δυνατόν markiert hier nicht die Grenzen der Verständlichkeit, sondern des Könnens (δύνασθαι) des Menschen im Allgemeinen und des Individuums, welches ich bin, im Besonderen. Die Aufgabe der Wahl besteht darin, durch Erwägung zu bestimmen und durch Entscheidung auszuwählen, worin die beste Alternative liegt – welches unter der Annahme, dass man das Gute will, die in Anbetracht der uns bekannten und von uns vorhersehbaren Umstände und Hindernisse bestmögliche Kombination ist. Eben dies präzisiert Aristoteles, indem er sagt, dass die Wahl den Bereich des *für uns* Möglichen betrifft, d. h. innerhalb des überhaupt Möglichen dasjenige, was wir für in unserer Macht stehend halten (ἐφ᾽ ἡμῖν) – womit andere Möglichkeiten, deren Verwirklichung allem Anschein nach von Gott, vom Zufall oder einfach von anderen Menschen abhängt, ausgeschlossen sind.[144]

Das Prinzip dieser Unterscheidung von Wille und Wahl drückt Aristoteles noch klarer aus, wenn er den Willen vor allem auf den Zweck (τέλος) und die Wahl vor allem auf die Mittel (τὰ πρὸς τὸ τέλος) bezieht.[145] Auf diese Weise wird verständlich, warum sich die Wahl stärker als der Wille auf die Bedingungen der Verwirklichung richtet, warum sie in höherem Maße eine Bestimmung der Möglichkeit erfordert, und warum sie durch eine Art Rückstoß dazu tendiert, ein zum Scheitern verurteiltes Anvisieren des Unmöglichen auch vom Wollen auszuschließen. Die Wahl enthält so in eins mehr und weniger als der Wille. Weniger, weil die Wahl den Willen auf die Berücksichtigung des Möglichen einschränkt. Doch ist dieses *Weniger* in Wirklichkeit ein *Mehr*, da die Wahl den Willen durch ihre Vermittlung vom Zustand der willensmäßigen Absicht in denjenigen eines wirksamen und bildenden Wollens überführt. Der Wille ist nur Wille und kann trügen. Die Wahl ist das gleichzeitige

Erfassen von Zweck und Mitteln, sie ist zugleich der Wille zu einem realisierbaren Zweck und zu seiner Realisierung durch die angemessenen Mittel. Aristoteles scheint der Auffassung zu sein, dass eine solche Synthese von Zweck und Mitteln schwierig ist (weil sie Gegenstand der Erwägung ist) und außerdem prekär (weil man niemals gewiss sein kann, dass die dadurch zwischen Mitteln und Zweck hergestellte Beziehung sich auch wirklich bestätigt). Der Wille ist demgegenüber etwas Leichtes, allzu Leichtes, denn er ist etwas noch Unvermitteltes.

Diese Unterscheidung von Zweck und Mitteln war nichts Neues, und schon Platon hatte sie bei verschiedenen Gelegenheiten entwickelt. Neu ist dagegen die Tatsache, dass Aristoteles zum ersten Mal die Mittel und nicht den Zweck betont. Platon hatte auf die Unterordnung des Mittels unter den Zweck bestanden und davor gewarnt, das Mittel als unabhängiges Moment isolieren zu wollen. Was wir tun, das tun wir im Hinblick auf ein Gut, und was wir wollen, ist nicht das, was wir tun, sondern das, worumwillen wir es tun; so *will* niemand ein Schiff lenken, sein Leben gefährden, sich anstrengen, aber viele wollen sich bereichern, und darum lenken sie Schiffe, gefährden ihr Leben etc.[146] Niemand will Medizin einnehmen, jeder aber will gesunden. Platon wollte so zeigen, dass der Mensch tun kann, was ihm gefällt, ohne deshalb zu tun, was er will (wenn er etwa ungerecht handelt, d. h. sich selbst schadet, obwohl er das Gute – und d. h. das Gute für sich selbst – will), und dass der Mensch umgekehrt etwas, das ihm missfällt (Medizin einnehmen), im Blick auf das, was er will (Gesundheit), tun kann. Das Wollen des Zwecks gibt dem Mittel Bedeutung und macht das Unangenehme gut. Das Übel besteht nicht im Anvisieren eines schlechten Zwecks (denn der Wille will immer das Gute), sondern in einem Vergessen des Zwecks und in der Nachgiebigkeit gegenüber den zu getrennten Momenten gemachten Mitteln. Eines der beständigsten Themen der platonischen Pädagogik besteht deshalb in der fortwährenden Erinnerung daran, dass ein Mittel nur Mittel im Hinblick auf einen Zweck ist und dass der Einsatz der Mittel der Wissenschaft vom Zweck untergeordnet werden muss, in letzter Instanz also der Wissenschaft vom höchsten Zweck, der Idee des Guten.[147]

Ein solches Denken ist Aristoteles gewiss nicht fremd. Er greift das platonische Thema der Unterordnung der Techniken am Anfang der *Nikomachischen Ethik* auf, um so die Höherrangigkeit jenes Zweckes, den wir aufgrund seiner selbst wollen, gegenüber dem, der nur als Mittel im Hinblick auf einen höheren Zweck gesetzt worden ist, zu illustrieren;[148] ohne diese Hinordnung auf einen Zweck wäre das Begehren leer und vergeblich.[149] In seinen biologischen Abhandlungen erinnert er gegen mechanistische Erklärungsweisen daran, dass die Organe leichter durch ihre Funktion – d. h. das Mittel durch den Zweck – erklärt werden können als die Funktion durch die Organe; gegen Anaxagoras macht er geltend, dass der Mensch Hände hat, weil er verständig ist, und nicht verständig ist, weil er Hände hat.[150] Er illustriert dies durch einen Vergleich mit der Kunst: Es ist angemessener, demjenigen eine Flöte zu geben, der sie spielen kann, als jemandem, der eine Flöte besitzt, das Flötenspielen beizubringen.[151] Zweifellos klingt hier das platonische Thema von der zugleich ontologischen und axiologischen Unterordnung der Herstellungstechniken unter die Gebrauchstechniken nach.[152]

Gleichwohl beschäftigt sich Aristoteles vor allem in seinen ethischen Abhandlungen mit einem Problem, welches Platon vernachlässigt hatte: das Problem der Anpassung der Mittel an die Zwecke. Diese Anpassung ist nicht unmittelbar gegeben, sondern stellt sich dem Menschen als eine schwierige Aufgabe. Während Platon daran erinnerte, dass das Mittel außerhalb seiner Hinordnung auf einen Zweck nichts ist, besteht Aristoteles eher auf der umgekehrten Abhängigkeit: Der Zweck ist nichts, wenn er sich nicht durch geeignete Mittel verwirklicht. Während Platon keinerlei Schwierigkeiten dabei sieht, die Weise (τρόπος) der Realisierung ausgehend vom zu realisierenden Zweck (σκοπός) zu deduzieren – wenigstens nicht für den, der gemäß dem Verstand (νοῦς) und nicht aus Geratewohl (προστυχόν) handelt[153] –, stellt Aristoteles zum ersten Mal das Problem einer möglichen *Dissonanz* zwischen Zweck und Mitteln und betont zugleich, dass die Qualität einer Handlung sich nicht allein nach der Richtigkeit der Absicht bemisst (wie Platon es annahm), sondern auch nach der Zuträglichkeit der Mittel: »*Das gute Handeln* besteht in zwei Bereichen: der eine ist die richtige Bestimmung des Ziels (σκοπός) und des Zwecks unserer Handlungen, der andere ist die Entdeckung der zu diesem Zweck (πρὸς τὸ τέλος) führenden Mittel; tatsächlich ist es möglich, dass Zweck und Mittel nicht miteinander übereinstimmen oder aber miteinander übereinstimmen

(ἐνδέχεται γὰρ ταῦτα καὶ διαφωνεῖν ἀλλήλοις καὶ συμφωνεῖν);
denn es geschieht, dass der Zweck gut ist, dass man aber in der
Handlung die Mittel verfehlt, es zu erreichen; ein andermal hat man
die geeigneten Mittel, sich jedoch einen schlechten Zweck gesetzt;
in wieder anderen Fällen täuscht man sich zugleich über den Zweck
und die Mittel, wie es in der Medizin geschieht. […] Darum muss
man, sowohl in den Künsten wie in den Wissenschaften, beide Bereiche beherrschen, den Zweck und die Mittel (δεῖ δ' ἐν ταῖς
τέχναις καὶ ἐπιστήμαις ταῦτα ἀμφότερα κρατεῖσθαι, τὸ τέλος καὶ
τὰς εἰς τὸ τέλος πράξεις).«[154]
Das Wollen des Zwecks und die Wahl der Mittel sind also von
gleicher Wichtigkeit, was bereits eine Innovation gegenüber dem
Platonismus darstellt. Gelegentlich geht Aristoteles aber noch weiter, indem er ein Werturteil durchblicken lässt, welches dem platonischen geradezu entgegengesetzt ist. Manchmal spricht er mit einer
gewissen Verachtung von dem Willen, der bloß Wille (βούλησις) ist.
Bezüglich eines im Laster versunkenen Menschen schreibt er: »Dagegen wird er freilich nicht, wenn er nur will, aufhören ungerecht zu
sein, und gerecht werden.«[155] Und ganz allgemein betont er die
Schwierigkeit der Verwirklichung, welche größer ist als die der bloßen Zwecksetzung.[156]
Wie ist diese von Platon anscheinend außer Acht gelassene
Schwierigkeit zu verstehen? Für den modernen Leser besteht eine
große Versuchung, in die aristotelischen Texte die aus der Feststellung eines Widerspruchs zwischen Zweck und Mitteln erwachsende
moralische Problematik hineinzulesen: Rechtfertigt die Richtigkeit
des Zwecks den Einsatz von an sich schlechten Mitteln? Tatsächlich
hat es jedoch den Anschein, als habe Aristoteles ein solches Problem
nie empfunden. Wenn er schreibt, dass »es vorkommt, dass zwar das
Ziel richtig ist, dass man aber bei den Mitteln zum Ziel fehlgreift«,
und umgekehrt, dass »das Ziel verfehlt ist, während die Mittel dazu
richtig sind«,[157] dann denkt er zwar an den moralischen Wert des
Zwecks, nicht aber an den der Mittel (auch wenn die von ihm ver-
wendeten Wörter, ὀρθός und διαμαρτάνειν, zweideutig sind). Das
Mittel als solches ist wie bei Platon moralisch indifferent. Aristoteles
hebt lediglich hervor, dass es dem Zweck gut oder schlecht ange-
passt sein kann: Einen Fehler in der Wahl der Mittel zu begehen
(διαμαρτάνειν) ist nicht machiavellistisch, sondern ungeschickt.

Das hier gestellte Problem ist kein moralisches, sondern ein technisches. Die moralische Dimension kommt auf anderem Wege ins Spiel: Wenn die Handlung eine technische Handlung ist, noch bevor sie eine moralisch ist, dann muss sie technisch erfolgreich sein, wenn sie auch in moralischer Hinsicht gut sein soll. Die technischen Bedingungen der moralischen Handlungen nicht zu kennen, d. h. die Verwirklichung des Zwecks außer Acht zu lassen, ist letzten Endes ein moralischer Fehler. Man darf nicht ungeschickt sein, nur weil der Zweck gut ist. Auch wenn Geschicklichkeit nicht selbst eine Tugend ist, so stellt sie doch gewiss deren Bedingung dar, und eine allzu große Naivität ist nicht weit davon entfernt, ein Laster zu sein.[158] Aristoteles liefert noch keine Kritik der von der *Unreinheit* der Mittel abgeschreckten »schönen Seele«. Aber er kritisiert bereits den Kontemplierenden, der nichts ist als ein Kontemplierender und davor zurückschreckt, das Absolute des Zwecks durch die *Zufälligkeit* der Mittel zu riskieren. So wird verständlich, dass die Klugheit die Tugend der Beratschlagung ist und nicht der Kontemplation, die Tugend der Wahl eher als die des Willens: Sie ist die Tugend des Wagnisses und der Entscheidung, auf welche beiden eine allzu ferne Weisheit sich niemals einlassen würde.

Vielleicht hatte Aristoteles noch einen anderen Grund dafür, einen Teil der moralischen Verantwortung, welche die aus dem Sokratismus hervorgegangenen philosophischen Richtungen ausschließlich in der Absicht situierten, auf die Wahl der Mittel zu übertragen. Denn der Wille will *per definitionem* das Gute,[159] so dass hierin keinerlei Verdienst liegt. Zwar ist das von uns gewollte Gute das, was uns als gut *erscheint*; es liegt aber in der Natur der Dinge, dass das scheinbar Gute mit dem realen Guten zusammenfällt (denn die Natur »tut nichts umsonst«). Wenn der Wille etwas Schlechtes, welches ihm als gut erscheint, will, so ist dies gegen die Natur, παρὰ φύσιν,[160] und von daher kann man annehmen, dass er hierfür keine Verantwortung trägt. So erscheint uns die Moralität wiederum grundsätzlich abhängig von einem grundlegenden Zufall, der dafür sorgt, dass wir als Gute oder Schlechte geboren werden, dass wir natürlich ausgestattete Menschen oder im Gegenteil Missbildungen sein. Doch weder die Pathologie noch die Teratologie haben jemals zum Bereich der Ethik gehört, sondern markieren vielmehr seine Grenzen. Im Gegensatz dazu gibt es jedoch noch eine andere Begrenzung der Ethik: Die Verwirklichung unserer Projekte verliert sich in der Unbestimmtheit der Materie, die nur ein anderer Name für den Zufall ist. Zwischen diesen beiden Zufällen aber, dem ursprünglichen Zufall, der uns zu dem macht, was wir sind, und der Restzufälligkeit, die unsere Handlungen immer zu etwas anderem macht, als wir wollen, gibt es Raum für Erwägung, Wahl und Handlung des Menschen. Das eigentlich ethische Moment hat seinen Ort also nicht auf der Ebene des Willens (denn dessen Beschaffenheit hängt von unserer Natur ab) noch auf der der Handlung, deren Gelingen oder Scheitern letzten Endes dem Zufall geschuldet sind, sondern zwischen diesen beiden: Die durch den Willen zum Guten angeleitete vernünftige Wahl entscheidet bei jedem Schritt über das Bestmögliche, wobei sie alles übrige dem Zufall überlässt. Nach Ansicht Aristoteles' und der Griechen ist nicht der Wille verantwortlich für das Böse, sondern umgekehrt das Böse verantwortlich für die schlechte Beschaffenheit des Willens. Aristoteles zieht daraus als erster die Konsequenz: Man beurteilt einen Menschen nicht nach seinem Willen – denn entweder ist dieser gut und will das Gute, oder er will das Schlechte und ist dafür nicht verantwortlich –, sondern nach seiner Wahl. Weil der Mensch niemals das Böse als solches will, kann er das Gute *schlecht* wollen, und, obgleich er das Gute im Allgemeinen will, jedes Mal das *weniger Gute* wählen.[161] Die aristotelische Moral ist die einzige kohärente griechische Moral, weil sie Gut und Böse nicht im Absoluten des Willens situiert (wie es die Stoiker tun, welche allerdings auch die Sünde nicht kennen), sondern in die Wahl der Mittel:[162] Das Gute und das Böse werden so zwar relative Größen, aber es ist eher Sache des Philosophen als des Historikers zu bedauern, dass beide noch nicht von den »technischen« Begriffen des Erfolgs und des Versagens unterschieden sind[163] – eine Unterscheidung, welche nur durch eine Offenbarung möglich wurde, die Aristoteles sowenig wie den anderen Griechen zuteil wurde, nämlich die der Existenz eines *verkehrten* Willens, und durch die damit zusammenhängende Reflexion über das Wesen und die Bedeutung der *Sünde*.

* * *

Wie wir gesehen haben, konzentriert sich die Analyse von Erwägung und Wahl, die sich vor allem in Buch III der *Nikomachischen Ethik* findet, auf das Verhältnis von *Zweck* und *Mitteln*. Man hat bestritten, dass es sich dabei um die endgültige – und man ist versucht hinzuzufügen: die tiefste – Sichtweise Aristoteles' handelt.[164] Tatsächlich analysiert Aristoteles andernorts das menschliche Handeln nach einem anderen Schema, nämlich dem der Beziehung zwischen *Allgemeinem* und *Besonderem*. Es handelt sich dabei um einige seit dem Mittelalter häufig kommentierte Stellen, welche das Handeln in Form eines »praktischen« Syllogismus darstellen: Die *maior* artikuliert ein allgemeines Prinzip (z. B. dass Mäßigung eine Tugend ist), die *minor* ordnet dem Subjekt der *maior* den Begriff dieser oder jener besonderen Handlung unter (diese Handlung stellt Mäßigung dar), und die *conclusio* drückt die Entscheidung aus, die Handlung auszuführen.[165] In dieser Darstellung kann man eines der Charakteristika der Wahl wiedererkennen: Das Aufeinandertreffen und die gegenseitige Befruchtung eines Imperativs (erste Prämisse) und eines Urteils (zweite Prämisse), wobei der Imperativ die Bewegung und das Urteil den Ansatzpunkt liefert. Man sieht aber auch den Unterschied zwischen diesen beiden Lehren. Sobald im praktischen Syllogismus die Prämissen gesetzt sind, folgt unmittelbar die Schlussfolgerung; demgegenüber gehen der Wahl eine lange *Erwägung* und eine genaue *Analyse* voraus, deren Folgerung im praktischen Syllogismus als zweite Prämisse fungiert. So gesehen ist der praktische Syllogismus nur die abstrakte Rekonstruktion des abschließenden Aktes der Entscheidung und übergeht das wesentliche Moment der Erwägung. Darüber hinaus könnte die syllogistische Formulierung des Handlungsvorgangs glauben machen, dass die Handlung *wissenschaftlich* bestimmbar sei, während doch alle Analysen der abwägenden Wahl auf der Verwandtschaft der Erwägung mit der Meinung, δόξα, bestehen, und während die Tugend der Erwägung die Klugheit ist, welche als Tugend des meinenden und nicht des wissenschaftlichen Teils der rationalen Seele gilt.[166] Ein nicht weniger wichtiger Unterschied besteht, wie man bemerkt hat,[167] in der Tatsache, dass der Syllogismus das, was die Analyse der Erwägung und der Wahl als *Wirkursächlichkeit* der Mittel beschreibt, als *formale* Kausalität ausdrückt – ein Unterschied, der nicht nur im Ausdruck besteht, sondern von grundsätzlicher Art ist, denn die formale Kausalität kann man *erkennen*, während die effiziente Kausalität *praktiziert* wird.

Es stellt sich also die Frage, welche der beiden Lehren die aristotelischste ist. Allan bevorzugt das Vokabular von Allgemeinem und Besonderem, weil er der Meinung ist, dass diese allein den Anforderungen einer Ethik gerecht werde, die ihren Namen verdient. Wenn der Wert einer Handlung in der Zuordnung zu einem Zweck besteht, dann hängt sie vom Ergebnis ab, d. h. von einem der Moralität fremden Prinzip; wenn wir jedoch »eine Handlung vorziehen, weil sie der besondere Fall eines guten Prinzips ist, das wir soweit wie möglich in unserem Leben verwirklichen wollen«, dann hat diese Handlung einen »immanenten Wert«.[168] Während der Bezug des Mittels auf den Zweck äußerlich und zufällig ist, ist das Allgemeine dem Besonderen immanent; nun besteht aber die Aufgabe jeder Moral darin, die Allgemeinheit des Gesetzes in der Besonderheit der einzelnen Handlungen zu erkennen.[169] In diesem Sinne kann Allan beim Übergang von Buch III der *Nikomachischen Ethik* zu Buch VI und VII von einem Fortschritt oder zumindest von einer »Erweiterung« des Begriffs der *Wahl* sprechen.[170] Aus diesem Grund nimmt er auch an, Buch VI und VII seien später entstanden.[171]

Diese von philosophischen Annahmen darüber, wie eine wahre Moral beschaffen sein *muss*, suggerierte Interpretation beruht auf einer chronologischen Hypothese, deren Unhaltbarkeit bereits dargelegt wurde.[172] Buch VI und VII der *Nikomachischen Ethik* sind in Wirklichkeit aus der *Eudemischen Ethik* übertragen, mithin früher als Buch III, welches einem späteren Stadium der Ausarbeitung der Ethik angehört. Vor allem aber habe ich weiter oben gezeigt, dass der Begriff der *prohairesis* als Sitz der Zurechenbarkeit, welcher charakteristisch für Buch VI der *Nikomachischen Ethik* und in geringerem Maße für das zweite Buch der *Eudemischen Ethik* ist, einen sokratischen und platonischen Hintergrund hat, von dem sich Aristoteles in Buch III der *Nikomachischen Ethik* (und teilweise schon im zweiten Buch der *Eudemischen Ethik*) gerade befreit, um auf den etymologischen und eigentlich aristotelischen Sinn der »Wahl der Mittel« zurückzugehen. Die Beschreibung der Handlung in den Begriffen der formalen Kausalität bleibt demgegenüber noch zu nahe am Platonismus,[173] als dass man umgekehrt in der Analyse der Handlung nach Begriffen des Zwecks und der Mittel einen eigenständigen aristotelischen Beitrag und die Frucht einer späteren Ausarbeitung erblicken könnte. Schließlich ist darauf hinzuweisen, dass beide Formulierungen sich in Buch VI treffen, wo die *phronesis* zum einen als die Fähigkeit beschrieben wird, das Allgemeine auf das Besondere anzuwenden, zum anderen als die Fähigkeit, auf kluge Weise die Mittel zu wählen.[174]

Auch wenn die Tradition eher auf dem Schema von Allgemeinem und Besonderem bestanden hat, welches eine intellektualistische Interpretation der aristotelischen Moral erleichtert, glaube ich, dass die Originalität von Aristoteles vielmehr in der Platon so fremden Intuition einer möglichen Dissonanz zwischen Zweck und Mitteln besteht und in der damit verbundenen Forderung nach einer vor der Wahl erfolgenden Erwägung, die etwas ganz anderes ist als ein aus einer Konklusion gefolgertes Schließen. Selbst wenn die syllogistische Präsentation des Handelns Aristoteles in Versuchung geführt haben mag, so übergeht sie doch ein wesentliches Moment, nämlich das Aufstellen der zweiten Prämisse, d. h. die Bestimmung des Besonderen. Zwischen Aristoteles' beiden Beschreibungen des Handelns besteht also keinerlei »Widerspruch«. Denn wenn das Allgemeine notwendigerweise auf das einmal erkannte Besondere Anwendung findet, dann gilt es zunächst, das Besondere zu erkennen: Was man syllogistisch ableiten kann, ist die *Eigenschaft* des Besonderen, wünschenswert zu sein, aber nicht die *Existenz* des Besonderen. Die Schwierigkeit besteht weder darin zu wissen, dass man mutig sein soll, noch darin zu entscheiden, dass das, was als mutig erkannt worden ist, ausgeführt werden muss. Wo aber ist der Mut *hic et nunc*? Liegt er in der Tapferkeit oder in der Kaltblütigkeit? Im Abenteuer oder in der Zurückhaltung? Im aussichtslosen Kampf oder in der eine Zukunft sichernden Flucht? Zwischen allzu allgemeinen Prinzipien und einem dem rationalen Denken unzugänglichen Mannigfaltigen besteht eine unendliche Entfernung. Ebenso unendlich ist die Entfernung zwischen der realen Wirksamkeit der Mittel und der erwarteten Realisierung des Zwecks. Aristoteles verlangt von der Klugheit, eben dieses Unendliche durch mühsame und gefahrvolle Vermittlungen auszufüllen. Doch dieses Unendliche, dieses ἀόριστον, welches eine Materie betrifft, die sich der Bestimmung stets mehr oder weniger entzieht, und allgemein eine Welt, die niemals wirklich empfänglich für Ordnung ist, ist uns bereits unter dem Namen der *Kontingenz* bekannt.

So verweist uns die Analyse der Wahl erneut auf die Struktur der Welt. Die sublunare Welt des Aristoteles ist keine Kopie mehr, ihre

Materie kein einfaches Gefäß mehr, welches der Demiurgen nach Belieben formt. Sie ist eine Mitte zwischen Chaos und Ordnung, zwischen einem Chaos, das zur Ordnung tendiert, und einer Ordnung, die unfähig ist, das Chaos gänzlich zu beherrschen. In dieser ungewissen Auseinandersetzung zwischen Form und Materie, zwischen der Bestimmung und dem Unendlichen, zwischen Gott und Welt, oder, wie Aristoteles sagt, zwischen dem »Besten« und dem »Notwendigen«,[175] muss und kann der Mensch die Rolle eines versagenden Gottes einnehmen, das Beste stets bis an die äußersten Grenzen des Notwendigen hinausschieben und das ganze Feld des Möglichen besetzen, auch wenn ihm klar ist, dass dieses Feld Grenzen hat, die der Mensch nicht zu überschreiten vermag. Diese Idee ist nicht neu: Bereits die Tragödie zeigt Grenzsituationen, in denen es sich darum handelt, in Schmerz und Zerrissenheit »das Beste und das Notwendige zu versöhnen«.[176] Vielleicht ist diese Idee weniger mitreißend als der Aufstieg zum Guten an sich, den uns Platon gelegentlich verspricht. Es ist aber nicht die Schuld von Aristoteles, wenn ihm die Wahrheit, die es mehr zu lieben gilt als Platon, bescheidener erschien. Aristoteles entdeckt, dass nicht alles Gute in dieser Welt auch möglich – oder zumindest miteinander verträglich – ist und dass daher der vorausgehende Wille zum Guten lediglich ein »platonischer« ist, wenn er sich in der nicht nachfolgenden Wahl des Besten vermittelt. Anders als später Leibniz verfügt Aristoteles noch nicht über eine Mathematik, die hinreichend geschmeidig ist, um diese schmerzhaften Alternativen zu entscheiden, in denen man das schlechthin Gute dem Bestmöglichen opfern muss, weil die Welt ihre Grenzen hat. Die alte griechische Idee der *Grenzen* lässt sich nicht mathematisch reduzieren, und ein weiteres Mal weiß sich Aristoteles nicht anders als durch einen Appell an die unersetzliche Erfahrung des kunstfertigen Menschen zu helfen: Ein erfahrener Steuermann weiß, dass das beste Mittel zur Erreichung des Zwecks nicht der Weg geradeaus ist, sondern dass man einem Sprichwort zufolge »mit der zweitbesten Fahrt zufrieden sein und das kleinere Übel wählen« muss.[177]

§ 3 *Klugheit und Urteil* (γνώμη)

Man stellt die aristotelische Lehre von der Klugheit oft so dar, dass man sagt, im Gegensatz zur Weisheit, die spekulativ sei und »herrsche«, aber nicht »regiere«, regiere die Klugheit unmittelbar das menschliche Handeln: Sie sei eine Art von praktischer Weisheit, die im Gegensatz zur theoretischen Weisheit stünde. Doch solche Entgegensetzungen sind zu einfach und charakterisieren das aristotelische Denken nur unvollkommen. Denn einerseits ist die Weisheit, wie der *Protreptikos*[178] zu bezeugen scheint, der von ihr geleiteten Handlung nicht fremd, selbst wenn diese Leitung aus einem immer größeren Abstand erfolgt.[179] Andererseits kann die Klugheit auch nicht als eine lediglich *praktische* Disposition qualifiziert werden, da sie sich in diesem Fall kaum von der ethischen Tugend unterscheiden würde, während Aristoteles doch stets auf ihrem Status als *dianoetische* Tugend besteht. Der verstandesmäßige Charakter der Klugheit wird im Übrigen hinreichend durch die Bedeutung unterstrichen, welche Aristoteles bei der Vorbereitung der Wahl dem Moment der *Erwägung* zuspricht, wodurch die Wahl als das genaue Gegenteil einer willkürlichen Eingebung erscheint. Wenn die *prohairesis* als ein erwägendes Begehren, ὄρεξις βουλευτική,[180] bezeichnet wird, so läuft das darauf hinaus, dass sie ein verstandesmäßiges Begehren, ὄρεξις διανοητική, oder einen begehrenden Verstand, ὀρετικὸς νοῦς,[181] darstellt. Und wenn Aristoteles in Buch VI der *Nikomachischen Ethik* darauf besteht, dass es keine Wahl ohne moralische Disposition gibt,[182] dann fügt er hinzu, dass sie ebenso wenig ohne Verstand und Denken, ἄνευ νοῦ καὶ διανοίας, bestehen kann.[183]

Die Originalität von Aristoteles besteht also nicht, wie gewöhnlich angenommen, in der Behauptung des praktischen Charakters der Klugheit, und auch nicht in der ihres verstandesmäßigen Charakters. Nichts anderes hatte schon Platon von seiner Weisheit behauptet, die, sowohl *sophia* als auch *phronesis* genannt, theoretisch und praktisch zugleich war.[184] Das war auch schon die Bedeutung der sokratischen Lehre von der Tugendwissenschaft. Die eigentliche Originalität von Aristoteles besteht in einer neuen Auffassung der Beziehungen zwischen Theorie und Praxis, die ihrerseits aus einem erstmals gänzlich vollzogenen Bruch innerhalb des Universums der Theorie folgt. Was bei ihm neu ist, ist nicht etwa ein noch nie dagewesenes Interesse am Handeln – weder Sokrates noch Platon beschränkten sich auf die reine Spekulation –, sondern die Entdeckung eine Spaltung im Inneren der Vernunft und die Anerkennung dieser Spaltung als der Bedingung eines neuen praktischen Intellektualismus.

Hier ist die Kritik der sokratischen Moral bezeichnend, welche wir im Buch VII der *Eudemischen Ethik* finden. Zuerst wird die Unmöglichkeit betont, der Wissenschaft an sich einen moralischen Wert beizulegen, da man die Wissenschaft auch missbrauchen könne. Umgekehrt stellt es einen Widerspruch dar, die Klugheit zu missbrauchen, wovon bereits die Sprache zeugt, die es nicht zulässt, dass man von einem unklugen (ἀφρόνως) Gebrauch der *phronesis* spricht.[185] Die Bedeutung dieser Kritik ist klar: Sie zeigt, dass man nicht ohne sprachlichen Widersinn der *phronesis*, die eine Tugend bezeichnet, den Sinn von Wissenschaft beilegen kann, auch nicht den von Tugend-Wissenschaft, weil der gesunde Menschenverstand mit gutem Grund die Tugend, die etwas Verdienstvolles darstellt, von der Wissenschaft unterscheidet, für die das nicht gilt. Wenn also die Klugheit eine Tugend ist, dann ist sie keine Wissenschaft. Eine solche Kritik scheint den moralischen Intellektualismus in seinem Herzen zu treffen. Gleichwohl lautet die Schlussfolgerung anders als erwartet: »Die Klugheit ist eine Tugend und keine Wissenschaft, sondern eine andere Art von Erkenntnis.«[186] So leugnet Aristoteles nicht den moralischen Charakter der Erkenntnis schlechthin, sondern nur den der wissenschaftlichen Erkenntnis. Aristoteles stellt nicht in Abrede, dass eine Tugend intellektuell sein kann, doch wird sie dadurch noch nicht zur Wissenschaft.

Was ist also diese »andere Art« der Erkenntnis, welcher Aristoteles die Klugheit angleicht? Wenn man sich an den allerdings sehr schwer fassbaren Text der *Eudemischen Ethik* hält, dann handelt es sich bei ihr im Unterschied zu den moralisch neutralen Wissenschaften und Künsten um ein an sich selbst moralisches Wissen, welches zu besitzen verdienstvoll ist, ein Wissen, das sozusagen die Deontologie seines eigenen Gebrauches enthält. Eine solche Idee entwickelt Aristoteles jedoch niemals auf explizite Weise, obwohl das volkstümliche Verständnis der *phronesis* sie ihm durchaus nahelegte. Er beschränkt sich in der *Nikomachischen Ethik* darauf, das kluge Wissen an ein Wissen anzugleichen, welches für eine Erkundung des Bereichs der Handlung im Allgemeinen erforderlich ist – gleich, ob diese Handlung nun moralisch oder lediglich technisch ist. Die an dieser Stelle eher auf Platon als auf Sokrates zielende Kritik des Intellektualismus betont nicht so sehr die moralische Neutralität der Wissenschaft, als vielmehr ihre Unfähigkeit zur Erkenntnis des Besonderen und des Kontingenten, die doch den eigentlichen Bereich des Handelns darstellen. Auch hier ist Aristoteles wieder versucht, die Analyse der klug vollzogenen Handlung nach dem Vorbild der technisch erfolgreichen Handlung zu modellieren und bescheidet sich schließlich mit dem Hinweis, dass die Klugheit nicht ohne moralische Tugend möglich sei und sich also von der Geschicklichkeit unterscheide – womit er sich allerdings als unfähig erweist, die Beziehung von Klugheit und Moralität anders denn als eine äußerliche und zufällige Verbindung darzustellen.

Diese Lehre ist bekannt und wir müssen sie hier nicht näher ausführen. Sie stellt die Klugheit als Tugend (ἀρετή)[187] nicht der rationalen Seele, sondern eines ihrer Teile vor, nämlich desjenigen, der im Unterschied zum wissenschaftlichen Teil (ἐπιστημονικόν) das Kontingente betrifft.[188] So findet sich die volkstümliche Auffassung der Tugend mit einer ursprünglich aristotelischen Intuition verbunden, derjenigen der Teilung der Welt in zwei Regionen und einer ihr entsprechenden Teilung der rationalen Seele in zwei Teile. Nun hatte schon Platon in einer berühmten Passage seiner *Politeia* innerhalb der rationalen Seele eine Unterscheidung durchgeführt, nämlich die zwischen νοῦς und διάνοια.[189] Dabei handelte es sich aber eher um *Momente* der Erkenntnis, um Abstufungen in einer Hierarchie, die in der Intuition des Guten kulminiert, und nicht um eine Aufteilung innerhalb des Bereiches realer Gegenstände. Die wahrhafte Realität fand sich ganz im Gegenstand der höchsten Form der Erkenntnis konzentriert, während alles andere nur Abstufungen im Bereich des *Schattens* oder der *Kopie* waren. Bei Aristoteles ist es hingegen die Spaltung in der wirklichen Welt selbst, die eine parallele Spaltung nicht nur innerhalb der erkennenden Seele, sondern innerhalb der *Vernunft* hervorruft. Und zwischen den beiden Teilen der rationalen Seele gibt es nicht mehr die von Platon etablierte Hierarchie, denn je mehr Aristoteles zufolge der eine Seelenteil an Genauigkeit gewinnt, desto mehr verliert dessen Gegenstand an Nähe und Vertrautheit.[190]

Da der allgemeine Sinn dieser Aufteilung klar ist, sind Aristoteles' hier besonders zahlreiche terminologische Variationen für uns von geringer Bedeutung. Am interessantesten ist, dass Aristoteles den Ausdruck λογιστικόν verwendet, um den kalkulierenden und beratschlagenden Teil der rationalen Seele zu bezeichnen,[191] während Platon und Aristoteles selbst, sofern er nicht eigens von diesem Seelenteil handelt,[192] sich des gleichen Ausdrucks bedienen, um die rationale Seele insgesamt zu bezeichnen. Der Bruch mit dem platonischen Vokabular wird hier, wie so oft, begleitet von einer selbstgefällig betonten Rückkehr zum volkstümlichen Sprachgebrauch,[193] der unter *logos* und *logismos* weniger die Beweise des Mathematikers als die Kalkulationen des vorausschauenden Menschen versteht. Die ansonsten von Aristoteles gebrauchten Ausdrücke dürften nicht weiter überraschen: Die Entgegensetzung des *wissenschaftlichen* Vermögens einerseits und desjenigen der Meinung (δοξαστικόν),[194] der Erwägung (βουλευτικόν)[195] oder der Wahl (προαιρετικόν)[196] andererseits ist geläufig, denn wie wir sahen kommen Meinung, Erwägung und Wahl darin überein, dass sie das Kontingente betreffen. Obwohl Aristoteles demgegenüber den Ausdruck διανοητικός verwendet, um den verstandesmäßigen Charakter der Klugheit zu bezeichnen, lassen sich daraus keine Schlüsse ziehen, auch wenn man hier aufgrund des platonischen Vokabulars dazu versucht sein könnte. Während διάνοια bei Platon den diskursiven Aspekt der rationalen Erkenntnis bezeichnete, im Gegensatz zum durch νοῦς oder νόησις ausgedrückten intuitiven Aspekt,[197] fehlt eine solche Spezialisierung bei Aristoteles, der die Ausdrücke νοῦς, λόγος und διάνοια vielmehr häufig austauschbar gebraucht,[198] wobei *dianoia* die Tätigkeit des Denkens im Allgemeinen bezeichnet. Kaum erstaunlich also, dass die dianoetischen Tugenden[199] bei Aristoteles den νοῦς ebenso wie die Klugheit umfassen, die Kunst ebenso wie die Wissenschaft. Indem er sie *dianoetisch* nennt, will Aristoteles nur ausdrücken, dass diese Tugenden weniger den Charakter (ἦθος) als das Denken im Allgemeinen betreffen. Die wesentliche Spaltung verläuft demnach für Aristoteles nicht zwischen der *dianoia* und dem *nous*, zwischen der Diskussion und der Intuition, sondern zwischen dem Denken des Notwendigen und dem Denken des Kontingenten.

Dass die Klugheit mit dem Erfassen des Kontingenten verbunden ist, entscheidet noch nicht darüber, ob sie intuitiv oder diskursiv ist.

Weil es sich dabei nur um zweitrangige Bestimmungen handelt, welche die Art der Auffassung des Gegenstands betreffen, hat es den Anschein, als könne sie zu verschiedenen Zeitpunkten ihres Wirkens sowohl das eine wie das andere sein. Wenn die Klugheit auch das langsame Voranschreiten der Erwägung zu erfordern scheint,[200] so kennt und missbilligt Aristoteles denjenigen, dessen Erwägungen kein Ende finden: Wie alles andere, so muss auch die Erwägung einen Abschluss haben.[201] Wozu sollte man sie anstellen, wenn nicht zum Erfassen des Besonderen, des geeigneten Ortes, der günstigen Gelegenheit und allgemein des angemessenen Mittels, die daraufhin von der Wahl gewollt und von der Handlung ins Werk gesetzt werden?[202] Man darf also keine Inkonsequenz darin erblicken, dass Aristoteles einmal die Klugheit der Intuition entgegensetzt,[203] ein andermal dagegen beide einander annähert.[204] Wenn man unter νοῦς das unmittelbare Erfassen der Prinzipien des Beweises versteht, dann sind Klugheit und Weisheit gleichermaßen weit davon entfernt, wenn auch aus verschiedenen Gründen: Die Weisheit, weil sie in Beweisen besteht; die Klugheit, weil sie weder das Beweisbare noch dessen Prinzip betrifft. Wenn man aber unter νοῦς das unmittelbare Erfassen der »letzten und besonderen Dinge« versteht,[205] dann muss man eine solche Einsicht dem klugen Menschen zusprechen. Insofern der *phronimos* zugleich ein Mensch des Denkens und der Tat und darin der Erbe des traditionellen Helden ist, vereint er in sich die Bedächtigkeit der Reflexion und die Unmittelbarkeit des blickhaften Erfassens, welches nichts anderes ist als die abrupte Entfaltung der Reflexion; er vereint Gründlichkeit und Eingebung, den Geist der Vorsicht und den Geist der Entscheidung. Die Wortwahl gestattet es, auch hier eine – wenn auch diskrete – Spitze gegen Platon zu entdecken: Es scheint Aristoteles nicht zu stören, dass man die Fähigkeit der Intuition (νοῦς) gewöhnlich dem *phronimos* zuspricht, und zwar eher als dem Weisen oder dem Philosophen, der auf seine Beweise beschränkt ist[206] und Anfang und Ende der Dinge nicht kennt.[207]

* * *

Aristoteles trifft aber immer dann, wenn er sich dazu hinreißen lässt, der volkstümlichen Hochschätzung des *phronimos* Raum zu geben, auf eine Schwierigkeit, die letztlich die *ethische* Bedeutung dieses Charakters problematisch macht. Während die Philosophie mühsam ist, ist das Verständnis des *phronimos* blitzartig. Doch genauso gut könnte man sagen, dass sich die Philosophie erwerben lässt und also verdienstvoll ist, während die Klugheit und die mit ihr auftretenden Prädikate Gaben der Natur zu sein scheinen,[208] und zwar einer Natur, die sich weder beschleunigen (klug können nur alte Leute sein) noch korrigieren lässt. Doch es ist klar, dass die Tugend im gewöhnlichen Sinn (d. h. die moralische Tugend) weder auf die Launen der Natur zählen noch einfach nur das Alter erwarten darf.

Eine andere Schwierigkeit, auf die wir bereits gestoßen sind, ergibt sich aus der Tatsache, dass mit dem Insistieren auf der Verständigkeit des *phronimos*, mag es sich nun um Odysseus oder um Perikles handeln, dessen moralischer Wert aus dem Blick gerät. Das Problem ist hier nicht die Beziehung zwischen der Natur und der Moralität, sondern die zwischen der Moralität und der Verständigkeit. Auch wenn das griechische Denken der ersteren Beziehung nie gänzlich auf den Grund zu gehen vermochte und mit der Willkür der Geburt als einem irreduziblen Zufall nicht zurechtkommt, so stellte die Tradition doch in Bezug auf die zweite Beziehung, wie wir sehen werden, einen Denkansatz bereit, dem Aristoteles leider nur zaghaft gefolgt ist.

In Verbindung mit seiner Untersuchung der *phronesis* diskutiert Aristoteles eine gewisse Anzahl von Qualitäten, die zwar nicht in der Liste der fünf großen dianoetischen Tugenden auftauchen (ἐπιστήμη, τέχνη, φρόνησις, νοῦς, σοφία), die man aber dennoch als »kleinere verstandesmäßige Tugenden« ansehen kann.[209] Einer von ihnen sind wir bereits begegnet: der *Wohlberatenheit* oder εὐβουλία, die Aristoteles zwei benachbarten Qualitäten annähert und die er zugleich von ihnen unterscheidet, da sie beide ἄνευ λόγου sind, d. h. unmittelbar und ohne vorherige Kalkulation operieren: die Genauigkeit des raschen Blicks (εὐστοχία) und der Scharfsinn (ἀγχίνοια).[210] Darauf folgen zwei andere »Tugenden«: die Verständigkeit (σύνεσις) und das Urteilsvermögen (γνώμη). Zunächst staunt man über den empirischen Charakter dieser Aufzählung, die offenbar keinerlei Ordnungsprinzip gehorcht und deren einziges Interesse darin zu bestehen scheint, dass hier in einer Art Anhang bestimmte Begriffe, die im gewöhnlichen Sprachgebrauch eng mit der *phronesis* verwandt sind, einer semantischen Analyse unterzogen werden. Tatsächlich aber war diese Aufzählung bereits traditionell: Entsprechende Listen findet man in zahlreichen Passagen bei Platon.[211] Eine Stelle in der *Epinomis*[212] scheint den Versuch zu bezeugen, diese Tugenden lediglich auf Bestandteile der Weisheit zu reduzieren und alle diejenigen auszuschließen, welche dieser Ehre nicht würdig sind. Schließlich haben wir bei anderer Gelegenheit bereits bemerkt, dass der scholastische Charakter der Diskussion über die εὐβουλία offenbar im Zusammenhang mit innerakademischen Diskussionen zu sehen ist, bei denen man sich in etwas pedantischen begrifflichen Unterscheidungen gefiel.[213]

Allerdings scheint Aristoteles in seiner kurzen Analyse des Verstandes (σύνεσις) und des Urteils (γνώμη) mit derartigen akademischen Subtilitäten zu brechen, um hinter die Akademie und Platon auf den gewöhnlichen Sprachgebrauch zurückzugehen. Wie schon hinsichtlich der *phronesis* glaubte Platon dieser schon seit langem von der Volksweisheit geschätzten Eigenschaften einen Adelstitel zu verleihen, indem er sie zu spekulativen Tugenden machte: Im *Philebos* erscheint die σύνεσις als eine Art der *phronesis*, welche wiederum als theoretische Weisheit verstanden wird;[214] und in der *Politeia* hat er die γνώμη an die ἐπιστήμη assimiliert.[215] Aristoteles kann jedoch mühelos zeigen, dass damit der Wortbedeutung Gewalt angetan wird: Die Verständigkeit (σύνεσις), d. h. das Vermögen des verständigen Menschen (συνετός, εὐσύνετος) bzw. desjenigen, der versteht (συνιέναι), besitzt eine Ausdehnung, die seine Angleichung an eine einzelne Wissenschaft verbietet.[216] Darüber hinaus hat sie es »weder mit dem immer Seienden und Unbewegten, noch mit irgendeinem Entstehenden zu tun, sondern mit dem, was Gegenstand des Zweifelns und Erwägens sein kann«.[217] Man sieht, dass die σύνεσις weder die Verständigkeit des Theologen noch auch die des Naturwissenschaftlers bezeichnet, sondern eher die Fähigkeit, konkrete Situationen zu analysieren und zu entwirren. Sie hat also denselben Bereich wie die Klugheit (d. h. das, was wird, *insofern* es von uns abhängt) und unterscheidet sich allein dadurch, dass sie *kritisch* ist, während die Klugheit *normativ* (ἐπιτακτική) ist.[218]

Es bleibt noch die γνώμη, die das »Urteil« in dem Sinne meint, in dem man von jemandem sagt, er besitze Urteilsvermögen (ἔχειν γνώμην). Das aber ist keine bloß verstandesmäßige Qualität. Ein Mensch mit gutem Urteilsvermögen (εὐγνώμων) ist kein Mann der

Wissenschaft, es ist nicht mit den Prinzipien vertraut und er kann auch nicht hinter Beweisen Schutz suchen. Er weiß überdies, dass das in den menschlichen Angelegenheiten Wahre nicht identisch mit dem Beweisbaren ist. Und eben diese Anerkennung der Grenzen der Wissenschaft macht seinen eigentlich moralischen Wert aus. Das Urteil ist »die richtige Bestimmung des Billigen« (ἐπιεικές).[219] Wir haben bereits gesehen, dass das Billige der menschliche Ersatz für eine Gerechtigkeit ist, die zu geometrisch und daher zu starr ist.[220] Aristoteles setzt hinzu: »Ein Zeichen dafür ist folgendes: Dem Mann der Billigkeit sagen wir nach, er sei am nachsichtigsten (συγγνωμονικόν), und Billigkeit ist uns soviel als mit manchem Nachsicht haben.«[221] Γνώμη, συγγνώμη: Dieses Wortspiel ist unübersetzbar, drückt aber gut jene Bedeutungsverschiebung aus, welche – als bemerkenswerte Ausnahme von einem wahrscheinlich allgemeingültigen semantischen Gesetz[222] – einen Aspekt der Moralität mit einem Wort verbindet, welches den Verstand bezeichnet. Aristoteles schließt daraus: »Nun ist aber die Nachsicht eben eine richtige Beurteilung des Billigen, und richtig ist es, wenn es das Wahre trifft.«[223]

Die Nachsichtigkeit (συγγνώμη) bezieht sich so auf unauflösliche Weise zugleich auf das Billige und das Wahre. Damit werden durch eine intrinsische und nicht mehr bloß akzidentelle Verbindung eine verstandesmäßige Bestimmung und ein moralisches Prädikat vereint. Dieses Zusammenfallen des Wahren und des Billigen ist seinerseits jedoch nur unter einer Bedingung möglich: Das Wahre darf nicht mehr mit dem Beweisbaren und dem Geometrischen gleichgesetzt werden, denn gerade im Gegensatz zu diesen ist das Billige definiert worden. So fällt das Wissen mit der Moralität nur unter der Bedingung zusammen, dass es seine Ansprüche einschränkt, oder, was auf dasselbe hinausläuft, seine Grenzen anerkennt. Der Mensch des Urteils, der nur ein anderer Name für den Menschen der Klugheit ist, wird durch kein transzendentes Wissen aus der Pflicht entlassen, selbst zu urteilen und zu verstehen. Urteilsvermögen zu besitzen bedeutet nicht, das Besondere unter das Allgemeine, das Sinnliche unter das Verstandesmäßige zu subsumieren; insofern das Urteilsvermögen selbst zum Sinnlichen und Besonderen gehört, bedeutet es, mit einer eher vernünftigen als »rationalen« Vernunft das Sinnliche und das Besondere zu durchdringen. Es bedeutet, in einer ungenauen Welt nicht danach zu streben, dieser die allzu radikale Gerechtigkeit der Zahlen aufzuzwingen, als Sterblicher die sterblichen Dinge nicht mit der Elle des Unsterblichen zu messen, als Mensch menschliche Gedanken zu denken. Der Mensch des Urteils weiß, dass die Wissenschaft unmenschlich werden kann, wenn sie aufgrund ihrer Strenge beansprucht, ihre Bestimmungen einer Welt aufzuzwingen, welche womöglich nicht dafür gemacht ist, sie zu anzunehmen. Der Strenge der Wissenschaft, die zur Gewalt werden kann, setzt der Billige die Nachsichtigkeit des Urteilsvermögens gegenüber. Auch dabei handelt es sich um eine Art von Intellektualismus – denn um zu verstehen und zu urteilen, braucht man Verstand –, aber um einen Intellektualismus, welcher der Anmaßung des Wissens entgeht: Die γνώμη ist nicht das, was man später unter γνῶσις versteht,[224] und die gnomische Klugheit ist das genaue Gegenteil einer gnostischen Weisheit, deren Überschwang sie von vornherein zurückweist.

Das traditionelle griechische Denken hat diesem menschlichen »Wissen« – menschlich durch seine Grenzen, menschlich aber auch durch die Aufmerksamkeit, die es dem Menschen zollt – einen moralischen Wert zuerkannt, an den Aristoteles nur ganz am Ende und wie mit Bedauern erinnert. Die Vorstellung allerdings, dass das Wissen moralisch nicht durch seine Ausdehnung, sondern durch seine Grenzen ist, ist schon im Ausdruck *phronesis* selbst gegenwärtig, den Platon nur unter Veränderung seines ursprünglichen Sinnes bewahrt hatte. Indem Aristoteles ihm seine archaische Bedeutung wiedergibt, lässt er, vielleicht unfreiwillig, den alten Hintergrund von gnomischer und tragischer Weisheit wiederaufleben, in dem dieser Ausdruck beheimatet ist. In der *phronesis* hallt der Appell an ein »menschliches Denken« nach, ἀνθρώπινα φρονεῖν, womit sich die alte griechische Weisheit der Grenzen zusammenfassen lässt.

DRITTER TEIL
DIE HERKUNFT DER KLUGHEIT
AUS DER TRAGÖDIE

Μή, φίλα ψυχά, βίον ἀθάνατον
σπεῦδε, τὰν δ' ἔμπρακτον ἄντλει μαχανάν.

Pindar, 3. Pythische Ode, v. 109-110

Ἐφ' ὅσον ἐνδέχεται ἀθανατίζειν

NE, X, 7, 1177b 33

Ich glaube nun zur Genüge gezeigt zu haben, dass der wahre Ursprung des aristotelischen Begriffs der Klugheit nicht in der platonischen *phronesis* zu suchen ist, sondern in der *phronesis* der Tradition, auf die sich Aristoteles übrigens ausdrücklich bezieht. Wie wir gesehen haben, muss man bei Aristoteles berücksichtigen, dass er gelegentlich einen gewissen Archaismus zur Schau trägt, einen Rückgang auf die »Quellen« jenseits der allzu gelehrten Konstruktionen des Platonismus. Dennoch ist der Begriff nicht zufällig unter so verschiedenen anderen mit ähnlicher Bedeutung – σοφία, νοῦς etc. – herausgegriffen worden, und mit ihm dringt etwas von der gedanklichen Atmosphäre, in der sich seine Bedeutung allmählich herausgebildet hatte, in die aristotelische Ethik ein.

Ich habe nicht vor, hier die Geschichte des Wortes *phronesis* in der gesamten vorplatonischen Literatur nachzuzeichnen, noch weniger die der zahlreichen Wörter von gleicher Wurzel, φρόνημα, φροντίζειν, σώφρων, εὔφρων etc. Ich beschränke mich auf einige Hinweise zu φρόνησις, φρόνιμος und besonders zum Verb φρονεῖν.[1] Diese Worte gehören zu denjenigen, die – was φρονεῖν betrifft, seit der homerischen Literatur – mit dem *Denken* zusammenhängende Tätigkeiten oder Eigenschaften bezeichnen. Die Tatsache, dass sie zunächst eine konkrete Bedeutung hatten – abgeleitet von φρένες, was das Zwerchfell oder die Lunge bezeichnet[2] –, genügt nicht, um sie von benachbarten Vokabeln zu unterscheiden (ψυχή, θυμός, νοῦς etc.), deren ursprünglich materielle Bedeutung nicht weniger gewiss ist, auch wenn sie bei Homer nicht die einzige ist.[3] Darüber hinaus kann die Besonderheit von φρονεῖν auch nicht darin bestehen, dass dieses Verb nicht nur eine intellektuelle Funktion ausdrückt, sondern »einen Gefühlszustand und eine Neigung zur Handlung, kurz, eine innerliche Disposition, die viel komplexer und nuancierter als die einfache Tatsache des Denkens oder des Erkennens ist«[4]; denn diese Ununterschiedenheit des Verstandesmäßigen und des Gefühlsmäßigen ist eine Konstante des homerischen Denkens, dessen psychologisches Vokabular weniger »Fähigkeiten«

bezeichnet als vielmehr Haltungen des »ganzen Menschen« ausdrückt.[5]

Trotzdem muss man sich fragen, warum oder wenigstens wie die Worte φρονεῖν, φρόνησις bis hin zu Aristoteles diese Einheit von verschiedenen, zugleich verstandesmäßigen und praktischen Bedeutungen bewahrt haben, während andere Wörter, die zu Beginn dieselbe Zweideutigkeit besessen haben (z. B. νοῦς, θυμός) sich rasch auf den verstandesmäßigen oder gefühlsmäßigen Bereich spezialisiert haben. Der allgemeine Zug dieser Entwicklung – oder vielmehr dieses Mangels an Entwicklung – des Wortes *phronesis* scheint mir darin zu liegen, dass die Vorstellung einer verstandesmäßigen Handlung oder Funktion[6] zumeist im negativen Sinne mit der Vorstellung einer *Grenze* und im positiven Sinne mit der eines *Gleichgewichtes* assoziiert wurde.

Die *phronesis* ist ein Denken, ja sogar ein verstandesmäßiges Denken, welches allerdings in seinem Bereich wie in seinen Ansprüchen begrenzt ist. Diese Bemerkung geht aus verschiedenen Vergleichen hervor. So hat man beobachten können,[7] dass φρονεῖν im Lehrgedicht des Parmenides die Beobachtung und das empirische Denken bezeichnet, im Gegensatz zu νοεῖν, dessen Bedeutung bereits auf das rationale Denkens eingeengt ist.[8] Wenn viel später Aristoteles und Theophrast[9] den Vorwurf erheben, Parmenides, Empedokles, Anaxagoras, Demokrit und selbst Homer hätten Verstand, φρόνησις, und Wahrnehmung, αἴσθησις, vermischt, projizieren sie damit zweifelsohne ein Vokabular auf diese alten Denker, welches diesen selbst fremd war; doch die Anspielung auf Parmenides und auf Anaxagoras, die nicht besonders »empiristisch« waren, gestattet die Vermutung, dass der Vorwurf von Aristoteles sich weniger auf ihre allgemeine Theorie der Erkenntnis bezieht als vielmehr auf ihre Verwendung von φρονεῖν, die Aristoteles – der sich hier Platons entsinnt – für irrtümlich hält.[10]

Wenn wir nun nicht die Funktion der *phronesis* betrachten, sondern das damit begabte Subjekt, dann sehen wir, dass dieses Subjekt in ganz ausgezeichneter Weise der Mensch ist. *Phronein, phronesis* finden beinahe keine Anwendung auf das göttliche Verstehen oder Erkennen. Bereits Heraklit beklagt sich im ältesten bezeugten Vorkommen des Ausdrucks *phronesis*, dass in der Masse (οἱ πολλοί) keiner das Vereinigende (τὸ ξυνόν) begreife und jeder »dahinlebt,

als ob er einen eigenen Verstand (ἰδία φρόνησις) hätte«.[11] Ohne
Zweifel will Heraklit damit sagen, dass die Sterblichen wohl oder
übel an einem *logos* partizipieren, der sie übersteigt, und dass der
schwerste Fehler des Menschen darin besteht, seine armselige In-
dividualität dem Allgemeinen entgegenzusetzen, das in ihm ist.[12]
Während Heraklit der Menge jedoch ein persönliches Denken, eine
persönliche *phronesis* verweigert, scheint er zugleich die Sprache
derer zu übernehmen, die er kritisiert: Sie halten sich für φρόνιμοι,
während doch das Feuer allein φρόνιμον oder vielmehr φρόνιμον
ist.[13] Doch Heraklits Versuch, die *phronesis* dem individuellen Menschen abzusprechen und sie allein dem *logos* zukommen zu lassen,
musste dem gewöhnlichen Gebrauch so sehr zuwiderlaufen, dass er
keine Zukunft hatte (wie danach die platonische Auffassung einer
kontemplativen *phronesis*), während etwas später Anaxagoras mit
seiner Gleichsetzung von Gott und Νοῦς ein Denken und ein Vokabular inaugurierte, welche von der gesamten späteren Tradition
ohne weiteres akzeptiert werden konnten. Zwar macht Aristoteles
an einer Stelle der *Metaphysik*, die der platonischen Terminologie
nichts zu verdanken scheint, Empedokles den Vorwurf, Gott als
weniger wissend (φρόνιμος) dargestellt zu haben als die anderen
Wesen: Denn ihm zufolge könne nur Gleichartiges einander erkennen, und da Gott der Hass fremd sei, könne er folglich den Hass und
alles, was mit diesem zusammenhängt, nicht erkennen.[14] Wenn man
sich aber an den Kontext hält, bemerkt man, dass diese *phronesis*,
welche Empedokles zu Aristoteles' Erstaunen Gott vorenthält, die
empirische Erkenntnis der Elemente des Universums bezeichnet
– denn Empedokles kennt gar keine andere. Aristoteles will also
sagen, dass es merkwürdig ist, Gott eine Erkenntnis abzusprechen,
derer der Mensch fähig ist. Wenn er aber mit eigenen Worten die
Tätigkeit des göttlichen Verstandes beschreiben will, verwendet
Aristoteles wie selbstverständlich den Ausdruck νόησις und nicht
φρόνησις.[15] An mehreren Stellen, vornehmlich in seinen biologischen Werken, zögert Aristoteles ganz im Gegenteil nicht, sich
zu fragen, ob bestimmte Tiere wie etwa die Biene nicht auch mit
phronesis begabt sind, wobei diese einen gänzlich praktischen und
nicht im Geringsten erfinderischen Verstand bezeichnet, dessen
einzige Voraussetzung das Gedächtnis ist:[16] ein noch unausgebil-
detes Vermögen der Verallgemeinerung, welches sich auf das Vor-

hersehen von Situationen beschränkt, die das biologische Leben betreffen.[17]

Diese Überlegungen führen uns zur zweiten wichtigen Besonderheit des Gebrauchs der Ausdrücke *phronein, phronesis,* welche in der Sprache der Ärzte nicht nur eine verstandesmäßige Funktion oder ein entsprechendes Vermögen anzuzeigen pflegen, sondern die *normale* Ausübung dieser Funktion oder Fähigkeit. Das ergibt sich aus einer Untersuchung der hippokratischen Literatur: φϱονεῖν heißt dort nicht allein Denken, sondern *auf gesunde Weise* zu denken, Herr seines Geistes und seiner Sinne zu sein, und zwar im Gegensatz zu Verben, die eine Art des krankhaften Denkens (παϱαφϱονεῖν) oder des Phantasierens (μαίνεσθαι) ausdrücken.[18] Damit wird verständlich, dass die *phronesis* Grade kennt und dass die Heilkunst sich mit den Ursachen ihrer Veränderung und mit den Bedingungen ihrer Wiederherstellung beschäftigt, welche beide an die Luftzirkulation in den Blutbahnen und an den Zustand des Gehirns gebunden sind.[19] Aber nicht allein die Krankheit zerstört die *phronesis*; zu den Ursachen der Verwirrung muss man auch noch den Schlaf rechnen, der durch Verlangsamung der regelmäßigen Blutzirkulation den Geist in der phantastischen Welt des Traumes herumirren lässt, sowie natürlich Verdauungsstörungen und Trunkenheit.[20] Da die Voraussetzung der *phronesis* ein gewisses organisches Gleichgewicht ist, besteht das beste Mittel zu ihrer Erhaltung in einer geregelten Diät.[21] In dieser Hinsicht ist es keineswegs abwegig, jenes Wortspiel von Platon und Aristoteles wörtlich zu nehmen, demzufolge die Mäßigung die Klugheit rette, σωφϱοσύνη σῴζει τὴν φϱόνησις,[22] eine Wendung, in der zwar die Etymologie zum Ausdruck kommt, die jedoch genauso gut dem Repertoire der paränetischen Volksmedizin hätte entlehnt sein können.

Zur erwähnten Annäherung der beiden Ausdrücke φϱόνησις und σωφϱοσύνη ist zu sagen, dass diese beiden verwandten Worte schließlich dieselbe Idee des Maßes und der Mäßigung ausdrückten, nicht nur im Hinblick auf den Umgang mit den körperlichen Lüsten – was nur eine abgeleitete und besonders enge Bedeutung von σωφϱοσύνη ist[23] – sondern viel allgemeiner im Umgang mit dem Leben, dem privaten wie öffentlichen Leben,[24] der Haltung des Menschen zu sich selbst, zu anderen Menschen und zu den Göttern. Bei der »Mäßigung«, σωφϱοσύνη, handelt es sich um eines jener eigentlich unübersetzbaren Worte – neben der αἰδώς, der »Scham«[25] –, mit denen die Griechen uns bei jeder Gelegenheit dazu auffordern, den Exzess (ὑπερβολή), das Übermaß (ὕβρις)[26] und das Streben danach, mehr zu haben als einem zugemessen ist (πλεονεξία), zu meiden, und uns selbst zu erkennen, um so das genaue Maß unserer Grenzen und des Abstandes, der uns von Gott trennt, zu nehmen. Im Verlaufe eines semantischen Prozesses, dessen hauptsächliche Vermittlungen sich um die Vorstellung der *Grenze* und des *Gleichgewichts* gruppieren, haben sich diese im griechischen Bewusstsein und in der griechischen Literatur diffus vorhandenen Themen allmählich um den Begriff der *phronesis* kristallisiert, wiewohl dieser zunächst noch vage bleibt. Die *phronesis* ist ein Wissen, aber ein begrenztes und ein seiner Grenzen bewusstes Wissen; sie ist Denken, aber ein menschliches und sich menschlich gebendes Denken. Sie ist einerseits ein verstandesmäßiges Bestimmen, andererseits ein Attribut des Menschen, der sich seiner Situation als Mensch bewusst ist, und so zugleich eine moralische Qualifikation; denn es liegt ein Verdienst darin, seine natürliche Erkenntnisbegierde zu begrenzen, nicht mit den Göttern zu rivalisieren und ein Denken, welches fortwährend von der Versuchung des Übermenschlichen inspiriert und belauert wird, auf den Menschen und seine Interessen einzuschränken. Das Wort *phronesis* gehört demnach sowohl zur Psychologie als auch zu dem, was man in einem weiten Sinne als Deontologie bezeichnen könnte. Demokrit sagt, dass es »groß ist, inmitten des Unglücks zu denken, wie es sich gehört (φρονεῖν ἃ δεῖ)«.[27] Aber bei φρονεῖν ἃ δεῖ handelt es sich bereits um einen Pleonasmus, welcher um so mehr als ein solcher empfunden wird, als φρονεῖν immer mehr die Bedeutung annimmt, auf gesunde Weise und so, wie es sich gehört, zu denken. Wie man in der Medizin unmerklich vom physiologischen zum normativen Sinn übergegangen ist, so gelangt man im gewöhnlichen Sprachgebrauch von der Beschreibung des Verstandes zur Verschreibung der Tugend. Stärker als alle philosophischen Analysen des aristotetelischen Textes zeigt die Untersuchung seiner außerphilosophischen Quellen, dass die *phronesis* nicht die äußerliche Vereinigung einer Fähigkeit mit einem Wert ist (als würde es genügen, den Verstand *in Richtung auf* das Gute zu orientieren, um die Klugheit zu besitzen), sondern die innere Einheit einer Fähigkeit, die in ihrer Selbstbegrenzung zum Wert wird.

Wie man vermittels der Idee der Diät von der Idee des Organismus zur Idee der Gesundheit gelangt, so macht man aus dem Verstand eine Tugend, wenn man von ihm zunächst verlangt, dass er Einsicht in seine eigenen Grenzen zu sein habe. Man könnte die Klugheit als Diät des Verstandes bezeichnen, vielleicht sogar in all den Bedeutungen, welche das Wort δίαιτα unter den Hippokratikern hat:[28] der bevorzugte Aufenthalt, die Kur, der Horizont, an dem der Organismus sich entfaltet, indem er sich begrenzt, wo der Mensch seine menschliche Form in der Begrenzung gewinnt – so wahr es auch ist, dass er eine natürliche Neigung besitzt, aus sich herauszugehen und in das Pathologischen und Monströsen zu verfallen.[29] Wie bereits der Traktat des Hippokrates sagt, gibt es sowohl »die Vernunft wie die Unvernunft der Seele«.[30]

* * *

Alles bisher Gesagte gehört zum alten Bestand der griechischen Volksweisheit und findet seinen vollkommensten Ausdruck in der Tragödie. Auch wenn der Ausdruck *phronesis* dort eher selten ist, sind wenige Verben bei den Tragikern so gebräuchlich wie *phronein*. Zwar werden *phronein* und *phronesis* häufig in der intellektuellen Bedeutung von Verstand und Wissen gebraucht, oder im affektiven Sinn von Dispositionen, die sowohl gut als auch schlecht sein können. Doch *phronein*, für sich allein genommen, bezeichnet dort am häufigsten in einem auf unauflösliche Weise zugleich intellektuellen, gefühlsmäßigen und moralischen Sinn das gesunde Denken, die rechte Erwägung, die sich in der angemessenen Rede oder Handlung vollendet.[31] Zwar sind diese Begriffe vage, und sobald es sich darum handelt, ihnen einen Inhalt zu geben, sind die Menschen verschiedener Meinung: Die Helden der Tragödie beanspruchen auf dem Höhepunkt ihrer Auseinandersetzungen regelmäßig das Monopol des *phronein*[32] und beschuldigen sich gegenseitig des Wahnsinns.[33] Diese Ausschließlichkeit jedoch ist bereits ein schlechtes Zeichen: »Wer sich allein für verständig (φρονεῖν μόνος) hält, [...] für den gilt: In ihm findest du nur Leere.«[34] Antigone selbst ist verständiger, weil sie den relativen Charakter des *phronein* anerkennt, wenn sie zu Ismene sagt: »Du scheinst verständig den einen, ich jedoch den anderen.«[35] Besonders der Chor achtet darauf, was es an Vernünftigem und Wahrscheinlichem in den Reden der Protagonisten gibt: »Man hat in beiden Richtungen gut geredet (εὖ γὰϱ εἴϱηται διπλᾶ)«, beschließt er vorsichtig die Anhörung der gegensätzlichen Argumente von Kreon und Hämon.[36] Diese Klugheit jedoch ist nicht Kleinmut oder eine Weigerung sich zu binden, eine Flucht vor den Verantwortungen des Handelns oder gar des Urteilens. Der Chor weiß ganz einfach aus Erfahrung, dass die menschlichen Wahrheiten schwierig sind, nicht allein für uns, sondern an sich: So verliert Kreon seine Selbstgewissheit, seine Überheblichkeit, seine Anmaßung, über das an sich Gute Bescheid zu wissen und mit dem Absoluten vertraut zu sein, seine Verachtung menschlicher Umstände und Zufälligkeiten. Hämon kommt dem Gefühl des Chors zuvor, indem er bemerkt: »Denn wenn man mir als Jüngerem eine Meinung (γνώμη) auch / gestatten will, so nenn' ich es das höchste Heil, / wenn einem Manne ganzer Weisheit (ἐπιστήμη) Fülle wird. / Sonst aber, denn nicht immer trifft es sich ja so, / ist's gut, von dem zu lernen, der verständig spricht (τῶν λεγόντων εὖ καλὸν τὸ μανϑάνειν.«[37] So wird das Urteil – jene γνώμη, die in das Gefolge der die Klugheit begleitenden Tugenden einreiht – zum Ersatz für eine unauffindbare Wissenschaft. Gäbe es Menschen, die aus Wissenschaft wissen, so müsste man sich vor ihnen verbeugen. Wo aber sind sie? Und was gibt es da zu *wissen*? Der durch Kreon symbolisierten Anmaßung des Wissens setzt Hämon, bald gefolgt vom Chor, die Geduld und den Ernst der Erfahrung entgegen; der Gewalt des »wissenschaftlichen« Diskurses setzt er die langsamen Vermittlungen der Erwägung und Beratschlagung entgegen, wo es leider nicht um vorschnelle Schlussfolgerungen geht, sondern um das Ausbalancieren von wahrscheinlichen Diskursen, bevor man im Bewusstsein der Ungewissheit und des Risikos das geringere Übel wählt. So zeichnen sich langsam die Umrisse einer »Klugheit« ab, welche anerkennt, dass das Rationale (in diesem Fall die Verteidigung der staatlichen Integrität gegen die Rebellion, von wo auch immer diese ausgehen mag) unvernünftig sein kann (weil in diesem besonderen Fall – aber alle Fälle sind besonders – auch die Rebellierende gute Gründe hat), einer Klugheit, die weiß, dass es in dieser Welt unlösbare Probleme gibt, die sich daher mit Kompromissen zufrieden gibt und den Göttern die Sorge um die wahre Lösung überlässt. Kreons Verbrechen und seine »Maßlosigkeit« bestehen sicherlich nicht darin, dass er sein Gemeinwesen seinen Gefühlen vorzog (dies war für die Griechen niemals ein Verbrechen), sondern darin, dass er, indem er seinem toten Gegner das Begräbnis verweigerte, die vor den Pforten des Todes versagende Macht des Menschen überschritten hat. Kreons Schuld liegt darin, dass er sich an die Stelle der Götter setzen wollte, um ein Problem zu lösen, welches menschlich nicht zu lösen ist. Am Ende der Tragödie steht ein nur halb bußfertiger Kreon, der eine letzte Erwiderung des Chores auf sich lenkt und zum schönsten Hymnus Anlass gibt, der jemals zum Lob der Klugheit gesungen wurde. Kreon ist sich des Ausmaßes seines Verbrechens bewusst, kann aber noch nicht dessen genauen Ort lokalisieren und erfleht darum den Tod, worauf die Koryphäe ungerührt antwortet: »Das bleibt der Zukunft überlassen. Die Gegenwart erfordert Taten. Lassen wir die Zukunft denen, die sie betrifft.«[38] Und nichts anderes sagt der Chor, wenn er etwas später die Lehre aus der Tragödie zieht: »Die Klugheit (τὸ φρονεῖν) ist bei weitem die erste Bedingung des Glücks.«[39] Das jeweils Beste zu tun, sich mit voraussehbaren Konsequenzen zu beschäftigen, das Unvoraussehbare aber den Göttern zu überlassen; das Misstrauen gegen »große Worten«, die nicht nur leer, sondern gefährlich sind, wenn man sie ohne Vermittlung auf eine menschliche Wirklichkeit anwenden will, die vielleicht nicht dazu bestimmt ist, sich ihnen zu fügen; nicht mit den Göttern um den Besitz einer übermenschlichen Weisheit, die sich schnell als unmenschlich herausstellt, wenn man ihre Folgerungen auf den Menschen anwenden will, zu rivalisieren: All diese Dinge, die nur das Alter und die Erfahrung lehren, bezeichnete schon die Tragödie als *phronein*.

Die *phronesis* ist noch nicht das sokratische Wissen des Nicht-Wissens (welches gleichwohl ihr zweifelsohne unbewusster Erbe ist); sie ist vielmehr ein Wissen, das seinen eigenen Auswüchsen misstraut und sich immer wieder selbst seine unausweichlichen Grenzen ins Bewusstsein ruft. Bei Sophokles sticht sich Ödipus die Augen aus, weil er zuviel wissen wollte und nicht früh genug die Warnung des Sehers Tiresias verstanden hatte: »Oh wie ist es furchtbar zu wissen (φρονεῖν) wenn das Wissen nicht demjenigen dient, der es besitzt!«[40] Hier ist es das Wort φρονεῖν, welches jenes Wissen bezeichnet, das als unnütz zu bezeichnen noch ein Euphemismus wäre. Doch man könnte denken, dass Tiresias von diesem *phronein*, welches buchstäblich keine Interessen mit sich bringt (μὴ τέλη λύῃ),

weil es die Geheimnisse des Schicksals und der Zukunft zu entschlüsseln vorgibt,[41] zu einer höheren *phronesis* aufruft, die sich
durch Selbstbegrenzung zum Rang einer Tugend erhebt und die
Ödipus, diesem »großen Rätsellöser«, auf so grausame Weise abgeht. Ein solches eitles und zuletzt gefährliches Wissen hat Sophokles, wie wir sahen, einmal genannt. Euripides greift auf das Wort
zurück, um eine ähnliche Idee auszudrücken: »Niemals darf ein
Mensch mit verständigem Sinn (ὅστις ἀρτίφρων πέφυκ᾿ ἀνήρ)
seinen Kindern ein Wissen übergeben, welches mehr als gewöhnlich
ist (παῖδας περισσῶς ἐκδιδάσκεσθαι σοφούς).«[42] Zwar kann man
von diesem Gebrauch von *sophos*, das hier einem Wort aus der Familie von *phronesis* entgegengesetzt wird, nicht auf die ganze tragische Literatur schließen, und es hat den Anschein, als sei die Entgegensetzung von *sophia* und *phronesis* eine aristotelische Erfindung.
Es bleibt aber zutreffend, dass die Worte *sophos* und *sophia,* deren
ursprüngliche Bedeutung einer technischen Geschicklichkeit nicht
sehr von einer der verschiedenen Bedeutungen des *phronimos* abweicht, mehr und mehr mit der Vorstellung der Überlegenheit, der
Herrschaft verbunden werden[43] und sich weit stärker als die Wörter
aus der Familie von *phronesis* dazu eignen, die Idee eines maßlosen
Anspruchs zu evozieren, während jene eher Demut konnotieren.
Schon Pindar setzte den Ehrgeiz der Weisheit (σοφία) der Schwäche
des menschlichen Geistes entgegen (βροτέᾳ φρενί).[44]

Diese Ermahnung zur Zurückhaltung im Wissen und der damit
einhergehende Aufruf zur Mäßigung in den Lüsten – beides Ermah-
nungen, welche sich mit der Zeit in den beiden verwandten Wörtern
φρόνησις und σωφροσύνη kristallisierten –, war nicht neu, und so
manche Figur der Tragödie hatte guten Grund, darin lediglich einen
von den Greisen des Chors allzu oft wiedergekäuten Gemeinplatz
(πάγκοινον) zu erblicken.[45] Die beiden Wörter gehören zu einem
ganzen Ensemble von eng miteinander verwandten Themen, deren
gemeinsamer Nenner offenbar die Vorstellung der *Grenze* ist, und
die einen der beständigsten Züge des griechischen Geistes manife-
stieren. Ein gutes Beispiel für die Verflechtung dieser Themen geben
uns die – zur Hälfte sicher legendären – Listen von Vorschriften, die
man in der griechischen Tradition den Sieben Weisen zusprach. In
der Demetrius von Phaleron zugeschriebenen und von Stobäus
überlieferten Liste finden wir eine bunte Mischung von Ermahnun-

gen: »Das Maß gilt für alle Dinge (μέτρον ἄριστον); Zügle deine Lüste (ἡδονῆς κρατεῖν); Richte deine Gebete an Fortuna (τύχῃ εὔχεσωαι); Nichts zu viel (μηδὲν ἄγαν); Erkenne dich selbst (γνῶθι σαυτόν); Wisse um den geeigneten Augenblick (καιρὸν γνῶθι); Liebe die Klugheit (φρόνησιν ἀγάπα).«[46] Zweifellos liegt diesen Formeln eine gemeinsame Inspiration zu Grunde, welche in ihrem Ursprung, nämlich der Volksweisheit, die Zusammengehörigkeit von Themen manifestiert, die wir noch in den aristotelischen Ethiken miteinander verbunden finden: Der Lobpreis des Maßes, der Mäßigung und der Klugheit, die umsichtige Sorge um den Zufall, die Wichtigkeit des καιρός. So erstaunt es auch nicht, in diesem Kontext den delphischen Ratschlag »Erkenne dich selbst« (γνῶθι σεαυτόν) zu finden. Trotz all jener modernen Interpretationen, die darin den Aufruf erblickten, der Mensch solle in sich selbst das Vermögen der *Reflexion* entdecken, hat dieser Ratschlag bis zu Sokrates und selbst Platon etwas ganz anderes bedeutet: Erkenne die Grenzen deiner Reichweite; wisse, dass du sterblich bist und kein Gott.[47] Das »Erkenne dich selbst!« fordert uns nicht dazu auf, in uns selbst die Grundlage aller Dinge zu finden, sondern gemahnt uns im Gegenteil an das Bewusstsein unserer Endlichkeit: Es ist die höchste Formulierung der griechischen Klugheit, d. h. der Weisheit der *Grenzen.* Nur weil man diese Wendung aufs Gröbste missverstanden hat, konnte man in der Kritik, die Platon im *Charmides* an der Selbsterkenntnis übt, eine antisokratische Absicht entdecken.[48] In Wirklichkeit übte Sokrates sich als erster im Misstrauen gegenüber der Selbsterkenntnis,[49] zumindest der Erwartung gegenüber, durch sie erkennen zu können, was unserer sterblichen Situation angemessen ist.[50] Nichts anderes sagt Platon, wenn er den delphischen Ratschlag trotz der Fehldeutungen, denen er schon damals ausgesetzt war, als einen Aufruf zum Maßhalten (σωφροσύνη) interpretiert.[51] Erst mit einer radikal neuen Auffassung des Menschen, der Welt und der Götter, der jede Scham und Zurückhaltung abgeht,[52] wird die Bedeutung der delphischen Formulierung umgekehrt. Diese Revolution, die eine Apotheose des Menschen ermöglicht, wie sie vorangehenden Generationen nur als Gipfel der Gottlosigkeit (ἀσέβεια) erscheinen konnte, vollendet erst der Stoizismus. Erst dann wird aus dem »Wisse, dass du ein Mensch bist« ein »Wisse, dass du ein Gott bist«.[53]

Die Bedenken der alten griechischen Klugheit finden einen anderen Ausdruck in einer von den Dichtern vielfach wiederholten und auch von Aristoteles zweimal zitierten Formel, in welcher sich das Wort *phronein* findet. Im Buch X der *Nikomachischen Ethik* fragt sich Aristoteles, ob das kontemplative Leben nicht »zu hoch für den Menschen« (κρείττων ἢ κατ' ἄνθρωπον) sei, und er führt zur Untermauerung dieses Zweifels jenen alten Spruch an, der dem Menschen rät, »als Mensch menschliche Gedanken und als Sterblicher sterbliche Gedanken zu haben«.[54] In seiner *Rhetorik* zitiert Aristoteles eine analoge Formulierung, die man allgemein Epicharmos zugeschrieben hat: θνατὰ χρὴ τὸν θνατόν, οὐκ ἀθάνατα τὸν θ·ατὸν φρονεῖν.[55] Formulierungen dieser Art drücken einen Gemeinplatz aus, der an zahlreichen Stellen in der griechischen Literatur wiederkehrt.[56] Bereits in der Antike scheint diese traditionelle Mahnung nicht nur Gegenstand der Kritik, sondern auch divergierender Interpretationen geworden zu sein, welche ihre Reichweite einerseits erweiterten, andererseits einschränkten. Offenbar haben einige die Formulierung im Sinne von »Nimm nichts Unsterbliches als Gegenstand deines Nachdenkens« verstanden und sie als Vorwand dazu gebraucht, dem Menschen die Untersuchung göttlicher Dinge, insbesondere der Sterne, zu untersagen. In dieser Auslegung hatte die Formulierung zweifelsohne unheilvolle Auswirkungen, sofern sie dem Obskurantismus sein letztes Argument lieferte und den Anklagen der Philosophen wegen Gottlosigkeit zum Vorwand diente.[57] Es ist verständlich, dass die Philosophen gegen den Missbrauch dieses Ratschlags als Verbot insbesondere astronomischer Spekulationen protestierten.[58] Umgekehrt wurde die Formulierung – anscheinend beginnend mit Menander – in einem nicht länger restriktiven, sondern positiven Sinne interpretiert, wodurch sie gleichsam zur ersten Devise des Humanismus wurde: »Sorge dich nicht um das Unerkennbare, sondern denke vor allem das Menschliche«, und so das *Nil humani a me alienum puto* von Terenz vorbereitete.[59]

Tatsächlich ist keine der beiden Interpretationen zutreffend, denn beide verkennen die wörtliche Bedeutung des Ausdrucks. *Phronein* in Verbindung mit dem Akkusativ hat niemals die Bedeutung von *etwas denken* gehabt, als ob der Akkusativ so etwas wie eine Gegenstandsergänzung bedeutete. *Phronein* bedeutet: durch das Denken auf bestimmte Weise disponiert zu sein, und der darauf folgende Akkusativ des *Neutrums* spezifiziert, auf welche Art und Weise das Denken disponiert ist;[60] so bedeutet φίλα φρονεῖν offensichtlich nicht »gefühlvolle Dinge denken«, sondern »wohlwollend disponiert zu sein«. Ebenso bedeutet ἀνθρώπινα φρονεῖν nicht »die den Menschen betreffende Dinge zu denken«, sondern »menschlich zu denken«, auf eine dem Menschen angemessene Weise. Der Gegensatz zwischen θνητά oder ἀνθρώπινα φρονεῖν und ἀθάνατα φρονεῖν deckt sich nicht mit dem Gegensatz zweier Erkenntnisbereiche, dem der menschlichen und dem der göttlichen Dinge; denn man kann die göttlichen Dinge auf menschliche Weise denken, d. h. mit Zurückhaltung und einem Gefühl für die Distanz,[61] wie man auch den Menschen, die Welt oder die Götter auf übermenschliche Weise, d. h. auf unmenschliche Weise denken kann, was eben die Definition der Hybris (ὕβρις) ist. Sollten wir also die erste Haltung *phronesis* nennen, und damit die späteren Auffassungen der Klugheit in alten Ratschlägen wurzeln lassen? Man wird zweifellos einwenden, dass es in verschiedenen von uns angeführten Stellen einen Parallelismus zwischen den Ausdrücken θνητά φρονεῖν und ἀθάνατα φρονεῖν gibt,[62] und dass von daher das *phronein* moralisch neutral ist, offen sowohl in Richtung auf Maßlosigkeit wie auf Klugheit. Wenn wir uns allerdings auf den Gebrauch von φρονεῖν bei den Tragikern beziehen, sehen wir, dass das Wort am ehesten das maßvolle und gesunde Denken bezeichnet und man demzufolge θνητά oder ἀνθρώπινα φρονεῖν schon früh als Pleonasmus empfinden musste, während ἀθάνατα φρονεῖν zwangsläufig als eine *contradictio in adiecto* erschien. Jedenfalls steht fest, dass das Wort *phronesis*, nachdem es gewissermaßen zwischen zwei dem menschlichen Denken sich eröffnenden Möglichkeiten geschwankt hatte,[63] sehr rasch auf die Bedeutung des »sich geziemenden Denkens« festgelegt wurde und insofern zum Erbe der ganzen im ἀνθρώπινα φρονεῖν enthaltenen Weisheit wurde.

* * *

Aber auch wenn Aristoteles die *phronesis* der Tradition entlehnt, verwirft er ausdrücklich das ἀνθρώπινα φρονεῖν. Im Buch X der *Nikomachischen Ethik* fordert er uns auf, nicht auf die Ratschläge des Kleinmuts zu hören und uns vielmehr zu betrachten »soweit es möglich ist, unsterblich zu sein (ἐφ' ὅσον ἐνδέχεται ἀθανατίζειν)«.[64]

Der Kontext zeigt deutlich, dass Aristoteles hier nicht an die Unsterblichkeit der Seele denkt, sondern uns nur dazu auffordert, uns von den Hemmnissen des »sterblichen Denkens« zu befreien und uns durch die Kontemplation zu einem Wissen göttlicher Art zu erheben. Aber ist dieser Anspruch nicht die Definition der ὕβϱις selbst? Eine Antwort auf diese Frage zu geben hieße nicht nur, vom Standpunkt der griechischen Volksmoral Aristoteles »freizusprechen« oder zu »verdammen«, sondern die Philosophie im Allgemeinen. Denn es ist nicht nur das Projekt von Aristoteles, sondern das aller Philosophie, mit den Göttern um den Besitz der Weisheit zu wetteifern. Seit Parmenides haben es sich alle Philosophen, wenn auch auf verschiedenen Wegen, zum Ziel gesetzt, sich über sterbliche Gedanken, über die βϱοτῶν δόξαι,[65] zu erheben, um zu einem absoluten Wissen zu gelangen, das von menschlichen Besonderheiten und Zwängen frei ist, d. h. einem Wissen, wie es die Götter besitzen. Zwar flehen sie gelegentlich mit demutsvoller Gebärde zu den Göttern, diese möchten sie zu sich emporheben.[66] Meist aber verbergen sie nur schlecht ihren Stolz, sich durch eigene Kraft bis zu jenen Gipfeln erhoben zu haben, von denen aus sie das Gewöhnliche verachten und sich mit den Göttern auf einer Stufe fühlen können.[67] Und während Sokrates – darin eher Sophist denn Philosoph – sich rühmt, lediglich ein menschliches Wissen (ἀνϑϱωπίνη σοφία) zu besitzen[68] und das »göttliche« Wissen der Dichter[69] und der Seher[70] verspottet, belebt Platon die höchsten Ansprüche des Philosophen wieder und scheut sich nicht, sich die »Angleichung an Gott« (ὁμοίωσις ϑεῷ) als Ziel seiner Bemühungen zu setzen.[71] Nichts anderes sagt Aristoteles, wenn er zu Beginn seiner *Metaphysik* den traditionellen Begriff der Philosophie entwickelt. Bevor er sich jedoch selbst zu diesem bekennt, lenkt er – zweifelsohne mehr als Platon dies tut – die Aufmerksamkeit auf die Warnung der volkstümlichen »Klugheit«: »Mit Recht möchte man die Erwerbung der Philosophie für eine nicht mehr menschliche (οὐϰ ἀνϑϱωπίνη) halten; denn in vielen Dingen ist die menschliche Natur knechtisch,[72] und es dürfte daher wohl nach des Simonides Spruch ›nur ein Gott dieses Vorrecht besitzen‹, für den Menschen dürfte es aber unziemlich sein, nicht die ihm angemessene Wissenschaft zu suchen.[73] Wenn die Dichter recht haben und die Götter von Natur neidisch sind, so hätte dies hier am meisten zuzutreffen.«[74] Zwar nimmt Aristoteles diese Drohung nicht mehr ernst, denn »Neid kann nicht im göttlichen Wesen liegen«[75] und im Übrigen »lügen die Dichter viel«. Er hält jedoch daran fest, dass die gesuchte Wissenschaft unter allen anderen die höchste, also die göttlichste ist, und dass sie allein – oder, wie er sich verbessert, in der Hauptsache (μάλιστα) – Gott vorbehalten ist.[76] Wenn Aristoteles also die alten Bedenken überwindet, dann nicht ohne Zögern oder Vorbehalte. Zwar soll der Mensch die Weisheit suchen und sich in seiner Suche nicht durch eine vorausgehende Einschränkung ihres Bereichs abhalten lassen. Dass der Mensch diese Wissenschaft jedoch eines Tages besitzen wird, ist keine Gewissheit, sondern eine Hoffnung und eine Aufgabe: Die ὕβρις besteht nicht in der Unternehmung oder, mit dem aristotelischen Ausdruck, im »Suchen«, wie es eine zweifellos allzu kleinmütige Interpretation des alten Ratschlags will, sondern in der Annahme zu glauben, dass diese menschliche Suche bereits unsere Angleichung an das Göttliche vorwegnimmt: Das göttliche Wissen dient unserer Untersuchung als Ideal; es ist dessen regulatives, nicht dessen konstitutives Prinzip.

Man hat nicht hinreichend darauf geachtet, dass Aristoteles in jener berühmten Passage, die ich weiter oben zitiert habe und in der er uns dazu auffordert, »unsterblich zu werden«, hinzufügt: ἐφ᾽ ὅσον ἐνδέχεται, soweit es möglich ist. Wenn wir diese Einschränkung ernst nehmen, bedeutet sie, dass wir die Unsterblichkeit, die Nachahmung Gottes *anstreben* sollen, allerdings ohne die Gewissheit, sie jemals gänzlich zu erreichen: Die Unsterblichkeit, von der Aristoteles spricht (und bei der es sich, um es noch einmal zu betonen, nicht um eine Unsterblichkeit der Seele handelt[77]), besitzt Grade, vielleicht unendlich viele Grade. Sich mit seiner Lage zufrieden zu geben wäre für den Menschen Feigheit; um sie zu übersteigen, reicht aber der bloße Wille nicht hin, und es wäre Maßlosigkeit, dies zu glauben. So tauchen die antiken Skrupel in dem Moment, indem Aristoteles sie gebannt zu haben glaubt, wieder auf, eng umschrieben zwar, aber immer noch gegenwärtig: übriggebliebene, aber unentwurzelbare Skrupel, welche die unendliche – und sei es nur eine infinitesimale – Distanz ausdrücken, die den Menschen von Gott trennt.[78] Aber auch wenn dieser Skrupel der Klugheit seine Tradition haben mag, so erhält er doch bei Aristoteles eine präzise Bedeutung, die darin besteht, die *Grenzen* der Philosophie auszudrücken, und das nicht nur aus Gründen sozialer Rücksichtnahme oder aus religiösem Konformismus. Zu Beginn der *Metaphysik* sagt er, Philosoph sei »derjenige, der alles weiß, *soweit es möglich ist* (ὡς ἐνδέχεται)«.[79] Diese Grenzen der Philosophie sind aber nichts anderes als die Grenzen des Menschen und vor allem der Welt, in der wir leben. Die Philosophie ist nur eine der menschlichen und, allgemein gesprochen, sublunaren Annäherungen an die Unsterblichkeit, so wie auf niederer Ebene die aufeinander folgenden Zeugungen den Lebewesen gestatten, »am Ewigen und am Göttlichen teilzuhaben«, jedoch »nur soweit, wie sie es vermögen (δύνανται)«.[80] Ebenso können sich die Menschen dem Glück annähern, das in Gott ganz und gar gegenwärtig ist, dies aber nur, »insofern in ihnen eine gewisse Ähnlichkeit mit der Tätigkeit Gottes angetroffen werden kann (ἐφ᾽ ὅσον ὁμοίωμά τι τῆς τοιαύτης ἐνεργείας ὑπάρχει)«.[81] Der Mensch findet seine Lust in der Tätigkeit, die auf ihrem Niveau immer eine »Nachahmung« der göttlichen Tätigkeit ist. Während diese jedoch ihr eigener Zweck ist, erreicht die menschliche Tätigkeit ihren Zweck nur, insoweit es möglich ist (τὸ ἡδέως ἐνεργεῖν ἐφ᾽ ὅσον τοῦ τέλους ἐφάπτεται).[82] In all diesen Fällen ist die Einschränkung der »Klugheit« sehr viel mehr als nur eine traditionelle Redeweise: Aristoteles wollte dadurch nicht die Nemesis abwehren und hat wohl kaum eine Anklage wegen Gottlosigkeit befürchtet, auch wenn er gut daran getan hätte, sich davor in Acht zu nehmen.[83] So gewinnt diese ihrer Form nach traditionelle Einschränkung einen spezifisch aristotelischen Sinn. Das Beste, welches der Mensch will und worauf die Welt sich richtet, stößt an die Grenzen des Notwendigen – Grenzen, die dieses Mal eher »technisch« als religiös oder gar ethisch sind. Gewiss sind diese Grenzen unscharf und es ist dem Menschen möglich, sie durch seine Erkenntnis, sein Handeln und seine Arbeit weiter hinauszuschieben. Doch die Metaphysik verbietet uns anzunehmen, was das Herz des Menschen wünscht; sie weiß um die radikale Trennung des Menschen von Gott, des Sublunaren vom Göttlichen, und sie weiß, dass Gott selbst diese nicht aufzuheben vermag und dass das, was dem Menschen möglich ist, in kosmologischer Hinsicht nur umso beschränkter ist. Doch das Menschliche und das Sublunare zu organisieren ist eine würdige Aufgabe für den Menschen, der zudem durch die Weisheit, d. h. durch die Betrachtung des Göttlichen aus der Ferne, geleitet wird: Befreit von eitlen Hoffnungen, unmäßigen

Ambitionen, zurückgebracht zu realen Aufgaben, doch immer noch geführt vom Horizont des Transzendenten, ist der Mensch aufgefordert, innerhalb seiner sterblichen Situation etwas zu vollenden, von dem er weiß, dass er es als solches nicht vollenden kann. Dem Menschen, diesem »sterblichen Gott«,[84] bietet Aristoteles scheinbar widerstreitende Sichtweisen: Das Unendliche im Endlichen, der Fortschritt innerhalb von Grenzen, die Angleichung an Gott in der absoluten Trennung von ihm, die Nachahmung einer unnachahmlichen Transzendenz. Ich habe anderswo gezeigt,[85] wie Aristoteles dieses Paradoxon tatsächlich auflöst: Der Mensch ist das Wesen der Vermittlung, des Umwegs, der Annäherung; er *wendet* das Transzendente nicht *an*, wie der platonische Philosoph die Ordnung der Ideen auf das Sinnliche anwendet, sondern er überlistet die Kontingenz und spielt sie gegen sich selbst aus, indem er die Unvorhersehbarkeit als Offenheit, den bedrohlichen Zufall als günstige Unbestimmtheit nimmt und dieser Welt ein Gutes unterschiebt, das nicht von dieser Welt ist, das er so ineins mit sich selbst vermenschlicht, weil er es nicht zu vergöttlichen vermag. So macht er sich selbst unsterblich, doch nur »soweit es ihm möglich ist«, d. h. indem er in seinen eigenen Fähigkeiten das eigentlich menschliche Substitut für eine unmögliche Ewigkeit findet.

* * *

Auf diese Weise ist das Thema der »Klugheit«, d. h. des »menschlichen« Denkens überall im Werk von Aristoteles gegenwärtig, selbst wenn die Theorie der *phronesis* nur einige Seiten der *Nikomachischen Ethik* einnimmt. Es ging mir nur darum, die Klugheit an dieses Gesamtwerk und allgemein an die aristotelische Metaphysik anzubinden, um so umgekehrt die zu Grunde liegende Inspiration dieser Metaphysik anhand einer ihrer bedeutsamsten »ethischen« Konsequenzen zu erhellen. Ich glaube gezeigt zu haben, dass die moralische Theorie der Klugheit, bei aller Lückenhaftigkeit und Unvollkommenheit, weder eine Nebensache noch ein Zufall im aristotelischen Werk ist. Das wäre sie nur, wenn die Metaphysik des Aristoteles das wäre, wofür man sie lange Zeit hielt: ein totales System des Seins, welches in lückenloser Hierarchie den Zusammenhang einer von der Bewegung eines einzigen Bewegers geeinten Welt reproduziert. An anderer Stelle habe ich gezeigt,[86] dass darin zweifellos das Ideal des Philosophen bestand, dass aber seine tatsächliche Philosophie sich – und damit auch den Menschen – in einer Distanz von diesem Ideal verortet. Die Philosophie wäre systematisch, wenn die Struktur der Welt durchgängig notwendig wäre. Doch Aristoteles stößt sich an der Erfahrung der *Kontingenz*, die weder ein Akzidenz unseres Wissens noch der Welt ist, sondern das, wodurch es in der Welt Akzidentelles, d. h. den Zufall gibt.

Aristoteles nimmt damit die alte griechische Beunruhigung über die Unvorhersehbarkeit der Zukunft und der Fragilität der menschlichen Dinge auf. Wenn er modern war, dann darin, dass er den Zufall anders als durch Gebete meistern wollte. Wenn man dem Zufall auch nicht auf wissenschaftliche Weise begegnen kann – denn »vom Zufall gibt es keine Wissenschaft« –, so muss man es darum noch nicht improvisiert und prinzipienlos tun. Ich möchte hier nicht noch einmal auf seine Lösung des Problems zurückkommen, die er *Klugheit* nannte und die zweifelsohne holprig ist – aber nur deshalb, weil die Welt, in der sie sich verwirklichen muss, selbst holprig ist. Man mag bedauern, dass Aristoteles sehr oft die technische und die moralische Handlung miteinander verschmilzt, und dass er die Praxis nach dem Modell der *poiesis* gedacht hat. Man muss ihm aber immerhin dankbar für die Erinnerung sein, dass die moralische Handlung immer zunächst eine technische Handlung ist, d. h. eine Handlung in der Welt und ein Einwirken auf die Welt, und dass, wenn eine *gute* Handlung auch nicht gleichbedeutend mit einer erfolgreichen ist, sie doch zunächst eine vollendete, d. h. eine erfolgreiche Handlung, ein über den Zufall davongetragener Sieg sein muss, damit sie Gegenstand moralischer Bewertung sein kann.

Wenn man diese Ethik der Klugheit charakterisieren sollte, schwankt man zwischen Bestimmungen, welche die Tradition uns vielleicht zu weit auseinandergerückt hat. Wir sahen, dass die Entgegensetzung von Intellektualismus und Empirismus hier inadäquat ist, denn die Trennung zwischen dem Verstand der Verständigen und dem Verständnis des Intelligiblen verläuft innerhalb des Intellektualismus: Dort wo letzteres keine Verwendung findet – wenigstens keine *unmittelbare* Verwendung –, appelliert Aristoteles an ersteren, also an einen Intellektualismus, der jedoch eher ein Intellektualismus des *Urteilsvermögens* als der Wissenschaft ist, ein Intellektualismus der *Grenzen* und nicht ein triumphierender Rationalismus.[87] Angemessener, wenn auch anachronistisch, ist vielleicht die Entgegensetzung von Humanismus und Tragik.[88] Wenn man aus Aristoteles einen Aufklärer macht, dann verkennt man, was es bei ihm an authentischer Religiosität gibt, jene Intuition der Transzendenz und des *chorismos*, welche die letztendliche Ursache seiner spekulativen Klugheit ist. Wenn man aus Aristoteles einen Tragiker macht, dann verkennt man sein Vertrauen in den Menschen, dessen Forschung und dessen Handeln, das sich von den Klageliedern des tragischen Chors ebenso wie von einer gleichsam sokratischen oder stoischen Resignation abhebt. Doch Aristoteles rühmt den Menschen, ohne ihn zu vergöttlichen; er macht ihn zum Zentrum seiner Ethik, weiß aber, dass die Ethik nicht das Höchste ist, dass Gott jenseits der ethischen Kategorien ist, oder vielmehr, dass die Ethik sich in dem Abstand konstituiert, der den Menschen von Gott trennt. Von einem allzu fernen Gott – einem Gott, der zwar hinreichend sichtbar ist, um begehrt zu werden, aber zu weit weg, um besessen zu werden – seinen eigenen Kräften überlassen, ist der Mensch in der von ihm bewohnten Region der Welt einem Zufall ausgeliefert, den er nicht gänzlich beherrschen kann. Oder vielmehr bewegt sich das Leben des Menschen zwischen zwei Zufällen: dem Grundzufall der Geburt, der dafür sorgt, dass die gute Natur nicht gleichmäßig verteilt ist, und dem Restzufall der Handlung, der die Ergebnisse niemals völlig vorhersehbar sein lässt. Doch der Zufall der Geburt ist der Restzufall der göttlichen Handlung, und die Größe des Menschen besteht darin, durch die *Klugheit* die Tätigkeit einer mangelhaften *Vorsehung* zu verlängern, die Grenzen des Unvorhersehbaren und des Unmenschlichen soweit wie möglich hinauszuschieben. Die Metaphysik lehrt uns widerwillig, dass die sublunare Welt kontingent, d. h. unvollendet ist. Aber die Grenzen der Metaphysik sind der Beginn der Ethik. Wenn alles klar wäre, gäbe es nichts zu tun, und zu tun bleibt nur, was man nicht wissen kann. Dennoch würde man nichts tun, wenn man nicht auf irgendeine Weise wüsste, was es zu tun gibt. Auf halbem Wege zwischen einem absoluten Wissen, welches die Handlung nutzlos machen würde, und einer chaotischen Wahrnehmung, welche die Handlung unmöglich machen würde, repräsentiert die aristotelische *Klugheit* die Chance und das Risiko des menschlichen Handelns, so wie die Zurückhaltung, *verecundia*, Chance und Risiko des Wissens ist. Die menschliche Handlung ist das erste und das letzte Wort dieses tragischen Humanismus, der den Menschen dazu auffordert, alles Mögliche zu wollen, aber nur das Mögliche, und das Übrige den Göttern zu überlassen.

Anhang 1
Über die Freundschaft bei Aristoteles[1]

Ὁ θεὸς οὐ τοιοῦτος οἷος δεῖσθαι φίλου

Eudemische Ethik, VII, 12, 1245 b 14

Ich habe nicht vor, hier die klassischen Analysen der *Eudemischen Ethik* und der *Nikomachischen Ethik* zu wiederholen, sondern möchte vielmehr einige Paradoxien im Zusammenhang mit der Freundschaft herausstellen, die von Aristoteles selbst als solche erkannt wurden und deren Lösung, so scheint mir, nur in einer umfassenderen Reflexion auf die aristotelische Anthropologie zu suchen ist.

Bekanntlich vervollständigt Aristoteles seine theoretische Analyse mit einer Art Kasuistik der Freundschaft, in der allerlei Pflichtenkonflikte in Betracht gezogen werden: Sollte man sich zum Beispiel eher für einen Freund als für einen tugendhaften Menschen aufopfern? Soll man einem Freund treu bleiben, der uns enttäuscht hat, sei es, weil er sich selbst verändert hat, sei es, weil wir uns hinsichtlich seines Wertes geirrt haben (IX, 2 und 3)? Der Gedanke, Aristoteles habe solche Konfliktlagen selbst gekannt, liegt nahe: Er vertraut uns an, die Untersuchung des Guten werde dadurch kompliziert, dass »befreundete Männer die Ideenlehre eingeführt haben«, aber »auch wenn Freunde und Wahrheit uns beide lieb sind, ist es doch heilige Pflicht, die Wahrheit höher zu achten« (1096 a 13). *Amicus Plato, magis amica veritas:* Wenn Aristoteles auch der Philosoph der Freundschaft war, so ist er zugleich derjenige, der – zuallererst in seinem eigenen Leben – mit einiger Feierlichkeit ihre Grenzen anerkannt hat.

Man könnte glauben, dass solche Konflikte nur unvollkommene Freundschaften betreffen, oder solche, die auf Missverständnissen beruhen. Aber eine aufmerksamere Analyse zeigt, dass der Widerspruch zum *Wesen* der Freundschaft selbst gehört. Aristoteles greift zunächst die These des Empedokles auf, derzufolge Gleiches nach

Gleichem verlangt (1157 b 7), präzisiert dann aber die Freundschaft als eine Gleichheit zwischen Freunden (1157 b 36). Wenn sie dennoch mit einer gewissen Ungleichheit verträglich ist, so nur unter der Bedingung, dass diese durch die Proportion ausgeglichen wird: »In allen diesen auf einer Überlegenheit beruhenden Freundschaften muss die Liebe eine *verhältnismäßige* sein, muss der Bessere, Nützlichere und sonst Überlegene mehr geliebt werden als lieben« (1158 b 23). Wenn jedoch die Überlegenheit eines der beiden so übermäßig ist, dass es überhaupt kein gemeinsames Maß mehr zwischen ihnen gibt, ist auch keine Freundschaft mehr möglich: Dies ist der Fall bezüglich eines Wesens, bei dem »der Abstand von uns sehr groß ist, wie bei Gott« (1159 a 5).[2] Die Schwierigkeit wäre nur von theoretischem Interesse, wenn es sich nur darum handeln würde, die Transzendenz Gottes festzustellen; sie betrifft jedoch das Wesen der Freundschaft, sofern diese nämlich darin besteht, »dem Freund Gutes zu wünschen«. Können wir dann aber ohne Widerspruch unseren »Freunden das Höchste wünschen, z. B. Götter zu sein« (1159 a 6)? Es ist das tragische Schicksal der Freundschaft, dass sie dem Freund ein umso größeres Gut wünscht, je reiner sie ist, und dennoch nur bestehen kann, wenn »der Geliebte bleibt, wer er ist«: nicht Gott, nicht einmal Weiser, sondern bloß Mensch. Die Freundschaft neigt dazu, sich in jener Transzendenz zu erschöpfen, die sie herbeiwünscht; letztlich *zerstört sich die vollkommene Freundschaft selbst.*

Die menschliche Freundschaft schließt also in ihre Definition so etwas wie eine *wesensmäßige* Unvollkommenheit ein. Aber gibt es noch andere als menschliche Freundschaften? Wenn er zu Beginn von Buch VIII der *Nikomachischen Ethik* die Extension des Begriffes eingrenzt, beginnt Aristoteles damit, alle nichtmenschlichen Formen der Freundschaft auszuschließen, unter anderem jene »physikalische« Freundschaft oder Zwietracht, die Empedokles und Heraklit als Ursache des Entstehens von Dingen angenommen hatten. Auch von der Freundschaft unter Tieren soll nicht die Rede sein, da sie lediglich eine abgeleitete und analoge Form jener Freundschaft sei, die sich »vorrangig bei den Menschen« finde. Die Freundschaft ist menschlich nicht nur in ihrem Ursprung, sondern auch in ihrem Gegenstand: Sie kann sich, wie wir bereits gesehen haben, nicht auf Gott richten, doch ebenso wenig auf unbeseelte Wesen, auf Tiere oder auf Sklaven (1161 b 1). Der Sinn dieser letzten Anmerkung wird dadurch deutlich, dass Aristoteles hinzufügt: »Sofern er also Sklave ist, ist keine Freundschaft mit ihm möglich, wohl aber sofern er Mensch ist« (1161 b 5–6).

Hat die Freundschaft als menschlicher Wert und als menschliche Erfahrung für Gott und vor allem für den Weisen überhaupt einen Sinn? Das Charakteristische des Weisen besteht darin, »sich selbst genug« (1176 b 5) und möglichst »autark« (1177 b 1) zu sein, worin er sich vom gerechten Menschen unterscheidet, der immer noch anderer Menschen bedarf, »gegen die und mit denen er gerecht handeln kann« (1177 a 30). Muss man sich den Weisen also einsam denken? Das wäre die logische Folge der Analyse der Weisheit, aber Aristoteles widerstrebt diese Konsequenz, und er zählt eine ganze Reihe von gegenteiligen Argumenten auf. Es genügt nicht, darauf hinzuweisen, dass der Mensch ein »geselliges Wesen ist« (1169 b 18), denn der Weise lebt nicht, »insofern er Mensch ist, sondern insofern er etwas Göttliches in sich hat« (1177 b 27) – und wir wissen, dass die Götter auf gemeinschaftliches Leben verzichten können (*Politik*, I, 2, 1253 a 27). Doch die aristotelische Argumentation ist subtiler: Die Glückseligkeit existiert nur als Tätigkeit; sie manifestiert von sich selbst her einen Überschuss, der danach trachtet, sich über andere auszubreiten (1169 b 29). Und wenn schließlich das Dasein (das, wie Aristoteles präzisiert, mit dem Bewusstsein des Daseins identisch ist) ein Gut an sich ist, so wird die Lust, die wir aus ihm gewinnen, durch den Anteil verstärkt, den wir durch die Kommunikation an dem Bewusstsein nehmen, welches unser Freund von seinem eigenen Dasein hat (1170 b 10).

In der *Magna Moralia* und der *Eudemischen Ethik* wird betont, dass die Aporie hinsichtlich der Freundschaft des Weisen letztlich auf einer falschen Analogie zwischen der Autarkie Gottes und der dem Menschen erreichbaren Art von Autarkie beruht (*Magna Moralia* II, 15, 1212 b 34). Es lässt sich ebenso wenig von Gott auf den Menschen schließen wie vom Menschen auf Gott. Man kann zwar sagen, dass die Glückseligkeit Gottes wie die des Weisen in der Tätigkeit und nicht in Untätigkeit und Schlaf besteht. Er wird [in geistiger Schau] einen Gegenstand betrachten; denn dies ist die schönste und angemessenste Beschäftigung. Welchen Gegenstand nun wird er betrachten? Betrachtet er nämlich etwas, was nicht er selbst ist, so würde er etwas betrachten, was wertvoller ist, als er selbst. Dies aber ist absurd, dass etwas wertvoller sein soll als Gott. Also wird er sich selbst betrachten.« (*Magna Moralia*, 1212 b 39). Anlässlich einer Diskussion über die Freundschaft wird hier das Thema des Denkens, welches sich selbst denkt, eingeführt. Die Konsequenz daraus wird hier jedoch »absurd« genannt, wenigstens sofern man die Absicht hat, daraus ein Argument mit Bezug auf den Menschen zu gewinnen, denn »den Menschen, der eitel sich selbst betrachtet, tadeln wir als dumm« (ὡς ἀναισθήτῳ ἐπιτιμῶμεν, ebd., 1213 a 5).[3] Tatsächlich ist die Lage des Menschen derart, dass Selbsterkenntnis illusorisch ist und zur Selbstgefälligkeit wird, sofern sie nicht durch den Anderen vermittelt ist: »Wir können aus uns selbst heraus nicht zu einem Bilde von uns selbst kommen. […] Wie wir nun, wenn wir unser eigenes Gesicht sehen wollen, durch einen Blick in den Spiegel den Anblick zustande bringen, so müssen wir auch, wenn wir unser eigenes Wesen erkennen wollen, auf den Freund blicken: Dann kommen wir zur Erkenntnis. Denn es ist ja, wie wir sagen, der Freund ein zweites Ich.« (ebd., 1213 a 15–24). Der entsprechende Abschnitt aus der *Eudemischen Ethik* legt den Sinn dieser Analyse frei: »Weil nämlich Gott nicht so ist, daß er einen Freund braucht, erachtete es das Argument für richtig, daß auch der Gottgleiche keinen brauche. Indes, nach diesem Argument würde der hochwertige Mensch (σπουδαῖος) nicht einmal denken. Denn nicht im Denken liegt das Glück Gottes, sondern sein Glück ist höheren Ranges, so dass der Gegenstand seines Denkens kein anderer sein kann als er selbst. *Der Grund aber davon ist, dass das Glück für uns eine Bezogenheit nach außen hat, für Gott aber gilt, dass er selbst allein sein eigenes Glück ist.*« (αἴτιον δ᾽ ὅτι ἡμῖν μὲν τὸ εὖ καθ᾽ ἕτερον, ἐκείνῳ δὲ αὐτὸς αὑτοῦ τὸ εὖ ἐστίν) (VII, 12, 1245 b 14–19).

Diese Texte scheinen einiges Licht auf den menschlichen Status der Freundschaft zu werfen, wie auch auf die Bezüge zwischen Theologie und Anthropologie. Die *Zwecke* des Menschen sind die gleichen wie die Gottes, weil der Mensch in seinem Erkennen, seinem moralischen Verhalten, seiner Arbeit eine aktive Nachahmung des Göttlichen ist. Aber die *Mittel*, diese Zwecke zu realisieren, sind beim Menschen offensichtlich andere als bei Gott, oder besser: Allein der Mensch bedarf überhaupt der Mittel, wohingegen Gott die Unmittelbarkeit von Absicht und Handeln selbst ist. Dieser aus dem

Wesen Gottes hervorgehenden Einheit und »Selbstgenügsamkeit«
kann sich der Mensch nur in tastenden und mühsamen Schritten
annähern, die allesamt der Vermittlung bedürfen. Es ist also durchaus nötig, dass der Mensch Freunde hat, weil er sich selbst nur durch
»ein anderes Selbst« kennenlernen und verwirklichen kann. In diesem Sinne ist die Freundschaft lediglich ein Ersatz, ein ausgesprochen unvollkommenes Substitut der göttlichen Autarkie, wie auch
das diskursive Denken ein Substitut der Selbstbetrachtung ist (Gott
»denkt« in diesem Sinne nicht) und wie die Tugend ein Ersatz für
eine übermenschliche Weisheit ist (denn »Gott steht an Wert über
der Tugend«, *Magna Moralia*, 1200 b 14, ebenso *Nikomachische
Ethik*, VII, 1, 1145 a 26). Aber von *Ersatz* zu sprechen heißt, im Menschen den privilegierten Protagonisten jener unermesslichen Ersetzung zu sehen, durch die der Mensch, wie Aristoteles sagt, »nachahmt und vollendet«, was die Natur oder Gott gewollt, aber nicht
vollendet haben. Die Freundschaft wird somit abgewertet oder zumindest auf ihren eigentlichen Platz im Vergleich mit Gott verwiesen, aber dennoch setzt sie auf menschlicher Ebene göttliche Absichten fort: Indem sie die Zufälligkeit des Zusammentreffens durch
die Verständlichkeit reflektierter Wahl ersetzt, führt sie in die irdische Welt etwas von jener Einheit ein, die Gott ihr nicht zuteil
werden zu lassen vermochte. Dass die Menschen, selbst um den
Preis eines Umwegs, das nachahmen können, was in Gott eine dauerhafte und ursprüngliche Einheit bildet, unterstreicht gleichermaßen die Macht der Menschen wie die letztlich ohnmächtige Größe
Gottes. Das Beispiel der Freundschaft zeigt, wie sich bei Aristoteles
eine Theologie der Transzendenz zu einer Anthropologie der Vermittlung abstuft, sich aber zugleich auch in ihr vollendet.

Anhang 2
Die *phronesis* bei den Stoikern

Gewöhnlich übersetzt man die stoische φϱόνησις »Klugheit«. Diese auf Cicero zurückgehende Übersetzung legt eine Abstammung der stoischen von der aristotelischen *phronesis* nahe, und einige Interpreten haben nicht gezögert, sie miteinander zu vergleichen (vgl. Bréhier, *Chrysippe*, 2. Aufl., S. 236). In Wahrheit aber sind die Unterschiede zwischen der aristotelischen Lehre und den stoischen Definitionen der *phronesis* so groß, dass man nicht berechtigt ist, auch nur den mindesten Einfluss von jener auf diese anzunehmen. Nach einer zweifellos von Chrysipp stammenden Definition ist die *phronesis* – eine und zweifellos die wichtigste der vier »Kardinaltugenden« – ἐπιστήμη ὧν ποιητέον καὶ οὐ ποιητέον καὶ οὐδετέϱων ἤ ἐπιστήμη ἀγαθῶν καὶ κακῶν καὶ οὐδετέϱων (SVF, III, 262). Zwar scheint *phronesis* hier wie bei Aristoteles die Einheit von Theorie und Praxis, von Wissen und Tugend zu bezeichnen, dieser allgemeine gemeinsame Charakterzug verweist aber höchstens auf eine gemeinsame sokratische Abstammung (vgl. Xenophon, *Memorabilia*, III, 9, 4). Keiner der spezifischen Charakterzüge der aristotelischen Klugheit findet sich hier wieder: Die φϱόνησις, die für Aristoteles dem Bereich der δόξα angehört, wird nicht der σοφία, die allein für ihn ἐπιστήμη ist, entgegengesetzt; die rationale Seele wird nicht in einen »wissenschaftlichen« und einen »meinenden« oder »erwägenden« Teil gegliedert, dessen eigentümliche Tugend die Klugheit wäre; es wird nicht zwischen einem absoluten Gut als Gegenstand der Weisheit und einem Gut für den Menschen als Gegenstand der Klugheit unterschieden; und schließlich wird der Klugheit kein eigenes Feld zugeschrieben, welches sich von dem der Weisheit unterscheidet, wie es bei Aristoteles das Kontingente darstellt.

Tatsächlich setzt Cicero *prudens* und *sapiens* im Allgemeinen miteinander gleich (vgl. *Von den Pflichten*, I, 15–16, 19, etc.), und auch die mittelalterliche Tradition findet erst spät den aristotelischen Sinn einer *prudentia* wieder, welche in der von Ambrosius' *De officis* akkreditierten Liste der Kardinaltugenden nichts anderes als die stoische *phronesis* war.

Gleichwohl findet man einige Stellen, die ein Weiterleben des Gegensatzes von Weisheit und Klugheit in der nacharistotelischen Tradition annehmen lassen. So warnt Cicero in *Von den Pflichten*, I,43, 153, dass man zwischen der *prudentia*, »quae est rerum expetendarum fugiendarumque scientia«, und der *sapientia*, »quae est rerum divinarum et humanarum scientia«, unterscheiden müsse. Und Augustinus beklagt sich, dass man die Schlange des *Alten Testamentes* als *sapientissimus* bezeichnet: »φρονιμώτατος enim in graeco scriptum est, non σοφώτατος« (*locutiones in Heptateuchum*, I, *locutiones Genesis*, VIII). Aber diese Autoren rechtfertigen ihre Unterscheidung nicht durch von Aristoteles inspirierte Argumente: So schließt Cicero paradoxerweise von der Überlegenheit der *sapientia* über die *prudentia* auf die Überlegenheit des praktischen über das kontemplative Leben, da die *sapientia* uns einen gemeinschaftlichen Bezug zwischen Menschen und Göttern enthülle und uns dadurch an unsere gesellschaftlichen Pflichten erinnere. Es handelt sich hier entweder um eine Anleihe an die Terminologie (nicht aber an die Lehre) des Peripatos (vgl. die Auseinandersetzung zwischen Theophrast und Dikearchos) oder um eine bloße Bezugnahme auf den gewöhnlichen Sprachgebrauch (vgl. auch Epikur, *Brief an Menoikeus*, 132).

Auch in der Definition der *phronesis* als τοῦ καθήκοντος εὕρεσις, die man in einem Text von Stobäus findet (*Eklogen*, II, 5b 5 Wachsmuth), welchen Philippson mit Recht auf Panaitios zurückführt (*Das Sittlichschöne bei Panaitios*), kann man keinen besonderen Einfluss des Aristoteles erkennen. Denn Panaitios sieht in der Moral des καθῆκον keine Weisheit zweiten Ranges, sondern die einzig vorstellbare Form der Moralität, so dass die Entdeckung des Geziemenden bei ihm nicht einer Weisheit entgegengesetzt werden könnte, welche die Wissenschaft des absoluten Guten wäre (im umgekehrten Sinn: Rodier, *La cohérence de la morale stoïcienne*, in: *Etudes de Philosophie grecque*, S. 288 f.).

Diese Schlussfolgerungen scheinen negativ. Sie beweisen jedenfalls, dass der Gegensatz von Klugheit und Weisheit wie andere aristotelische Lehren in den unmittelbar folgenden Jahrhunderten keine Nachfolger gefunden hat (man kann gewiss annehmen, dass die ersten darauf wieder deutlich anspielenden Texte wie Plutarchs *Über moralische Tugenden*, 5, die Kenntnis des esoterischen Werkes von Aristoteles verraten). Da es sich um Stoiker handelt, ist dies nicht weiter verwunderlich: Die aristotelische Klugheit ist als menschliches Substitut einer für unsere Welt zu hohen Weisheit an die Unterscheidung des Notwendigen und des Kontingenten, der göttlichen Welt und der sublunaren Welt gebunden. Das stoische Universum, welches in allen seinen Teilen von ein und demselben *logos* beseelt wird, hat keinen Platz für zwei Verstandestugenden, sondern nur für eine einzige, die mit dem universalen Logos zusammenfällt.

Anhang 3
Die Klugheit bei Kant

Kants Lehre von den *hypothetischen* Imperativen ist seitens seiner Interpreten anscheinend nur mit geringer Aufmerksamkeit bedacht worden.[4] Der Grund für diese Zurückhaltung ist offensichtlich. Denn in den Schriften zur praktischen Philosophie diskutiert Kant die hypothetischen Imperative nur dann ausführlich, wenn es zu zeigen gilt, dass sie keine von der Sittlichkeit gebotenen Imperative sind und folglich auch nicht zur *praktischen* Philosophie im eigentlichen Wortsinne gehören. Und auch in der Einleitung zur *Kritik der Urteilskraft* (sowohl in der ersten als auch in der zweiten Fassung) erwähnt Kant anlässlich einer »Einteilung der Philosophie« die »technischen« bzw. die »technisch-praktisch« Regeln (welche den »hypothetischen Imperativen« in den Schriften zur Ethik entsprechen) bloß, um abermals zu zeigen, dass sie streng genommen nicht zur praktischen Philosophie gehören, sondern »als Korollarien zur theoretischen Philosophie gezählt werden« müssen.[5]

Dennoch meine ich, dass eine Untersuchung der hypothetischen Imperative aus zweierlei Gründen von Interesse ist. Auf der einen Seite müssen die hypothetischen Imperative und vor allem die Sätze, welche sie ausdrücken, ja schließlich irgendeinen Status haben; die Tatsache, dass dieser Status zweideutig scheint, lässt es nur um so gebotener erscheinen, ihn zu erhellen. Im Übrigen entzieht sich Kant selbst dieser Aufgabe nicht: Der logische und epistemologische Stellenwert der technisch-praktischen Urteile ist Gegenstand der Betrachtung insbesondere in den Vorlesungen über die *Logik*[6], in der Einleitung zur *Kritik des Urteilskraft* und – zumindest indirekt – auch in seiner Schrift *Über den Gemeinspruch: Das mag in der Theorie richtig sein, taugt aber nicht für die Praxis.* Doch vor allem richtet der Mensch selbst sein konkretes Leben eben nicht ausschließlich oder auch nur zum größten Teil an den Imperativen der Sittlichkeit aus, sondern vielmehr an den »technischen« Imperativen der Geschicklichkeit und den »pragmatischen« Imperativen der

Klugheit. Die Untersuchung dieser Verhaltensweisen besäße demnach einen Bezug, wenn schon nicht zur Sittlichkeit, so doch zumindest zur Anthropologie, genauer gesagt – nach dem Titel des 1798 erschienenen Werkes – zu einer *Anthropologie in pragmatischer Hinsicht*. Überdies sind die Geschicklichkeit und die Klugheit, obzwar moralisch neutral, einer legitimen begrifflichen Entwicklung deshalb doch um nichts weniger würdig. Man wird sich also auch nicht darüber wundern, dass sich Kant in seinen Vorlesungen über die *Pädagogik* vornehmlich mit der »scholastischen« Kultur der Geschicklichkeit und der »pragmatischen« Kultur der Klugheit befasst – auch wenn beide der »sittlichen Kultur« untergeordnet werden müssen. Und schließlich muss der kategorische Imperativ zwar in seiner Begründung und Formulierung vor aller Verunreinigung bewahrt werden; aber es wäre unwahrscheinlich, wenn er für ein vernünftiges, doch endliches Wesen wie den Menschen nicht auf die eine oder andere Weise mit den gewöhnlichen Imperativen der Geschicklichkeit und der Klugheit in Wechselwirkung stünde – sei es, dass beide Seiten miteinander im Streit liegen, sei es, dass unter bestimmten Bedingungen eine positive Verbindung zwischen ihnen möglich ist. Wir werden sehen, dass Kant sich dieser Frage ganz unweigerlich wird stellen müssen, und zwar im Zusammenhang mit einem Gebiet menschlichen Handelns, auf dem sich Kunstfertigkeit und Moral begegnen – dem Gebiet der *Politik*.

Doch meines Erachtens gibt es noch einen weiteren Anlass, die hypothetischen Imperative näher zu untersuchen. Kant ist sich bewusst, der erste Philosoph zu sein, der den »kategorischen« Charakter des Gebots erkennt, durch welchen sich für den Menschen das sittliche Gesetz ausdrückt. Demnach wäre es zulässig, in der Klasse der hypothetischen Imperative und namentlich der »Ratschläge der Klugheit« die Gesamtheit aller sittlichen Vorschriften zusammenzufassen, welche uns die Kant vorangehenden Philosophen vermacht haben. Von der augenscheinlichen Heterogenität ihrer Begründung im Rahmen der unterschiedlichen philosophischen Lehren kann hierbei ruhig abgesehen werden. Das würde bedeuten, dass der explizite Vorwurf Kants an die Epikureer, »Sittlichkeit« und »Klugheit« verwechselt zu haben,[7] mittels einiger ergänzenden Ausführungen auf das Ganze der sittlichen Tradition des Abendlandes – von Platon bis einschließlich Wolff – zu beziehen wäre. Auch wenn man manchmal den Eindruck gewinnt, dass Kant die Stoiker als eine Ausnahme darstellt, ist dem nur scheinbar so.[8] Es lässt sich also vermuten, dass Kant über die Lehre von den hypothetischen Imperativen in Wirklichkeit die gesamte ethische Spekulation des Abendlandes in sein eigenes »System der Sittlichkeit« einordnet, oder sie vielmehr in den Randbereichen seiner eigenen Definition von Sittlichkeit verortet. Dort muss sie umso sicherer festgehalten werden, als der Leser versucht sein könnte, sie in einzelnen Punkten mit der praktischen Philosophie Kants zur Deckung zu bringen und so diese letztere zu verunreinigen. All dies braucht den Interpreten nicht daran zu hindern, hier einen differenzierteren Vergleich vorzunehmen als Kant dies tut, zumal viele der betreffenden Lehren historisch zugeordnet werden können und manchmal sogar an der verwandten Terminologie wiedererkennbar sind.

* * *

Letztere Bemerkung betrifft insbesondere Kants Lehre von der Klugheit, wie sie sich im zweiten Abschnitt der *Grundlegung zur Metaphysik der Sitten* (1785), im Rahmen einer allgemeinen Analyse der Imperative findet. Während alles in der Natur gemäß Gesetzen vonstatten geht, handeln allein vernunftbegabte Wesen gemäß *Vorstellungen* von Gesetzen, d. h. nach Prinzipien. Die Vernunft vermag, Einfluss auf den Willen zu nehmen, und konstituiert sich so als praktische Vernunft. Allerdings muss man unterscheiden, ob es die Vernunft allein ist, die den Willen bestimmt, oder ob sie sich dabei gegen die sinnlichen Neigungen als konkurrierende Antriebe zu behaupten hat. Nur im zweiten Fall tritt die Bestimmung des Willens durch die Vernunft als *Nötigung* auf. Eine solche Nötigung wird mit einem *Imperativ* ausgedrückt. Die Imperative sind »Formeln, das Verhältnis objektiver Gesetze des Wollens überhaupt zu der subjektiven Unvollkommenheit des Willens dieses oder jenes vernünftigen Wesens, z. B. des menschlichen Willens, auszudrücken«.[9] Demnach ist einsichtig, dass »für den *göttlichen* und überhaupt für einen *heiligen* Willen keine Imperative« gelten, d. h. für einen Willen, dessen Wollen unweigerlich mit dem Gesetz zusammenfällt.[10] Der Imperativ greift also nur ein, um die Kluft zwischen dem, was die Vernunft objektiv als notwendig erkennt, und den subjektiven Neigungen zu überbrücken – oder dies zu versuchen. Mit anderen

Worten: Ein vernunftbegabtes, aber endliches Wesen hat immer die Möglichkeit, einen Imperativ zu übertreten; der Imperativ gibt uns nur zu verstehen, dass die von ihm gebotenen Handlungen »objektiv notwendig« sind. Dennoch bleiben die betreffenden Handlungen um nichts weniger »subjektiv kontingent«: Denn wären sie es nicht, so wäre der Imperativ überflüssig.

Erst nach diesen Erläuterungen allgemeinerer Art führt der Text der *Grundlegung zur Metaphysik der Sitten* die Unterscheidung von hypothetischen und kategorischen Imperativen ein. Wenn die von einem Imperativ gebotene Handlung nur gut ist, insofern sie als Mittel zu etwas anderem dient, heißt der Imperativ *hypothetisch*; wenn die Handlung als gut an sich vorgestellt wird, heißt der Imperativ *kategorisch*. Insofern kategorisch und hypothetisch unter dem Gesichtspunkt der *Relation* betrachtet werden, ist die Unterscheidung zwischen ihnen, welche die Entgegensetzung von Unbedingtem und Bedingtem ausdrückt, der Urteilstafel entlehnt. Aber gleich darauf führt Kant den Gesichtspunkt der *Modalität* ein und gelangt so zu einer Dreiteilung der Imperative. Der Zweck, auf welches hin ein hypothetischer Imperativ eine Handlung befiehlt, kann möglich oder wirklich sein: im ersten Fall handelt es sich bei dem Imperativ um ein »problematisch-praktisches Prinzip«, im zweiten Fall um ein »assertorisch-praktisches Prinzip«. Was die kategorischen Imperative angeht, welche »die Handlung für sich als objektiv notwendig erklärt«, so bestimmt Kant ihn als ein »adodiktisch-praktisches Prinzip«. Der erste Fall betrifft die Imperative der *Geschicklichkeit*, der zweite die Imperative der *Klugheit* und der dritte Fall schließlich die Imperative der *Sittlichkeit*.

Die Geschicklichkeit trifft ihre Anordnungen nach Kant im Hinblick auf einen »möglichen« Zweck. Was soll das bedeuten? Man könnte versucht sein, »möglichen Zweck« mit »irgendein Zweck« wiederzugeben; und in der Tat illustriert Kant die »Geschicklichkeit« anhand von zwei Beispiele (die Handlungsanweisungen, die ein Arzt befolgen muss, um seinen Patienten zu heilen und diejenigen, die ein Giftmischer befolgen muss, um ihn zu töten), welche es nahelegen, die »Geschicklichkeit« dahingehend zu bestimmen, dass sie vollkommen gleichgültig gegenüber der Beschaffenheit des Zwecks ist. »Ob der Zweck vernünftig und gut sei, davon ist hier gar nicht die Frage, sondern nur was man tun müsse, um ihn zu erreichen.« Etwas weiter oben jedoch bemüht sich Kant, diese »Möglichkeit« des Zwecks präziser zu fassen: Ein für einen Willen »möglicher« Zweck ist »alles, was nur durch die Kräfte irgendeines vernünftigen Wesens möglich ist«; aber das würde bedeuten, von einer logischen Möglichkeit (die einzige, welche in der Unterscheidung der Modalitäten zur Debatte steht) zu einer realen Möglichkeit überzugehen: Zu dem, was einerseits nicht mit Notwendigkeit geschieht und andererseits geeignet ist, realisiert zu werden. Die Geschicklichkeit besteht weder darin herbeizuführen, was nach den Naturgesetzen sowieso geschehen würde, noch will sie das Unmögliche: Negativ gesagt ist eine Handlung dann zweckmäßig, wenn sie weder überflüssig ist noch ein bloßes Hirngespinst. Allerdings lässt sich Kant nicht wirklich auf eine entsprechende Analyse ein, und zwar zweifellos aus dem Grund, dass die Frage nach der Realisierbarkeit eines Zwecks eine theoretische Frage ist und keine praktische. Nun behandeln wir aber an dieser Stelle die Beziehung des Willens zum Vernunftgebot, welche eine *praktische* ist.[11] Behalten wir also im Gedächtnis, dass ein Zweck, zu dem die Geschicklichkeit den Weg weist, für den Willen kontingent ist: Selbst nachdem er schon gewählt wurde, handelt es sich um einen Zweck, der sowohl dem Wesen des Willens wie seiner natürlichen Lage gegenüber indifferent ist, wobei diese letztere für ein vernunftbegabtes und endliches Wesen darin besteht, zugleich dem Vernunftgesetz wie den Neigungen der Sinnlichkeit unterworfen zu sein. Auf diese Weise treffen wir erneut auf den Gedanken, dass der Zweck der Geschicklichkeit moralisch gesehen neutral ist; aber hinzu kommt der Gedanke, dass in den unbegrenzt multiplizierbaren Imperativen der Geschicklichkeit die Interessen der menschlichen *Natur* keine größere Rolle als die der *Vernunft* spielen.

Anders verhält es sich nun mit der *Klugheit*; die sie betreffenden Imperative sind nicht problematisch, sondern assertorisch, was bedeutet, dass sie einen Zweck erstreben, welcher der *wirkliche* Zweck aller Menschen ist, nämlich die Glückseligkeit: Klugheit ist »die Geschicklichkeit in der Wahl der Mittel zu seinem eigenen größeren Wohlsein«.[12] Dass alle Menschen danach trachten, glücklich zu sein, ist gewiss eine Tatsache. Zwar lässt sich diese Tatsache nicht nur konstatieren, sondern auch mit einer »Naturnotwendigkeit« aus dem »Wesen« des Menschen herleiten; aber das ist nicht hinreichend, um die Imperative der Klugheit auf der Ebene des schlechthin Gebotenen zu situieren. Denn es mag zwar nachvollziehbar sein, dass ein zugleich vernunftbegabtes und sinnliches Wesen notwendigerweise nach der Glückseligkeit trachtet, da diese in nichts anderem als der von der Vernunft verlangten Einheit der sinnlichen Neigungen untereinander besteht. Aber jene Verschachtelung von Vernunft und Sinnlichkeit, die Kant unter der »Endlichkeit« des Menschen versteht, bleibt dennoch von einer grundsätzlichen Faktizität, die es verbietet, den Imperativen der Klugheit mehr als nur eine assertorische Modalität zuzuschreiben.

Eigentlich ist Kant nicht an diesem Punkt interessiert, sondern daran sicherzustellen, dass die Imperative der Klugheit hypothetische Imperative bleiben, also Regeln, welche bloß für einen heteronomen Willen Gültigkeit beanspruchen können und demnach den zuvor definierten Erfordernissen der Sittlichkeit nicht zu genügen vermögen. Unter dem Gesichtspunkt der Sittlichkeit verleiht der assertorische Charakter der Klugheit dieser keinerlei Vorrang vor der Geschicklichkeit. Der Übergang von der Geschicklichkeit zur Klugheit kann überdies nicht einmal als ein zumindest logischer Fortschritt angesehen werden, der uns vom Unbestimmten zum Bestimmten erheben würde. Denn es ist »unmöglich, dass das einsehendste und zugleich allervermögendste, aber doch endliche Wesen sich einen bestimmten Begriff von dem macht, was es eigentlich wolle«. Der Grund dafür ist, dass sich in der unendlichen Mannigfaltigkeit von empirischen Faktoren, welche möglicherweise zu unseren subjektiven Glücksempfindungen beitragen, keinerlei vernunftgemäße Einheit ausmachen lässt: man müsste schon allwissend sein, um etwas zu überschauen, bei dem es sich bestenfalls um eine empirische Totalität handelt, deren Einheit sich – sobald man sie auf das Niveau des Begriffs heben will[13] – als bloß »usurpiert« herausstellt und deshalb nur ein »Ideal der Einbildungskraft« (S. 418) ist. Das erklärt auch, warum den Imperativen der Klugheit weder die analytische Genauigkeit eignet, welche die Vorschriften der Geschicklichkeit auszeichnet, noch auch die apodiktische Deutlichkeit der kategorischen Imperative; bezüglich der Klugheit ist es deshalb angebracht, eher von »Anratungen« denn von »Geboten« zu sprechen.[14]

Man könnte in Versuchung geraten, diese von Kant »assertorisch« genannten Ratschläge der Klugheit ziemlich »problematisch«

zu finden. Und ihr Gehalt, d. h. die von ihnen gesetzte Verbindung zwischen Mittel und Zweck, ist in der Tat problematisch. Aber man muss im Gedächtnis behalten, dass Kant mit seiner Unterscheidung zwischen problematischen und assertorischen Imperativen nicht die Verbindung zwischen Mittel und Zweck im Auge hatte, sondern die Seinsweise des Zwecks: Dieser ist im Falle der Klugheit immer schon gegeben, während er im Falle der Geschicklichkeit nur möglich ist. Ein triftigerer, weil von Kant selbst vorgebrachter Einwand bezieht sich allgemein darauf, inwiefern das Vokabular der Modalität zur Abgrenzung der Imperative verwendet werden kann. Es ließe sich bezweifeln, dass die Imperative, bei denen es sich ja um »praktische Urteile« handelt, unter die modalen Unterscheidungen fallen, die aus der Tafel der theoretischen Urteile hervorgehen. Noch dazu ruft der Begriff des Imperatives allein schon die Vorstellung einer Notwendigkeit hervor, welche schlecht mit einer bloßen Möglichkeit vereinbar scheint – selbst dann, wenn man sich vor Augen führt, dass es sich dabei um eine praktische und keine theoretische Notwendigkeit handeln soll. Deswegen kann es nicht verwundern, dass Kant in einer Anmerkung zur Erstauflage der *Kritik der Urteilskraft* den Ausdruck »problematischer Imperativ« als *contradictio in adiecto* empfindet und vorschlägt, die Gebote der Geschicklichkeit nunmehr »technische Imperative« zu nennen, d. h. »Imperative der Kunst«; er bedaure, dies nicht bereits in der *Grundlegung zur Metaphysik der Sitten* getan zu haben.[15]

In Wirklichkeit verwendet die *Grundlegung* schon jene in den späteren Werken vorherrschende Terminologie, allerdings noch ohne ihr eine privilegierte Stellung einzuräumen: »Man könnte die ersteren Imperative auch technisch (zur Kunst gehörig), die zweiten pragmatisch (zur Wohlfahrt), die dritten moralisch (zum freien Verhalten überhaupt, d. i. zu den Sitten gehörig) nennen.«[16] Noch bezeichnender ist die Tatsache, dass die veröffentlichte Version (1790) der Einleitung zur *Kritik der Urteilskraft* selbst auf den Begriff des Imperatives verzichtet und die »Vorschriften« in »technisch-praktische« und »moralisch-praktische« einteilt; während es sich bei ersteren um *Regeln* handelt (sowohl der Klugheit als auch der Geschicklichkeit), beanspruchen letztere ihre Gültigkeit aus sich selbst heraus, »ohne vorhergehenden Bezug auf Zwecke und Absichten«. Nur diese verdienen also, als *Gesetze* bezeichnet zu werden.[17] Im

Grunde genommen handelt es sich bei der Entwicklung des kantischen Vokabulars um eine Annäherung an den landläufigen Gebrauch, der den Begriff des Imperativs unwillkürlich mit den Begriffen der Notwendigkeit und der Unbedingtheit in Verbindung bringt und unter dem diffusen Einfluss des Kantianismus den Ausdruck »kategorischer Imperativ« heutzutage geradezu als Pleonasmus empfindet: Ein Imperativ, der nur »unter der Bedingung, dass [...]« gilt und somit nicht die Notwendigkeit eines Gesetzes ausdrückt, scheint seinen Namen nicht zu verdienen.

Aber die Entwicklung von Kants Terminologie zwischen der *Grundlegung* und der *Kritik der Urteilskraft* beschränkt sich nicht auf ein paar semantische Richtigstellungen. Obwohl diese Entwicklung nicht eigentlich den Inhalt der Lehre betrifft, verdeutlicht sie doch die ihr zu Grunde liegenden Absichten und, wie wir sehen werden, vielleicht sogar die polemischen Hintergedanken. Ganz offensichtlich weicht die Dreiteilung der Imperative aus der *Grundlegung* in beiden Auflagen der *Kritik der Urteilskraft* einer Entgegensetzung von Urteilen und praktischen Grundsätzen, die dem Zweck dienen, aus der »praktischen Philosophie« all dasjenige auszuschließen, was nichts mit dem moralischen Gesetz zu tun hat. In der *Grundlegung* könnte man noch versucht sein, der Klugheit eine Mittelstellung zwischen Geschicklichkeit und Sittlichkeit zuzusprechen – zumal man nicht vergessen darf, dass die Klugheit traditionell für eine Tugend angesehen wurde.[18] Mit der Einleitung zur *Kritik der Urteilskraft* wird diese Unsicherheit ausgeschaltet. Die Klugheit verliert endgültig ihren Platz an der Seite der Geschicklichkeit und wird dieser als bloßer Einzelfall untergeordnet: Sie wird zu einer Kunstfertigkeit, einer Technik herabgestuft,[19] deren Regeln sich durch nichts anderes von den übrigen technischen Regeln unterscheiden als durch den eher erschwerenden Umstand der Unbestimmtheit ihres Zwecks.[20]

* * *

Es ist nun an der Zeit, in der Analyse von Kants Schriften innezuhalten und die entscheidende Verschiebung, der Kant den Begriff der Klugheit unterzieht, genau auszumessen. Wir haben bereits darauf hingewiesen, dass dieser Begriff der Tradition entnommen ist. Allerdings gilt es, sich darüber zu verständigen, aus welcher Tradition. »Klugheit« ist die deutsche Übersetzung des lateinischen *prudentia*, das seinerseits das griechische Wort *phronesis* wiedergibt, und zwar mindestens in zwei seiner Bedeutungen: zum einen im Sinne einer handlungsorientierten Weisheit, zum anderen im Sinne einer kontemplativen Weisheit, wobei letztere gemeinhin als *sophia*, im Lateinischen als *sapientia* bezeichnet wird. Tatsächlich ziehen sich durch die moralische Tradition des Abendlandes zwei benachbarte, aber verschiedene Begriffe der Klugheit. Der erste, den das lateinische philosophische Schrifttum bezeugt, geht auf die Stoiker zurück und wird von Cicero in *Von den Pflichten* als »die Wissenschaft von dem, was man anzustreben und zu meiden hat«, *rerum expetendarum fugiendarumque scientia*, definiert.[21] Diese Vorstellung von Klugheit (welche leider allzu oft mit dem platonischen Begriff von Weisheit verwechselt wird) taucht dann als eine der vier Kardinaltugenden wieder auf, die Ambrosius in seiner gleichnamigen Schrift *Von den Pflichten* dem christlichen Abendlande übermittelt hat. Der aristotelische Begriff von *phronesis* hingegen, der (ebenfalls unter der Bezeichnung *prudentia*) erst sehr viel später auch in der lateinischen Philosophie debütiert, muss in einem gänzlich anderen Kontext gesehen werden; bei Aristoteles geht es um eine Erläuterung der *dianoethischen* Tugenden und innerhalb dieser um eine entschiedenere Abgrenzung gegen die Weisheit (*sophia*, *sapientia*). Halten wir deshalb aus gegebenem Anlass noch einmal fest, worin sich die aristotelische Klugheit von der stoischen Klugheit unterscheidet: a) Sie ist keine Wissenschaft, sondern eine Verhaltensdisposition, ein praktischer *habitus* (*hexis*) (wenn sie zugegebenermaßen auch von einer »rechten Regel« begleitet und so zu einer Verstandestugend wird). b) Sie stellt nicht nur die Richtigkeit des Zwecks sicher, sondern auch die der Mittel. c) Sie unterscheidet sich von der Weisheit; während diese ihren Zweck in sich selbst hat, zielt jene auf das Wohl der Menschen im Allgemeinen und das ihres Besitzers im Besonderen ab; als klug gilt, wer »das, was ihm Vorteil bringt« zu erkennen weiß.[22] Allgemein gesagt »ist die Klugheit auf das dem Menschen Zweckmäßige gerichtet«.[23]

Zweifelsohne entlehnt Kants seinen Begriff der Klugheit dieser letzteren Tradition. Den negativen Beweis dafür liefert uns eines der Ergebnisse von Klaus Reichs Untersuchung *Kant und die Ethik der Griechen*.[24] Reich vermag zu belegen, dass der Anfang des ersten Teils der *Grundlegung zur Metaphysik der Sitten* ein Problem aufnimmt, das schon Cicero im ersten Buch von *Von den Pflichten* (Kapitel 3–5) vorträgt. Im betreffenden Abschnitt der *Grundlegung* will Kant zeigen, dass »überall nichts in der Welt, ja überhaupt auch außer derselben zu denken möglich [ist], was ohne Einschränkung für gut könnte gehalten werden, als allein ein guter Wille«. In der korrespondierenden Passage fragt Cicero nach demjenigen, dem »von Natur aus Lob gebührt« (*natura* […] *laudabile*). Ciceros Antwort lautet: das *honestum* (I, 4, 14), d. h. die Tugend, welche sich in Klugheit, Gerechtigkeit, Mut und Mäßigung unterteilt (Kapitel 5). Im ersten Absatz des ersten Teils der *Grundlegung* übernimmt Kant, dem Ciceros Werk in der kommentierten Übersetzung von Christian Garve vorlag,[25] ohne Bedenken den ersten – negativen – Teil der auf Cicero bzw. – was wahrscheinlicher ist – auf dessen stoisches Vorbild Panaitios zurückgehenden Argumentation: Trotz ihrer Nützlichkeit können weder die Gaben der Natur (Talente des Geistes, Vorzüge des Temperaments) noch die des Schicksals (Macht, Reichtum, Ansehen, Gesundheit) als gut bezeichnet werden, wenn nicht auch der Wille, der von ihnen Gebrauch macht, gut ist.

Doch weigert sich Kant im zweiten Absatz, bestimmte gemeinhin als Tugenden bezeichnete Eigenschaften »ohne Einschränkung für gut zu erklären«, »so unbedingt sich auch von den Alten gepriesen worden« seien. Dabei handelt es sich um »Mäßigung«, »Selbstbeherrschung« und »nüchterne Erwägung«, welche alle »ohne Grundsätze eines guten Willens […] höchst böse werden [können]«.[26] Kant illustriert dies am Beispiel der Selbstbeherrschung eines Verbrechers. Klaus Reich hat gezeigt, dass es sich dabei um die drei Kardinaltugenden handelt, die Cicero als »Teile« des *honestum* aufzählt: Mäßigung, Mut, *Klugheit*.[27] Wichtig für unsere Überlegungen ist hierbei, dass Kant im Gefolge Ciceros die stoisch-ciceronische *prudentia-phronesis* als bloße Eigenschaft des Verstandes, als »nüchterne Erwägung« interpretiert und sie nicht mit der »Klugheit« identifiziert. Demzufolge kann man davon ausgehen, dass die Klugheit bei Kant eben nicht die Kardinaltugend der Stoiker ist, sondern die dianoetische Tugend des Aristoteles.

Diese Hypothese erfährt zusätzliche Bestätigung dadurch, dass Kant die Klugheit immer wieder in der Nachbarschaft des Begriffs der Geschicklichkeit ansiedelt, bis sie schließlich sogar nur noch als eine Unterart derselben erscheint. Im Aristotelismus wurde immer wieder (seit dem vierten Buch der *Nikomachischen Ethik*) die Frage aufgeworfen, inwiefern sich die Klugheit (*phronesis*) von der Geschicklichkeit (*deinotes*) unterscheidet. Mit dieser Frage sieht sich bereits Aristoteles selbst konfrontiert, da er in seiner Definition der Klugheit auf dem Aspekt der »Nützlichkeit« besteht, um sie so der Uneigennützigkeit – und infolgedessen geradezu praktischen Nutzlosigkeit – der Weisheit (*sophia*) entgegenzustellen.

Ein Vergleich zwischen Buch VI der *Nikomachischen Ethik* (insbesondere dem dreizehnten Kapitel) und dem zweiten Abschnitt der *Grundlegung zur Metaphysik der Sitten* gibt Aufschluss darüber, was Kant der aristotelischen Tradition (wenigstens indirekt) entnimmt und an welcher entscheidenden Stelle er von ihr abweicht. Die Geschicklichkeit (*deinotes*) hatte schon Aristoteles als die Fähigkeit bestimmt, auf leichte Weise seine Zwecke zu erreichen, d. h. angesichts eines vorgegebenen Zwecks die wirksamsten Mittel einzusetzen (VI, 13, 1144 a 23). Im Folgenden fügt er wie später auch Kant hinzu, dass der Geschicklichkeit als solcher der moralische Wert des jeweiligen Zwecks gleichgültig ist: »Ist nun das Ziel gut, so ist sie löblich; ist es schlecht, so ist sie Schlauheit und Durchtriebenheit« (1144 a 26; vgl. VII, 11, 1152 a 11–14). Die Klugheit unterscheidet sich von der Geschicklichkeit auf zweierlei Art, deren erste wohl auch Kant nicht in Abrede stellen würde: Die Klugheit als solche richtet sich nicht auf einen bestimmten Teilzweck (κατὰ μέρος), sondern sie ist vielmehr das Vermögen zu erkennen, »was das menschliche Leben gut und glücklich (πρὸς τὸ εὖ ζῆν) macht« (VI, 5, 1140 a 26–28), mit anderen Worten: die Mittel, die geeignet sind, das Glück zu erreichen. Der zweite Unterschied zwischen Klugheit und Geschicklichkeit ist nun aber Aristoteles zufolge, dass die Klugheit nur in Begleitung der moralischen Tugend auftritt (VI, 3, 1144 a 27–36): Die Klugheit ist eine tugendhafte Geschicklichkeit, sie ist die Geschicklichkeit des Tugendhaften. Letztlich laufen diese beiden Unterschiede für Aristoteles auf einen einzigen hinaus; denn es gibt kein Glück ohne Tugend, und es bedarf bereits der Tugend, um das wahre Glück von jenen näherliegenden Teilbefriedigungen zu unterscheiden, welche eine sich selbst überlassene Geschicklichkeit zu verschaffen weiß. Für den aristotelischen Eudämonismus ist das Glück natürlicher und demzufolge auch legitimer Zweck des Menschen; deshalb konnte Aristoteles sich erlauben, das *technische*

Moment einer angemessenen Wahl der Mittel in die Definition der Sittlichkeit selbst zu integrieren. Mehr noch: Das Neuartige am aristotelischen Eudämonismus besteht gegenüber dem platonischen gerade darin, dieses technische Moment als nicht nur zulässigen, sondern regelrecht notwendigen Bestandteil der Sittlichkeit anzuerkennen. Denn wie lauter auch immer unser Wollen sein mag – wenn nicht die Klugheit als eine Tugend des Verstandes auf Schritt und Tritt die Entscheidungen anleitet, die wir im Hinblick auf das Gute zu treffen haben, so vermag all unsere moralische Tugend nichts auszurichten. Wie es keine Klugheit ohne moralische Tugend gibt, so gibt es genauso wenig eine *wirksame* moralische Tugend ohne Klugheit.

Man sieht: Für Aristoteles verlief der Schnitt zwischen der Geschicklichkeit auf der einen, der Klugheit und der moralischen Tugend auf der anderen Seite; allerdings blieb der Klugheit noch so viel Verwandtschaft mit der Geschicklichkeit, dass man in ihr eine Art moralischer Apotheose der Geschicklichkeit sehen konnte. Genau diese Verwandtschaft wird dann Kant dazu veranlassen, den Aristoteles entgegengesetzten Schluss zu ziehen: Nunmehr wird der Schnitt zwischen der Geschicklichkeit und der Klugheit einerseits und der Sittlichkeit andererseits verlaufen. Warum verwirft Kant die Klugheit als nicht zur Moral gehörig? Die Antwort auf diese Frage könnte nur in der gesamten praktischen Philosophie Kants bestehen. Doch letztere Bemerkung lässt sich auch reformulieren: Kants Polemik gegen die traditionelle Lehre von der Klugheit begreift *in nuce* die Gänze seiner praktischen Philosophie in sich.

Trotz der erstaunlichen Vertrautheit mit der aristotelischen Klugheitslehre, die Kant an den Tag legt, kann man nicht annehmen, er sei auf direkte Weise mit ihr in Berührung gekommen.[28] Als Vermittler kommen nur Wolff und auf entferntere Weise Thomasius in Betracht.[29] Dennoch bleibt es erstaunlich, dass Kant die ursprüngliche Klugheitslehre Aristoteles' nicht nur unter den Vereinfachungen des Thomasius wiederfindet, sondern vor allem auch unter den Abschwächungen und Verbesserungen, denen die Wolffsche Schule sie unterziehen wollte. Wolff war sich der riskanten Nähe eines jeden Eudämonismus zum Utilitarismus bewusst und wollte dieser Gefahr Rechnung tragen, indem er den Begriff des Glücks durch den der *Vollkommenheit* ersetzte und an die Stelle der moralischen Notwendigkeit die *Verbindlichkeit* setzte. Aber in seiner *Untersuchung über die Deutlichkeit der Grundsätze der natürlichen Theologie und der Moral* von 1764 zeigte Kant, dass eine solche doppelte Neuerung zu nichts führt. Der Begriff der Vervollkommnung ist unbestimmt; er erteilt keinen Aufschluss darüber, worin eigentlich die zu erstrebende Vollkommenheit bestehen soll.[30] Was die Verbindlichkeit (*obligatio*) anbetrifft, so handelt es sich um einen zweideutigen Begriff. Denn der Ausdruck »ich soll« kann entweder bedeuten, dass ich etwas (als Mittel) tun soll, um einen davon unterschiedenen Zweck zu erreichen, oder dass ich etwas (als Selbstzweck) tun soll – auch dann, wenn ich gar nichts begehre. Im ersten Falle drückt das »Sollen« die Notwendigkeit der Mittel (*necessitas problematica*) aus, im zweiten Falle die Notwendigkeit eines Zwecks (*necessitas legalis*).[31] Bei der problematischen Notwendigkeit aber lässt sich nicht im eigentlichen Sinne von Notwendigkeit sprechen, da sie nur die Mittel zur Erreichung eines Zwecks anzeigt, der selbst kontingent bleibt; höchstens handelt es sich hier um Anweisungen zu geschicktem Verhalten. Die wahre Verpflichtung rührt nicht vom Gebote möglichst wirksamer Ausrichtung der Mittel auf einen Zweck her (denn einzig ein Zweck kann verpflichtend sein), sondern von der Subsumtion einer Handlung unter die allgemeine Regel guten Handelns.[32] Allein die Notwendigkeit des Zwecks bzw. die *necessitas legalis* vermag also, Verpflichtung zu begründen.

Wie Delbos sehr richtig bemerkt, deutet die 1764 vorgenommene Unterscheidung zwischen problematischer und legaler Notwendigkeit auf die spätere Unterscheidung von hypothetischen und kategorischen Imperativen voraus.[33] Vor allem ist aber von Interesse, dass sich durch diese Unterscheidung Kants der wolffsche Rationalismus seit 1764 genötigt sieht, entweder geradeheraus den kantischen Standpunkt zu übernehmen (dann allerdings dürfte das Prinzip der Sittlichkeit nicht mehr in einem *Gegenstand* des Willens liegen, mag er auch so lauter sein wie der Begriff der Vollkommenheit), oder aber auf die aristotelische Position zurückzufallen – was wenigstens den Vorzug der Klarheit hätte: In diesem Fall würde die moralische Handlung zu einem zweckgerichteten *Mittel* und die Klugheit als eine Art der Geschicklichkeit folglich zu einem Bestandteil der Sittlichkeit.

* * *

Während Kant in der *Grundlegung* also dazu neigt, die Ratschläge der Klugheit ebenso wie die Regeln der Geschicklichkeit bloß für einen heteronomen Willen gelten zu lassen und demzufolge als nicht an sich gut zu betrachten,[34] geht es ihm in der Einleitung zur *Kritik der Urteilskraft* vor allem darum, den Vorschriften der Klugheit – trotz gegenteiligen Anscheins – ihre Zugehörigkeit zur praktischen Philosophie überhaupt streitig zu machen und sie stattdessen der theoretischen Philosophie zuzuordnen.

Der erste Abschnitt dieser Einleitung (in der ersten wie in der zweiten Auflage) erläutert, inwiefern sich die Philosophie in theoretische und praktische Philosophie gliedert. Obwohl man diese Unterscheidung »mit Recht« vornehme,[35] habe man bis jetzt nur »großen Missbrauch« damit getrieben, denn man habe nicht bemerkt, dass eine solche Einteilung auf einem prinzipiellen Gegensatz gründen müsse. Und da sich die Philosophie nach kantischer Definition mit den Prinzipien der Gegenstanderkenntnis durch *Begriffe* befasst, so muss dieser Gegensatz auch auf begrifflicher Ebene liegen. Es gibt nun aber bloß zwei Arten von Begriffen, welche die Erkenntnis ihres Gegenstandes ermöglichen: die »Naturbegriffe« und die »Freiheitsbegriffe«. Nur in Ermangelung dieser Unterscheidung haben Kants Vorgänger die technischen Prinzipien zusammen mit den moralischen im Bereich der praktischen Philosophie angesiedelt. Zweifellos handelt es sich bei diesen wie jenen um praktische Prinzipien, sofern man unter »praktisch« dasjenige versteht, »was durch Freiheit möglich ist«, oder, wie es hier heißt, sofern man unter »praktisch-möglich (oder -notwendig)« das versteht, was »als durch einen Willen möglich (oder notwendig) vorgestellt wird«.[36] Aber die eigentliche Frage ist, ob es sich bei dem jeweiligen Begriff, welcher der Kausalität ihre Regel gibt, um einen Naturbegriff oder einen Freiheitsbegriff handelt. Wollte man sagen, dass in der Praxis alles durch Begriffe bestimmt sei, so würde das auf eine bloße Variation dessen hinauslaufen, was bereits in der *Grundlegung* zu Beginn des Abschnittes über die Imperative zu lesen war, nämlich: dass die Handlungen vernunftbegabter Wesen – welche allein die Benennung »Praxis« verdienen – nicht durch Gesetze, sondern durch die *Vorstellung* von Gesetzen bestimmt sind. Das schließt aber nicht aus, dass jenes Gesetz, dessen Vorstellung das Handeln eines vernunftbegabten Wesens bestimmt, ein Naturgesetz ist. Wenn ich z. B. beschließe, eine Brücke zu bauen, so sind alle meine Handlungen durch die Vorstellung von mechanischen Gesetzen und von Gesetzen über die Beschaffenheit der Baustoffe bestimmt. Man sieht sofort, dass dieser Fall nicht mit jenem zu verwechseln ist, in dem die Handlung »mit völliger Ausschließung der Bestimmungsgründe des Willens aus der Natur« einzig durch den Freiheitsbegriff bestimmt ist. Denn dieser Freiheitsbegriff macht nicht mehr nur *Regeln* (welche bloß die Anwendungen eines ihnen vorgängigen Gesetzes darstellen) Platz, sondern auf unmittelbare Weise *Gesetzen* selbst, und zwar den Gesetzen der Sittlichkeit. Folglich ist zwischen technisch-praktischen Regeln (den Regeln der Geschicklichkeit und der Klugheit) und ethisch-praktischen Vorschriften zu unterscheiden, wobei im Bereich der Praxis allein letzteren der Status von Gesetzen zukommt. Die ersteren sind dagegen nichts weiter als einfache »Korollarien« der Naturwissenschaft.[37] Wie aus der ersten Fassung der Einleitung hervorgeht, handelt es sich bei ihnen um die »Anwendung einer vollständigen theoretischen Erkenntnis«, genauso wie auch die Lösung eines mechanischen Problems nur die bloße Anwendung von Lehrsätzen der betreffenden Wissenschaft darstellt.[38]

Man sieht, dass Kant hier – anlässlich einer Bestimmung des Verhältnisses von Theorie und Praxis auf dem Gebiet der Technik – einen Gedanken übernimmt, der die neuzeitliche Philosophie seit Bacon und Descartes dominiert: Danach findet die Naturwissenschaft ihre unmittelbare Anwendung, indem der Mensch die natürlichen Vorgänge in Eigenregie nimmt und seinen Zwecken nutzbar macht, nachdem er zuvor ihren Mechanismus zerlegt hat: »Was bei der Ursache erfasst ist, dient bei der Ausführung als Regel.«[39] Kant teilt den technologischen Optimismus, demzufolge die Wissenschaft den Menschen in die Lage versetzt, sich zum »Herrn und Besitzer der Natur« zu machen. Am Anfang der Schrift *Über den Gemeinplatz* zeigt Kant, dass im Bereich der Technik die scheinbaren Misserfolge jeder Praxis (beispielsweise der Misserfolg eines Kanoniers, der sein Ziel verfehlt) stets auf Mängel in der Theorie zurückzuführen sind. Denn wenn die Technik lediglich eine angewandte Wissenschaft ist, so beruht sie eben in ihrer Gänze, zumindest was die Prinzipien angeht, auf der Theorie. Nicht einmal die Regeln der Anwendung wissenschaftlicher Erkenntnis kann man als einen eigenständigen »praktischen« Teil der Wissenschaft abgrenzen; denn die Wissenschaft selbst enthält bereits entsprechende »Anweisungen«,[40] d. h. ihren eigenen rechten Gebrauch; es wäre also tautologisch und geradezu absurd, von »praktischer Geometrie«, »praktischer Physik« oder auch »praktischer Psychologie« zu sprechen.[41] Die praktische Geometrie ist nichts anderes als die Praxis der Geometrie, wie sie auf die Lösung von Problemen angewandt wird.

Kant stellt also jenes Postulat der Einheit von Theorie und Praxis nicht in Frage, welches das technizistische und anwendungsorientierte Wissenschaftsverständnis der Neuzeit geprägt hat. *Allerdings warnt er vor einer Ausdehnung dieses Postulats auf die gesamte Praxis.* Tatsächlich war die Versuchung nur allzu groß, sich vom wissenschaftlichen Fortschritt auch die Lösung moralischer Probleme zu erhoffen – die Aufklärung schien dieser Versuchung erlegen zu sein. So wie die Physik uns zu Herren und Besitzern der Natur macht – nachdem die Vernunft zuvor diese Natur genötigt hat, ihrem »Entwurf« zu antworten[42] –, so ist auch vorstellbar, dass eine hinreichend wissenschaftliche Psychologie den Menschen zum Herren und Besitzer seiner eigenen Natur machen könnte. Zu einer Zeit, in der die Technik auf die Stufe eines »Korrollariums«, ja sogar eines »Scholiums«[43] gehoben wird, malt man sich die entscheidende Verwandlung aus, welche aus der Klugheit – einer bei Aristoteles noch ungewissen Kunst – eine nunmehr wissenschaftliche »Lebenskunst« machen würde, die einem jeden sein nunmehr begrifflich bestimmbares und in seinen optimalen Produktionsbedingungen definierbares Glück verschafft. Damit würde sich entgegen Kants Zweifeln auch im Hinblick auf die Imperative der Klugheit jenes Ideal verwirklichen, das er für die Imperative der Geschicklichkeit bereits verwirklicht glaubte und welches aus den Imperativen der Klugheit nicht nur *de jure*, sondern auch *de facto* analytische Sätze machen würde,[44] die sich aus der bloßen Anwendung eines Wissens ergeben.

Eine solche Beschreibung mag karikierend wirken. Sie entspricht dennoch einer unwiderstehlich scheinenden Entwicklung, der sich Kant als erster widersetzt hat. Bei Aristoteles genoss die praktische Philosophie aufgrund der unaufhebbaren Kontingenz ihres Gegenstands noch eine relative Autonomie gegenüber der theoretischen Philosophie. Doch die immer weiter fortschreitende Einbeziehung bisher kontingenter Gebiete – wie etwa des menschlichen Handelns

– in den Bereich der Wissenschaft reduzierte die praktische Philosophie mehr und mehr zu einer bloßen Anwendung der Theorie. Wolff zog die Konsequenzen aus dieser Entwicklung und erklärte ohne Umschweife: »Die universelle praktische Philosophie entnimmt ihre Lehren der Ontologie, der Psychologie, der Kosmologie und der natürlichen Theologie, d. h. aus der gesamten Metaphysik, der nun auch alle praktische Philosophie unterzuordnen ist.«[45]

Um zu bekämpfen, was er einen »sehr nachteiligen Missverstand« nennt[46], tut Kant nicht weniger, als die praktische Philosophie ihres gesamten traditionellen Inhalts zu entleeren: »Die »Haus-, Land-, Staatwirtschaft, die Kunst des Umganges, die Vorschrift der Diätetik« und schließlich »die allgemeine Glückseligkeitslehre« – all diese, die »insgesamt nur Regeln der Geschicklichkeit [...] enthalten«,[47] werden der theoretischen Philosophie zugeschlagen. Die praktische Philosophie hingegen betritt jungfräulichen Boden, nämlich das Gebiet der Prinzipien a priori, die außerhalb jedes heteronomen Kalküls eine Selbstbestimmung des Willens ermöglichen.

Man wird auch hier die entscheidende Rolle bemerken, welche die Konfrontation mit der traditionellen Klugheitslehre in dieser Argumentation spielt. Dass die technischen Regeln der Geschicklichkeit sich gewissermaßen von selbst aus der Wissenschaft ergeben, ist seit Descartes und Bacon eine Binsenweisheit. Doch Kant zieht auf radikale Weise die Konsequenzen aus dieser Aussage: Wenn die Moral diejenige Kunstfertigkeit ist, welche die Kombination der wirksamsten Mittel lehrt, um das Glück zu erlangen – oder, wie bei Wolff, »uns nach unserem Zustand [...] vollkommener zu machen«[48] –, so ist dabei nicht nur vorausgesetzt, dass sie sich an einen heteronomen Willen wendet; sondern es würde auch bedeuten, der Moral jegliche Eigenart und damit letztlich ihre Existenz abzusprechen. Wollte man die Moral als eine Kunstfertigkeit, d. h. eine Technik, denken, so würde man sie gemäß der Logik der Neuzeit zum Nebenprodukt einer selbst schon technisierten Wissenschaft degradieren. Um der Praxis ihre Eigenständigkeit wiederzugeben, muss man sie zuallererst davor bewahren, durch die Technik, d. h. die Theorie, kompromittiert zu werden; gegen die falsche Vermittlung von Theorie und Praxis, die eine Technik zu bieten scheint, die letzten Endes ganz auf der Seite der Theorie liegt, muss die vollkommene Unabhängigkeit der Praxis von der Theorie gesetzt werden; gegenüber dem falschen Klugheitsbegriff einer praktischen Vernunft als *recta ratio agibilium*,[49] gegenüber ihrer Verzweckung im Hinblick auf irgendein »höchstes Gut«, insbesondere ein »menschliches Gut«, eine bereits durch andere Prinzipien konstituierte theoretische Vernunft – gegen all dies gilt es einen Vernunftbegriff zu behaupten, der unmittelbar und aus sich selbst heraus praktisch ist. Nichts weniger steht bei Kants Zurückweisung einer *moralischen* Klugheitslehre auf dem Spiel.

* * *

Es bleibt aber zu betonen, dass Kant trotz seiner Verbannung der Klugheit aus dem Bezirk des Moralischen und trotz seiner Weigerung, sie wie die Alten zu einer Tugend oder zum Bestandteil einer Tugend zu machen, nicht so weit geht, diese Eigenschaft für fiktiv oder selbst für unerheblich zu halten. Auch wenn die Ratschläge der Klugheit nicht in die praktische Philosophie gehören, wird dieser doch ein besonderer Status zuteil, den Kant im Allgemeinen als *pragmatisch* bezeichnet, um die Klugheit so von der Praxis im eigentlichen Sinne abzuheben. Die ausführlichste Definition dieser Bezeichnung befindet sich, wie wir gesehen haben, in der ersten Version der Einleitung zur *Kritik der Urteilskraft*; dort beschreibt Kant die Prinzipien einer Handlung, die zwar frei, aber nicht ausschließlich durch den Freiheitsbegriff bestimmt ist, als »pragmatisch«. Doch schon in der *Kritik der reinen Vernunft*, und zwar zu Beginn des Kapitels über den »Kanon der reinen Vernunft«, stellt Kant den moralischen Gesetzen, welche Produkte der reinen Vernunft sind und also zum *praktischen* Gebrauch der Vernunft gehören, *pragmatische* Gesetze gegenüber, die zwar auch Gesetze unseres freien Handelns, jedoch nicht *a priori* bestimmt sind, da sie auf die »Erreichung der uns von den Sinnen empfohlenen Zwecke« abzielen.[50]

In der *Grundlegung* haben wir gesehen, dass Kant dort mit dem Wort »pragmatisch« die Imperative der Klugheit bezeichnet. Hier definiert er »pragmatisch« einfach durch »was mit der Glückseligkeit zusammenhängt«. In einer Anmerkung fügt er jedoch hinzu: »Mich deucht, die eigentliche Bedeutung des Worts pragmatisch könne so am genauesten bestimmt werden«; er bezieht sich dazu auf eine juristische oder, genauer gesagt, politische Verwendung des

Wortes (wie wir sehen werden, ist diese Anleihe nicht ohne Bedeutung), »denn pragmatisch werden die Sanktionen genannt, welche eigentlich nicht aus dem Rechte der Staaten, als notwendige Gesetze, sondern aus der Vorsorge für die allgemeine Wohlfahrt fließen«.[51] In gleicher Weise nimmt er Bezug auf den Begriff einer »pragmatischen Geschichte«, d. h. einer unter dem Gesichtspunkt der Nützlichkeit geschriebenen Geschichte.[52] Der erste dieser Verweise ist am aufschlussreichsten: Er lässt an ein »pragmatisches« Politikverständnis denken, demzufolge es angebracht wäre, möglichen Gefahren unter Verzicht auf jeden juristischen Formalismus *zuvorzukommen*, anstatt ihr Akutwerden abzuwarten und dann erst die Folgen durch Anwendung des Gesetzes zu bekämpfen. Eine solche vorausschauende und vorsichtige Haltung wird im übrigen durch das lateinische *prudens* bezeichnet, bei dem es sich, wie Cicero bemerkt, um eine Kontraktion von *providens* handelt;[53] im Französischen ist das heutzutage die einzige noch verbliebene Bedeutung des Wortes *prudent*.[54] Auch wenn eine solchermaßen verstandene Klugheit im Deutschen eher durch *Vorsicht* wiederzugeben ist und die von der philosophischen Terminologie zurückbehaltene *Klugheit* stärker den verstandesmäßigen Aspekt betont, so wird doch deutlich, dass die semantische Konstellation, die sich um das lateinische *prudentia* gruppiert, in gewisser Hinsicht auch in der deutschen Übertragung noch lebendig bleibt.[55]

In der *Kritik der praktischen Vernunft* taucht der Begriff des »Pragmatischen« nicht auf, zweifellos, weil sich dieses gegenüber der *Grundlegung* weniger ›populäre‹ Werk konsequenter innerhalb der Grenzen einer *praktischen* Philosophie hält. Und während in der ersten Fassung der Vorrede zur *Kritik der Urteilskraft* wie gehabt die Regeln der Klugheit als pragmatisch und die der Geschicklichkeit als technisch bezeichnet werden, ist in der veröffentlichten Fassung der Einleitung keine Rede mehr von dem Begriff »pragmatisch«: Jetzt gibt es nur noch die Gegenüberstellung von technisch-praktischen Prinzipien (unter denen auch die Regeln der Klugheit subsumiert sind) und moralisch-praktischen Prinzipien. In diesem Verschwinden des Pragmatischen als eigenständigem Bereich spiegelt sich, wie wir gesehen haben, Kants Bemühen um eine klare Trennung zwischen theoretischer und praktischer Philosophie wieder, wobei alle praktischen Prinzipien außer den moralischen unter dem Namen der *Technik* auf die Seite der theoretischen Philosophie gebracht werden. Auch in der Schrift *Über den Gemeinplatz* (1793) wird der Begriff des Pragmatischen nicht erwähnt, obwohl das Thema dies eigentlich hätte nahelegen können.

Deshalb ist es nur um so erstaunlicher, dass die Betrachtung »in pragmatischer Hinsicht«, die in Kants Vorlesungen zur Pädagogik nie gefehlt hat,[56] 1798 im Titel von Kants letztem veröffentlichten Werk wieder auftaucht: *Anthropologie in pragmatischer Hinsicht.* »Pragmatisch« wird hier als Gegensatz zu »physiologisch« verstanden: »Eine Lehre von der Kenntnis des Menschen, systematisch abgefasst (Anthropologie), kann es entweder in *physiologischer* oder in *pragmatischer* Hinsicht sein. – Die physiologische Menschenkenntnis geht auf die Erforschung dessen, was die *Natur* aus dem Menschen macht, die pragmatische auf das, was er als freihandelndes Wesen aus sich selber macht, oder machen kann und soll.«[57] »Was der Mensch aus sich selber machen kann und soll«: In einer anderen Tradition würde diese Formulierung eine brauchbare Zusammenfassung der Moral liefern, sofern es stimmt, dass es dieser, wie bei Aristoteles, um die vollendete Verwirklichung der Möglichkeiten des Menschen geht.[58] Es ist jedoch klar, dass bei Kant nichts dergleichen zutrifft, denn auch ein Wille, der auf die Verwirklichung eines dem Menschen innewohnenden Wesens gerichtet ist, wäre immer noch ein heteronomer Wille. Der Mensch, wenigstens der empirische Mensch, ist sich nicht Selbstzweck; er befindet sich nicht in dieser Welt, um sich zu verwirklichen, sondern um das moralische Gesetz zu erfüllen, und sollte dies seine Selbstaufgabe erfordern. Allerdings spricht Kant von »dem, was der Mensch aus sich selber machen soll«. Zieht die Anthropologie Pflichten nach sich? Sagen wir lieber: Das Streben nach anthropologischer Erkenntnis, wie übrigens nach jeder Erkenntnis und darüber hinaus auch nach ihrer praktischen Anwendung, ist eine Pflicht für jeden, der dazu imstande ist. Aber das geht, wie in der *Grundlegung* gezeigt wird, aus dem kategorischen Imperativ selbst hervor: Niemand kann wollen, dass die Maxime, seine natürlichen Talente brachliegen zu lassen, zum allgemeinen Gesetz erhoben werde, »denn als ein vernünftiges Wesen will er notwendig, dass alle Vermögen in ihm entwickelt werden, weil sie ihm doch zu allerlei möglichen Absichten dienlich und gegeben sind«.[59] Deshalb hat Delbos auch recht, wenn er zum

Abschnitt über die hypothetischen Imperative anmerkt: »Wenn sich auch die Zwecke, auf die ihre Anordnungen bezogen sind, nicht absolut aus sicht selbst heraus zu begründen vermögen, so könnten sie doch unter bestimmten Umständen und innerhalb bestimmter Grenzen trotzdem zulässig, ja selbst in der Erfüllung unserer Pflichten mit inbegriffen sein: Die Entwicklung der Geschicklichkeit ist Teil der Vervollkommnung unserer Natur, welche das moralische Gesetz gebietet. [...] Ebenso ist das Streben nach Glück legitim und unvermeidlich, solange es nicht in Konflikt mit dem moralischen Gesetz gerät; es kann sogar eine zumindest indirekte Pflicht sein.«[60] Anders gesagt: Wenn der kategorische Imperativ auch nie zu einem hypothetischen Imperativ degradiert werden darf, so bleibt es dennoch ein Vergehen gegen den kategorischen Imperativ, unsere je nach unseren natürlichen Begabungen mehr oder weniger große Fähigkeit, hypothetische Imperative zu formulieren, aus Nachlässigkeit oder Trägheit verkümmern zu lassen. Einzige Bedingung bleibt dabei, dass die hypothetischen Imperative weder durch den gesetzten Zweck (im Falle der Geschicklichkeit) noch durch die zu diesem Zweck geforderten Mittel (sowohl im Falle der Geschicklichkeit als auch der Klugheit) dem moralischen Gesetz widersprechen dürfen. Es gibt also so etwas wie eine pädagogische Pflicht, in uns nicht nur die Sittlichkeit, sondern auch die Geschicklichkeit und die Klugheit zu entwickeln (und auch anderen dabei behilflich zu sein). Sagen wir also einfach, dass die *Anthropologie in pragmatischer Hinsicht* ihren Platz im Entwurf einer *pragmatischen* Kultur, d. h. einer Kultur der Klugheit, einnimmt, da es sich darum handelt, durch den Erwerb von Menschenkenntnis die Fähigkeit zu steigern, unsere Neigung zum Glück zu befriedigen.

Allerdings verlangt die Wahl des für eine solche pragmatische Kultur vorgesehenen Mittels – der Menschenkenntnis – eine Erläuterung. Denn es ist nicht auf den ersten Blick klar, warum es zu meinem persönlichen Glück erforderlich sein sollte, Erfahrungen im Umgang mit anderen Menschen zu sammeln. Dass Kant selbst sein Glück in der Praxis einer vollendeten Geselligkeit gefunden haben mag – wie es seine Biographen schildern –, kann das Hinübergleiten vielleicht erklären, nicht aber begründen. Nun ist dieses Hinübergleiten sowohl in der *Anthropologie* bezeugt, wo der pragmatische Gesichtspunkt darin besteht, den Menschen als »Weltbürger« zu begreifen, als auch in Kants *Pädagogik,* wo die pragmatische Kultur der Klugheit die Bestimmung erhält, den Menschen zum Bürger zu erziehen.[61] Warum also diese politische oder kosmopolitische Vermittlung, wenn es sich doch anscheinend nur um eine Pädagogik des individuellen Glücks handelt?

Ich weiß nicht, ob sich diese Frage auf gänzlich rationale Weise beantworten lässt. Auf jeden Fall kommt das besagte Hinübergleiten, wenn man so will, von weit her. Es wird zweifelsohne vorbereitet von den politischen Implikationen, die das griechische *phronimos* und das lateinische *prudens* enthalten.[62] Jedenfalls orientieren sich die aufeinander folgenden Definitionen, die Kant von der Klugheit gibt, mehr und mehr in diese Richtung. Im betreffenden Abschnitt der *Grundlegung* verschmilzt die »Klugheit im engsten Verstande« mit der Privatklugheit, d. h. »die Geschicklichkeit in der Wahl der Mittel zu seinem eigenen größten Wohlsein«.[63] Doch in einer Fußnote erklärt Kant,[64] dass die Klugheit noch eine andere Bedeutung hat, nämlich die der »Weltklugheit«, und in diesem Zusammenhang »die Geschicklichkeit eines Menschen, auf andere Einfluss zu haben, um sie zu seinen Absichten zu gebrauchen«, bedeutet. Wenn Kant gleichwohl die erste dieser beiden Bedeutungen privilegiert, so deshalb, weil die Kunst, andere Menschen zu seinen eigenen Absichten zu gebrauchen, für ihren Besitzer nur ein besonderer Aspekt der Kunst ist, »alle diese Absichten zu seinem eigenen dauernden Vorteil zu vereinigen«. Die erste Fassung der Einleitung zur *Kritik der Urteilskraft* war noch bemüht, beiden Bedeutungen in einer einzigen Definition gerecht zu werden, »denn was ist die Klugheit anders, als Geschicklichkeit, freie Menschen, und unter diesen so gar die Naturanlagen und Neigungen in sich selbst, zu seinen Absichten brauchen zu können?«[65] Auffällig ist, dass hier die Reduktion der einen Bedeutung der Klugheit auf die andere in einer der *Grundlegung* genau entgegengesetzten Richtung vonstatten geht: Die Geschicklichkeit im Umgang mit sich selbst (Privatklugheit) ist nur noch ein Spezialfall des Umgangs mit Menschen im Allgemeinen (Weltklugheit).[66] Es ist deshalb auch nicht erstaunlich, da die veröffentlichte Fassung dieser Vorrede nur die Weltklugheit zurückbehält, denn die Klugheit ist hier definiert als eine »Geschicklichkeit, auf Menschen und ihren Willen Einfluss zu haben«.[67] Dies wird auch die in den übrigen Schriften Kants vorherrschende Bedeutung sein.[68]

Es ist also kaum verwunderlich, dass die Klugheit, nachdem sie von der Sittlichkeit ausgeschlossen ist, wenigstens Anspruch auf einen Platz in jenem Bereich erhebt, mit dem der gesunde Menschenverstand sie am ehesten assoziiert, nämlich der Politik. Genauer gesagt ist die Politik der Ort, an dem die von Kant behauptete Unvereinbarkeit zwischen Sittlichkeit und Klugheit am besten auf die Probe gestellt werden kann. Warum stellt sich hier das Problem mit einer besonderen Schärfe? Dafür lassen sich zwei Gründe anführen. Einerseits befindet sich die politische Handlung, selbst wenn sie die Errichtung einer moralischen Ordnung zum Zweck hat, in einer anderen Situation als die individuelle moralische Handlung; während diese bei ihrer Ausführung auf natürliche Hindernisse stößt, muss jene unter anderem den Widerstand anderer Menschen überwinden; man wäre demnach versucht anzunehmen, dass die Klugheit als die »Geschicklichkeit, auf andere Menschen Einfluss zu haben«, hier eine Gelegenheit finden könnte, ihre Technik in den Dienst der Sittlichkeit zu stellen. Auf der anderen Seite muss man sich vor Augen führen, dass, wenn die Unbedingtheit des kategorischen Imperativs verlangt, eine bestimmte Handlung unbesehen ihrer Folgen auszuführen, die Gleichgültigkeit gegenüber sekundären Wirkungen meines Handelns im Bereich des Politischen ein Gegengewicht zu erfordern scheint, da hier das Risiko besteht, mit den besten Absichten andere ins Unglück zu stürzen. Obwohl das moralische Subjekt gegenüber den Folgen, welche die Erfüllung seiner Pflicht für ihn haben könnte, gleichgültig sein muss, so hat es dennoch nicht das Recht zu ignorieren, was anderen durch sein Tun zustoßen könnte, welche Absicht diesem auch zu Grunde liegen mag. Weil es sich bei Unklugheit und Ungeschicklichkeit hier offensichtlich auch um moralische Verfehlungen handelt, scheint es naheliegend, zwischen der moralischen Absicht und ihrer politischen Umsetzung eine legitime Vermittlungsfunktion der Klugheit anzunehmen; diese würde dann die Wahl nicht nur der wirksamsten Mittel diktieren, sondern vor allem derjenigen Mittel, welche die geringsten Unannehmlichkeit für andere erwarten lassen. Die Klugheit wäre dann die Kunst, gleichzeitig mit der Herrschaft der Sittlichkeit auch das größtmögliche Glück (oder das geringste Unglück) der Gemeinschaft sicherzustellen.

Kant war sich dieses Problems hinreichend bewusst, um ihm den ersten Anhang seines Werkes *Zum ewigen Frieden* (1795) zu widmen; dieser Anhang ist überschrieben mit: »Über die Misshelligkeit zwischen der Moral und der Politik, in Absicht auf den ewigen Frieden«. Kant wirft in diesem Text die Frage auf, ob der ewige Frieden als Mittel zu Wohlstand und Glück der Völker anzustreben sei, oder ob man ihn als unmittelbares Erfordernis des moralischen Gesetzes herzuleiten habe. Im ersten Fall würde es sich um eine die Staatsklugheit betreffende »Kunstaufgabe« (*problema technicum*) handeln, im zweiten Fall um eine »sittliche Aufgabe« (*problema morale*), welche die Staatsweisheit beträfe bzw. das, was Kant eine moralische Politik nennt.[69] Die Antwort, die sich Kant auf seine Frage gibt, fällt erwartungsgemäß aus: das politische Problem ist ein moralisches Problem und kein technisches; in der Politik geht es nicht um Klugheit, sondern um Weisheit, d. h. die unmittelbare Anwendung des moralischen Gesetzes. Die Argumente, mit denen Kant seine These im Sonderfall der Etablierung eines ewigen Friedens begründet, lassen sich leicht verallgemeinern. Wie mir scheint, sind dabei im Einzelnen drei zu unterscheiden. Erstens: Wenn das Recht (hier das internationale Recht, dem Gültigkeit verschafft werden soll) auf dem Interesse (hier das Interesse der Staaten daran, gegenseitig auf die Anwendung von Gewalt zu verzichten) beruhen soll, so würden die Rechtssubjekte (die verschiedenen Staaten) diesem Recht nur solange Gehorsam schulden, wie der betreffende Rechtszustand auch ihren jeweiligen Interessen dienlich ist. Zweitens: Wollte man das politische Problem als technisches Problem ansehen, so würde seine Lösung eine gründliche Kenntnis der Natur erfordern; und selbst dann wäre das Ergebnis, das eine wissenschaftlich ausgearbeitete Lösung verspricht, immer noch »ungewiss«,[70] denn die empirischen Faktoren, welche die vorgestellte Lösung und ihre Ausführung beeinflussen könnten, sind unüberschaubar, vielleicht gar unendlich. Drittens: Ein politisches Prinzip, das sich auf die »Schlangenwendungen einer unmoralischen Klugheitslehre« gründet,[71] wäre hinreichend unklar, um verschiedene Auslegungen zu begünstigen und so alle möglichen »Ausflüchte und Bemäntelungen« zu rechtfertigen; im Gegensatz dazu entgeht ein unmittelbar auf die Pflicht gegründetes politisches Prinzip aller »Sophisterei«:[72] Es »ist jedermann einleuchtend, und macht alle Künstelei zu Schanden, führt dabei gerade zum Zwecke«.[73]

Zur Lösung eines politischen Problems werden hier jene »Vorteile« angewandt, die sich Kant von seiner Pflichtethik versprach, wenn diese Vorteile auch nicht der alleinige Existenzgrund seiner praktischen Philosophie gewesen sein mögen. Das moralische Gesetz fordert von jedem einen absoluten Gehorsam; da es unbedingt gilt, setzt es weder eine allgemeine Kenntnis der Natur voraus (die unerreichbar wäre) noch im jeweiligen Einzelfall ein Abwägen der Mittel oder ein Kalkulieren der Folge (welche, streng genommen, ebenfalls unmöglich ist, da die Folgen unendlich und folglich in ihrer Gesamtheit unvorhersehbar sind); das moralische Gesetz ist somit klar und gibt keinen Anlass zur Interpretation.[74]

Nicht einmal im Bereich des Politischen gelangt Kant also dahin, der Klugheitslehre – die hier als »unmoralisch« bezeichnet wird – einen positiven Stellenwert zuzugestehen. Der offensichtlichste Grund dafür ist, dass die Klugheit für Kant mit der Suche nach einem »Vorteil« zusammenhängt,[75] d. h. mit der Befriedigung einer Neigung der Sinnlichkeit, und dass ein solches Vorgehen seinem Verständnis von Sittlichkeit entschieden fremd ist. Obendrein hat Kant keine Verwendung für jene Fähigkeit, die traditionell der Klugheit zuerkannt wurde: nämlich der Fähigkeit, unter den wirksamsten Mitteln zu einem als moralisch betrachteten Zweck diejenigen auszuwählen, die im Hinblick auf diesen Zweck am vertretbarsten sind. Denn Kant argwöhnt, dass ein solches Abwägen von Mitteln die Pflichterfüllung verzögern und ihr letztlich ihre Unbedingtheit nehmen könnte – wo es doch gilt, dieser Pflicht, wie Kant an mindestens einer Stelle sagt, »mit allem Vermögen« nachzukommen,[76] und das bedeutet: mit allen Kräften und mit allen Mitteln. Natürlich sind etwaige unmoralische Mittel bei Kant schon *per definitionem* ausgeschlossen. Wie steht es aber mit moralisch neutralen Mitteln, bei denen man dennoch Nebeneffekte riskiert, die niemand legitimerweise wollen kann?[77]

Kant hat wohl geahnt, dass dies der schwächste Punkt seiner Theorie ist. Denn mit dem Formalismus des moralischen Gesetzes – aus dem die Kategorizität des Imperativs und die Gleichgültigkeit gegenüber Mitteln folgen – geht vor allem im politischen Bereich das Risiko der Gewaltanwendung einher. Kant selbst hatte als abschreckendes Beispiel die Französische Revolution vor Augen, die er mit vollem Recht als den ersten Versuch einer Moralisierung der

Politik erkannte;[78] an ihr zeigte sich, dass in der Politik nicht die Klugheit, sondern der Moralismus zum Terror führt.[79] Und dennoch rechtfertigt der alternde Kant in einer Passage, die nicht gerade zu seinen besten zählt, weiterhin des Ausspruch *Fiat justitia, pereat mundus*, indem er »*mundus*« recht willkürlich als »die Schelme in der Welt« versteht und anmerkt: »Die Welt wird keineswegs dadurch untergehen, dass der bösen Menschen weniger wird.«[80] Demgegenüber ist es aber ebenso möglich, dass die moralische Idee auf ihrem Weg, wie wenigstens Hegel eingestehen wird, »so manche unschuldige Blume zertritt«.[81]

Kant würde dagegen zweifellos die Unvorhersehbarkeit der Folgen geltend machen.[82] Aber darauf lässt sich leicht erwidern, dass nicht alle Folgen gleich unvorhersehbar sind, dass es in Ermangelung von Gewissheit immer noch verschiedene Grade von Wahrscheinlichkeit gibt, und dass das gewöhnliche moralische Gewissen demzufolge damit fortfahren wird, den Politiker wie im Übrigen jedes moralische Subjekt für jene Folgen seines Handelns, die er aus Zerstreutheit, Nachlässigkeit oder einfacher Dummheit nicht vorausgesehen hat, zur *Verantwortung* zu ziehen.[83] Sich, wie Kant dies hier letzten Endes zu tun scheint, der Vorsehung anzuvertrauen,[84] entbindet den Menschen nicht davon, alles ihm Mögliche zu tun, damit die Folgen nicht der Absicht widersprechen und sich die Sittlichkeit nicht, und sei es bloß vorübergehend, gegen sich selbst wendet.

* * *

An einer einzigen Stelle (auch diese im Anhang zum *Ewigen Frieden*) scheint Kant unseren Einwand ernst zu nehmen. Nachdem er zuvor gesagt hat, dass selbst in der Politik allein das moralische Prinzip »gerade zum Zweck führt«, fügt er hinzu: »doch mit der Erinnerung der Klugheit, ihn nicht übereilterweise mit Gewalt herbei zu ziehen, sondern sich ihm, nach Beschaffenheit der günstigen Umstände, unablässig zu nähern«.[85] Leider war es 1795 zweifelsohne schon zu spät, als dass Kant aus dieser Anmerkung einen Nutzen hätte ziehen können – einen Nutzen nicht nur für seine politische Philosophie, sondern auch und vor allem für seine praktische Philosophie in ihrer Gänze. Das Problem hätte darin bestanden, innerhalb der praktischen Philosophie selbst der Praxis eine Pragmatik beizugeben, ohne doch im Gegenzug den Praxisbegriff zu verändern. Eine solche Aufgabe wäre Kant sicherlich völlig hoffnungslos erschienen, da er vermeiden wollte, dass die Analyse der Bedingungen der Realisierbarkeit des moralischen Gesetzes – und fügen wir hinzu: seiner optimalen Realisierbarkeit – auf dessen Definition zurückwirkt. Tatsächlich hätte ihn ein Beispiel des Aristoteles belehren können: So wie das bleierne Richtmaß der Lesbierinnen sich den Krümmungen des Steines anschmiegt,[86] so neigt das Gesetz dazu, in seinen Wortlaut die Möglichkeit einer Ausnahme zu integrieren, sofern es sich nicht nur mit seiner eigenen Richtigkeit, sondern auch mit seiner Nützlichkeit für den Menschen befasst. Während im hermeneutischen Zirkel des Aristoteles das Gesetz seine eigene Auslegbarkeit in Abhängigkeit von den Umständen, die es doch ordnen soll, autorisiert,[87] setzt Kant dem die unbeugsame Geradheit der Pflicht entgegen, die sich in ihrer vollkommenen Eindeutigkeit jeder Auslegung entzieht.

Kant hat gewiss verschiedentlich die Möglichkeit einer Kasuistik ins Auge gefasst.[88] Aber die Funktion einer solchen Kasuistik beschränkt sich darauf, uns Aufschluss darüber zu erteilen, »ob nun eine bei uns in der Sinnlichkeit mögliche Handlung der Fall sei, der unter der Regel stehe, oder nicht« bzw. »dasjenige, was in der Regel allgemein (*in abstracto*) gesagt wurde, auf eine Handlung *in concreto* angewandt wird«. Man sieht deutlich, dass es in dieser Problematik, die ihre prinzipielle Lösung in der »Typik der reinen praktischen Urteilskraft« findet,[89] nicht um die Bedingungen geht, unter denen sich eine Maxime umsetzen lässt, sondern nur um ihre Subsumtion unter eine allgemeine Regel. Die Typik leistet dank der Form des Naturgesetzes eine Vermittlung zwischen dem universellen moralischen Gesetz und den Maximen, welche den einzelnen Handlungen zu Grunde liegen; dabei handelt es sich aber nur um eine logische Vermittlung zwischen *Aussagen*, und nicht um eine reale Vermittlung zwischen Sittlichkeit und Natur. Das Problem einer möglichen Harmonie oder Disharmonie von Zweck und Mitteln, von Absicht und Folgen findet nirgends auch nur Erwähnung; Kant wird diese Frage nie anschneiden, denn er wird sich Zeit seines Lebens weigern, hierin überhaupt eine Frage zu sehen.[90]

So begibt sich Kant also jeder wirksamen Vermittlung zwischen Theorie und Praxis, zwischen Freiheit und Natur, indem er eine *moralische* Klugheitslehre ablehnt und nicht imstande ist, eine

Anerkennung des *pragmatischen* Werts der Klugheit auf andere Weise zu kompensieren. Für Kant verschmilzt die Ablehnung einer moralischen Klugheitslehre mit der Ablehnung einer derartigen Vermittlung von Theorie und Praxis überhaupt. Es steht hier also nicht die Kohärenz des kantischen Systems auf dem Spiel, sondern seine Wahrheit. Und diese Wahrheit lässt sich nicht außerhalb der historischen Umstände ermessen, innerhalb derer das kantische System aufgetreten ist. Kant ist der erste Philosoph, der auf radikale Weise die wissenschaftliche Revolution denkt, die den Anbruch der Neuzeit geprägt hat. Wissen ist nicht mehr Verstehen des Seins, sondern Herstellen des Objekts; die Erfahrung, auf der das Wissen beruht, ist nicht mehr wie in der Antike jene Vertrautheit mit den Dingen, die es ermöglicht, sich unter ihnen zu orientieren und sie im Übrigen lässt, wie sie sind, sondern die Unterwerfung und Neuordnung des Gegebenen. Ein solches Wissen, das unwissend ist um das Sein der Dinge wie um ihre Zwecke, das sich aller ontologischen oder axiologischen Bedeutung methodisch entledigt, aber dafür umso versierter die technische Beherrschung der Welt vorantreibt und diese mit seinem eigentlichen Anliegen verwechselt – ein solches Wissen ist keine Hilfe, sobald es darum geht, das menschliche Leben zu lenken. Die aristotelische Klugheit, eine Tugend des Verstandes, verkörperte die Einheit von Theorie und Praxis, die Verwurzelung der Praxis in einem Wissen, das sich über seine Grenzen hinreichend klar war, um die Bedingungen seiner Nützlichkeit für den Menschen im Scharfsinn zu suchen und nicht in der Ausdehnung und der Macht. Die Idee eines klugen Wissens, d. h. eines Wissens, welches den Wissenden tugendhaft und glücklich macht, steht seit Beginn der Neuzeit – trotz vereinzelter Warnrufe, von denen der bemerkenswerteste von Vico stammt[91] – im Widerspruch zum neuen Ideal wissenschaftlicher Objektivität, die das Subjekt zur bloßen Möglichkeitsbedingung dieser Objektivität degradiert. Kant tut nichts anderes, als mit überlegenem Scharfblick die Konsequenzen dieser »Revolution« zu ziehen: Die Theorie mag »technische« Korrolarien haben, aber aus ihr lässt sich niemals eine Praxis ableiten; die Philosophie der modernen Wissenschaft mag gut und gerne eine operative Philosophie sein, sie wird jedoch niemals eine praktische Philosophie sein.

Die axiologische Gleichgültigkeit des neuen Wissens bringt die Gefahr mit sich, dass menschliches Handeln entweder bloß zu einem von vielen anderen wissenschaftlich beschreibbaren und technisch herstellbaren Phänomenen wird, oder aber in den Wogen der Unbestimmtheit und Willkür versinkt. Kant gelingt es, durch seinen Begriff einer praktischen Vernunft – d. h. der Bestimmung des Willens durch eine Rationalität, welche dennoch nicht diejenige der wissenschaftlichen Objektivität ist – dem Dilemma des Determinismus zu entrinnen. Aber man darf von seiner praktischen Vernunft nicht mehr verlangen, als sie zu leisten vermag: Wenn sie uns auch auf Schritt und Tritt zu verstehen gibt, was man nicht tun darf, so liefert sie uns doch keinesfalls jenes schlechthin unmögliche Wissen, das uns inmitten des gleichgültigen Einerlei der Phänomene in den Stand versetzen würde, günstige Gelegenheiten oder drohende Gefahren zu gewärtigen und ihnen unser Handeln anzupassen. Das Risiko der kantischen Moral ist zugleich das Risiko, welches auch unserer modernen Welt innewohnt, einer buchstäblich »unklugen« Welt, in welcher die schwindelerregende Vervielfältigung der Mittel, die der wissenschaftliche Fortschritt mit sich gebracht hat, es auf paradoxe Weise zunehmend schwieriger werden lässt, die Folgen unseres Tuns vorauszusehen, und in der die angemessene Verwirklichung selbst höchst moralischer Zwecke immer ungewisser wird.

Anmerkungen

Vorwort

1 *Traité de morale*, hg. v. Jean-Pierre Osier, Paris 1995, I, 2, 2.

2 Vgl. besonders Nikolai Hartmann, *Ethik*, Berlin 1926, 4. Aufl. 1962; Vladimir Jankélévitch, *Traité des vertus*, Paris 1949, 3. Aufl. 1984; Otto Friedrich Bollnow, *Wesen und Wandel der Tugenden*, Frankfurt 1958, und die von ihm angegebene Bibliographie, ebd. S. 203.

3 René Antoine Gauthier, *La morale d'Aristote*, Paris 1958, 2. Aufl. 1973, S. 82 ff.; Kommentar zur *Nikomachischen Ethik* von R. A. Gauthier und J.-Y. Jolif, Paris und Louvain 1958, S. 463.

4 »Und wo es wahre Einsicht [Klugheit] mangelt, da finde Größe, wer kann«, in: Jean de La Bruyère, *Die Charaktere*, übers. v. Otto Flake, Wiesbaden 1947, 5. Aufl. Leipzig 1978, § 116, S. 317.

5 Voltaire, Brief an la Harpe vom 31. 3. 1775, in: *The Complete Works of Voltaire*, hg. v. Theodore Besterman, Banbury (Oxfordshire) 1975, Bd. 125, S. 383 f.

6 *Grundlegung zur Metaphysik der Sitten*, Zweiter Abschnitt, in: AA Bd. IV, S. 442.

7 Sophokles, *Antigone*, in: *Dramen*, übers. v. Wilhelm Willige, überarb. v. Karl Bayer, München 1985, Bd. V, S. 1350 f.

8 Ebd., Bd. V, S. 332 f.

9 »Hybris, des Überflusses dreistredende Mutter«, Pindar, 13. Olympische Ode, V. 10, in: *Siegesgesänge und Fragmente*, übers. v. Oskar Werner, München 1967.

10 Ausdrücklich wird von der Klugheit nur in Buch VI der *Nikomachischen Ethik* (über die dianoetischen Tugenden) und in einem Kapitel der *Magna Moralia* (I, 34) gehandelt. Das Buch VI der *Nikomachischen Ethik* ist eines der Bücher, die sowohl der *Nikomachischen Ethik* als auch der *Eudemischen Ethik* angehören, und hat also in der letzteren keine »Parallele« (was nicht heißt, dass ihr der aristotelische Begriff der *phronesis* unbekannt wäre).

11 Wir nehmen vorläufig Folgendes an: a) Die *Eudemische Ethik* und die *Nikomachische Ethik* sind zwei Versionen einer Vorlesung Aristoteles' über die Ethik, wobei erstere insgesamt älteren Datums ist als letztere. b) Lange Zeit herrschte die These von der Nichtauthentizität der *Magna Moralia* vor. Doch in Bezug auf Aristoteles sind Begriffe der Authentizität und Nichtauthentizität sehr relativ: Wenn das Werk auch offenbar später von einem Schüler redigiert wurde, so hat dieser doch ohne jeden Zweifel »Notizen«

von Aristoteles verwendet, die möglicherweise sehr alt waren; man kann also mit Dirlmeier zugeben, dass sie »ein Werk des Aristoteles selbst [ist], zum mindestens inhaltlich« (F. Dirlmeier, *Aristoteles. Magna Moralia*, 1958, S. 146 f.)

12 P. Aubenque, *Le problème de l'être chez Aristote. Essai sur la problématique aristotélicienne*, Paris 1962.

13 »[...] obscura quaestio, quam περὶ δωνατῶν philosophi vocant«; »illam [...] contentionem, quam περὶ δυνατῶν appellant« (Cicero, *Über das Fatum*, übers. v. Karl Bayer, München 1963, I, 1; IX, 17).

14 P.-M. Schuhl, *Le dominateur et les possibles*, Paris, Presses Universitaires de France, 1960.

15 Vgl. Pierre-Maxime Schuhl, De l'instant propice, in: *Revue philosophique de la France et de l'étranger* 152 (1962), 87. Jg., Nr. 1, S. 69–72.

Erster Teil (S. 13–38)

1 *Metaphysik*, M, 4, 1078b 15.

2 *Vom Himmel*, 3, 1, 298b 23.

3 *Physik*, 7, 3, 247b 11, 18.

4 *Topik*, 8, 14, 163b 9.

5 *Metaphysik*, A, 2, 982b 4.

6 6, 5, 1140b 1: οὐκ ἂν εἴη ἡ φρόνεσις ἐπιστήμη.

7 Ἀρετὴ διανοητική (NE, 1, 13, 1103a 6); Ἀρετὴ τῆς διανοίας (ebd., 6, 2, 1139a I). Vgl. ἀρετὴ διανοίας (*Rhetorik*, I, 9, 1366b 20).

8 NE, VI, 2, 1139a 12.

9 Ebd., 5, 1140b 26.

10 Ebd., 2, 1139a 12.

11 Ebd., 5, 1140b 26.

12 Ebd., 5, 1140b 21; ebd., 1141b 8.

13 Ebd., 7, 1141b 5. Vgl. MM, I, 34, 1197b 8: Ἡ δέ φρόνησις περὶ τὸ συμφέρον ἀνθρώπῳ.

14 Οὐδεμιᾶς γάρ ἐστιν γενέσεως (NE, VI, 13, 1143b 20).

15 Ebd., VI, 7, 1141a 24.

16 Ebd., VI, 5, 1140b 27; ebd., VI, 6, 1140b 36; ebd., VI, 8, 1141b 11.

17 Ebd., VI, 7, 1141a 25.

18 Vgl. *Metaphysik*, A, 2, 982b 28.

19 NE, VI, 7, 1141a 20.

20 Ebd., VI, 7, 1141a 34.

21 Vgl. Platon, *Politeia*, 7, 533de: »Indes, denke ich, müssen die nicht über die Wörter streiten, denen eine so große Untersuchung wie uns vorliegt.«

22 Werner Jaeger, *Aristoteles. Grundlegung einer Geschichte seiner Entwicklung*, Berlin 1923, 2. Aufl. 1955 [3. Aufl. Frankfurt am Main 1967], S. 85. Ich zi-

tiere dieses Werk nach der deutschen Erstausgabe unter Berücksichtigung späterer Korrekturen, die vom Verfasser zur zweiten Ausgabe der englischen Übersetzung v. Richard Robinson (1948) hinzugefügt wurden.

23 Ebd., S. 85, Anmerkung 1.

24 Ebd.

25 Ebd., S. 83.

26 Ebd., S. 250.

27 A. E. Taylor, Critical Notice on Jaeger's ›Aristoteles‹, in: *Mind* 33 (1924), S. 192–198 [Rezension zu Werner Jaeger, *Aristoteles. Grundlegung einer Geschichte seiner Entwicklung*, Berlin 1923].

28 Werner Jaeger, Über Ursprung und Kreislauf des philosophischen Lebensideals, in: *Sitzungsberichte der preußischen Akademie der Wissenschaften*, Philosoph.-hist. Klasse, 1928, S. 390–421. Ich zitiere diesen Aufsatz nach dem Wiederabdruck in: ders., *Scripta Minora*, Bd. 1, Rom 1960, S. 347–393.

29 Ebd., S. 365.

30 Cicero, *Atticus-Briefe*, übers. v. Helmut Kasten, München 1976, II, 16, 3.

31 Jaeger, Über Ursprung und Kreislauf, a. a. O., S. 379.

32 Ebd., S. 393.

33 *Protreptikos*, Fr. 11 in: *Aristotelis dialogorum fragmenta*, hg. v. Richard Walzer, Florenz 1934, ND Hildesheim 1963, S. 49; Fr. 5b (6 ff.) (Anaxagoras und Pythagoras); EE, I, 4, 1215b 2 (Anaxagoras); vgl. 1215b 6–14 und 5, 1216a 11–16.

34 Jaeger, Über Ursprung und Kreislauf, a. a. O., S. 361.

35 NE, 6, 7, 1141b 2 (über Anaxagoras und Thales), 1140b 7 (über Perikles).

36 Jaeger, Über Ursprung und Kreislauf, a. a. O., S. 365 f., Anmerkung 1.

37 MM, I, 34, 1197b 28–30.

38 Ebd., I, 34, 1198b 9 bis Ende.

39 Man findet eine derartige These in Epikurs *Brief an Menoikeus*: καὶ φιλοσοφίας τιμιώτερον ὑπάρχει φρόνησις (132, 8), in: Epikur, *Briefe, Sprüche, Werkfragmente*, übers. u. hg. v. Hans-Wolfgang Krautz, Stuttgart 1980, zuletzt 2000.

40 *Politik*, III, 2.

41 Diese Entwicklung ist als das Resultat einer inneren Logik dargestellt worden, so von Heinrich Gomperz, *Die Lebensauffassung der griechischen Philosophie und das Ideal der inneren Freiheit*, Leipzig 1904, 3. Aufl. 1927, und Max Pohlenz, *Griechische Freiheit. Wesen und Werden eines Lebensideals*, Heidelberg 1955. Im Gegensatz dazu besteht André Jean Festugière auf der bestimmenden Rolle, welche die sozialen und politischen Bedingungen in dieser Entwicklung spielten (s. *Liberté et civilisation chez les Grecs*, Paris 1947, Kapitel 1).

42 Zur Entwicklung des Begriffes der *Autarkie*, vgl. Festugière, *Liberté et civi-*

lisation chez les Grecs, a. a. O., S. 109 ff.; ders., *Epicure et ses dieux*, Paris 1946, S. X, und die Bemerkungen in meinem Buch *Le problème de l'être*, Paris 1962, S. 500 f. und 504, Anmerkung 1.

43 Karl Marx, *Differenz der demokritischen und epikureischen Naturphiloso-phie*, MEGA, Bd. 1, Berlin 1975, S. 37.

44 Margherita Isnardi Parente, Theoria e Prassi nel Pensiero dell'Academica Antica, in: *La Parola del Passato* 51 (1956), S. 373–374; vgl. Pierre-Maxime Schuhl, Théorie et pratique dans la pensée de l'ancien académie, in: ders., *Etudes platoniciennes*, Paris 1960, S. 129–131 [Rezension zu Isnardi Parente, Theoria e Prassi nel Pensiero dell'Academica Antica].

45 Ὁριστικὴν καὶ θευρητικὴν τῶν ὄντων, Fr. 7 Heinze (Aristoteles, *Topik*, 6, 6, 141a 6).

46 Fr. 6 Heinze.

47 Isnardi, Theoria e Prassi, a. a. O., S. 424 f.

48 Vgl. Fr. 4 Heinze und den Kommentar v. Isnardi, Theoria e Prassi, a. a. O., S. 425.

49 Fr. 77 Heinze.

50 Der Verfasser der *Epinomis* teilt uns allerdings mit, dass der Besitzer der *phronesis*, »ein Weiser und guter Bürger ist, der in seiner Stadt mit Weisheit und Maß befiehlt und gehorcht«; (Pseudo-Platon: *Epinomis*, in: *Platons Werke*, 4. Gruppe (Die platonische Kosmik), Bd. 7: *Die Gesetze*, Buch VII, und *Epinomis*, übers. v. Franz Susemihl, Stuttgart 1863, ND 1969). Aber dabei handelt es sich um ein traditionelles platonisches Motiv, welches die *Epinomis* nur halbherzig wiederholt, zumal das Anliegen hier alles andere als ein politisches ist.

51 Ebd., S. 973 ab.

52 Ebd., S. 974 b.

53 Ebd., S. 977 a.

54 Ebd., S. 977 ab.

55 Ebd., S. 982 bc.

56 Ebd., S. 982 e. Vgl. Pierre-Maxime Schuhl, *Le dominateur et les possibles*, Paris 1960, S. 43.

57 Ebd., S. 986 d.

58 Jaeger, *Arsitoteles*, a. a. O., Kapitel 2. Wir stellen die Problematik des *Protrep-tikos* hier angesichts des angreifbaren Charakters seiner Rekonstitution zurück (s. u.).

59 *Le problème de l'être*, zweiter Teil, Kapitel 1, § 1.

60 NE, 6, 7, 1141a 20 ff.

61 Zusätzlich könnte man gegen Jaeger einwenden, dass der Sieg der Praxis nicht notwendigerweise der der Politik ist. Die Abwendung von der Speku-lation ist ein hellenistischen Lehren gemeinsamer Zug und findet sich schon in der Älteren Akademie nach Xenokrates, wie auch im Peripatos nach

Theophrast. Sie geschieht jedoch weniger zugunsten der Politik als vielmehr zugunsten der moralischen Askese. Man begegnete dem gemeinschaftlichen Handeln wie allgemeinen Gesetzen mit Misstrauen und beschäftigte sich nur noch mit der »Diät« des Einzelnen (vgl. Herakleides Pontikos, Fr. 76–89, in: *Die Schule des Aristoteles*, hg. v. Fritz Wehrli, Basel und Stuttgart 1953, Bd. 7, 2. Aufl. 1969) und später mit dem Heil des Individuums. Dem kontemplativen Leben sollte man also nicht ein, sondern zwei Arten des praktischen Lebens gegenüberstellen: das politische Leben und das im eigentlichen Sinne moralische Leben, auf welches sich, nach Platon und Aristoteles, das Erbe der sokratischen Weisheit mehr und mehr reduziert.

62 *Fragmente*, hg. v. Valentin Rose, Berlin 1870, 3. Aufl. 1886, ND Stuttgart 1967.

63 *Aristotelis dialogorum fragmenta*, Florenz 1934, ND Hildesheim 1963.

64 *Aristotelis fragmenta selecta*, hg. v. W. D. Ross, Oxford 1955, ND 1992.

65 Ingram Bywater, Über einen verlorenen Dialog des Aristoteles [1869], in: *Frühschriften des Aristoteles*, hg. v. Paul Moraux, Darmstadt 1975, S. 21–36.

66 Jaeger, *Aristoteles*, a. a. O., S. 65 ff.; Philip Merlan, *From Platonism to Neoplatonism*, Den Haag 1953, 2. Aufl. 1960, Kap. 6; André Jean Festugière, Un fragment nouveau du ›Protrepticus‹ d'Aristote, in: *Revue philosophique de la France et de l'étranger* 146 (1956), S. 117–127, S. 122 ff.

67 Wilson Gerson Rabinowitz, *Aristotle's Protrepticus and the Sources of its Reconstruction*, Berkeley 1957.

68 Suzanne Mansion, Rezension zu: W. G. Rabinowitz, Aristotle's Protrepticus and the Sources of its Reconstruction, in: *Revue philosophique de Louvain* 56 (1958), S. 316–332, bes. S. 319 f.

69 Iamblichos, *Aufruf zur Philosophie*, übers. v. Otto Schönberger, Würzburg 1984 (mit Seiten- und Zeilenzählung nach: *Protreptikos*, hg. v. H. Pistelli, Leipzig 1888, ND Stuttgart 1967), Kap. 5, S. 34, 5–36, 20; 6–12, S. 36, 27–60, 10; s. Ingemar Düring (hg. und übers.), *Der Protrepticus des Aristoteles*, Frankfurt am Main 1969 [*Aristotle's Protrepticus. An Attempt at Reconstruction*, Stockholm 1961, S. 14, Anm. 3.].

70 Düring, *Aristotle's Protrepticus*, a. a. O., S. 17.

71 Nach Düring (ebd., S. 29) ist der *Protreptikos* um 350 verfaßt worden, als Aristoteles »ein aktives Mitglied der Akademie« war.

72 Hans-Georg Gadamer, Der aristotelische Protreptikos und die entwicklungsgeschichtliche Betrachtung der aristotelischen Ethik, in: *Hermes*, Bd. 63, 1928, S. 155.

73 Ebd., S. 145

74 Ebd., S. 146. Suzanne Mansion (Contemplation and Action in Aristotle's ›Protrepticus‹, in: *Aristotle and Plato in the Mid-Fourth Century*, Göteborg 1960, S. 68, Anm. 5) bestreitet diesen Gesichtspunkt, indem sie anführt, der

Protreptikos verteidige eine »wohldefinierte Auffassung der Philosophie
[…] mittels Argumenten, die in gewissen vollkommen präzisen philosophischen Sichtweisen verwurzelt sind«. Aber dieses »wohldefinierte« Verständnis der Philosophie ist nichts anderes als die *notio communis* der Philosophie, so wie sie in den Kreisen, denen Aristoteles angehörte, verbreitet war.
Schon der »gehobene Stil« (Düring, *Aristotle's Protrepticus*, S. 17) des *Protreptikos* unterscheidet diese Schrift von den scholastischen Diskussionen
der Akademie ebenso wie von den unwegsamen Forschungen des Aristoteles der esoterischen Schriften, und macht deutlich, dass es sich um ein
»volkstümliches Werk« (Düring, ebd.) handelt.

[75] Es lässt sich nicht einmal mit Sicherheit feststellen, dass die Abschnitte, in
denen Iamblichos anscheinend zwischen *sophia* und *phronesis* unterscheidet (35, 8–9; 36, 9–10, in: Iamblichos, *Aufruf zur Philosophie*) nacharistote-
lisch sind, wie dies Jaeger behauptet, der diese Passagen Porphyrios zuschreibt (*Aristoteles*, S. 62; Gadamer, Der aristotelische Protreptikos, S. 149).
Es würde genügen zuzugestehen, dass Aristoteles hier auf die volkstümliche
Bedeutung von *phronesis* zurückgeht (s. u., vgl. auch Düring, *Aristotle's
Protrepticus*, S. 191, 195 f., Fragmente 27 und 29 D; Düring sieht keinen
Grund dafür, diese Texte von den Anleihen Iamblichos' bei Aristoteles
auszuschließen).

[76] Vgl. Düring, *Aristotle's Protrepticus*, S. 191 (zur *phronesis*): »Aristotle avoids
strict terminology in the *Protrepticus*.«

[77] Zwar wird auch in der *Rhetorik* (1, 9, 1366b 20) und in der *Topik* (5, 6, 136b
10; 6, 6, 145a 30; vgl. die Diskussion in 4, 2, 121b 31) die *phronesis* als Tugend des Verstandes (λογιστικοῦ ἀρετή) definiert, jedoch nicht (was allein
entscheidend wäre) als Tugend des *unteren* Teiles des Verstandes (λογιστικόν hat diese eingeschränkte Bedeutung nur in der *Nikomachischen Ethik*).

[78] Es bleibt unverständlich, wie Jaeger schreiben konnte: »Während der Protrepticus die φρόνησις ganz platonisch als das philosophische Erkennen
schlechthin fasst, kennt die Metaphysik diesen Begriff nicht mehr« (*Aristoteles*, S. 83).

[79] Darüber hinaus findet man die platonische Bedeutung von φρονεῖν,
φρόνησις in den Ethiken selbst, und zwar dort, wo der Begriff nicht ausdrücklich thematisiert wird: vgl. NE, 1, 4, 1096b 17, 23; 7, 12, 1152b 15f.;
13, 1153a 21; EE, I, 4, 1215b 2; 5, 1216a 19.

[80] Augustin Mansion, Untersuchungen über die dem Aristoteles zugeschriebenen Ethiken, in: *Ethik und Politik*, hg. v. Fritz-Peter Hager, Darmstadt
1972, S. 66–148 [frz. S. 222].

[81] EE, I, 8, 1217b 21.

[82] *Le problème de l'être*, bes. S. 82, 97.

[83] Vgl. das Sprichwort, das Aristoteles mit einer gewissen Ironie in der *Metaphysik* (A, 2, 983a 3) zitiert.

⁸⁴ NE, VI, 5, 1140a 25b 8; 7, 1141a 25, 27b 5. Was das Beispiel des Anaxagoras und des Thales (und das parallele Beispiel des Perikles) anbetrifft, so scheint es sich hier um einen Widerruf Aristoteles' zu handeln (vgl. die weiter oben zitierten Texte): Wenn er hier so sehr auf dem Gebrauch insistiert, so deshalb, weil sich so um so besser die Abirrung beurteilen lässt, die ihn einst nach platonistischem Vorbild sagen ließ, Anaxagoras wäre ein *phronimos*, während der gesunde Menschenverstand durchaus Recht damit hat, diese Bezeichnung Menschen wie Perikles vorzubehalten: Zwar haben sie niemals die Idee des Guten geschaut, doch verstehen sie sich auf »das, was ihnen und anderen gut ist« (1140b 8). Über die Rehabilitation der volkstümlichen Bedeutung von *phronimos* kommt es hier zu einer wahren »Rehabilitation der Staatsmänner« (Richard Walzer, *Magna Moralia und aristotelische Ethik*, Berlin 1929, S. 190), und zwar gegen Platon, insbesondere gegen den Platonismus des *Gorgias*. Aristoteles geht auf den Standpunkt von Gorgias zurück und erkennt der Figur des Politikers, deren Erfolg sich mehr dem »Augenmaß« als der Wissenschaft verdankt, eine gewisse Größe zu.

⁸⁵ Im Zusammenhang mit dem allgemeinen Problem der Beziehung von Theorie und Praxis verteidigt Platon manchmal einen Relativismus, der dem Aristotelismus näher steht als der Lehre des *Gorgias* oder der *Politeia*. Im *Menon* geht Sokrates sogar so weit zu sagen, dass die Wissenschaft sich nicht zur Leitung des politischen Handelns eignet (οὐκ ἂν εἴη ἐν πολιτικῇ πράξει ἐπιστήμη ἡγεμών, 99b), dass in diesem Bereich »wahre Meinung für richtiges Handeln kein schlechterer Führer als Wissen« ist (97c) und dass man deshalb kein Weiser sein muss, um Städte zu regieren (99b). Am anderen Ende des platonischen Werdegangs erkennt der *Philebos* an, dass die Wissenschaft von den Ideen uns keinerlei Hilfe gewährt, wenn es sich darum handelt, unseren Weg nach Hause zu finden (62b), und dass man sich in einer ungenauen Welt nur mit unreinen Techniken zurechtfinden kann. Doch sowohl im *Philebos* wie im *Menon* versteht Platon unter *phronesis* jene allzu hochstehende Weisheit, deren praktisches Unvermögen er aufweist (*Menon*, 97bc; im gesamten *Philebos* bezeichnet *phronesis* die Weisheit, die sich auf das Unveränderliche bezieht, vgl. insb. 59cd). Man kann also einräumen, dass die Idee der Klugheit, d. h. einer zwar untergeordneten (vgl. *Philebos*, 59c), aber dennoch notwendigen Weisheit, schon in den Texten Platons vorhanden ist, jedoch unter dem Vorbehalt, dass *phronesis* in ihnen keineswegs die Klugheit meint, sondern ihr Gegenteil.

⁸⁶ Hier wären eigentlich zwei Fälle zu unterscheiden: 1) Die Texte, in denen Platon seine eigene Auffassung der kontemplativen *phronesis* der traditionellen *phronesis* gegenüberstellt. Man würde feststellen, dass diese schon lange vor Aristoteles als eine Art kalkulierende Klugheit verstanden wurde. So spottet Sokrates im *Phaidon* über die »einfältige Mäßigkeit« (εὐήθη σωφροσύνην, 68e) jener Menschen, die auf gewisse Annehmlichkeiten ver-

zichten, um anderer nicht verlustig zu gehen; denn »das ist doch schwerlich der richtige Weg zur Tugend, dies Tauschgeschäft, vermöge dessen man Lust gegen Lust […] eintauscht […], vielmehr ist jene Münze allein die rechte, für die man alles dies eintauschen muss, nämlich die *phronesis*« (69a). Es steht außer Zweifel, dass Platon hier mit dem Wort *phronesis* spielt, welches geradezu die »Recheneinheit« bezeichnet, aber nicht in dem Sinne, in dem es der volkstümliche Sprachgebrauch versteht. Genauso bezeichnet Kallikles mit *phronesis, phronimos* den Scharfsinn, das unmittelbar wirksame Wissen, welches seinem Besitzer Macht verleiht (*Gorgias*, 490a, 492a); die Diskussion in 490bd ist ein gutes Beispiel für die bereits bekannte Zweideutigkeit des Wortes: Sokrates und Kallikles stimmen darin überein, dass der »klügste« zugleich der beste ist, τὸν φρονιμώτερον βελτίω, doch verstehen sie dies nicht im selben Sinn (vgl. auch *Politeia*, 1, 348d). – 2) Die Texte, in denen Platon selbst die *phronesis* als eine Weisheit zweiter Klasse auffasst, die zwar weniger rein als die *episteme*, aber jener sinnlichen Welt näher steht, in der wir zu leben haben und die Gegenstand unseres Handelns ist. In diesem Sinne: *Hippias I*, 281cd (wo sich im Zusammenhang mit dem bereits klassischen Beispiel von Thales und Anaxagoras die Gegenüberstellung von *sophia* und *phronesis* findet); *Gesetze*, III, 690e (wo *phronesis* das Maß bedeutet, welches es gestattet, den Ausspruch Hesiods als wahr anzusehen, demzufolge die Hälfte oft mehr ist als das Ganze); 693e (wo *phronesis* in Zusammenhang mit σωφροσύνη gebracht wird). Man könnte auch auf die imaginäre und mit der Bedeutung von *phronesis* als »Kontemplation des Unveränderlichen« wenig kompatible Etymologie aus dem *Kratylos* hinweisen: die *phronesis* wäre demnach eine φορᾶς νόησις (die Erkenntnis der Bewegung) oder eine φορᾶς ὄνησις (ein Hilfsmittel der Bewegung). – Zur *phronesis* in den frühen Dialogen Platons vgl. Johannes Hirschberger, *Die Phronesis in der Philosophie Platons vor dem Staate*, Leipzig 1932 (diese Studie behandelt trotz ihres Titels eher die *Idee* der Weisheit, wie auch immer ihre Bezeichnung lautet, als das Wort *phronesis* selbst).

[87] Richard Broxton Onians, *The Origins of European Thought about the Body, the Mind, the World, Time and Fate*, Cambridge 1931, 2. Aufl. 1954; Bruno Snell, *Die Entdeckung des Geistes*, Hamburg 1946, 5. Aufl. 1980. Vgl. den dritten Teil der vorliegenden Studie.

[88] Ernst Kapp hat mit seiner Dissertation über *Das Verhältnis der Eudemischen zur Nikomachischen Ethik*, Berlin 1912, den Weg gebahnt (zur *phronesis* vgl. S. 48–52). Zuvor hatte schon Léon Ollé–Laprune die unterschiedlichen Akzente in den beiden Ethiken bemerkt; ihm zufolge ist die *Eudemische Ethik* von eher »religiöser« und »platonischer« Inspiration (*Essai sur la morale d'Aristote*, Paris 1881, S. 5 ff., S. 201 f.), woraus er jedoch keine »genetischen« Schlussfolgerungen zog.

[89] Henri-Dominique Noble, Introduction à la prudence (mit Bezug auf Tho-

mas von Aquin, *Summa theologica*, IIa II ae, q. 47–56), in: *Revue des Jeunes*
1, S. 8, 2. Aufl. hg. v. T.-H. Deman, Paris 1949.

[90] Vgl. das gleichnamige Werk v. Marie Stanislas Gillet, *Du fondement intellec-
tuel de la morale d'après Aristote. Essai critique*, Fribourg 1905, 2. Aufl. Paris
1928.

[91] Damit erweist man Julius Walters voluminösem Pamphlet (*Die Lehre von
der praktischen Vernunft in der griechischen Philosophie*, Jena 1874) allerdings sehr viel Ehre. Der polemische Ton des Buches lässt sich nur daraus
erklären, dass es sich bei diesem um eine Episode im Streit zwischen der
Schule Kuno Fischers (dessen Schüler Walter war) und der Trendelenburgs
handelt. Alles in allem verwendet Walter 573 Seiten darauf zu zeigen, dass
die praktische Vernunft bei Aristoteles (die er mit der *phronesis* gleichsetzt)
keine praktische *Wissenschaft*, d. h. ein theoretisches Wissen der Prinzipien
des Handelns, ist, sondern »ein beratschlagendes oder praktisches Ver-
nunftvermögen«.

[92] Gauthier, *La morale d'Aristote*, S. 94 f.

[93] Ebd., S. 95.

Zweiter Teil, 1. Kapitel (S. 39–68)

[1] Die vollständigsten Definitionen gibt Stobaios, *Eclogae physicae et ethicae*,
II, 59, 4: φρόνησις δ'εἶναι ἐπιστήμην ὧν ποιητέον καὶ οὐ ποιητέον καὶ
οὐδετέρων ἤ ἐπιστήμην ἀγαθῶν καὶ κακῶν καὶ οὐδετέρων φύσει πολι-
τικοῦ ζῴου (SVF, III, 262). Der von den letzten drei Worten ausgedrückte
Aspekt (wahrscheinlich eine Hinzufügung peripatetischen Ursprungs)
fällt bei den anderen Zeugnissen aus und gelegentlich wird sogar das
καὶ οὐδετέρων ausgelassen (vgl. Andronicus, SVF, III, 268; Alexander
von Aphrodisias, SVF, III, 283; dafür präzisiert die von Sextus Empiricus
(*Adversus Mathematicos IX* (als *Adversus Dogmaticos* III), 153, in: Sexti Em-
pirici Opera, hg. v. H. Mutschmann; SVF, III, 274) überlieferte Definition:
ἐπιστήμην ἀγαθῶν τε καὶ κακῶν καὶ ἀδιοφόρων.

[2] Man findet sie etwa bei Cicero unter dem Namen *prodentia* wieder: *rerum
bonarum et malarum neutrarumque scientia* (*De inventione*, übers. v. Theodor Nüßlein, Darmstadt 1998, II, 53; vgl. *Vom Wesen der Götter*, übers. v.
Olof Gigon, Zürich 1996, III, 15, 38), *rerum expetendarum fugiendarumque
scientia* (*Von den Pflichten*, übers. v. Harald Merklin, Frankfurt am Main
1991, I, 43, 153; allerdings gibt es hier dem Anschein nach eine Verwechs-
lung mit der stoischen Definition der σωφροσύνη: ἐπιστήμην αἱρετῶν καὶ
φευκτῶν καὶ οὐδετέρων, Stobaios, *Eclogae physicae et ethicae*, II, 59, 4; SVF,
III, 262). Auch bei Augustinus tauchen diese Definitionen wieder auf (*cog-
nitio rerum appetendarum et fugiendarum*, in: *Dreiundachtzig verschiedene
Fragen*, übers. v. Carl Johann Perl, Paderborn 1972, q. 61, n. 4; vgl. ders.,

Vom freien Willen, in: ders., *Theologische Frühschriften*, übers. v. Wilhelm Thimme, Zürich und Stuttgart 1962, I, 13). Thomas von Aquin gibt eine von Aristoteles inspirierte Definition der Klugheit: *recta ratio agibilium* (*Summa theologica*, Salzburg und Leipzig, 1934 ff., II a II ae, q. 47, a 2, *sed contra*); diese Vereinfachung ist allerdings strittig (obzwar von NE, VI, 13, 1144b 28 suggeriert).

3 Τὴν φρόνησις ἕξις εἶναι μετὰ λόγου ἀληθοῦς περὶ τά ἀνθρώπινα ἀγαθά πρακτικήν (NE, VI, 5, 1140b 20) und ἕξιν ἀληθῆ μετὰ λόγου πρακτικὴν περὶ τά ἀνθρώπῳ ἀγαθὰ καὶ κακά (ebd., 1140b 5). Was die Funktion des Epithets ἀληθής angeht, verstehe ich die zweite Formulierung entsprechend der ersten: Apelt geht sogar so weit, ἀληθῆ zu ἀληθοῦς zu verbessern (vgl. außerdem die Definition der Kunst in 1140a 21: ἕξις τις μετὰ λόγου ποιητική); selbst wenn man zugibt, dass das ἀληθῆ in 1140b 5 auf eine Nachlässigkeit von Aristoteles selbst zurückgehen könnte, so ist dennoch klar, dass allein der λόγος und nicht die ἕξις in aller Strenge ἀληθής genannt werden kann. Vgl. in diesem Sinne Dirlmeier und Tricot; im Gegensatz dazu Bywater (1894, ND 1957), W. D. Ross in Bd. IX der *Works of Aristotle* und Gauthier (Paris 1958).

4 NE, VI, 5, 1140a 24.

5 NE, VI, 5, 1140a 31.

6 Vgl. die weiter unten zitierte Definition der Tugend (NE, II, 6, 1106b 36).

7 Ich habe hier den Gedankengang resümiert, der in die Definition der Klugheit mündet (NE, VI, 5, 1140a 24– b 6, wozu man die Zeilen 6 und 7 hinzufügen muss, die eine Explikation des Vorangegangenen darstellen).

8 NE, VI, 4, 1140a 24.

9 Tatsächlich wird die von Platon angeregte Lehre von den vier Tugenden (Weisheit oder Klugheit, Gerechtigkeit, Mut, Mäßigung; vgl. auch die folgende Fußnote) erst bei den Stoikern zum Klassiker. Was Aristoteles anbetrifft, so ist sie im *Protreptikos* (Fr. 52, S. 62, 2 und 58, S. 68, 6–9 Fragmentausgabe Rose) und den älteren Abschnitten der *Politik* (VII, 1, 1323a 27 ff., b 33–36 und 15, 1334a 22) zwar präsent, findet jedoch in den *Ethiken* keine Beachtung. Der einzige Unterschied zwischen Platon und den Stoikern besteht darin, dass letztere die Weisheit, d. h. die Erkenntnis des Intelligiblen – von Platon unterschiedslos σοφία oder (in den *Gesetzen*) φρόνησις genannt – durch die φρόνησις ersetzen, welche in Übereinstimmung mit der volkstümlichen Wortbedeutung eine unmittelbar auf das Handeln orientierte Verstandestugend bezeichnet (da die Stoiker die intelligible Welt einsparen, ist ihnen der platonische Begriff der σοφία selbstverständlich fremd). Cicero verwendet daraufhin das Wort *prudentia* (eine Kontraktion von *providentia*, was an Voraussicht, an ein Wissen von praktischer Wirksamkeit erinnert) als Übersetzung der stoischen φρόνησις. Aus Ciceros *Von den Pflichten* schließlich hat Ambrosius (und mit ihm das gesamte lateini-

sche Mittelalter) die Liste der vier Kardinaltugenden entlehnt (*De officiis*, hg. v. Maurice Testard, Turnhout 2000, I, 24, 115), die Ambrosius *virtutes principales* nennt.

10 Platon, *Politeia*, 4, 439d ff.; vgl. *ebd.*, 427e; ders., *Symposion*, 196b; ders., *Gesetze*, I, 631b (nur dieser letzte Text spricht von φϱόνησις, alle anderen von σοφία). Zum Ursprung dieser Liste, der im 6. Jhd. v. Chr. liegt (auch wenn man nicht auf Pindar, 3. Nemeische Ode, V. 72–75 verweisen kann), vgl. Eduard Schwartz, *Ethik der Griechen*, hg. v. Willi Richter, Stuttgart 1951, S. 52 f.

11 Später nimmt Plotin die Liste der vier Tugenden unter dem Namen »politische Tugenden« wieder auf und gründet sie auf die platonische Unterteilung der Seele; er ordnet die φϱόνησις jedoch dem λογιζόμενον zu (I, 2, 1, in: *Schriften*, gr.-dt., übers. v. Richard Harder, Neubearbeitung v. R. Beutler und W. Theiler, 6 Bde., Hamburg 1956–1971). Andernorts unterscheidet Plotin, womöglich unter aristotelischem Einfluß, φϱόνησις und σοφία und ordnet die erste der zweiten unter, welche allgemeiner als die erste ist und ihr ihre Regeln liefert (I, 3, 6). In der lateinischen Tradition werden *sapientia* und *prudentia* meistens miteinander verschmolzen und in der Liste der Tugenden gegeneinander ausgetauscht (ein gutes Beispiel für diese Verwirrung bietet Ambrosius, *De officiis*, 25, in der die *prudentia* der stoischen Tradition obendrein noch mit der *sapientia* der lateinischen Bibelübersetzungen identifiziert wird). Allein Cicero bemüht sich, zweifelsohne inspiriert durch Poseidonius und Panaitios (vgl. auch Plutarch, *De virtute morali*, in: *Plutarchi Moralia*, Bd. III, hg. v. W. R. Paton, Max Pohlenz und W. Sieveking, Leipzig 1929, ND Leipzig 1972, 443 e–444 a), um eine Unterscheidung der »prudentia, quae est rerum expetendarum fugiendarumque scientia«, von der theoretischeren sapientia, der »rerum divinarum et humanarum scientia« (*Von den Pflichten*, I, 43, 153). Allerdings bleibt er selbst dieser Unterscheidung nicht treu (vgl. *ebd.*, I, 5, 15 f.).

12 Vgl. SVF, III, 262 f.; I, 201.

13 Vgl. Léon Robin, der zu den ethischen Tugenden schreibt: »Es muß einen überraschen […] festzustellen, wie wenig Aristoteles daran liegt, sie streng und gemäß den von ihm selbst aufgestellten Prinzipien, d. h. im Verhältnis zu den Leidenschaften und den Handlungen, zu klassifizieren« (*Aristote*, Paris 1944, S. 235). Robin unternimmt es übrigens, diesem Mangel Abhilfe zu schaffen (vgl. auch einen systematischen Versuch bei Karl F. Häcker, *Das Einteilungs- und Anordnungsprinzip der moralischen Tugendreihe in der Nikomachischen Ethik*, Berlin 1863).

14 »Aristoteles, das ewig unerreichte Beispiel beschreibender Ethik, [hat] die Tugenden nur in lockerer Reihenfolge hintereinander abgehandelt«, angesichts der »Unsystematisierbarkeit des Tugendreichs« (Bollnow, *Wesen und Wandel der Tugenden*, S. 27). Vgl. in diesem Sinne schon Hartmann, *Ethik*.

[15] NE, II, 7, 1107a 28–1108b 10; EE, II, 3, 1220b 38–1221b 9.

[16] Vgl. Werner Jaeger, Der Grossgesinnte. Aus der Nikomachischen Ethik des Aristoteles (IV, 7–9), in: *Die Antike* 7 (1931), S. 97–105, und in: ders., *Humanistische Reden und Vorträge*, Berlin 1937, 2. Aufl. 1960; René Antoine Gauthier, *Magnanimité. L'idéal de la grandeur dans la philosophie paienne et la théologie chrétienne*, Paris 1951, S. 55 ff.

[17] Vgl. dazu Burnet und Joachim in ihren Kommentaren zu dieser Passage.

[18] René Allendy, *Aristote ou le complexe de trahison*, Genf 1962, S. 36.

[19] NE, IV, 1, 1119b 22.

[20] Ebd., 1119b 23.

[21] Es ist charakteristisch, dass Aristoteles mit φαινόμενα sowohl die λεγόμενα als auch die beobachteten Tatsachen charakterisiert. Vgl. G. E. L. Owen, Τιϑέναι τὰ φαινόμενα, in: *Aristote et les problèmes de méthode. Actes du 2e Symposium Aristotelicum* (Louvain 24. 8. – 1. 9. 1960), Louvain 1961, S. 83–103.

[22] Vgl. zur Definition der Leidenschaften im zweiten Buch der *Rhetorik* meinen Artikel Sur la définition aristotélicienne de la colère, in: *Revue philosophique de la France et de l'étranger* 147 (1957), 72. Jg., S. 300–317.

[23] *Zweite Analytik*, II, 13, 97b 15 ff.

[24] Es gibt gewisse Tugenden und Laster, die von Aristoteles als theoretische Unterstellungen seiner Analyse (der Theorie der rechten Mitte, die jeweils eine Tugend und zwei symmetrische Laster impliziert) erwähnt werden, die jedoch in der Umgangssprache keinen Namen (ἀνώνυμα) haben (NE, II, 7; EE, II, 3, 1220b 38– 1221a 12).

[25] S. oben Teil I, § 1.

[26] Vgl. ebd. und das folgende Kapitel.

[27] Εστιν ἄρα ἡ ἀρετὴ ἕξις προαιρετική, ἐν μεσότητι οὖσα τῇ πρὸς ἡμᾶς ὡριμένη λόγῳ καὶ ὡς ἄν ὁ φρόνιμος ὁρίσειε (NE, II, 6, 1106b 36). Ich lese ὡριμένη und nicht ὡριμένη, im Gegensatz zu den Handschriften, aber in Übereinstimmung mit dem Kommentar von Aspasius.

[28] Vgl. dazu die Kritik im Kommentar zur NE in der Ausgabe von R. A. Gauthier und J.-Y. Jolif, Paris und Louvain 1958, S. 147 f.

[29] Über den Begriff und seine platonischen Ursprünge vgl. Dirlmeiers gelehrte Anmerkungen in seiner Ausgabe der NE, S. 298–304.

[30] Vgl. NE, II, 5, 1106a 36–b 7 (es verhält sich damit wie mit der vom Trainer festgelegten Nahrungsration, die für Milon und für den sportlichen Anfänger nicht gleich ist).

[31] NE, I, 4, 1097a 9 ff.; vgl. *Metaphysik*, A, 1, 981a 18 ff.

[32] *Parmenides*, 133de.

[33] So verbessert Dirlmeier καὶ ὡς zu καὶ ᾧ und versteht dies folgendermaßen: »nicht die feste Haltung wird durch den ›richtigen logos‹ […] bestimmt, sondern die Mitte« (S. 311). Aber eine solche Übersetzung würde genau das

voraussetzen, was in Frage steht: die Existenz einer den klugen Menschen transzendierenden Regel. Der Kommentar von Dirlmeier gibt im Übrigen keine Begründung für diese Verbesserung.

[34] Es reicht nicht aus, mit Thomas von Aquin zu sagen, die Klugheit sei die *recta ratio*, denn nicht die *Klugheit* (die wir nicht kennen), sondern der *Kluge* wird hier als die *recta ratio* präsentiert.

[35] Platon, *Politikos*, 258b, 292c, 300c; vgl. ders., *Theaitetos*, 170a.

[36] Vgl. Platon, *Politikos*, 294a: τὸ δ'ἄριστον οὐ τούς νόμους ἐστὶν ἰσχύειν, ἀλλ'ἄνδρα τὸν μετὰ φρονήσεως βασιλικόν.

[37] Fr. 52 Fragmentausgabe Rose, 5 a Fragmentausgabe Walzer; vgl. Iamblichos, *Aufruf zur Philosophie*, VI, 39, 16–20.

[38] Vgl. Fr. 13 Fragmentausgabe Walzer; vgl. Iamblichos, *Aufruf zur Philosophie*, X, 54, 22–55, 3. Diese Passagen aus dem *Protreptikos* haben eine umfangreiche Literatur hervorgerufen, die mir jedoch die Interpretation Jaegers (*Aristoteles*, S. 77 f., 87, 253), der hier die Skizze einer Moral *more geometrico* entdecken zu können glaubte, nicht grundsätzlich in Frage zu stellen scheint (vgl. oben Teil I). Man gibt inzwischen zu, dass dem *Protreptikos* die Ideenlehre fremd ist (Paul Wilpert, *Zwei aristotelische Frühschriften über die Ideenlehre*, Regensburg 1949, S. 65; Rudolf Stark, *Aristotelesstudien. Philologische Untersuchungen zur Entwicklung der aristotelischen Ethik*, München 1954, 2. überarb. Aufl. 1972, S. 9; S. Mansion, *Contemplation and Action*, S. 56 ff.): Die Ideen werden durch Wendungen wie »das Wahre«, »die Natur«, »das Gute« ersetzt. Aber dennoch – und dies allein ist hier von Interesse – bezeichnen diese Ausdrücke auf die eine oder andere Weise das Göttliche (τὸ θεῖον) (vgl. Fr. 13 Fragmentausgabe Walzer; vgl. Iamblichos, *Aufruf zur Philosophie*, 55, 23 und 27). Unter dieser Voraussetzung ist es sekundär, den »mathematischen« Charakter eines solchen Wissens zu bestreiten (Ingemar Düring, Aristotle in the ›Protrepticus‹, in: *Autour d'Aristote*, Paris 1955, S. 81–97), denn darum ist es doch um nichts weniger »exakt«, selbst wenn man legitimerweise die Exaktheit seiner Anwendungen bezweifelt (James D. Monan, La connaissance morale dans le ›Protreptique‹ d'Aristote, in: *Revue Philosophique de Louvain* 58 (1960), S. 185–219). Endlich hat man in der Theorie vom moralischen Subjekt (φρόνιμος, σπουδαῖος, etc.) als absoluter und autonomer Norm eine Konstante des aristotelischen Denkens sehen wollen (Düring, Aristotle in the ›Protrepticus‹). Es ist jedoch zu beachten, dass es sich dabei um eine platonische Idee handelt (vgl. die Rolle des Philosophen im *Politeia*: κάλλιστα κρίνει, 582d; die Rolle des Politikers im *Politikos*: 309cd etc.; des »großen Mannes«, des »vollkommenen Mannes«, der »besten Seele« in den *Gesetzen*, II, 659a; V, 730d, 732a; XII, 950c, 964b, und die im Kommentar von Dirlmeier zitierten Texte, S. 299) und dass Aristoteles sie in der *Topik* als einen »Gemeinplatz« präsentiert (III, 1, 116a 14 ff.: wünschenswert ist das,

dem der Kluge, φρόνιμος, oder der Gute, ἀγαθός, oder die in der jeweiligen Sache Tüchtigen, σπουδαῖοι, den Vorzug geben). Über die Konstanz der Formulierungen hinweg sind jedoch die jeweiligen Rechtfertigungen zu beachten, die begründen, *warum* der *phronimos* als Norm präsentiert wird: in dieser Hinsicht ist die Entwicklung vom Platonismus zum Aristotelismus und vom *Protreptikos* zur *Nikomachischen Ethik* nicht zu leugnen.

39 Walzer, *Magna Moralia*, S. 236.

40 NE, I, 7, 1098a 26. Vgl. Jaeger, Aristoteles, S. 87. Es stimmt, dass schon der *Protreptikos* die moralische Norm mit der Regel des Zimmermannes vergleicht (Fr. 13 Fragmentausgabe Walzer; vgl. Iamblichos, Aufruf zur Philosophie, 54, 24), aber dies geschieht – aus einer ganz anderen Inspiration als jener der *Nikomachischen Ethik* heraus –, um die »Exaktheit« seiner Kunst hervorzuheben. Das Beispiel des Zimmermannes dürfte darüber hinaus gängig gewesen sein (vgl. die weiter oben zitierte Passage in *Topik*, III, 1, 116a 18).

41 NE, I, 1, 1094b 11–27; 13, 1102a 23; vgl. II, 7, 1107a 29.

42 Vgl. Platon, *Politikos*, 294b, und NE, V, 14, 1137b 25, die beide den *absoluten* (ἁπλοῦς, ἁπλῶς) Charakter des Gesetzes anklagen, dem die »Ungleichheit der Menschen und ihrer Handlungen« (Platon) und der Unendlichkeit der Sonderfälle (Aristoteles) gegenübergestellt werden. Vgl. auch Aristoteles, *Politik*, III, 15, 1286a 9.

43 Platon, *Politikos*, 294c.

44 Ebd., 295 c.

45 Τὴν τέχνην νόμον παρεχόμενος (ebd., 297a).

46 NE, V, 14, 1137b 17.

47 NE, V, 14, 1137b 29.

48 Platon, *Politikos*, 297ab: Τὸ μετὰ νοῦ καὶ τέχνης δικαιότατον.

49 Vgl. Platon, *Gorgias*, 508a.

50 NE, V, 14, 1137b 12.

51 Platon, *Politikos*, 296e–297a.

52 Die Metapher des Steuermannes, dessen Fahrt durch eine stets gleichbleibende Wirklichkeit führt, findet sich im *Protreptikos* wieder, Fr. 13 Fragmentausgabe Walzer; vgl. Iamblichos, *Aufruf zur Philosophie*, 55, 27 (mit Rücksicht auf die Nähe zum Text des *Politikos* sehe ich keinen Anlass zur Vermutung von Vitelli, der ὁρμᾷ in ὁρμεῖ umändert).

53 NE, X, 8, 1178a 18.

54 Das Ideal des *spoudaios* wird auch in der kynisch-stoischen Tradition verinnerlicht, wenn auch in einem gänzlich anderen Sinne: Sie insistiert eher auf dem Wert der Mühe, der Spannung, der Askese, der Selbstbeherrschung. Auf eine solchermaßen »voluntaristische« Weise werden insbesondere die »Taten« des Herkules als Symbole des Kampfes gegen die inneren Feinde, d. h. die Leidenschaften, aufgewertet. Vgl. Epiktets Porträt der Kyniker in:

Lehrgespräche, in: *Ausgewählte Schriften*, übers. v. Rainer Nickel, Zürich 1994, III, 22, 57; vgl. I, 6, 36; II, 16, 44; IV, 1, 127. Zu dieser Form der Verinnerlichung des archaischen Ideals, vgl. Ulrich von Wilamowitz-Möllendorf, *Euripides' Herakles*, Darmstadt 1969, S. 1–107, insb. S. 41 ff., 102 f.; Werner Jaeger, *Paideia. Die Formung des griechischen Menschen*, Berlin 1933–1947, ND Berlin 1973, Berlin 1989, Bd. 2, S. 106, und meine Einleitung zu den *Lehrgesprächen* des Epiktet in: Emile Bréhier, *Les Stoïciens*, hg. v. Pierre-Maxime Schuhl, Paris 1962, 2. Aufl. 1972, ND Paris 1999, S. 805.

55 NE, I, 9, 1099a 22. Die Mehrzahl der Übersetzer spezifizieren die Bedeutung des Wortes fälschlicherweise, indem sie σπουδαῖος etwa folgendermaßen übersetzen:»l'homme vertueux«(Tricot),»l'homme de bien«(Voilquin),»le vertueux«(Gauthier 1958),»the good man«(Ross). Umgekehrt übertreibt Dirlmeier möglicherweise den »heroischen« Klang des Ausdrucks, wenn er ihn mit »der vollendete Repräsentant edlen Lebens« übersetzt. Diese Übersetzung wird vorbereitet durch seine Übersetzung von φιλόκαλος mit »Freund des Edlen« (1099a 13) und durch Aristoteles eigenen Vergleich des Tugendhaften mit dem Sieger bei den Olympischen Spielen (1099a 3–7). Gigon übersetzt nüchterner mit »der Edle.« Allgemein gilt, dass die deutschsprachige Tradition unter dem Einfluss von Wilamowitz-Möllendorf und (noch weiter zurückliegend) Nietzsche mehr dazu neigt, die aristokratischen Ursprünge der griechischen Moral und die Relikte der Adelsethik in der klassischen Moral zu betonen. (Vgl. dazu im zuvor zitierten Werk von Wilamowitz-Möllendorf insbesondere das Glanzstück auf S. 39–43 über die »dorische Weltanschauung«, wie sie in der paradigmatischen Figur des Herakles hervortritt: »Die Heraklessage spricht zu dem dorischen Mann: nur für ihn ist sie das Evangelium; sie kennt keine Menschen außer ihm, sondern nur Knechte und Bösewichter. Also spricht sie: ›Du bist gut geboren [...] aus göttlichem Samen entsprossen [...]. Wenn du dich nicht fürchtest, wird der Sieg dein sein. Eitel Mühe und Arbeit wird dein Leben sein [...]. Für die ἀρετή, Manneskraft und Ehre bist du geboren [...]‹. Ein Volk, das diesen Glauben im Herzen hat, ist jugendfrisch und jugendstark«, etc. Allerdings fügt Wilamowitz-Möllendorf hinzu: »Seine Kraft wird er einstellen in den Dienst des Allgemeinen, in den Dienst der Gesittung und des Rechts.«) Vgl. schließlich das postume Werk von Schwartz, *Ethik der Griechen*, bes. S. 41–66.

56 NE, III, 6, 1113a 29 ff.

57 Darin liegt der Unterschied zwischen Platon und Protagoras; vgl. Platon, *Theaitetos*, 152a, 160d; ders., *Gesetze*, IV, 716c.

58 Als guter Kenner der Antike hat Nietzsche den »aristokratischen« Ursprung der griechischen Moralvorstellungen bemerkt; erstaunlicher ist allerdings, die Spuren dieses Ursprungs bis zum »Post-Sokratiker« Aristoteles fortbestehen zu sehen. »Vielmehr sind es ›die Guten‹ selber gewesen, das heißt die

Vornehmen, Mächtigen, Höhergestellten und Hochgesinnten, welche sich
selbst und ihr Tun als gut, nämlich als ersten Ranges empfanden und an-
setzten, im Gegensatz zu allem Niedrigen, Niedrig-Gesinnten, Gemeinen
und Pöbelhaften. Aus diesem *Pathos der Distanz* heraus haben sie sich das
Recht, Werte zu schaffen, Namen der Werte auszuprägen, erst genommen
[…]« (Friedrich Nietzsche, *Genealogie der Moral*, in: *Sämtliche Werke. Kritische Studienausgabe*, hg. v. G. Colli und M. Montinari, München 1988,
Bd. 5, S. 259).

59 NE, III, 6, 1113a 25.

60 Vgl. in derselben Bedeutung ὁ τέλειος (NE, X, 5, 1176a 28).

61 Vgl. NE, IV, 14, 1128a 31: »Der feine und gebildete Mensch (ὁ χαρίες καὶ
ἐλευθέριος) ist sich gleichsam selbst Gesetz.« In einer Passage aus der *Politik*
(III, 13, 1284a 10 ff.), in der Hegel eine Anspielung auf Alexander sehen
wollte (*Vorlesungen über die Geschichte der Philosophie*, in: *Werke*, Frankfurt
am Main 1970, Bd. 19, S. 228; zur historischen Unwahrscheinlichkeit einer
solchen Anspielung vgl. Raymond Weil, *Aristote et l'histoire*, Paris 1960,
S. 184 f.), bezieht sich Aristoteles nicht nur auf die Überlegenheit einer
Klasse, sondern auf die des großen Mannes, der »wie ein Gott unter Menschen« nicht der allgemeinen Ordnung unterworfen werden kann: »Für
solche Männer gibt es kein Gesetz, denn sie sind selbst das Gesetz.« Die
Beständigkeit dieses Themas bei Aristoteles wird von Cicero bezeugt, demzufolge Aristoteles (in seiner Jugend) einen *Politikos* in zwei Büchern geschrieben haben soll: *De re publica* und *De proestante viro* (*Epistulae ad
Quintum fratrem*, hg. v. David R. Shackleton Bailey, Stuttgart 1988, III, 5, 1).

62 Gegen den in der *Metaphysik* der Unterschied zwischen dem Urteil des
Gesunden und des Kranken angeführt wird (Γ, 5, 1010b 5).

63 Vgl. NE, IX, 4, 1166a 12 (ἔοικε γὰρ … μέτρον ἑκάστῳ ἡ ἀρετὴ καὶ ὁ
σπουδαῖος εἶναι); X, 5, 1176a 17.

64 NE, X, 5, 1176a 5–24.

65 Dirlmeiers Ausgabe der NE, S. 284 (zu 1099a 23).

66 Allerdings glaubte Max Pohlenz 1934 in einem nicht nur aufgrund seines
Titels misslichen Buches zumindest einen der Stoiker, nämlich Panaitios,
vor dem Vorwurf des Kosmopolitismus »retten« zu müssen (*Antikes Füh-
rertum. Cicero De Officiis und das Lebensideal des Panaitios*, Leipzig und
Berlin 1934, ND Amsterdam 1967, bes. S. 142 ff. über das »Führerideal« des
Panaitios als eine »Hellenisierung der Stoa«).

67 *Politik*, I, 4 f.

68 Fr. 345 in: *Sämtliche Tragödien und Fragmente*, 6 Bde., übers. v. Ernst Busch-
ner, Gustav Adolf Seek u. a., München 1972–1981, Fr. 145 (Zählung
Nauck).

69 Fr. 94 Fragmentausgabe Rose, vgl. Fr. 92; Fr. 4 Fragmentausgabe Ross, vgl.
Fr. 2.

70 NE, I, 9, 1099b 3. Vgl. *Rhetorik*, I, 5, 1360b 19 f.

71 Dirlmeiers Ausgabe der NE, S. 312, zur Definition der Tugend in II, 6.

72 Der *phronimos* (und nicht mehr der *spoudaios*) wird übrigens auch an anderen Stellen als Kriterium herangezogen: NE, I, 3 1059b 27f. (»Deshalb sucht man von Klugen geehrt zu werden« und nicht einfach von irgend jemandem); VII, 13, 1153a 27 (die Gegner der Lust berufen sich auf die Tatsache, dass der Kluge nur anstrebt, was frei von Unlust ist); 1153a 32 (Aristoteles berichtigt das vorangehende Argument, doch ohne den normativen Wert des Klugen in Frage zu stellen).

73 Ἕκαστος δὲ κρίνει καλῶς ἃ γιγνώσκει, καὶ τούτων ἐστὶν ἀγαθὸς κριτής (NE, I, 3, 1094b 27).

74 NE, VI, 5, 1140b 7.

75 *Protreptikos*, Fr. 5b und 11 Fragmentausgabe Walzer; außerdem EE, I, 4, 1215b 6; 5, 1216a 11.

76 Diese beiden Figuren werden schon in *Hippias II* von Platon miteinander in Verbindung gebracht (281c), und zwar in einem Kontext, in dem die praktische Einsicht dieser beiden Weisen schon in Frage gestellt wurde.

77 NE, VI, 7, 1141b 3–8.

78 Vgl. *Metaphysik*, A, 2, 982b 20–983a 11; *Teile der Tiere*, I, 5, 644b 22–645a 5; und schon *Protreptikos*, Fr. 58 Fragmentausgabe Rose (Fr. 12 Fragmentausgabe Walzer).

79 Platon, *Politeia*, 7, 517d.

80 Platon, *Theaitetos*, 174a.

81 Ebd.

82 Platon, *Gorgias*, 484cd.

83 Ebd., 484e.

84 Ebd., 490a.

85 Ebd., 486b. Isokrates stellt im selben Sinne der Wissenschaft (επιστήμη), die nicht erlaubt, sich in diesem Leben zurechtzufinden, den gesunden Menschenverstand (δόξα) gegenüber (*Gegen die Sophisten*, 7–8, in: *Sämtliche Werke*, übers. v. Christine Ley-Hutton, Bd. 1, Stuttgart 1993; *Antidosis*, 184, 262, in: ebd.; *Panathenaïkos*, 9 in: ebd.).

86 Aristoteles, *Politik*, I, 11, 1259a 6–20.

87 Aristoteles, Fr. 667 Fragmentausgabe Rose. Zu dieser Überlieferung siehe Ingemar Düring, *Aristotle in the Ancient Biographical Tradition*, Göteborg 1957, S. 341 f.

88 NE, VI, 5, 1140b 10.

89 Unter diesem Gesichtspunkt könnte man die erste Rede des Perikles bei Thukydides untersuchen (*Geschichte des Peloponnesischen Krieges*, übers. und hg. v. Georg Peter Landmann, Reinbek 1962) I, 140–144. Perikles ist »zu jener Zeit der erste Mann in Athen, gleich mächtig im Reden wie im Handeln« (I, 139); er macht einen Vorschlag »im einzelnen« (καθ᾽ ἕκαστα)

und »im ganzen« (τὸ ζύμταν) (I, 145); das Ganze ist der Schutz eines Rechtsstaats, das Einzelne die Erkenntnis der »günstigen Gelegenheit« (καιρός), die im Krieg nicht auf sich warten lässt (I, 142).

90 Vgl. Platon, *Gorgias*, 518e und 516b.

91 Ebd., 518e.

92 Ebd., 517c.

93 Ebd., 516cd.

94 »Ich glaube allein oder nur mit wenigen Athenern mich der wahren Staatskunst zu befleißigen und allein unter den Lebenden dem Staate wahrhaft zu dienen.« (Ebd., 521c)

95 Platon, *Phaidros*, 269e–270a.

96 Platon, *Menon*, 94ab; vgl. ders., *Protagoras*, 319e–320a; Aristoteles, *Rhetorik*, II, 15, 1390b 32.

97 Platon, *Menon*, 94ab (über Perikles), 97b, 99b–100a.

98 Ebd., 99cd.

99 Zum Vergleich zwischen Staatsmännern und Handwerkern siehe Platon, *Gorgias*, 517de.

100 Vgl. Walzer, *Magna Moralia*, S. 190.

101 R. A. Gauthier und J.-Y. Jolif, Übersetzung und Kommentar der *Nikomachischen Ethik*, Paris und Louvain 1958, S. 463.

102 Jaeger, *Aristoteles*, S. 303.

103 NE, VI, 5, 1140b 8.

104 Ebd., 1140a 31–b 4.

105 NE, VI, 2, 1140b 26; vgl. VI, 2, 1139a 12. Schon Platon nimmt im *Menon* die rechte Meinung als Leitfaden des politischen Handelns in Anspruch, doch ist sie hier eher der blinden Wahrsagerei als dem Wissen verwandt.

106 1140a 26–28. Das Gegenteil von κατὰ μέρος wird hier nicht ausdrücklich angegeben. Im Allgemeinen wird dieser Ausdruck jedoch ἁπλῶς oder καθόλου entgegengesetzt (455b 60 ff.; vgl. Hermann Bonitz, *Index Aristotelicus*, 5 Bde. Berlin 1831–1870, ND Graz 1955).

107 NE, VI, 2, 1140a 29.

108 Ich übernehme für die Zeilen NE, VI, 2, 1140b 7–11 die Interpretation von Greenwood gegen die von Burnet, der im Familien- und im Staatsoberhaupt Beispiele der *partikulären* Tugend sehen wollte.

109 Die Frage, innerhalb welchen Rahmens der einzelne das gute Leben (τὸ εὖ ζῆν) erreicht – ob für sich, in der Familie oder im Gemeinwesen –, lasse ich hier beiseite. Wenn Aristoteles für das Gemeinwesen optiert (*Politik*, I, 2, 1252b 30), so erteilt er damit der Politik und der politischen Klugheit einen gewissen Vorrang vor der Ethik und der privaten Klugheit. Aber das stellt in diesem Zusammenhang kein Problem dar: die politische wie die private Klugheit dienen lediglich als Beispiele für die Klugheit im Allgemeinen. Erst an späterer Stelle zeigt Aristoteles, dass in Anbetracht der »politischen«

Natur des Menschen die Klugheit in ihrer höchsten Realisierung mit der Politik zusammenfällt.

[110] Vgl. insb. NE, VI, 9, 1142a 24 f.

[111] Vgl. insb. NE, VI, 8, 1141b 15.

[112] NE, VI, 1141b 14: οὐδ᾽ ἐστιν ἡ φρόνησις τῶν καθόλου μόνον.

[113] NE, X, 10, 1181a 1–6.

[114] NE, X, 10, 1180b 32–34.

[115] NE, X, 10, 1181a 10.

[116] Vgl. Georges Rodier (frz. Hg. der NE, Paris 1897, S. 145), der nicht sieht, dass die Kritik der »empirischen« Politik im vorangegangenen Abschnitt ein Gemeinplatz ist, für den Aristoteles selbst nicht gänzlich einsteht.

[117] Vgl. *Metaphysik*, A, 1, wo die ἐμπειρία klar von der αἴσθησις unterschieden wird. Dank der Erinnerung hat der Mensch (im Unterschied zu den Tieren) Zugang zur Erfahrung und mittels dieser zur Kunst und zur Wissenschaft: ἀποβαίνει δ᾽ἐπιστήμη καὶ τέχνη διὰ τῆς ἐμπειρίας τοῖς ἀνθρώποις (981a 2). Alexander zufolge ist die Erfahrung schon eine »allgemeine Erkenntnis« (γνῶσις καθολική), auch wenn sie noch keine Erkenntnis *des* Allgemeinen ist (CAG, Bd. 1, 4, 20 ff.). Zum gewissermaßen »theoretischen« Charakter der aristotelischen Erfahrung vgl. Stark, *Aristoteles-Studien*, S. 4–19.

[118] NE, X, 10, 1181a 22 ff.

[119] NE, X, 1181b 2 ff., 5 ff.

[120] NE, X, 1181a 18, b 8.

[121] NE, VI, 8, 1141b 42 ff.

[122] NE, X, 10, 1181b 12 ff.

[123] NE, X, 10, 1179b 2–26 (rationale Rede reicht nicht hin, um den *ethos* zu transformieren). Vgl. NE, II, 2, 1104b 8–12 (zur Rolle von Lust und Unlust in der Erziehung); MM, I, 1, 1182a 15–23 (über den Irrtum derjenigen, die die Tugenden zu Wissenschaften machen und deshalb *pathos* und *êthos* vernachlässigen). Das zweite Buch der *Rhetorik* ist bekanntlich einer Studie von *pathos* und *êthos* gewidmet, so weit die Wirksamkeit der Rede ein solches Wissen erfordert.

[124] NE, VI, 9, 1142a 13–17. Vgl. *Politik*, VII, 9, 1329a 15: Ἡ δὲ φρόνησις ἐν πρεσβυτέροις ἐστίν; NE, VI, 11, 1143b 11–14, wo die Meinungen der Erfahrenen, der Alten und der Klugen miteinander in Verbindung gebracht und den auf Demonstration beruhenden Meinungen gegenübergestellt werden. Dass man alt zu sein habe, um *phronimos* zu sein, muss ein Gemeinplatz gewesen sein (der zweifelsohne auf die Chöre der Tragödie zurückgeht), wie dies der *Protreptikos*, Fr. 11 Fragmentausgabe Walzer (vgl. Iamblichos, *Aufruf zur Philosophie*, 52, 3–6), bezeugt (wo *phronesis* allerdings in einem anderen Sinne verwendet wird).

[125] Aristoteles behauptet sowohl, dass man ohne Klugheit nicht tugendhaft, wie auch, dass man ohne Tugend nicht klug sein kann (NE, VI, 13, 1144b 31 f.).

Es gibt hier den Anschein eines schlechten Zirkels, wovon ich weiter unten handeln werde.

126 NE, VI, 5, 1140b 11; vgl. Platon, *Kratylos*, 411e.

127 Vgl. MM, I, 34, 1197a 17: ἐπαινετοὶ γάϱ εἰσιν οἱ φϱόνιμοι, [...]

128 NE, VI, 13, 1144a 23.

129 NE, VI, 13, 1144a 26; vgl. VII, 11, 1152a 11–14.

130 Platon, *Politeia*, 7, 518c, 533d; *Symposion*, 219a; *Theaitetos*, 164a; *Sophistes*, 254a. Der Ausdruck ist homerischen Ursprungs (vgl. Snell, *Entdeckung des Geistes*, S. 32, Anm. 1).

131 NE, VI, 13, 1144a 30. Zur Metapher vom »Auge der Seele« vgl. III, 5, 1114b 7; VI, 12, 1143b 14. Wie man feststellen wird, bezeichnet das »Auge der Seele« bei Aristoteles eher ein Vermögen des Urteilens als der Kontemplation.

132 NE, VI, 13, 1144a 27, 36 (ἀδύνατον φϱόνιμον εἶναι μὴ ὄντα ἀγαθόν).

133 NE, VI, 13, 1144b 5 ff. Es wäre von Interesse, die aristotelische und die kantische Unterscheidung von Geschicklichkeit und Klugheit zu vergleichen (zu Kant, siehe *Grundlegung der Metaphysik der Sitten*, 2. Abschnitt). Kant bemerkt wie Aristoteles, dass die Geschicklichkeit mit der Wahl der Mittel zu tun hat und den Zielen gegenüber gleichgültig ist: »Ob der Zweck vernünftig und gut sei, davon ist hier gar nicht die Frage, sondern nur was man tun müsse, um ihn zu erreichen.« (S. 51) Doch was sowohl Kant als auch Aristoteles zunächst als eine moralische Gleichgültigkeit hinsichtlich des Wertes der Zwecke erscheint, wird von Kant gleich darauf als eine ontologische Unbestimmtheit, als eine »Möglichkeit« interpretiert: Die Geschicklichkeit ist für die Wahl der Mittel zu einem jeden *möglichen* Ziel zuständig, während die Klugheit die Wahl der Mittel zum *tatsächlichen* Ziel aller Menschen anleitet, nämlich zur Glückseligkeit; die Regeln der Geschicklichkeit sind *problematische* hypothetische Imperative, die Ratschläge der Klugheit *assertorische* hypothetische Imperative. Die Unterscheidung zwischen Geschicklichkeit und Klugheit ist für Kant also keine ethische Unterscheidung, da es sich in beiden Fällen um hypothetische Imperative handelt, die außerhalb der Moralität stehen. Im Gegensatz dazu stellt Aristoteles die Klugheit und die Geschicklichkeit einander nicht nur als das Bestimmte und das Unbestimmte gegenüber, sondern als das Gute und das Gleichgültige, d. h. als die Tugend (die »löblich« ist) und das moralisch Neutrale (s. u. Anhang III).

134 NE, X, 10, 1179b 8.

135 NE, X, 10, 1179b 27–29.

136 NE, X, 10, 1179b 23.

137 NE, X, 10, 1179b 22. Der gesamte Kontext widerspricht der optimistischen Interpretation von Rodier, demzufolge das »Göttliche« allen Menschen mit Ausnahme der »Anormalen« zukommt: »Jeder Mensch, dessen Natur

vollständig und nicht verstümmelt ist, hat in sich die fundamentalen Bedingungen des Glücks und der Tugend. Diese εὐφυΐα ist keine Ausnahme, sie ist der Normalzustand aller Menschen« (frz. Ausgabe der NE, Paris 1897, S. 132, Anm. 2). Zweifelsohne denkt Rodier an NE, I, 10, 1099b 19 (während die Stelle, auf die er Bezug nimmt – NE, III, 7, 1114b 6 – im Gegenteil auf den moralischen Schwierigkeiten, die sich aus der Lehre von der εὐφυΐα ergeben, besteht). Doch trotz der Variationen Aristoteles', der bald die geringe Zahl der »Wohlgeborenen«, bald die gleichsam universelle Verfügbarkeit der Tugend – mit Ausnahme der »Anormalen« – betont, bleibt das Problem dasselbe: Gäbe es auch nur einen »Anormalen« auf der Welt, so wäre es eben Glückssache, dieser nicht zu sein, und die Tugend bliebe so einem grundsätzlichen Zufall unterworfen, nämlich dem der Geburt. Erst die Stoiker lehren, dass alle Menschen aufgrund ihres Anteils am göttlichen Logos gleichermaßen fähig zur Tugend geboren werden. Doch die Lehre von der Universalität des Logos ist der aristotelischen Kosmologie und vor allem seiner Anthropologie fremd.

138 Wie dies etwa Sophokles' *Antigone* bezeugt.

Zweiter Teil, 2. Kapitel (S. 69–106)

1 NE, IV, 1, 1122b 1: Ἡ ἕξις ταῖς ἐνεργείας ὁρίζεται καὶ ὧν ἐστιν.

2 NE, II, 2, 1104b 26; 6, 1107a 17; 9, 1109a 28, 1109b 16; III,15, 1119b 17.

3 Vgl. *Enneaden*, I, 2 (Von den Tugenden), wo Plotin sich bemüht, die These Platons, dass die Tugend den Menschen Gott ähnlich mache (*Theaitetos*, 176a), mit der Auffassung Aristoteles', Gott sei nicht tugendhaft, in Übereinstimmung zu bringen.

4 NE, X, 8, 1178b 9–18.

5 Die Tugend gehört zu den lobenswerten Dingen (ἐπαινετά), nicht zu den transzendenten Gütern (τίμια).

6 NE, VI, 5, 1140b 27; 6, 1141a 1; vgl. 8, 1141b 9–11.

7 NE, VI, 7, 1141a 19.

8 NE, VI, 3, 1139a 19 ff.

9 NE, VI, 7, 1141a 16.

10 NE, VI, 13, 1143b 20.

11 Τοῦ δ' ἐνδεχομένου ἄλλως ἔχειν ἔστι τι καὶ ποιητόν καὶ πρακτόν (NE, VI, 4, 1140a 1).

12 NE, VI, 5, 1140b 5. Vgl. den Anfang des vorangehenden Kapitels

13 NE, VI, 4, 1140a 10–14.

14 *Physik*, III, 1, 200b 32; V, 1; *Metaphysik, Z*, 7, 1032a 15; H, 2, 1042b 8, etc.

15 Vgl. Thomas, *Summa theologica*, III, q. 13, a. 2: »Omnis creatura est vertibilis in nihil.«

16 Vgl. in der *Physik*, II, 1, 192b 13 f. die Definition der natürlichen Dinge:

»Was in sich ein Prinzip der Bewegung und der Ruhe hat«, wobei κίνησις hier die weite Bedeutung von »Veränderung« hat.

17 Vgl. 1140a 14: »Auf das, was aus Notwendigkeit ist oder wird, geht die Kunst so wenig, wie auf das, was [unter den verbleibenden Dingen, d. h. den kontingenten] von Natur da ist oder entsteht, da derartiges das bewegende Prinzip in sich selber hat.«

18 Hier ist anzumerken, dass dieser Ausdruck doppeldeutig ist: Zum einen kann er besagen, dass eine Sache anders *werden* kann, als sie ist; zum anderen, dass die Sache tatsächlich anders sein *könnte*, als sie ist. In der ersten Lesart bezeichnet die Formulierung jene Dinge, die sich in Bezug auf die unbewegten Dinge in Bewegung befinden. In der zweiten Lesart entspricht sie unserem Begriff der Kontingenz im Gegensatz zu Notwendigkeit. Mir scheint, dass Aristoteles selbst diese beiden Bedeutungen nicht immer deutlich auseinanderhält: Einmal steht das »Kontingente« im Gegensatz zum Ewigen, ein andermal steht es, innerhalb der Welt des Werdens, im Gegensatz zum Notwendigen, womit zugegeben wird, dass es in dieser Welt notwendige Bewegungen geben kann (vgl. τῶν ἐξ ἀνάγκης [...] γινομένων in Zeile 1140a 14). Aber diese Bedeutungsverschiebung von einfacher Beweglichkeit zur Kontingenz im strengen Sinn ist nicht zufällig. Wie ich andernorts gezeigt habe (Aubenque, *Le problème de l'être*, S. 418 ff., 468 ff.), ist die Bewegung Grundlage der Kontingenz im strengen Sinn, indem sie das potentielle vom aktualen Sein unterscheidet und so die Zeit, d. h. die Möglichkeit eines Hindernisses (vgl. *Zweite Analytik*, II, 12, 95a 24–b 1) zwischen Ursache und Wirkung, ins Spiel bringt. Die Bewegung ist »ekstatisch«, (*Physik*, IV, 13, 222b 16; vgl. *Le problème de l'être*, S. 433), d. h. sie lässt das Sein aus sich selbst heraustreten und ist somit der Beginn der Unbestimmtheit und des Abenteuers. »Notwendige Bewegungen« sind bei Aristoteles lediglich die Bewegungen der Sterne, also Bewegungen, welche aufgrund ihrer Kreisförmigkeit die Unbeweglichkeit nachahmen. Zumindest im Hinblick auf die irdische Welt kann man aber sagen, dass Beweglichkeit und Kontingenz identisch sind.

19 Im nächsten Kapitel werden wir die Konsequenzen dieser Assimilation sehen, die beispielsweise Gauthier in seinem Kommentar folgendermaßen hervorhebt: »Aristoteles [...] tut nichts anderes [...] als auf das moralische Handeln Begrifflichkeiten anzuwenden, die ursprünglich zur Erklärung herstellender Tätigkeit dienen« (NE, hg. v. Gauthier und Jolif, S. 199, im Zusammenhang mit der Analyse der Beratschlagung in Buch III, jedoch genauso zutreffend für Buch VI).

20 NE, VI, 4, 1140a 17 ff. Bei dem Agathon-Zitat (τέχνη τύχην ἔστερξε καὶ τύχη τέχνην) handelt es sich um Fragment 6 (Nauck).

21 *Teile der Tiere*, I, 1, 640a 28 f.; *Rhetorik*, I, 5, 1362a 2–5; vgl. *Physik*, II, 5, 197a 5, und den Kommentar von Simplicius (in: *Physik*, 327, 27–328, 6).

22 *Politik*, I, 11, 1258b 35 f.; vgl. *Metaphysik*, A, 1, 981a 3 ff.

23 NE, VI, 3, 1139b 20.

24 Zum Faulheitsargument als Folge einer allgemeinen Notwendigkeit vgl. Cicero, *Über das Fatum*, XII–XIII, 28 f.

25 Vgl. z. B. Descartes, *Von der Methode des richtigen Vernunftgebrauchs und der wissenschaftlichen Forschung*, übers. v. Lüder Gäbe, Hamburg 1997, Kap. VI: Es gilt, eine »praktische Philosophie zu finden, welche uns die Kraft und Wirkungen des Feuers, des Wassers, der Luft, der Gestirne, des Himmels und aller Körper, die uns umgeben, so genau kennen lehrt, wie wir die verschiedenen Thätigkeiten unserer Handwerker kennen, so dass wir jene ebenso wie diese zu allen passenden Zwecken verwenden und uns so zu dem Herrn und Meister der Natur machen können.« (S. 70)

26 »Die Kunst bringt zur Vollendung, was die Natur nicht zu Ende bringen kann« (*Physik*, II, 8, 199a 15 ff.); ihre Rolle besteht darin, der Natur zu »helfen« und ihre »Lücken zu füllen« (τὰ παραλειπόμενα τῆς φύσεως ἀναπληροῦν) (Fr. 11 Fragmentausgabe Walzer; Iamblichos, *Aufruf zur Philosophie*, IX, 50, 1 f.). Vgl. mein Buch *Le problème de l'être*, S. 498 f.

27 *Metaphysik*, Z, 7, 1032a 12 f.; vgl. Λ, 3, 1070a 6 f. (wo die τύχη nichtsdestoweniger vom αὐτόματον unterschieden wird, s. u.). In der *Nikomachischen Ethik* (III, 5, 1112a 32 f.) fügt Aristoteles die *Notwendigkeit* hinzu und ersetzt die Kunst durch den Verstand (zu dieser Substitution vgl. *Physik*, II, 6, 198a 5 f.; *Metaphysik*, Λ, 6, 1071b 35. Diese Annäherung von τέχνη und νοῦς entspricht im übrigen dem platonischen Modell, vgl. *Gesetze*, X, 888e–889a). Vgl. daneben *Protreptikos*, Fr. 11 Fragmentausgabe Walzer; Iamblichos, *Aufruf zur Philosophie*, 49, 1–11; *De Philosophia*, Fr. 21 Fragmentausgabe Walzer (Cicero, *Vom Wesen der Götter*, II, 16, 44). Zur Interpretation dieser Lehre bei Aristoteles siehe mein Buch *Le problème de l'être*, S. 426, Anm. 6.

28 EE, VIII, 2, 1247a 5 ff.; NE, III, 5, 1112b 4–7.

29 Die *Ethik* beschränkt sich auf allgemeine Skizzierungen, ὡς τύπῳ: NE, I, 1, 1094a 25; 1094b 20 ff.; 11, 1101a 27; II, 2, 1104a 1; 7, 1107b 14; III, 12, 1117b 21 etc.

30 *Physik*, II, 4–6.

31 Augustin Mansion, *Introduction à la Physique aristotélicienne*, Louvain 1913, S. 313.

32 Δοκεῖ εἶναι αἰτία μὲν ἡ τύχη, ἄδηλος δὲ ἀνθρωπίνη διανοίᾳ ὡς θεῖόν τι οὖσα καὶ δαιμονιώτερον (*Physik*, II, 4, 196b 5–7). Der erste Teil dieser zweifellos schon zu Aristoteles' Zeiten klassischen Formulierung findet sich fast unverändert bei den Stoikern wieder, welche den Zufall als αἰτία ἄδηλος ἀνθρωπίνῳ λογισμῷ (SVF, II, 965–973) definieren. Aber die Bedeutung ist in beiden Zusammenhängen ganz verschieden: Man geht von der Idee einer verborgenen, weil transzendenten, Ursache zur Unkenntnis der Ursachen

über, die dem Fortschritt des Wissens weichen muss. Die Formulierung lässt also eine mystische Vorstellung vom Zufall genauso zu wie seine Negation im Namen einer »deterministischen« Naturauffassung. – Schon Aetius (*Libri medicinales* I–IV, hg. v. Alexander Olivieri, Leipzig 1935, I, 29, 7) schreibt die Formulierung Anaxagoras und Demokrit zu; vgl. Demokrit, Fr. 119 Diels/Kranz.

[33] EE, VII, 14, 1247a 14.

[34] EE, VII, 14, 1247a 28.

[35] EE, VII, 14, 1247a 31.

[36] EE, VII, 14, 1247b 4–8. Man sieht die Übereinstimmung dieser Definition des Zufalls mit den zuvor zitierten. Die Handschriften haben an dieser Stelle ἀνάλογον, was keinen Sinn ergibt und zu ἄλογον berichtigt wurde. Doch hat es vielmehr den Anschein, als sei ἄδηλον zu lesen (was genau die Formulierung ergeben würde, die sich bei den Stoikern findet).

[37] EE, VII, 14, 1247b 8.

[38] EE, VII, 14, 1247b 28.

[39] EE, VII, 14, 1248a 18–27.

[40] EE, VII, 14, 1248a 29–33.

[41] Ἡ γὰρ ἀρετή τοῦ νοῦ ὄργανον (EE, VII, 14, 1248a 29).

[42] Der Charakter eines Notbehelfs, den Aristoteles hier der Klugheit und den moralischen Tugenden zuspricht, findet sich auch in einer Fabel, die Augustinus dem *Hortensius* des Cicero (*Hortensius*, lat.-dt., übers. v. Laila Straume-Zimmermann, München 1990) entlehnt, der sie höchstwahrscheinlich selbst wieder dem *Protreptikos* des Aristoteles verdankt: Stellen wir uns vor, wir würden auf die Insel der Glückseligen entrückt – wozu bedürften wir dann noch der Beredsamkeit, wenn es dort keine Gerichte gibt? Wozu bräuchten wir noch Mut, wenn es dort keinen Gefahren zu begegnen gilt? Wozu diente die Gerechtigkeit, wenn es dort kein Eigentum gibt? Wozu die Mäßigung, wenn dort keine Begierden zu beherrschen sind? Wozu bedürften wir der Klugheit, wenn man dort gar keine Wahl zwischen Gut und Böse hat? Es bliebe dann nichts außer der Kontemplation, »die Wissenschaft, um deretwillen allein auch das Leben der Götter zu preisen ist« (Augustinus, *Über den dreieinigen Gott*, übers. v. Michael Schmaus, Leipzig 1936, XIV, 9, 12, S. 227; Iamblichos, *Aufruf zur Philosophie*, IX, 53, 3 ff. (Fr. 12 Fragmentausgabe Walzer), zitiert diese Fabel ebenfalls, aber, wie mir scheint, in einem fast gänzlich anderen Sinn). Gewiss geht es in diesen Texten um die *objektiven* Bedingungen der Tugend und in der *Eudemischen Ethik* um die *subjektiven*; doch in beiden Fällen handelt es sich darum zu zeigen, dass diese Bedingungen, die zugleich Begrenzungen sind, auf Gott – oder auf den inspirierten Menschen – nicht zutreffen. Die Tugend wird aus der Endlichkeit geboren und verschwindet mit ihr. – Der Text über die Insel der Glückseligen steht offensichtlich NE, X, 8, 1178b 9–18, nahe. Zu

dem Thema, Gott sei »besser als die Tugend« (τιμιώτερον ἀρετῆς, βελτίων τῆς ἀρετῆς) vgl. NE, VII, 1, 1145a 26; MM, II, 4, 1200b 14.

43 EE, VII, 14, 1248a 34b 1.

44 Ollé-Laprune, *La morale d'Aristote*, S. 5, 11; Jaeger, Über Ursprung und Kreislauf, in: ders., *Scripta Minora*, Bd. I, Rom 1960, S. 363 ff. Während Ollé-Laprune keine »genetische« Folgerung aus dieser Feststellung zieht, betrachtet Jaeger sie als das Kennzeichen des noch platonischen Charakters der *Eudemischen Ethik*, deren Theorie des Zufalls an die »platonische Spätlehre vom göttlichen Glück« erinnert.

45 EE, VII, 14, 247a 31.

46 EE, VII, 14, 1247b 12 f.

47 Vgl. EE, VII, 14, 1248a 27 f.: λόγου δ' ἀρχὴ οὐ λόγος, ἀλλά τι κρεῖττον.

48 Zu diesem Begriff siehe Pierre-Maxime Schuhl, Adèla, in: *Homo: psychologie, éducation, culture, société* 1 (1953), S. 85–93.

49 Οὐ δύνανται (EE, VII, 14, 1248a 34).

50 Das scheint Aristoteles in EE, VII, 14, 1247a 12, 28 zu behaupten.

51 EE, VII, 14, 1246b 37.

52 *Physik*, II, 6, 197a 36–b 13, insb. 197b 1 ff.: Ἡ μέν γὰρ τύχη καὶ τὸ ἀπὸ τύχης ἐστὶν ὅσοις καὶ τὸ εὐτυχῆσαι ἄν ὑπάρξειεν καὶ ὅλως πρᾶξις. Διὸ καὶ ἀνάγκη περὶ τὰ πρακτὰ εἶναι τὴν τύχην.

53 *Physik*, II, 5, 196b 33–197a 5.

54 Wie man bemerken wird, tritt diese Projektion einer menschlichen Finalität oder, allgemeiner, eines menschlichen Interesses – wie es konstitutiv für den Zufall ist – auch im Fall dessen, was Aristoteles αὐτόματον nennt, in Erscheinung. In diesem Fall ist das Subjekt ein lebloses oder zumindest nicht zur Entscheidung (προαίρεσις) fähiges Wesen, doch die Wirkung wird ihrerseits nur aufgrund ihrer Verbindung zu einem menschlichen Interesse als zufällig bezeichnet (z. B. der Schemel, der umfällt, »um als Sitz zu dienen«, *Physik*, II, 5, 197b 17) oder aufgrund ihrer Ähnlichkeit mit einer menschlichen Finalität (so das Pferd, welches sein Heil in der Flucht zu suchen scheint, ebd., 197b 15). Die Unterscheidung zwischen τύχη und αὐτόματον scheint mir deshalb von geringer Bedeutung zu sein und wird darüber hinaus von Aristoteles selbst nicht durchgängig beachtet.

55 Vgl. A. Mansion, *Introduction à la physique*, S. 314: »Die Erweiterung eines engeren Zufallsbegriffes um einen neuen Aspekt – den einer Ursache, die zu einem unbeabsichtigten Ziel führt – liefert keinen zusätzlichen Hinweis, welcher es erlauben würde, den notwendigen oder kontingenten Charakter der aus dieser Ursache hervorgegangenen Tätigkeit zu bestimmen.«

56 Dies ist zwar die alltägliche Auffassung des Zufalls (*Physik*, II, 5, 196b 13–15, 197a 19f.; vgl. 197a 30 zu der Tatsache, dass der Zufall ungewiss, ἀβέβαιον, ist), doch wird diese von Aristoteles in seiner wissenschaftlichen Definition übernommen.

[57] Ἡ τύχη τοῦ ἀορίστου εἶναι δοκεῖ (*Physik*, II, 5, 197a 9 f.).

[58] *Physik*, II, 5, 197a 8, 21: ὥστ' ἐπειδὴ ἀόριστα τὰ οὕτως αἴτια, καὶ ἡ τύχη ἀόριστον.

[59] *Physik*, II, 5, 196b 27–29.

[60] Vgl. zuletzt Willem J. Verdenius, Traditional and Personal Elements in Aristotle's Religion, in: *Phronesis* 5 (1960), Nr. 1, S. 56–70, hier S. 60 und Anm. 8.

[61] NE, X, 9, 1179a 24 ff.

[62] *Die Philosophie der Griechen*, 4. Aufl., Leipzig 1923, II, 2, S. 388 f.

[63] In seinem Kommentar, *ad loc.*, S. 597.

[64] NE, I, 9, 1099b 2 ff. Vgl. 8, 1098b 12 ff.; EE, I, 2, 1214b 11–17; *Rhetorik*, I, 5, 1360b 18.

[65] NE, I, 9, 1099b 1.

[66] Zu dieser Begebenheit vgl. den folgenden Paragraphen. Dieses Thema greift Epiktet wieder auf (*Lehrgespräche*, I, 6, 36; II, 16, 44); doch für ihn sind alle Umstände gleich, wenigstens sofern man sie zu nutzen weiß.

[67] NE, I, 6, 1098a 18; 10, 1100a 4; 11, 1101a 16; X, 7, 1177b 25.

[68] … κακοπαθεῖν καὶ ἀτυχεῖν τὰ μέγιστα (NE, I, 3, 1096a 1).

[69] NE, I, 11, 1100a 10, 17, 36 ff. Es handelt sich hier um einen Gemeinplatz der Tragödie (Aischylos, *Agamemnon*, V. 928, in: *Tragödien und Fragmente*, übers. v. Oskar Werner, 2. verb. Auflage, München 1969; Sophokles, *König Ödipus*, V. 1528–1530; Euripides, *Andromache*, V. 100).

[70] NE, I, 10, 1100a 8 f.; II, 1101a 8.

[71] Τὸ μέλλον ἀφανὲς ἡμῖν (NE, I, 1101a 18). Vgl. Sophokles, *Ajax*, V. 1418–1420.

[72] Aristoteles fragt sich sogar noch, ob der Tote nicht vom Unglück seiner Nachfahren berührt wird (NE, I, 11, 1100a 188 ff.).

[73] Βεβαιότης (NE, I, 11, 1100a 13)

[74] Wie wir gesehen haben ist es eine traditionelle Eigenschaft des Zufalls, unbeständig (ἀβέβαιον) zu sein (*Physik*, II, 5, 197a 30).

[75] NE, I, 11, 1100b 6 f.

[76] Ebd., 1100b 12–18.

[77] X, 7, 1177b I; vgl. I, 5, 1097b 8, 14; X, 7, 1177b 21; 9, 1179a 3.

[78] NE, I, 11, 1101a 2 ff.; vgl. 1100b 31.

[79] Emile Bréhier, *Chrysippe et l'ancien stoïcisme*, Paris 1910, 2. Aufl. 1951, S. 219, Anm. 1; vgl. S. 212. Vgl. auch Pohlenz, *Griechische Freiheit*, S. 140 f.

[80] Cicero, *Über die Ziele des menschlichen Handelns*, übers. v. Olof Gigon und Laila Straume-Zimmermann, München 1988, III, 22 ff.

[81] »Ille unus e septem sapientibus non sapienter […] monuit« (ebd.).

[82] Seneca, *De Providentia*, IV, 6, in: *Philosophische Schriften*, hg. v. M. Rosenbach, Darmstadt 1969–1995. Vgl. Victor Goldschmidt, *Le système stoïcien et l'idée de temps* [zuerst 1953], 4. Aufl. Paris 1989, bes. S. 124.

[83] Vgl. den Ausspruch von Diogenes, bei Epiktet zitiert (*Lehrgespräche*, IV, 1, 29): »Es gibt nur ein Mittel, die Freiheit sicherzustellen, nämlich die Bereitschaft zu sterben«.

[84] Vgl. mein Buch *Le problème de l'être*, S. 305 ff.

[85] EE, VII, 12, 1245b 15.

[86] NE, X, 7, 1177b 1.

[87] NE, X, 9, 1179a 24, 30.

[88] NE, X, 9, 1179a 31.

[89] Platon, *Theaitetos*, 176ab.

[90] EE, VII, 12, 1245b 14–19; vgl. MM, II, 15, 1212b 33–1213a 7.

[91] EE, VII, 12, 1245b 18–19. Zu dieser Frage vgl. auch NE, IX, 9; MM, II, 15 (vgl. Anhang 1, »Über die Freundschaft bei Aristoteles«).

[92] NE, X, 7, 1177b 33.

[93] NE, X, 7 1177a 21 f.

[94] *Metaphysik,* Λ, 7, 1072b 16, 25; 9, 1075a 8 f.

[95] NE, X, 4, 1175a 3 f.; vgl. *Metaphysik,* Θ, 8, 1050b 22, und den Vorbehalt in NE, X, 7, 1177b 22.

[96] NE, X, 7, 1177b 4–26. Zu der den Sklaven mangelnden GRIECHISCH (1334a 20 f.) vgl. *Politik*, VII, 15, 1334a 11–b 5.

[97] Siehe beispielsweise Aristoteles' einigermaßen verlegene Diskussion der *faktischen* Grenzen der Autarkie des Weisen in NE, X, 9, 1178b 33 ff.

[98] Man beginge denselben Fehler bezüglich eines Philosophen wie Kant, hielte man seine Loyalitätserklärungen gegenüber der volkstümlichen Moral und Frömmigkeit für unwesentlich. Ein entsprechendes Problem wirft Descartes' Verhältnis zur Religion auf. Eine gewisse rationalistische Art der Kritik hat in der Philosophiegeschichte für allerhand Unsinn gesorgt, indem sie einer weltlichen »Klugheit« zurechnete, was bei manchen Philosophen möglicherweise einer tiefgründigen Zurückhaltung gegenüber der Welt, dem Menschen und dem Göttlichen geschuldet war.

[99] Das scheint der Sinn des Vorbehalts μακαρίους δ' ἀνθρώτους zu sein (NE, I, 11, 1101a 20).

[100] NE, X, 7, 1177b 26.

[101] Vgl. unten Teil III.

[102] NE, I, 10, 1099b 18 ff.

[103] s. o. das Zitat von Rodier am Ende von Kap. 1.

[104] NE, I, 10, 1099b 23.

[105] Die Formulierung in Zeile 1099b 17 über das Glück als »Lohn der Tugend« (ἄθλον [...] τῆς ἀρετῆς) scheint nur ein Ideal zu bezeichnen, von dem uns die »Zufälle« dieser Welt trennen. Ollé-Laprune diskutiert ausführlich, ob Aristoteles' Instituierung eines *analytischen* Zusammenhanges zwischen Tugend und Glück nicht den Begriff des *Verdienstes* beseitigt (*La morale d'Aristote*, S. 154–170, insb. S. 165 ff.); diese Diskussion ist nicht nur ana-

chronistisch, sie verkennt auch die *Vorbehalte*, welche diese Beziehung problematisch machen.

[106] *Metaphysik,* Δ, 9, 1074b 27, 32.

[107] Platon, *Gesetze*, X, 309b; *Epinomis*, 984d–985a. Diese »Dämonen« und die ihnen zugeschriebene Rolle scheinen der persischen Astrologie entlehnt zu sein, die Aristoteles an diesem Punkt zurückweist, um mit Eudoxus lediglich das Prinzip einer mathematischen Explikation der Himmelsbewegungen zurückzubehalten.

[108] Zur Kritik dieser Theorie in *Über die Philosophie* vgl. Donald James Allan, *Die Philosophie des Aristoteles*, Hamburg 1955, S. 26–30.

[109] *Über den Himmel*, I, 4, 271a 33; II, 11, 291b 14; *Teile der Tiere*, II, 13, 658a 9; III, 1, 661b 24; *Politik*, I, 8, 1256b 21 etc.

[110] *Über die Zeugung der Ttiere*, II, 6, 744b 16 f.; vgl. *Teile der Tiere*, IV, 10, 687a 16.

[111] *Politik*, I, 6, 1255b 2 f.: Ἡ δέ φύσις βούλεται μὲν τοῦτο ποιεῖν, πολλάκις μέντοι οὐ δύναται. (Zur Äquivalenz der Ausdrücke »Natur« und »Gott« in solchen Texten vgl. mein Buch *Le problème de l'être*, S. 349, Anm. 4, und Ingemar Düring, Aristotle on Ultimate Principles from ›Nature and Reality‹, in: *Aristotle and Plato in the Mid-Fourth Century*, Göteborg 1960, S. 35–55, bes. S. 43.) Theophrast beunruhigt sich ausdrücklich wegen der, wie er es sagt, »Ohnmacht« (ἀσθένεια) des ersten Bewegers (*Metaphysics*, gr.-engl., übers. v. Walter David Ross und F. H. Fobes, Oxford 1929, ND Hildesheim 1967, 2, 5b 14).

[112] *Über den Himmel*, I, 12, 283b 13; *Metaphysik, Z*, 15, 1039b 29; 7, 1032a 22, etc.

[113] Aubenque, *Le problème de l'être*, S. 429 ff.

[114] Georges Rodier, *Études de philosophie grecque*, Paris 1923, 2. Aufl. 1957, S. 273, wo er auf *Meteorologie*, I, 1, Anfang, und auf *Über die Teile der Tiere*, I, 1, 641b 18, verweist. Vgl. auch *Metaphysik, Γ*, 5, 1010a 3: Ἐν τοῖς αἰσθητοῖς πολλὴ ἡ τοῦ ἀορίστου φύσις.

[115] Vgl. die Zitate in meinem Buch *Le problème de l'être*, S. 388 f.

[116] Ἔστιν δὲ τὸ μή ὄν ἐγκεκραμένον τοῖς οὖσιν (Alexander von Aphrodisias, *De anima liber cum mantissa*, hg. von Ivo Bruns, Berlin 1887, 171, 27).

[117] Ἐν τοῖς οὖσιν τὸ μή ὄν παρεσπαρμένον πως … (ebd., 170, 11). Siehe allgemein die Seiten 170–175 bei Bruns und den Kommentar dieses Abschnitts bei Schuhl, *Le dominateur et les possibles*, S. 45.

[118] Aristoteles lehnt Theorien ab, die unter dem Vorwand einer Erklärung von Bewegung und Prädikation das Nicht-Sein in das Sein einführen. Vgl. mein Buch *Le problème de l'être*, S. 151 ff.

[119] Alexander, *De anima*, 171, 15.

[120] Zweifelsohne darf man den Argumenten, mit denen die Stoiker gelegentlich die Macht der Vorsehung zu begrenzen scheinen, keine zu große Bedeutung

beimessen, zumal sie vor der Notwendigkeit standen, die Existenz des Übel zu rechtfertigen. So fragt sich Chrysipp, ob das Universum nicht mit einem großen Haus verglichen werden könne, in dem kein Verwalter – und sei er auch noch so vollkommen – zu verhindern vermag, dass etwas von der Kleie oder von den Weizenkörnern verloren geht (Plutarch, *De stoicorum repugnantiis*, in: *Plutarchi Moralia*, Bd. VI, 2, hg. von Max Pohlenz, 2. Aufl. überarb. v. R. Westman, Leipzig 1959, 37; SVF, II, 1178). Nach Philodemos (col. 7, 28 und 8, S. 156 f. in: *Fragmenta Herculanensia*, hg. v. W. Scott, Oxford 1885; SVF, II, 1183) entschuldigt Chrysipp Gott aus diesem Grund dafür, dass »er nicht alles wissen kann« (col. 7, 28, 156 Scott; allerdings ist der Text hier sehr verändert). Philodemos fügt hinzu: »Obwohl sie Gott die Allmacht zugestehen, ziehen sie sich bei Einwänden auf die These zurück, daß die Konstellation der Umstände (τὰ συναπτόμενα) dazu führt, dass Gott nicht alles zu tun vermöge (οὐ πάντα δύναται).« Doch muss man hinzufügen, dass diese Zeugnisse von Autoren stammen, die dem Stoizismus feindlich gesonnen sind (das vorangehende Zitat von Philodemos zeigt höchstens, dass er die Theorie vom Übel als παρακολούθημα nicht begriffen hat). Vor allem Cicero, der sich auf Quellen aus der mittleren Stoa (wo die stoische Lehre möglicherweise durch aristotelische Einflüsse eine neue Richtung erhält) stützt, schreibt den Stoikern die These *Magna di curant, parva negligunt* zu (*Vom Wesen der Götter*, II, 66; vgl. III, 35, 86; 38; 90). Doch diese These läuft der grundsätzlichen Intuition der Stoa zuwider, derzufolge das Übel selbst einen Teil der universellen Ordnung bildet: γίγνεται καὶ αὐτή (= ἡ κακία) πως κατὰ τὸν φύσεως λόγον (Plutarch, *De stoicorum repugnantiis*, 35; SVF, II, 1181).

121 Bréhier (*Chrysippe et l'ancien stoïcisme*, S. 213) verweist auf SVF, II, 328, 1 (Dion Chrysostomos, *Sämtliche Reden*, 2 Bde., übers. v. Winfried Eiliger, Stuttgart und Zürich 1967, 36, 29). Zur stoischen Übereinstimmung von Natur und Vernunft oder physischer und logischer Notwendigkeit (die sich mit der moralischen Schönheit vermischt) vgl. auch die Bemerkungen von Rodier in: *Etudes de philosophie grecque*, S. 273 f.

122 Zu den Verbindungen von Physik und Ethik bei den Stoikern vgl. Cicero, *Über die Ziele*, III, 22.

123 Vgl. *Metaphysik*, ϑ, 9, 1051a 17–21.

124 Πολλὰ γὰρ παρὰ [...] τὴν φύσιν πράττωωσι διὰ τὸν λόγον (*Politik*, VII, 13, 1332b 6 f.), zitiert von Rodier in: *Études de philosophie grecque*, S. 274.

125 Alexander zeigt in der weiter oben zitierten Passage aus seinem *De anima*, dass die Teilhabe der unteren Seinsregionen am Nicht-Sein zugleich in den äußeren Dingen den Zufall und in uns »das, was von uns abhängt«, hervorbringt: τοῦτο δὲ ἐν μέν τοῖς ἐκτὸς αἰτίοις γενόμενον τὴν τύχην ἐποίησεν καὶ τὸ αὐτόματον, ἐν δὲ τοῖς ἐν ἡμῖν τὸ ἐφ᾽ ἡμῖν (*De anima*, 171, 15). Vgl. 170, 8, u. den Kommentar von Schuhl, *Le dominateur et les possibles*, S. 45.

[126] Vgl. Georges Rodier, *Études de Philosophie grecque*, S. 274: »Der Determinismus der Vernunft [...] ist eine Abhilfe für die Kontingenz, welche den Determinismus der Natur bestehen lassen würde.« Um diesen »Determinismus der Vernunft« zu rechtfertigen, erinnert Rodier daran, dass Aristoteles und der gesamten sokratischen Tradition zufolge der Mensch das Beste will (NE, VII, 4 ff, insb. 1147b 9; ich füge hinzu: mit Ausnahme der Bestialität, ϑηϱιότης, und der morbiden Gestörtheit, ἀϰολασία, vgl. NE, VII, 1; 6, 1149a 4–20). Was die Kontingenz anbetrifft, so bin ich weniger als Rodier – der vor allem an die Behandlung des Zufalls in Buch II der *Physik* denkt – geneigt, sie einer bloßen Verflechtung von Kausalreihen in Rechnung zu stellen, was es ihm noch gestattet, von einem »Determinismus der Natur« zu sprechen. Die Intuition einer Ohnmacht der Vorsehung führt Aristoteles, wie es mir scheint, dazu, eine noch grundlegendere Unbestimmtheit zuzugeben, welche die Verantwortung des Menschen nur um so radikaler macht.

[127] Bréhier, *Chrysippe et l'ancien stoïcisme*, S. 231.

[128] Epiktet, *Lehrgespräche*, II, 10, 5.

[129] Die *phronesis* scheint bei den Stoikern an diesen zweiten Aspekt der Moral nicht mehr als an den ersten gebunden zu sein. Man findet jedoch bei Stobäus (*Eclogae physicae et ethicae*, II, 60, 9; II, 62, 10 ff. Wachsmuth und SVF, III, 264) eine Definition der *phronesis* als ἡ τοῦ ϰαϑήϰοντος εὕϱεσις »Suche nach dem Schicklichen«. Diese von der älteren Stoa, welche aus der *phronesis* eine *Wissenschaft* des Guten und des Bösen machte, so verschiedene Definition geht nicht weiter als Panaitios zurück (vgl. Robert Philippson, Das Sittlichschöne bei Panaitios, in: *Philologus* (1930), H. 4, S. 365–413; Alberto Grilli, *Il problema della vita contemplativa nel mondo greco-romano*, Mailand 1953, S. 116, Anm. 1; P.-M. Schuhl, Etudes Panétiennes: Tendances et impulsions, in: *Revue philosophique de la France et de l'étranger* 150 (1960), Nr. 2, S. 233– 235) und könnte auf aristotelischen Einfluss zurückgehen.

[130] Genauso würde die menschliche Kunst und die daraus folgende Teilung der dienenden Arbeit und der freien Tätigkeit unnütz werden, wenn »das Weberschiff von selber webte« (*Politik*, I, 4, 1253b–1254a 1). Doch Aristoteles formuliert diesen Satz im Irrealis.

[131] Man kann an dieser Stelle nichts Besseres tun als jene Beschreibung des zeitgenössischen Helden wiederzugeben, in der merkwürdigerweise und sicherlich unbeabsichtigt »aristotelische« Themen durchscheinen: »Der Held unserer Zeit ist weder ein Skeptiker noch ein Dilettant, noch ein Dekadent. Er hat einfach nur die Erfahrung des Zufalls, der Unordnung und des Scheiterns [...]. Er ist in einer Zeit, in der Pflichten und Aufgaben im dunkeln liegen. Er verspürt besser denn je die Kontingenz der Zukunft und die Freiheit des Menschen. Wenn man es genau betrachtet, ist nichts sicher: weder der noch so ferne Sieg noch die anderen, die häufig Verrat geübt haben. Nie haben die Menschen eine bessere Bestätigung dafür erbracht,

dass der Lauf der Dinge gewunden ist, dass dem Mut viel abverlangt wird, dass sie allein in der Welt und einander gegenüber einsam sind.« Zwar ist es das Ziel des Menschen, »daß alles einen Sinn habe, mit der wir in einem präzisen Sprechen das konfuse Reden der Welt vollenden. Die Heiligen des Christentums, die Helden vergangener Revolutionen haben niemals anderes getan. Sie versuchten einfach nur zu glauben, dass ihr Kampf bereits gewonnen war, im Himmel oder in der Geschichte. Die Menschen von heute verfügen über dieses Hilfsmittel nicht. Der Held der Menschen unserer Zeit ist nicht Luzifer, ist noch nicht einmal Prometheus, es ist der Mensch.« (M. Merleau-Ponty, Der Held, der Mensch, in: ders., *Sinn und Nicht-Sinn*, München 2000, S. 255).

132 *Metaphysik*, Λ, 10, 1075a 19 - 22.

133 Vgl. *Physik*, II, 8, 199b 26, wo Aristoteles Zweckmäßigkeit und Überlegung unterscheidet: Der Beweger (es ist zulässig anzunehmen, dass Aristoteles hier schon an den Ersten Beweger denkt) braucht nicht zu überlegen, um zweckmäßig zu handeln, ganz wie die Kunst, die nicht überlegt (wobei vorausgesetzt wird: sofern sie vollkommen ist; der Künstler selbst überlegt immer mehr oder weniger, und zwar im umgekehrten Verhältnis zu seiner Geschicklichkeit). Philoponus (*ad. loc.*, 321, 2) merkt an, dass die Überlegung eine ἔνδεια φρονήσεως verrät (wobei φρόνησις hier in der platonischen Bedeutung von *Wissenschaft* gebraucht wird).

134 Τῶν γὰρ ὡρισμένων καὶ τεταγμένων ἐπιστήμη μᾶλλόν ἐστιν ἢ τῶν ἐναντίων (*Protreptikos*, Fr. 52 Fragmentausgabe Rose; Fr. 5 Fragmentausgabe Walzer; Iamblichos, *Aufruf zur Philosophie*, 38, 5 f.).

135 Aristoteles, *Hermeneutik oder vom sprachlichen Ausdruck*, 9, 18b 26.

136 Ebd., 19a 7.

137 Ebd., 19a 7 ff.

138 Nach der Formulierung von Schuhl, *Le dominateur et les possibles*, S. 17. Vgl. in demselben Werk auch den Kommentar zu dieser Passage auf S. 14–18.

139 Οὔτε βουλεύεσθαι δέοι ἂν οὔτε πραγματεύεσθαι, wo δέοι nicht nur ein Bedürfnis, sondern eine moralische Notwendigkeit ausdrückt, und wo πραγματεύεσθαι eine ernsthafte und verdienstliche Tätigkeit bezeichnet (vgl. NE, X, 6, 1176b 29, wo πραγματεύεσθαι im Ggs. zu παίζειν steht).

140 SVF, II, 957 (Origenes, *Contra Celsum*, 4 Bde., übers. v. Marcel Borret, Paris 1967 - 1969, II, 20), und vor allem Cicero, *Über das Fatum*, XII, 28. Im Gegensatz zu Alfredus Gercke (*Chrysippea*, Diss. Bonn 1885, S. 731) glaube ich nicht, dass es sich dabei um eine megarische Erfindung handelt: Vielmehr geht die Tendenz des Argumentes – wie schon sein Name herausstellt – dahin, die moralisch verheerenden Konsequenzen der megarischen These von der Notwendigkeit zukünftiger Ereignisse anzuprangern. Die Benennung des Argumentes scheint stoischen Ursprungs zu sein, wenn wir in dieser Hinsicht auch über keine sicheren Zeugnisse verfügen.

141 Jedenfalls geht Aristoteles nie so weit, daraus ein Laster zu machen, vielleicht weil sein Gegenteil nicht irgendeine bestimmte Tugend ist, sondern die Tätigkeit (ἔργον) im Allgemeinen (vgl. das Zitat in der folgenden Fußnote), vielleicht aber auch, weil die Alten niemals dahin gelangt sind, die mühselige Tätigkeit des Menschen wertzuschätzen und sie höchstens als Mittel zur Muße betrachteten (vgl. NE, X, 7, 1177b 4: ἀσχολούμεθα ἵνα σχολάζωμεν; Politik, VII, 15, 1334a 15); folglich waren sie auch geneigter als wir, die Faulheit nachsichtig zu beurteilen (zu den neuzeitlichen Ursprüngen der Wertschätzung des Fleißes, diligentia, vgl. Bollnow, Wesen und Wandel der Tugenden, S. 50 ff.). Die Trägheit erscheint darüber hinaus auch nicht in dem Katalog der Laster der pseudo-aristotelischen Abhandlung Über die Tugend (übers. v. Ernst Schmidt in: Aristoteles, Werke in deutscher Übersetzung, Bd. XVIII: Opuscula, Berlin 1965, 2. Aufl. 1980).

142 NE, I, 6, 1097b 28: »Sollten nun der Zimmermann und der Schuster bestimmte Tätigkeiten und Verrichtungen haben, der Mensch aber hätte keine und wäre von Natur aus untätig (ἀργὸν μέφωκεν)?« In diesem Sinne ist das Leben der Muße offensichtlich kein untätiges Leben, da es das ἔργον der Kontemplation beinhaltet.

143 Epinomis, 982d. Vgl. oben Teil I – Schuhl weist diesbezüglich auf die »Vorzeichenveränderung« hin, welche die Idee der Freiheit zu dieser Zeit durchmacht, und die es erlaubt, den »angeblichen Niedergang« zur Notwendigkeit als einen »Aufstieg« zu verstehen (Le dominateur et les possibles, S. 42 f.). Doch der Text der Hermeneutik (den man übereinstimmend als spät ansieht, vgl. François Nuyens, L'évolution de la psychologie d'Aristote, Louvain 1948, S. 98 ff.; A. Mansion, Introduction à la physique, S. 10; Gauthier-Jolif, Einleitung zur NE, S. 15, Anm. 41) zeigt, dass Aristoteles zunächst zwar die Begeisterung der zur Astraltheologie Bekehrten teilte, gegen Ende seines Lebens jedoch zu einem Standpunkt zurückkehrte, der dem volkstümlichen Freiheitsgefühl näher lag.

144 MM, I, 34, 1197a 16 ff.: Εστιν δ᾽ ἡ φρόνησις ἀρετή ὡς δόξειεν ἄν, οὐκ ἐπιστήμη ἐπαινετοὶ γάρ εἰσιν οἱ φρόνιμοι, ὁ δ᾽ἀρετῆς. Dieser Text steht im Widerspruch zu MM, I, 5, 1185b 10 (οὐδεὶς ἐπαινεῖται [...] ὅτι φρόνιμος), doch dieser letzte Text will die phronesis – wie im übrigen auch die sophia – in dem Maße, wie sie intellektuelle Qualitäten darstellen, die bei ihrem Besitzer keinerlei Verdienst implizieren, als etwas nicht Lobenswertes erweisen. Dieser »Widerspruch« würde Dirlmeiers Behauptung bestätigen (in seiner Ausgabe der MM, S. 209), dass Aristoteles »das schwierige Thema der dianoetischen Tugenden« niemals »voll bewältigt hat«. Es hat den Anschein, als enthielte das Wort ἀρετή schon in seiner gängigen Verwendung eine Bezugnahme auf den »moralischen« Verdienst – oder sollte man gegen Aristoteles einwenden, welcher Verdienst denn darin liegen soll, verständig (φρόνιμος) oder gelehrt (σοφός) zu sein? Was den phronimos angeht, so ist

Aristoteles auf der Grundlage der volkstümlichen Tradition bestrebt, nicht nur seinen intellektuellen, sondern auch seinen moralischen Wert aufzuweisen. Doch bezüglich des *sophos* ist die Beweisführung schwieriger: In den *Magna Moralia* wird die *sophia* niemals unter den ἐπαινετά eingeordnet; im Gegensatz dazu ist dies in der *Eudemischen Ethik*, II, 1, 1220a 6, und der *Nikomachischen Ethik*, I, 13 1103a 8 sehr wohl der Fall, wobei letztere dazu neigt, die *sophia* als eine *Tugend* zu betrachten (ἐπαινοῦμεν δὲ, heißt es in diesem Text, καὶ τὸν σοφὸν κατὰ τὴν ἕξιν τῶν ἕξεων δὲ τὰς ἐπαινετὰς ἀρετὰς λέγομεν). Doch Aristoteles fühlt sehr wohl, dass die Weisheit nur in dem Maße verdienstlich ist, wie sie keine Wissenschaft darstellt; es lässt sich jedoch schlecht erkennen, worin sie sich von der Wissenschaft, an der sie gleichzeitig wie am νοῶς Anteil hat, unterscheidet (MM, I, 34, 1197a 24–29). Die *Magna Moralia* rechtfertigt die Behauptung, die Weisheit sei eine Tugend, lediglich auf die folgende Weise: Wenn die Klugheit eine Tugend und der Weisheit untergeordnet wäre (da sie sich auf die untergeordneten Dinge bezieht, περὶ χείρω γάρ ἐστιν, 1197b 7), so müsste auch die Weisheit eine Tugend sein, da die Tugend das Beste ist (1197b 5–10). Doch dies hieße zu vergessen, dass es »etwas Besseres als die Tugend gibt« (βελτίον τῆς ἀρετῆς, MM, II, 4, 1200b 14; vgl. NE, VII, 1, 1145a 26), oder anders gesagt, dass es unter den ἐπαινετά (zu denen die Tugenden gehören), die τίμια gibt (zu denen allem Anschein nach – auch wenn Aristoteles dies niemals ausdrücklich sagt – die *sophia* zählt, die der Tradition zufolge vor allem Gott zukommt, vgl. *Metaphysik*, A, 2, 983a 6).

145 Zur Unterscheidung zwischen τὰ ἐπαινετά und τὰ τίμια vgl. NE, I, 12, 1101b 11 ff.; EE, II, 1, 1219b 8–13; MM, I, 2, 1183b 20–27. Dirlmeier zufolge (seine Ausgabe der MM, S. 187 f.) handelt es sich um eine traditionelle Unterscheidung, der Aristoteles jedoch eine präzise Bedeutung gibt: das Lob (ἔπαινος) drückt einen relativen Wert aus (τῷ […] πρός τί πως ἔχειν, 1101b 13), die einen absoluten Wert (vgl. auch NE, IV, 7, 1123b 17–20). Zum philosophischen Sinn dieser Unterscheidung vgl. Ollé-Laprune, *La morale d'Aristote*, S. 130 f., 156.

146 Vgl. Cicero, *Der Staat*, übers. v. Karl Büchner, München 1987, VI, 1; *Vom Wesen der Götter*, übers. v. Olof Gigon, Zürich 1996, II, 22, 58; *Über die Wahrsagung*, übers. v. Christoph Schäublin, München 1991, I, 49, 111; *De legibus*, übers. v. Rainer Nickel, München 1994, I, 23, 60.

147 NE, VI, 7, 1141a 20.

148 Zu diesem Paradox, welches erklärt, warum das vegetative Leben zumindest äußerlich dem kontemplativen Leben ähnelt vgl. *Vom Himmel*, II, 12, 292a 10–b 24 und s. u., Anhang I.

149 Ἡ φρόνησις ἂν εἴη ἕξις τις προαιρετικὴ καὶ πρακτικὴ τῶν ἐφ' ἡμῖν ὄντων καὶ πρᾶξαι καὶ μὴ πρᾶξαι (MM, I, 34, 1197a 14).

150 Ebd., I, 34, 1197b 8, 1197a 34 f.

[151] Ebd., 1197a 38–b 1.

[152] Vgl. Goldschmidt, *Le système stoïcien*, bes. S. 205–210.

[153] *Physik*, IV, 11.

[154] NE, II, 2, 1104b 24–26. Wen hat Aristoteles hier im Auge? Seneca schreibt Stilpon die Vaterschaft des Ausdrucks ἀπάθεια zu (*Epistulae ad Lucilium*, 9, 1, in: *Philosophische Schriften*). Doch der Gedanke war sicherlich in allen aus dem Sokratismus hervorgegangenen Kreisen im Umlauf (vgl. EE, II, 4, 1222a 3); die ἀπάθεια von Sokrates selbst ist übrigens eine Legende (vgl. *Anal. Post.*, II, 13, 97 b).

[155] Τό δ' ὅτε δεῖ καὶ πρὸς οὓς καὶ ἄριστον, ὅπερ ἐστι τῆς ἀρετῆς (NE, II, 5, 1106b 21–23). Etwas weiter unten im Text präzisiert Aristoteles, dass nicht alle Handlungen und alle Leidenschaften ein rechtes Mittelmaß und damit einen angemessenen Gebrauch zulassen: so gibt es zwar eine Zeit für den Zorn (1106b 18; 9, 1109a 28) und für das Begehren (III, 15, 1119b 17), aber es gibt keine für den Ehebruch (6, 1107a 16). Es gibt nämlich Handlungen und Leidenschaften, die *per definitionem* stets unverhältnismäßig sind. Zweifelsohne reagiert Aristoteles damit schon im Voraus auf eine Kritik, die seine Theorie der rechten Mitte mit einem allzu billigen »Opportunismus« oder einer für mildernde Umstände übermäßig empfänglichen Kasuistik verwechselt.

[156] Wie es ein Dichter ausdrückt, dessen Namen uns Aristoteles nicht mitteilt (NE, II, 5, 1106b 35).

[157] NE, II, 2, 1104a 8 f.

[158] NE, III, 1, 1109b 31.

[159] Ebd., 1110a 4 ff. Das klassische Französisch spricht hier von *Klugheit*: »Et c'est toujours prudence en un péril funeste / D'offrir une moitié pour conserver le reste« (Corneille, *La Conquête de la Toison d'Or*, hg. v. Marie-France Wagner, Paris 1998, I, 2)

[160] Τὸ δὲ τέλος τῆς πράξεως κατὰ τὸν καιρόν ἐστιν (NE, III, 1, 1110a 14).

[161] S. u., Kap. 3, § 2.

[162] Auffällig ist der *juridische* Charakter der Analysen in III, 1–3, wo es sich darum handelt zu bestimmen, in welchen Fällen der Mensch die volle Verantwortung für seine Handlungen trägt.

[163] Es ist eine der Voraussetzungen militärischen oder politischen Handelns, dass man den *kairos* zu fassen weiß. Zur Verwendung des Wortes in diesen beiden Bereichen vgl. *Politik*, V, 11, 1314b 16; 10, 1312b 25, und schon Platon, *Siebter Brief*, 326a, 327e (zur Erwartung des *kairos*, welcher es dem Philosophen durch einen »göttlichen Zufall« gestattet, die Macht zu ergreifen). Theophrast hat eine Schrift mit dem Titel πολιτικὰ πρὸς καιρούς verfasst. Vgl. Cicero, *Über die Ziele*, V, 4, 11, wonach Theophrast weiter als Aristoteles darin gegangen ist, insofern er nicht nur die »beste Staatsform« (*optimus reipublicae status*) studierte, sondern auch »quae essent in re publica rerum

inclinationes et *momenta temporum*, quibus esset moderandum, utcumque res postularet«.

164 Im ersten dieser beiden Bereiche wurde die Bedeutung des *kairos* von Gorgias, der ein Περὶ τοῦ καιροῦ schrieb (vgl. Dionysios von Halikarnassos, *Peri Syntheseôs Onomatôn*, in: *Dionysius Halicarnaseus quae exstant*, Bd. 4, hg. v. Hermann Usener und Ludwig Radermacher, ND Stuttgart 1965, 45, 6 ff.), und von Isokrates unterstrichen. Die rationalistische Technik der sizilianischen Rhetoren, die sich vor allem mit der Wahrscheinlichkeit (εἰκός) des Inhalts beschäftigten, ersetzten sie durch eine auf dem Ausnutzen der Umstände basierende Technik: Es genügt nicht, etwas Gerechtes zu sagen, sondern man muss es auch im rechten Augenblick sagen (Isokrates, *Panegyrikos*, 9, in: ders., *Sämtliche Werke*, Bd. 2, Stuttgart 1997; *Gegen die Sophisten*, 13, 16, in: ebd., Bd. 1; vgl. Platon, *Phaidros*, 272a). Alkidamas wird daraus die radikale Konsequenz ziehen, indem er die Überlegenheit der improvisierten Rede, die sich den unvorhersehbaren Reaktionen der Zuhörer anpasst, über die gehaltene Rede darlegt (*Oratio contra Sophistas*, Berlin 1824, S. 10 ff.). Platon nimmt diese Idee auf neue Weise im *Phaidros*, 275de, wieder auf. Zum *kairos* bei den Rhetoren vgl. Wilhelm Süss, *Ethos*, Leipzig 1910, ND Aalen 1975, S. 18–27; Léon Robin, Introduction, in: Platon, *Phèdre*, 4. Aufl. Paris 1954, S. CLXIV–CLXVII; Auguste Diès, *Autour de Platon*, Paris 1927, 2. Aufl. 1972, Bd. 1, S. 201 ff.; Mario Untersteiner, *I Sofisti*, Florenz 1949–1954, S. 151–159, 215 ff, 239 ff.; H. Kesters, *Antisthéne. De la dialectique*, Louvain 1935, S. 19 f.; Eine Mikkola, Isokrates, Helsinki, 1954, S. 154 ff. – Ein Gemeinplatz der hippokratischen Medizin ist die Vergeblichkeit allzu allgemeiner Rezepturen und die Notwendigkeit, die Behandlung an die Veränderlichkeit der Individuen und der Umstände anzupassen, indem man jedes Mal den *kairos* ergreift; vgl. z. B. die zahlreichen Texte, die Joachim, in seinem Kommentar zu EN, S. 75–77 zitiert (im Zusammenhang mit II, 2, 1104a 9); Joseph Souilhé, *La notion platonicienne d'intermédiaire*, Paris 1919, ND New York 1987, S. 32 ff.; Louis Bourgey, *Observation et expérience chez Aristote*, Paris 1955, S. 203, 223. Aristoteles selbst bezeugt, dass der Begriff des *kairos* dem medizinischen Vokabular entnommen ist (1104a 9; vgl. 1104a 5), und zwar in einer Passage, welche die Theorie der rechten Mitte – deren medizinischer Ursprung offensichtlich ist – einführen soll (vgl. z. B., II, 5, 1106b 3, und den Stellenkommentar von J. Souilhé und G. Cruchon, in: *Archives de Philosophie* 7 (1930)). Schon Gorgias führte die Parallelität zwischen medizinischen und rhetorischen Techniken an (vgl. Platon, *Phaidros*, 270b).

165 *Peri Syntheseôs Onomatôn*, 45, 17 in: *Opuscula*, hg. v. H. Usener u. L. Radermacher.

166 Ebd., 16 f. und 13.

167 Isokrates, *Antidosis*, 184, in: *Sämtliche Werke*, Bd. 1: die Lehrer müssen dar-

auf achten, dass ihre Schüler τῶν καιρῶν ἐγγωτέρω ταῖς δόξαις γένωνται. Τῷ μὲν γὰρ εἰδέναι περιλαβεῖν αὐτοὺς οὐχ οἷόν τ᾽ἐστιν ἐπι γὰρ ἀπάντων τῶν πραγμάτων διαφεύγουσι τὰς ἐπιστήμας. Man findet hier den tieferen Grund dafür, dass die Rhetorik keine τέχνη ist – zumindest wenn man darunter eine Gesamtheit von allgemeingültigen Regeln versteht –, sondern, wie Platon in einem ungerechtfertigt pejorativen Sinne sagt, eine ἐμπειρία (Gorgias, 463b), eine ἄτεχνος τριβή (Phaidros, 260e). Sokrates definiert die Rhetorik im Gorgias nicht ohne Bedenken als eine »der Kunst fremde Praxis«, die »aber eine entschlossene und tatkräftige Seele erfordert« (463a). Isokrates sagt nichts anderes, wenn er versichert, das Schwierige an der Redekunst sei nicht »die Wissenschaft der Prinzipien zu erwerben (τῶν μὲν ἰδεῶν [...] τὴν ἐπιστήμην)«, von denen ausgehend wir unsere Reden konzipieren und halten, sondern »die zum Gegenstand passenden zu wählen« (ἐφ᾽ ἑκάστῳ τῶν πραγμάτων ἅς δεῖ προελέσθαι) und »die Gelegenheiten nicht zu verpassen« (ἔτι δὲ τῶν καιρῶν μὴ διαμαρτεῖν), denn man brauche hierfür »eine mutige und klarsichtige Seele« (ψυχῆς ἀνδρικῆς καὶ δοξαστικῆς ἔργον εἶναι) (Gegen die Sophisten, 16 f., in: ders., Sämtliche Werke, Bd. 1). Süss bringt diese beiden Passagen in Zusammenhang (Ethos, S. 20) und schließt aus ihrer Analogie auf eine gemeinsame Quelle, die möglicherweise in einer gorgianischen Definition der Rhetorik bestehen könnte, in der das Taktgefühl, mittels dessen man die Unwägbarkeiten zu ergreifen hat, betont wird, im Gegensatz zu einem auswendig gelernten Wissen. Die Argumente (λόγοι), auf die der Phaidros anspielt (260c), und die beweisen wollen, dass die Rhetorik keine Kunst ist, könnten durchaus von Gorgias sein. Doch es ist klar, dass sie, sollte sie keine Kunst sein, für ihn mehr als eine Kunst ist, eine Art Divination, eine »Stochastik«.

168 NE, I, 4, 1096a 27 f.

169 NE, I, 4, 1096a 24–27; vgl. EE, I, 8, 1217b 32 ff.; Topik, I, 15, 107a 5–12.

170 EE, I, 8, 1217b 33.

171 Man sieht die Parallelität zum medizinischen Begriff der δίαιτα, welche die Lebensart bezeichnet, insbesondere in Abhängigkeit vom Ort. Die Hippokratiker beschäftigten sich nicht weniger mit dem günstigen Aufenthalt (vgl. περὶ διαίτης, II, 37) als mit dem günstigen Augenblick. Vgl. auch De aere aquis locis, in: Œuvres complètes d'Hippocrate, hg. v. Emile Littré, Paris 1839–1861, ND Amsterdam 1973–1989, Bd. II; und Aristoteles, Politik, VII, 7.

172 EE, I, 8, 1217b 37–41; vgl. NE, I, 4, 1096a 32–34.

173 Metaphysik, M, 4, 1078b 28.

174 Platon, Menon, 72a.

175 Politik, I, 13, 1260a 15–18.

176 Metaphysik, A, I, 981a 5 - 7.

177 EE, VII, 14, 1247b 23 f.

178 EE, VII, 14, 1248a 3 f.

179 EE, VII, 14, 1247b 25.

180 Οὐ συνεχής (EE, VII, 14, 1248b 7).

181 EE, VII, 14, 1248b 3; vgl. 1247b 22. Dabei handelt es sich um die θεῖα μοῖρα aus dem *Menon* (99e).

182 Ἀλογοι δ'ἀμφότεροι (EE, VII, 14, 1248b 6).

183 Wohingegen Gorgias und Isokrates mangels einer erlernten Technik auf die Übung zählten. Vgl. Dionysios von Halikarnassos, *Peri Syntheseôs Onomatôn*, 45, 18–21; Isokrates, *Gegen die Sophisten*, 17; *Antidosis*, 184, beide in: ders., *Sämtliche Werke*, Bd. 1.

184 Vgl. Epikur, *Brief an Menoikeus* (angeführt in Diogenes Laertius, *Leben und Meinungen berühmter Philosophen*, übers. v. Otto Apelt, Hamburg 1990, X, 133 f.):»Es wäre besser, sich dem Mythos von den Göttern anzuschließen als sich zum Sklaven der unbedingten Notwendigkeit der Physiker zu machen, denn jener Mythos lässt doch der Hoffnung Raum auf Erhöhung durch die Götter als Belohnung für die ihnen erwiesene Ehre, diese Notwendigkeit dagegen ist unerbittlich.« Aristoteles soll in seiner Jugend ein Werk *Über das Gebet* geschrieben haben. Doch davon zeigt sich hier keine Spur.

185 Im Gegensatz dazu kommt Theophrast – vielleicht, weil er den Sinn der aristotelischen *phronesis*-Lehre falsch verstanden hat – auf diese Vorherrschaft der τύχη zurück, wenn er auch nicht ihre tragischen Resonanzen erfaßt. Vgl. Cicero, *Über die Ziele*, V, 5, 12; 28, 85. Allem Anschein ordnete Theophrast das Glück dem Zufall, die εὐδαιμονία der εὐτυχία, unter. Er schrieb ein Werk * (Diogenes Laertios, *Leben und Meinungen*, V, 47).

186 Κρείττων τοῦ νοῦ καὶ βοωλεύσεως (EE, VII, 14, 1248a 32).

187 Φρονίνμων καὶ σοφῶν (EE, VII, 14, 1248a 35; diese beiden Worte sind hier noch kaum unterschieden).

188 EE, VII, 14, 1248a 19–29.

189 EE, VII, 14, 1248a 25.

190 Vgl. Heraklit, Fr. 52 Diels/Kranz. Eine Spur dieses religiösen Verständnisses des *kairos* erscheint in einem Beispiel, das Aristoteles in der *Ersten Analytik* (48b 35) anführt.

191 Es handelt sich dabei um die zeitliche Transposition eines ursprünglich räumlichen Sinnes: bei Homer bezeichnet der *kairos* die »Stellen am Körper, an denen eine Verwundung wirkungsvoll ist und den Gegner lähmt« (Schuhl, *De l'instant propice*, S. 71); die tödliche Verwundung wird καίρος πληγή genannt (*Ilias*, übers. v. Hans Rupé, Düsseldorf 2001, VIII, 84, zitiert von Aristoteles in *Über die Zeugung der Tiere*, V, 5, 785a 14–16).

192 Vgl. die Texte, die ich in meinem Buch *Le problème de l'être*, S. 433, Anm. 1 zitiere.

193 *Physik*, IV, 12, 221a 32–b 3.

194 NE, I, 7, 1098b 24.

[195] *Nemeische Oden*, III, 74 f.: Das menschliche Leben beinhaltet vier Tugenden, die der Jugend, die der Reife, die des Alters und schließlich eine vierte, welche darin besteht zu »ergreifen, was sich im gegenwärtigen Augenblick ziemt«, φϱονεῖν ... τὸ παϱϰείμενον (Franz Dornseiff (Hg.), *Pindar*, Leipzig 1921, S. 121, kommentiert: »die rechte Erkenntnis des Zeitgemäßen«, und Schwartz, *Ethik der Griechen*, S. 52 f., präzisiert: »das moralische Denken, das erfasst, was der Augenblick gebeut«). Die Verbindung zwischen φϱονεῖν und ϰαιϱος wird (allerdings außerhalb jeder moralischen Idee) auch von Isokrates, *Panegyrikos*, 9 (in: ders., *Sämtliche Werke*, Bd. 2) bezeugt: τὸ δ'ἐν ϰαιϱῷ ταύταις (d. h. die vergangenen Handlungen) ϰαταχϱήσασϑαι [...] τῶν εὖ φϱονούντων ἴδιόν ἐστιν – Die Wichtigkeit, die das Ergreifen des *kairos* für das menschliche Leben hat, ist in der Dichtung ein Gemeinplatz. Vgl. Hesiod, *Werke und Tage*, übers. v. Otto Schönberger, Stuttgart 1996, 694: μέτϱα φυλάσσεσϑαι, ϰαιϱὸς δ'ἐπὶ πᾶσιν ἄϱιστος; Pindar, 9. Pythische Ode, V. 78: ὁ δὲ ϰαιϱὸς [...] παντὸς ἔχει ϰοϱυφάν (zum *kairos* bei Pindar vgl. Mario Untersteiner, *La formazione poetica di Pindaro*, Messina 1951). – Die Verbindung zwischen *phronesis* und *kairos* findet sich auch in einer ganz anderen Tradition, nämlich in der neutestamentlichen Parabel von den klugen Jungfrauen (φϱόνιμοι) (Matthäus XXV, 1–13) oder vom klugen Diener (ebd., XXIV, 45), die in Erwartung »des Tages und der Stunde« wachen, oder, wie es Markus XIII, 33, ausdrücklich sagt, in Erwartung des *kairos*. Doch ist der Sinn dieser Verbindung hier offensichtlich ein ganz anderer: Die Zeit der Griechen ist, wenn auch unvorhersehbar, so doch reversibel und kennt die *Einzigartigkeit* der Gelegenheit nicht; sie fordert eine einfallsreiche und vielgestaltige Disponibilität und nicht das eindeutige Erwarten des entscheidenden und zugleich letzten Augenblickes. Zum biblischen *kairos* vgl. Oskar Cullmann, *Christus und die Zeit. Die urchristliche Zeit- und Geschichtsauffassung*, 3. Aufl., Zürich 1962); zu seinem Verhältnis zum griechischen *kairos* vgl. Vladimir Jankélévitch, *Le je-ne-sais-quoi et le presque-rien*, Paris 1980, S. 122–127.

Zweiter Teil, 3. Kapitel (S. 107–146)

[1] Im Französischen gibt der Verfasser βούευϰϰ mit »délibération« wieder, was je nach Kontext sowohl »Erwägung« als auch »Beratschlagung« konnotieren kann; letztere Bedeutung entspricht auch der Etymologie des griechischen Ausdrucks. Die Übersetzung verwendet deshalb häufig beide Begriffe, um den Sinnumfang von »délibération« wiederzugeben (Anm. d. Übers.).

[2] NE, VI, 5 1140a 31, 26; vgl. VI, 10, 1142b 31.

[3] NE, III, 5, 1112a 31.

[4] Ebd.; vgl. EE, II, 10, 1226a 28.

[5] Ich fasse hier NE, III, 5, 1112a 21–29 zusammen. Es ist zu ergänzen, dass

wir über diejenigen menschlichen Ereignisse, an denen wir keinerlei Anteil haben, keine Erwägungen anstellen (so nimmt ein Lakedämonier nicht die Verfassung der Skythen zum Gegenstand der Erwägung, und wir nicht die Angelegenheiten der Inder: EE, II, 10, 1226a 29, geschrieben vor dem Feldzug des Alexander). Vgl. NE, VI, 5, 1140a 31.

6 NE, III, 5, 1112a, 32–33.

7 NE, III, 5, 1112b, 8–9.

8 NE, III, 5, 1112b, 3–6.

9 Ἐν οἷς τέχνη ἐστί, πολλὴ μέντοι καὶ τύχη ἐνυπάρχει, οἷον ἐν στρατηγίᾳ καὶ κυβερνητικῇ (NE, VII, 14, 1237a 5–7).

10 NE, III, 5, 1112b 22–25; vgl. VI, 10, 1142a 31.

11 Denn der Zweck ist niemals Gegenstand der Erwägung: NE, III, 5, 1112b 14; vgl. *Rhetorik* I, 6, 1362a 18.

12 Τὸ ἔσχατον ἐν τῇ ἀναλύσει πρῶτον εἶναι ἐν τῇ γενέσει (NE, III, 5, 1112b 23–24). Vgl. 1112b 18–20: [...] ἕως ἂν ἔλθωσιν ἐπὶ τὸ πρῶτον αἴτιον, ὃ ἐν τῇ εὑρέσει ἔσχατόν ἐστιν.

13 »Now, analysis is the path from what one is seeking, as if it were established, by way of its consequences, to something that is established by synthesis. That is to say, in analysis we assume what is sought as if it had been achieved, and look for the thing from which it follows, and again what comes before that, until by regressing in this way we come upon some one of the things that are already known, or that occupy the rank of a first principle. We call this kind of method ›analysis‹, as if to say ἀνάπαλιν λύσιν (reduction backward)" (Pappos in der besonders getreuen Übersetzung von Jones: *Pappus of Alexandria: Book 7 of the Collection*, übers. von A. Jones, Berlin 1986, S. 82). Die »Synthese« ist der umgekehrte Prozess, welcher die »natürliche Ordnung« des Vorausgehenden und Nachfolgenden wiederherstellt (Pappos von Alexandrien, *Collectionis quae supersunt*, hg. von Friedrich Hultsch, Berlin 1875–1878, ND Amsterdam 1965, VII, Vorwort, 634, 10 ff.). Pappos führt diese Methode auf Euklid und sogar auf Platon zurück (vgl. Proklus, *Kommentar zum ersten Buch der Elemente des Eukleides*, hg. von G. Friedlein, Leipzig 1873, 2. Aufl. 1967, III). In der Tat scheint die Methode schon den Phöniziern vertraut gewesen zu sein. Vgl. Thomas Heath, *A History of Greek Mathematics*, Oxford 1921, ND 1931, Bd. 1, S. 168; Bd. 2, S. 400 f.; ders., *Mathematics in Aristotle*, Oxford 1949, ND 1970, S. 271–272.

14 Heath, *Greek Mathematics*, Bd. 2, S. 401.

15 Vgl. *Zweite Analytik*, II, 12, 95a–24b 1.

16 Vgl. *Metaphysik*, E, 2, 1027a 22–27.

17 Ebd., 1026b 4.

18 NE, III, 5, 1112b 1.

19 NE, III, 5, 1112b 4.

20 Auf dieses dialektische Verhältnis, welches die *Aporie* nicht aus dem Man-

gel, sondern aus der Vielzahl an Wegen hervorgehen lässt, weist der Chor in *Antigone* (Vers 360) hin, für den der Mensch ein παντοπόρος ἄπορος ist (im Gegensatz zur Ausgabe von Mazon trenne ich die beiden Worte nicht durch ein Komma und lese also: παντοπόρος ἄπορος ἐπ᾽ οὐδὲν ἔρχεται).

21 S. u.

22 Leibniz war der erste, der das mathematische Modell gefunden hat, welches Überlegung und Wahl zu interpretieren gestattet: In der Tat erlaubt die Mathematik die näherungsweise Bestimmung eines *Optimums*, d. h. sie kann durch »ein Prinzip der Bestimmung [...] die größte Wirkung sozusagen mit dem kleinsten Aufwande« erreichen (Vgl. *De rerum originatione radicali,* in: *Die philosophischen Schriften von Gottfried Wilhelm Leibniz,* hg. von C. J. Gerhardt, Bd. VII, Berlin 1890, ND Hildesheim 1965, S. 303; dt. in Leibniz, *Kleinere philosophische Schriften,* übersetzt von Robert Habs Leipzig: Reclam 1883, S. 218).

23 Διὰ τίνος ῥᾷστα καὶ κάλλιστα [γίγνεσθαι] ἐπισκοποῦσιν (1112b 17)

24 Vgl. NE, I, 1, 1094b 25–27.

25 NE, III, 5, 1113a 7.

26 Diese Verinnerlichung beginnt mit Homer, der oft die Wendung βουλεύειν θυμῷ benutzt. Vgl. die Beschreibung eines solches »Mit-sich-selbst-zu-Rate-Gehens« in der *Odyssee,* übers. von Anton Weiher, Düsseldorf 2000, XX, v. 5–30.

27 *Rhetorik,* I, 3, 1358a 36 – b 8. Man wird bemerken, dass die Erwägung bzw. Beratschlagung hier die Mitglieder der Volksversammlung betrifft, nicht die des Rates: Aristoteles trägt so jener Entwicklung Rechnung, die in der attischen Demokratie die beratende Gewalt von der βουλή auf die ἐκκλησία übergehen ließ.

28 Ebd., I, 3, 1358b 13–20.

29 *Rhetorik* 1358b 3–4, 6, 17–18. Im *Protreptikos* hatte Aristoteles noch die *zuschauende* Haltung privilegiert: Wer allein des »Schauspiels« wegen (ἕνεκα τῆς θέας) nach Olympia geht und nicht, um an den Spielen teilzunehmen, sei ein wahrer Philosoph (Fr.12 Fragmentausgabe Walzer; Fr. 58 Fragmentausgabe Rose; Iamblichos, *Protreptikos,* 53–54). Zu den Vorläufern dieser Metapher von Pythagoras (Iamblichos, *Pythagoras,* 2 Bde. gr.-dt., übers. von Michael von Albrecht, Stuttgart und Zürich 1963, 58–59; Cicero, *Gespräche in Tusculum,* lat.-dt., übers. v. Ernst Alfred Kirfel, Stuttgart 1997, V, 3, 8–9) bis Epiktet (*Lehrgespräche,* II, 14, 23 ff.) vgl. Robert Joly, *Le thème philosophique des genres de vie dans l'antiquité classique,* Brüssel 1956, S. 21–52.

30 *Hermeneutik oder vom sprachlichen Ausdruck,* 9, 19a 7. Vgl. S. 92.

31 Platon, *Gorgias* 456ac, 458b–459c. Zur Verteidigung von Gorgias vgl. mein Buch *Le problème de l'être,* Teil 1, Kap. III.

32 Vgl. Nietzsche: »Der Stoizismus ist die moralische Gestalt der Sklaverei«, in: *Der Wille zur Macht,* Ausgabe Kröner, S. 247.

33 Die gute Erwägung (εὐβουλία) ist weder Wissenschaft – denn man stellt keine Erwägungen in Bezug auf Dinge an, die man weiß – noch unmittelbare Schau (εὐστοχία) – denn sie ist eine Art Kalkulieren und verfährt langsam: NE, VI,9, 1142a 34–b 6.

34 Δόξα und βούλευσις betreffen beide die Kontingenz (zur *doxa* vgl. *Zweite Analytik*, I, 33, 89a 2–3). Die βούλευσις ist insofern eine »spezielle Ausrichtung« der *doxa*; vgl. Louis-Marie Régis, *L'opinion chez Aristote*, Paris 1953, S. 176). Zwar unterscheidet die *Nikomachische Ethik* die εὐβουλία von der δόξα, aber nur deshalb, weil erstere eine Tugend ist (im Unterschied zur einfachen βούλευσις, vgl. unten) und anders als letzterer Begriff eine »Richtigkeit« (ὀρθότης) beinhaltet. (VI, 10, 1142b 6–15).

35 Dieser Ausdruck stammt vom Kardinal de Retz, einem anderen großen Theoretiker der politischen Tat (den Hinweis darauf verdanke ich Pierre-Maxime Schuhl). Unter den für den Redner unabdingbaren Örtern räumt Aristoteles dem des Bezugs auf das Mögliche und das Unmögliche eine bevorzugte Stellung ein, περὶ δυνατοῦ καὶ ἀδυνάτου (*Rhetorik* I, 3, 1359a 15).

36 *Ilias*, II, 204; *Metaphysik, Λ* 10, 1076 a 4. In seiner *Politik* vermeidet Aristoteles eine klare Stellungnahme zu diesem Punkt. Ihm scheint unzweifelhaft, dass ein allwissender Mensch, der in sich die Universalität des Gesetzes und den Sinn für das Besondere vereint, zu regieren hätte. Er setzt aber hinzu, dass ein solcher Mensch nicht gefunden werden könne, weil niemand alles wissen (vgl. III, 16, 1287a 24–25), ja nicht einmal viele Dinge auf einmal erfassen könne (III, 16, 1287b 8).

37 Das trifft für die *Aristokratie* zu, welche die Regierung der σπουδαῖοι oder der ἐπιεικεῖς ist (*Politik*, III, 10).

38 Μετριωτάτην δὲ τὴν δεμοκρατίαν (*Politik*, IV, 2 1289b 4).

39 Platon, *Politikos*, 303a. Vgl. Aristoteles, *Politik*, IV, 2, 1289b 6–9, wo Platon zitiert und korrigiert wird: Man kann nicht einmal mehr von der »besten« der schlechten Regierungsformen sprechen, lediglich von der »am wenigsten schlechten«, ἧττον φαύλην.

40 Die Degradationsform der besten Regierungsform (des Königtums) ist umgekehrt die schlechteste der schlechten Regierungsformen, weil sie ein Sturz vom höchsten Punkt ist (*Politik* IV, 2, 1289a 38) und weil die Bedingungen der Tyrannei (Konzentration der Gewalten, Abwesenheit der Kontrolle des Volkes etc.) bereits vorhanden sind. Über den *Tyrannen*, der im griechischen Denken zu einem der traditionellen Paradigmen des Bösen stilisiert wurde, vgl. *Politik*, IV, 10, 1295a 1–14; Xenophon, *Hieron oder Gespräch über Tyrannis*, Fürth 1960, und den Kommentar von Leo Strauss dazu in: ders., *Über Tyrannis*, Neuwied 1963.

41 Vgl. die Unterscheidung zwischen der besten Verfassung ἁπλῶς und der besten Verfassung ἐκ τῶν ὑποκειμένων (*Politik*, IV, 1, 1288b 25/26.)

[42] *Politik*, III, 11, 1281b 40/1282a 4, und 1282a 8: τὸ ἐλέσθται ὀρθῶς τῶν εἰδότων ἔργον ἐστίν.

[43] *Politik*, III, 11, 1282a 5–7: ἀποδίδομεν δὲ τὸ κρίνειν οὐδὲν ἧττον τοῖς πεπαιδευμένοις ἢ τοῖς εἰδόσιν. Hier gibt Aristoteles wieder einmal Gorgias gegenüber Platon recht (vgl. mein Buch *Le problème de l'être*, S. 261–264). Allerdings spricht Aristoteles hier nicht von der Allgemeinbildung, sondern nur von der besonderen Bildung in einem gewissen Bereich (vgl. 1282a 4: ὁ πεπαιδευμένος περὶ τὴν τέχνην). Über die »kritische« Fähigkeit des »gebildeten« Menschen vgl. *Über die Teile der Tiere*, I, 1, 639a 1–12.

[44] Χωρὶς δ'ἕκαστος περὶ τὸ κρίνειν ἀτελής ἐστιν (*Politik*, III, 11, 1281b 38).

[45] Πάντες μὲν γὰρ ἔχουσι συνελθόντες ἱκανὴν αἴσθεσιν (ebd., 1281b 34–35). Was Aristoteles an dieser Stelle nicht sagt, ist, dass das Volk über die gemeinsamen Angelegenheiten berät (vgl. IV, 14, 1297b 41: τὸ βουλευόμενον περὶ τῶν κοινῶν), und zwar »gemeinsam« im doppelten Sinne von Angelegenheiten, die alle Bürger betreffen, und von Angelegenheiten, die keiner besonderen »Technik« zugehören. Im Unterschied zum κοινόν kann es vom καθόλου keine Wissenschaft geben (vgl. mein Buch *Le problème de l'être*, S. 210 f.).

[46] ... ἅπαντες δὲ συνελθόντες ἢ βελτίους ἢ οὐ χείρους (*Politik*, III, 11, 1282a 17). Vgl. 1281a 39–b 10; 1282a 34–41. Aristoteles hatte weiter oben einen anderen, rein opportunistischen Grund angegeben: Das Volk von der Regierung auszuschließen bedeutet, den Staat mit Feinden füllen. Darum sei es vorzuziehen, das Volk an den Beratschlagungen teilnehmen zu lassen (λείπεται δὴ τοῦ βουλεύεσθαι καὶ κρίνειν μετέχειν αὐτούς, 1281b 30–31), wie es Solon getan hat. – An späterer Stelle gibt er ein wesentlicheres Argument: Ein Werk sollte nicht von seinem Urheber, sondern von seinem Benutzer beurteilt werden. So kann der Bewohner das Haus besser als der Architekt beurteilen und der Gast das Essen besser als der Koch. Im Gegensatz zu Platon, der ein analoges Argument gebrauchte, um die Herstellungstechniken den Gebrauchstechniken und diese schließlich der Wissenschaft vom *Guten* unterzuordnen (vgl. etwa *Euthydemos*, 290c), scheint Aristoteles' Argument zu implizieren, dass der Gebrauch keine Sache der »Technik«, sondern der Meinung ist: τἆργα γιγνώσκουσι καὶ οἱ μὴ ἔχοντες τὴν τέχνην (1282a 19). Seit der Antike ist kaum besser Stellung gegen die »Technokratie« und zugunsten der »Gebrauchenden« bezogen worden. Die erstaunlich »anti-sokratische Tendenz« (ich würde eher von einer antiplatonischen Tendenz sprechen) und das »offene demokratische Bekenntnis« dieser Passage wurden von Olof Gigon hervorgehoben, vgl. dessen Ausgabe von Aristoteles, *Politik und Staat der Athener*, Zürich 1955, Einl., S. 34. – Über die Organisation der »beratenden« Gewalt vgl. *Politik*, IV, 14.

[47] Vgl. wiederum *Politik*, III, 15, 1286a 20, 26.

48 Weiter oben haben wir gesehen, dass Gott nicht erwägt. Doch auch das Tier erwägt nicht: Die einzige Ausnahme ist der Mensch (*Tierkunde*, I, 1, 488b 24).

49 Πρόκειται τῷ συμβουλεύοντι σκοπὸς τὸ συμφέρον, βουλεύονται γὰρ οὐ περὶ τοῦ τέλους, ἀλλὰ περὶ τῶν πρὸς τὸ τέλος (*Rhetorik*, I, 6 1362a 17–19).

50 NE, VI, 10, 1142b 18–20.

51 Ebd., VI, 10.

52 Ὀρθότης τίς ἐστιν ἡ εὐβουλία βουλῆς (1142d 16).

53 1142b 12.

54 Vgl. die Stellen, die Gauthier in seinem Kommentar, S. 509 f., zitiert.

55 Die εὐβουλία ist ἀγαθοῦ τευκτική (NE, VI, 10, 1142b 22), weshalb man sie dem Unbeherrschten (ἀκρατής) und dem Schlechten (φαῦλος) absprechen darf.

56 NE, VI, 10, 1142b 21–26.

57 NE, VI, 10, 1142b 26 f.

58 Ὀρθότης ἡ κατὰ τὸ ὠφέλιμον, καὶ οὗ δεῖ καὶ ὡς καὶ ὅτε (NE, VI, 10, 1142b 27 f.).

59 Ἡ ὀρθότης πλεοναχῶς (NE, VI, 10, 1142b 17).

60 *Epinomis*, 976bc.

61 Μνήμη, εὐμάθεια, ἀγχίνοια. Eine flüchtige Untersuchung dieser letzteren »Tugend« liefert Aristoteles in NE, VI, 10, 1142b 5, und vor allem im »logischen« Kontext der *Zweiten Analytik*, I, 34.

62 Bekanntlich hat das Wort σοφός zunächst eine technische Geschicklichkeit bezeichnet (woran Aristoteles in NE, VI, 7, 1141a 9 ff., erinnert). In dieser Bedeutung spricht etwa Pindar von einem ποιητὴς σοφός.

63 Vgl. die von Gauthier zitierten Stellen, S. 508.

64 S.o. das Ende von Kapitel I.

65 Vgl. Snell, *Entdeckung des Geistes*, S. 223–225, 236 f.

66 Ein Passus aus der *Topik* (IV, 2, 121b 31 ff.) scheint nahezulegen, dass das Problem: ἐπιστήμη ἡ φρόνησις ἢ ἀρετή in den Kreisen der Akademie ein Klassiker war. Offenbar hat Xenokrates den ersten Gesichtspunkt vertreten (vgl. *Topik*, VI, 3, 141a 6); Aristoteles vertrat von der *Eudemischen Ethik* an den zweiten.

67 Im Zusammenhang mit seiner Definition der moralischen Tugend – die er als rechte Mitte charakterisiert hat (EE, II, 3, 1220b 34 f.) – in der *Nikomachischen Ethik* bezeichnet Aristoteles diese ganz einfach als ἀρετή (II, 6, 1106b 36).

68 NE, VI, 3, 1139b 16.

69 So erklärt Aristoteles ausdrücklich, ohne moralische Tugend könne es keine *phronesis* geben (VI, 13, 1144a 36). Die Schwierigkeit wurde von Thomas von Aquin gesehen: *Summa theologica* IIa IIae, q. 47, a. 4 (Utrum prudentia

sit virtus), 15 (Utrum prudentia insit nobis a natura), 16 (Utrum prudentia possit amitti per oblivionem).

70 Vgl. Isokrates, *Euagoras*, 46, in: ders., *Sämtliche Werke*, Bd. 1; Euripides, *Phoinissen*, v. 721, 746; Xenophon, *Agesilaos*, XI, 9.

71 Die Definition, welche Aristoteles schließlich von der εὐβουλία gibt, verstärkt diese Schwierigkeit und Zweideutigkeit noch, anstatt sie zu beseitigen: »Eine Richtigkeit in Hinsicht auf das, was zu einem Zweck führt, welcher von der Klugheit zutreffend erfasst wird« (ὀρθότης ἡ κατὰ τὸ συμφέρον πρός τι τέλος, οὗ ἡ φρόνησις ἀληθὴς ὑπόληψις ἐστίν, 1142b 32 f.). Über diesen Satz ist viel Tinte vergossen worden. Ich beschränke mich darauf festzuhalten, dass es mir nicht notwendig erscheint, τὶ τέλος, »ein bestimmter Zweck« (was von den meisten Manuskripten bezeugt wird), zu τὸ τέλος zu korrigieren. Außerdem scheint mir, dass sich οὗ auf τὸ συμφέρον bezieht und nicht auf τέλος: Die Klugheit ist nicht das wahre Erfassen des Zwecks, sondern dessen, was diesem Zwecke dient. Trotz Gauthier, S. 518, widerspricht dies keineswegs der sonstigen Lehre von Aristoteles. Diese findet sich deutlich ausgedrückt in VI, 13, 1144a 7–9: Die moralische Tugend sichert die Richtigkeit des Zwecks und die Klugheit diejenige der Mittel, selbst wenn die Klugheit, insofern sie an die moralische Tugend gebunden ist, der Eigenschaft des Zwecks nicht fremd gegenüberstehen kann. Vgl. P. Aubenque, »La prudence aristotélicienne porte-t-elle sur la fin ou sur le moyens?«, in: *Revue des Etudes Grecques* 78 (1965), S. 40–51.

72 II, 6, 1106b 36. Diese Definition wird in VI, 2, 1139a 23 wiederholt. Vgl. EE, II, 10, 1227b 5–11. Charakteristischerweise erscheint diese Bestimmung nicht mehr in der Defintion der verstandesmässigen Tugenden, insbesondere nicht in der der Klugheit (vgl. VI, 5, 1140b).

73 Vgl. EE, I, 2, 1214b 7–11.

74 Ebd. II, 11, 1228a 2–4. Vgl. 1228a 1: »Die Tugend ist der Grund dafür, daß der Zweck der *prohairesis* richtig ist.«

75 Ebd., 1228a 12–15.

76 Ebd., 1228a 10–12.

77 Ebd., 1228a 8.

78 NE, VII, 8, 1151a 7. Vgl. den Kommentar von Robin in seinem *Aristote*, S. 265, und über die Akrasie die Untersuchung von Richard Robinson, »L'acrasie selon Aristote«, in: *Revue philosophique de la France et de l'étranger* 145 (1955), 80. Jg., Nr.7–9, S. 261–280.

79 Γ 2, 1004b 24–25. Über προαίρεσις im Sinne von »Absicht« vgl. auch die von Ross aufgelisteten 21 weiteren Textstellen (*Aristotle*, London 1923, 6. Aufl. 1955, S. 200, Anm. 3). Außerhalb von Buch III der *Nikomachischen Ethik* (und Buch II der *Eudemischen Ethik*) findet Ross demgegenüber nur vier Stellen, an denen das Wort die zweite Bedeutung besitzt, die ich jetzt herausarbeiten werde. Es bezeichnet einen gewissen Mangel an Koordina-

tion zwischen den einander gleichwohl ergänzenden Analysen von Aristoteles, wenn Buch VI der *Nikomachischen Ethik* die *prohairesis* als Absicht kaum erwähnt (2, 1139a 33–b5; 13, 1144a 20 und darüberhinaus trotz Ross 1145a 4). Die Bedeutung einer »Wahl« erscheint mit Sicherheit erst in 1139b 6, aber diese Stelle unterbricht den Gedankengang und könnte eine spätere Hinzufügung sein. So zieht die aristotelische Untersuchung der Klugheit keinen Nutzen aus der (zweifellos chronologisch späteren) Analyse der Wahl.

80 Ἡ δὲ προαίρεσις τῶν πρὸς τὸ τέλος (NE, III, 2, 1111b 27).

81 Ἀλλ' ἆρά γε [προαιρετὸν] τὸ προβεβουλευμένον (III, 4, 1112a 15). Vgl. 5, 1113a 2–5, 10.

82 5, 1113a 10–12.

83 4, 1111b 21.

84 5, 1113a 10–11.

85 III, 5, 1113a 11. Vgl. EE, II, 10, 1226b 17. Offensichtlich ist diese Definition in höherem Grade ausgearbeitet als die in VI, 2, 1139b 4–5: ὀρεκτικὸς νοῦς ἢ ὄρεξις διανοητική.

86 NE, III, 2, 1111b 27 f.

87 Vgl. EE, II, 10, 1227a 9 f.; 11, 1227b 29 f.

88 Robin, *Aristote*, S. 265, Ross, *Aristotle*, S. 200, und die Anmerkung in der Ausgabe von Rackham zu NE, III, 4, 1111b 5.

89 So Ross, der anzunehmen scheint, dass Aristoteles in Buch III der *Nikomachischen Ethik* den »bereits in der Definition der Tugend [in Buch II] angetroffenen« Begriff der προαίρεσις zu erklären beabsichtigt (*Aristotle*, S. 198). Ohne sich allzu tief in eine Schichtenanalyse hineinzuwagen, gilt es doch festzuhalten, dass die Abhandlung über die Wahl in Buch III völlig unabhängig von derjenigen über die Tugend in Buch II ist, selbst wenn eifrige Herausgeber oder Aristoteles selbst geglaubt haben, Übergänge anfügen zu müssen (besonders zu Beginn von III, 1 und III, 4), die im übrigen wenig überzeugend sind.

90 Diese »Entwicklung« des Begriffs der προαίρεσις von der *Eudemischen Ethik* zur *Nikomachischen Ethik* ist durch Walzer untersucht worden, *Magna moralia*, S. 131–154, allerdings vom hier weniger interessierenden Gesichtspunkt des Verhältnisses von προαίρεσις und δόξα.

91 1226a 8: Οὐθεὶς γὰρ τέλος οὐθὲν προαιρεῖται, ἀλλὰ τὰ πρὸς τὸ τέλος. Der grundlegenden Unterschied zur *Nikomachischen Ethik* besteht darin, dass die *prohairesis* in diesem Punkte nicht allein der βούλησις (vgl. oben), sondern auch der δόξα, die eher den Zweck betriffen soll (1226a 17), entgegengesetzt wird.

92 1226a 9–11.

93 Vgl. NE, X, 6, 1176a 31 f.

94 EE, II, 10, 1226b 19 f.

95 1227a 19 f., b 26.
96 1227b 27.
97 1227a 13.
98 Διὰ τὴν ἀρετὴν ἂν ὀρϑὸν εἴη τὸ τέλος, ἀλλ᾽ οὐ τὰ πρὸς τὸ τέλος (II, 11, 1227b 35 f.). Vgl. 1227b 24 f.
99 Das Wort *Richtigkeit* (ὀρϑότης) ist hier natürlich noch zweideutig: Es bezeichnet entweder den intrinsischen Wert des Zweckes oder die Anpassung der Mittel an den Zweck (welcher selbst nicht richtig sein muss). Aristoteles erkennt dies an, indem er die von der Tugend herrührenden Richtigkeit von derjenigen unterscheidet, die auf den *logos* zurückgeht (1227b 34 f.), wobei *logos* im Sinne eines Kalkulierens verstanden werden muss (vgl. συλλογισμός, 1227b 24).
100 II, 11, 1228a 2.
101 1228a 3 f.
102 Vgl. 1227b 38, 39 f.: Wir wählen ἕνεκά τινος.
103 Vgl. die starke Ausdrucksweise der *Nikomachischen Ethik*, VI, 2, 1139b 5: Die προαίρεσις ist der Mensch (ἡ τοιαύτη ἀρχὴ ἄνϑρωπος).
104 [...] ὥστ᾽ ἀνάγκη τήν τε κακίαν ἑκούσιον εἶναι καὶ τὴν ἀρετήν (EE, II, 11, 1228a 7).
105 Das vierte Kapitel geht von dem Prinzip aus, dass die Wahl zu den freiwilligen Handlungen gehört (ἡ προαίρεσις δὴ ἑκούσιον μὲν φαίνεται, 1111b 6), dass aber das Freiwillige eine weitere Ausdehnung als die Wahl besitzt (denn es gibt freiwillige Handlungen, die ohne vorherige Überlegung stattfinden, ἐξαίφνης, 1111b 9): Gegenstand der Wahl (προαιρετόν) ist etwas Freiwilliges (ἑκούσιον), worüber man zuvor Überlegungen angestellt hat (προβεβουλευμένον) (1112a 14 f.). Aristoteles gibt sich jedoch in den Kapiteln 4–6 größere Mühe, die spezifische Differenz der Wahl (ihre Struktur von Überlegung und Beratschlagung) als ihre Zugehörigkeit zur Gattung des Freiwilligen herauszuarbeiten.
106 Αἱ δὲ τῶν ἀρετῶν ἐνέργειαι περὶ ταῦτα (1113b 5), d.h. τὰ πρὸς τὸ τέλος (b 4). Die Tatsache, dass das Subjekt der zweiten Prämisse dieses Syllogismus' αἱ τῶν ἀρετῶν ἐνέργειαι ist, hat keine weitere Bedeutung, da das Subjekt der Schlussfolgerung ἡ ἀρετή ist.
107 1113b 6.
108 EE, III, 11, 1228a 1; NE, VI, 13, 1444a 20–22. Der Widerspruch zwischen diesen Texten ist Gauthier aufgefallen (S. 211 f.). Er zieht aber daraus keine weiteren Folgerungen, weil er sich weiter oben um eine einheitliche Interpretation der *prohairesis* als »wirksamer Entscheidung« bemüht (S. 195 f., zu 1111b 29 f.). Dennoch ist offensichtlich, dass sie nicht wegen ihrer Wirksamkeit mit dem moralischen Urteil zusammenhängt, und dass man mit einer Betonung ihrer Wirksamkeit riskiert, die moralische Fragestellung aus dem Blick zu verlieren, wie es Aristoteles in den Kapiteln 3–5 von Buch III

der *Nikomachischen Ethik* geschieht. – Zu diesen Stellen muss man NE, III, 7, 1114b 23 f., hinzufügen: »Die Qualität des Zieles, das wir uns vorsetzen, hängt von unserer eigenen Qualität ab« (Τῷ ποιοί τινες εἶναι τὸ τέλος τοιόνδε τιθέμεθα).

[109] Wie es die folgenden Autoren tun: Eugen Kullmann, *Beiträge zum aristotelischen Begriff der Prohairesis*, Diss. Basel 1943, auch wenn er sich dagegen wehrt (S. 1); Robin, *Aristote*, S. 265, der den Begriff der »präferenziellen Wahl« einführt, um so das Recht zu beurteilen, welches die »Partisanen der moralischen Freiheit« dazu haben, sich auf Aristoteles zu berufen; Ross, *Aristotle*, S. 187–201. Auch Walzer untersucht die Entwicklung der *prohairesis* vom Gesichtspunkt der Willensfreiheit aus (*Magna moralia*, S. 139–154). Vgl. auch Helmut Kuhn, »Der Begriff der Prohairesis in der Nikomachischen Ethik«, in: *Die Gegenwart der Griechen im neueren Denken (Festschrift für Hans-Georg Gadamer)*, Tübingen 1960, S. 123.

[110] Vgl. die Schlussfolgerung von Kullmann, *Begriff der Prohairesis*, S. 121: »Es viel darüber verhandelt worden, ob der Stagirite ›Determinist‹ oder ›Indeterminist‹ gewesen sei. Der Begriff der *prohairesis* mag zeigen, dass diese Zweiteilung wie immer so auch hier wenig brauchbar ist.« In Wirklichkeit »zeigt« dieser Begriff nichts dergleichen, da er sich auf etwas ganz anderes bezieht. – Auf subtilere Weise zeigt Kuhn (Der Begriff der Prohairesis, S. 136), dass die *prohairesis*, verstanden als Wahl der Mittel, »die Rolle nicht spielen kann«, welche Aristoteles der *prohairesis* seiner Ansicht nach zuspricht (nämlich die einer konstitutiven Absicht der Person).

[111] Dies ist eine Lehre, die sich auch anderswo bei Aristoteles findet, so in der juristischen Analyse von NE, III, 1–3, und in der psychologischen Analyse von VII, 1–11, welche die Willensschwäche oder Akrasie zum Gegenstand hat (Aristoteles prüft hier genauestens die sokratische These, dass niemand aus freien Stücken böse sei).

[112] Diese Doppelung der Problematik manifestiert sich auch in der Zweideutigkeit des Ausdrucks τὰ ἐφ᾽ ἡμῖν, »was von uns abhängt«, der zum einen das Freiwillige (im Gegensatz zum Unfreiwilligen) und zum andern das Mögliche und Kontingente (im Gegensatz zum Unmöglichen oder zum Notwendigen) bezeichnet. Einmal bezieht er sich auf das psychologische Phänomen der Freiheit (die Bedingung für moralische Verantwortung), ein andermal auf die kosmologische Realität der Kontingenz (die Bedingung des technischen Vermögens). Die erste Bedeutung ist platonisch (*Gorgias*, 508c; *Politeia*, 357b, 398b) und findet sich noch in Aristoteles' Untersuchung des Freiwilligen in Buch III (7, 1113b 7, 27, 1114a 18, 29; 8, 1114b 29). Die zweite, typisch aristotelische Bedeutung findet sich dagegen in seinen Analysen der Überlegung (III, 4, 1111b 30–32; 5, 1112a 31, 1113a 10–11) und entspricht dem ἐνδεχόμενον αὐτῷ πρᾶξαι, welches in der Analyse der Klugheit in Buch VI erscheint (5, 1140a 32 f.). Die *Eu-*

demische Ethik verwendet ἐφ᾽ αὑτῷ in der ersten Bedeutung (II, 9, 1225a 19, 25, 27; b8) und in der zweiten eher ἐφ᾽ ἡμῖν (II, 10, 1226a 28–33): Der Singular bezieht sich auf eine individuelle psychologische Erfahrung, der Plural auf die allgemeine Situation des Menschen in der Welt. Natürlich ist die Beziehung zwischen diesen beiden Arten von ἐφ᾽ ἡμῖν eine Beziehung der Art zur Gattung: Das Freiwillige ist zwangsläufig kontingent, aber nicht alles Kontingente ist freiwillig (z. B. zufällige Tatsachen). – Bei den Stoikern, welche die Kontingenz der Welt leugnen und für die deshalb »das, was von uns abhängt«, jede Einwirkung auf die Welt ausschließt und sich auf den Umgang mit den Vorstellungen beschränkt, bleibt nur die erste Bedeutung erhalten. – Die Wichtigkeit und Beständigkeit dieser Probleme bezeugen zwei Abhandlungen, die Alexander den beiden Bedeutungen von ἐφ᾽ ἡμῖν widmet (*De anima liber cum mantissa*, 169, 33–172, 15; 172, 16–175, 32).

[113] Erstaunlich ist hier die irrige Lesart von Joachim (S. 100) und Gauthier (S. 197 f.), welche III, 4, 1112a 17 so verstehen: »was man vor allem anderen zu tun entscheidet«, wobei »vor« im zeitlichen Sinne verstanden werden soll. Tatsächlich ist der Ausdruck αἱρεῖσθαι πρό im Sinn von »etwas einer Sache vorziehen« geläufig (vgl. Thukydides, *Geschichte des Peloponnesischen Krieges*, V, 36; Platon, *Politeia*, 366b; *Phaidros*, 245b). Auch wenn es richtig ist, dass Aristoteles das προαιρετόν als προβεβουλευμένον, d. h. als »etwas, worüber man zuvor Überlegungen angestellt hat«, bezeichnet und das Präfix προ- hier einen zeitlichen Sinn hat, so stellt dies noch keinen Grund dafür dar, auch dem προ- von προαιρετόν denselben zeitlichen Sinn zuzugestehen: Denn während es durchaus verständlich ist, die Überlegung als etwas aufzufassen, was der Wahl vorausgeht, ist nicht ersichtlich, wem die Wahl vorausgehen könnte (vielleicht der Handlung, doch davon ist hier nicht die Rede). Der Rekurs auf die Etymologie soll nicht die Vorstellung der *vorgängigen* Beratung, sondern diejenige der *Beratung* erhellen (nichts anderes sagt Aspasius, 70, 31 ff., den Joachim zu Unrecht zitiert). Die bereits zitierte Parallelstelle aus der *Eudemischen Ethik* (2, 10, 1226b 6–8) scheint mir keinerlei Zweideutigkeit zu enthalten.

[114] Vgl. z. B. die Texte von Thukydides und Platon in der vorigen Fußnote sowie Isokrates, *Antidosis* 117 f., in: ders., *Sämtliche Werke*, Bd. 1 (im Krieg muss man seine Freunde und Feinde zu wählen verstehen; vgl. EE, II, 10, 1227a 13). – Das Substantiv προαίρεσις wird von Platon nur einmal verwendet, und zwar in diesem Sinn (*Parmenides*, 143c). – Man kann diese Bedeutung zum politischen Sinn von »Wahl« in Bezug setzen: τινὰς ἐκ τοῦ πλήθους προαιρεῖσθαι (Aristoteles, *Politik*, IV, 14, 1298b 27), auch wenn man dafür eher αἱρεῖσθαι, αἵρεσις verwendet.

[115] Vgl. das von dem Grammatiker Herodianus gegebene Beispiel (VI, 8, 6): τοῦ παρόντος κινδύνου τὸν μέλλοντα προαιρεῖσθαι.

[116] Der Ausdruck findet sich bei Demosthenes (*Orationes*, 3 Bde., hg. von S. H.

Butcher und W. Rennie, Oxford 1903–1921, ND 1966), 23, 141; 48, 56, und wie wir sahen auch bei Aristoteles (*Metaphysik, Γ*, 2, 1004b 24 f.). Vgl. auch Platon, *Gorgias* 493c (βίον ἑλέσθαι); Pseudo-Platon, *Definitionen*, 413a, wo die Freundschaft als προαίρεσις βίου τοῦ αὐτοῦ definiert wird (vgl. Aristoteles, *Politik*, III, 9, 1280b 38: ἡ γὰρ τοῦ συζῆν προαίρεσις φιλία); Menander, *Denksprüche (Monostichoi)*, gr.-lat.-dt., übers. von Richard Walther, München 1967, 65 (βιοῖ [...] οὐδεὶς ὃν προαιρεῖται βίον). Bei Cicero findet man den Ausdruck »in *diligendo* genere vitae« (*Von den Pflichten*, X, I, 33, 120). – Zu dieser Bedeutung kann man noch diejenige der berufsmäßigen Tätigkeit in Bezug setzen: vgl. Isokrates, *Antidosis*, 4; *Panathenaïkos*, 11, beide in: ders., *Sämtliche Werke*, Bd. 1; Aischinos, *Aeschines' Rede gegen Timarchos*, übers. von Gustav Eduard Benseler, Leipzig 1855, 74 (man wird bemerken, wie weit die Auffassung der berufsmäßigen Tätigkeit als einer lediglich menschlichen Wahl von der christlichen Auffassung des Berufs als einer Berufung entfernt ist).

117 *Politeia*, 10, 617d–621d.

118 Θεὸς ἀναίτιος (ebd., 617e).

119 Vgl. 619b: Wer gewählt hat, ein Tyrann zu sein, wird seines Fehlers gewahr und beklagt »nicht sich selbst als Urheber des Unheils, sondern das Schicksal (τύχη) und die Götter und alles andere eher als sich selbst«.

120 Vgl. 617de: »Euer Los wird nicht durch den Dämon bestimmt, sondern ihr seid es, die sich den Dämon erwählen.«

121 Jaeger, *Paideia*, III, 103 f.

122 In diesem Sinne: Walzer, *Magna moralia*, S. 18–20, der die »mythische Vorbestimmtheit der Person« erwähnt.

123 617d.

124 617e.

125 Dies ist schon in der *Apologie* (39a) und im *Kriton* (52c) die Bedeutung von αἵρεσις, und die Bedeutung von προαιρεῖσθαι in den *Memorabilia* des Xenophon (*Erinnerungen an Sokrates*, gr.-dt., hg. von Peter Jaerisch, Darmstadt 1987), z. B. IV, 5, 11 (τοῖς ἐγκρατέσι μόνοις ἔξεστι [...] τὰ μὲν ἀγαθὰ προαιρεῖσθαι, τῶν δὲ κακῶν ἀπέχεσθαι); III, 9, 5; IV, 2, 8; IV, 5, 7.

126 Vgl. Zenon, in: SVF, I, 216 (der Weise erreicht *per definitionem* das, was von seinem Willen abhängt, τῶν κατὰ προαίρεσιν ὄντων αὐτῷ); II, 966 (dasjenige, was κατὰ προαίρεσιν ist, wird allem aus Notwendigkeit, Schicksal und Zufall Herrührenden entgegengesetzt).

127 Vgl. die Definition der προηγμένον bei Zenon: ὃ ἀδιάφορον <ὂν> ἐκλεγόμεθα (SVF, I, 192). Bei Platon dient das Verb ἐκλέγεσθαι demgegenüber dazu, den Begriff der αἵρεσις zu erklären (*Gorgias*, 499e–500a). In diesem Zusammenhang ist darauf hinzuweisen, dass das stoische προηγμένον mit der *Tugend* nichts zu tun hat, weil es lediglich einen Vorrang innerhalb der ἀδιάφορα ausdrückt, die weder gut noch schlecht sind.

128 Gemäß der Übersetzung von Joseph Souilhé. Vgl. *Gespräche*, II, 23, 5 ff. und die Einleitung von Souilhé, S. 1, Anm. 3.

129 Zu εὐφυΐα und εὐτυχία vgl. die bereits zitierten Textpassagen, insb. NE, I, 10, 1099b 18; III, 7, 1114a 32–b5, wo der Anteil der Natur und der persönlichen Verantwortlichkeit sorgfältig dosiert werden: Wir sind mitverantwortlich, συναίτιοι, für unsere schlechten oder guten Dispositionen, weil es von uns abhängt, einen schlechten oder guten Gebrauch von unserer Natur zu machen; dennoch ist klar, dass es leichter ist, von einer guten Naturanlage, εὐφυΐα, einen guten Gebrauch zu machen (1114d 12) als eine schlechte gerade zu richten (X, 1179b 7–16; EE, I,3, 1215a 8–15).

130 NE, II, 1.

131 Vgl. III, 7, wo Aristoteles seine These verteidigt, dass »der Mensch das Prinzip und der Urheber seiner Handlungen ist, wie er auch Prinzip und Urheber seiner Kinder ist« (1113b 17 f.). Auf den Einwand, dass einige Menschen der Tyrannei der Leidenschaften unterworfen sind, antwortet Aristoteles, sie seien für ihr Nachgeben selbst verantwortlich:»Ebenso stand es dem Ungerechten und dem Zügellosen ursprünglich zwar frei, dies nicht zu werden, und deswegen sind sie freiwillig so. Nachdem sie es aber geworden sind, steht es ihnen nicht mehr frei, es nicht zu sein« (1114a 19–22, sowie die gesamte vorangehende Passage ab 1114a 2). Vgl. 1114b 31–1115a 3. Es ist jedoch unklar, zu welchem Zeitpunkt eine schlechte Gewohnheit irreversibel wird.

132 Der tugendhafte Mensch ist einer, der *Gefallen* an tugendhaften Taten findet: NE, II, 2, 1104a 33–1104b 13; vgl. X, 1, 1172a 19–26; 10, 1179b 24–26. Die Konsequenz daraus ist, dass die moralische Erziehung vor allem eine gefühlsmäßige Erziehung ist (vgl. bereits Platon, *Gesetze*, II, 653ac).

133 Die Tugend ist das Beständigste am Menschen, doch selbstverständlich nur in dem Maße, wie dies in menschlichen Dingen überhaupt möglich ist (NE, I, 11, 1100b 12 ff.).

134 Ἦθος ἀνθρώπῳ δαίμων (Fr. 119 Diels/Kranz).

135 NE, II, 1, 1103a 17. Vgl. EE, II, 2, 1220a 39; MM, I, 6, 1185b 38.

136 Die Dichotomie von σπουδαῖος und φαῦλος bildet eine Konstante des griechischen Denkens und stellt, wie wir gesehen haben, für Aristoteles selbst eine Versuchung dar (vgl. oben Kap. I, § 2). Bei den Stoikern wird sie zum Dogma (vgl. SVF, I, 216, 227). Erst die mittlere Stoa führt einen Begriff von dem ein, was Seneca die »proficientes« nennt (*De tranquillitate animi*, I; vgl. *De vita beata*, XXIV, beide in: *Philosophische Schriften*). Weitere Gemeinsamkeiten zwischen der mittleren Stoa und Aristoteles habe ich schon weiter oben festgestellt.

137 Zur »platonischen« Lehre von der *prohairesis* und den Diskussionen, welche dieser Begriff in der älteren Akademie ausgelöst hat, vgl. die Rekonstruktion von Walzer, *Magna Moralia,* S. 131–139, die aufgrund des Mangels an di-

rekten Zeugnisses eher den Charakter von Mutmaßungen hat. Dass diese Frage aber bereits zum Klassiker geworden war, legt der ein wenig scholastische Charakter der Problemstellung bei Aristoteles nahe. In EE, II, 10, wo er das Verhältnis der *prohairesis* zu einer Reihe von verwandten Begriffen (ἑκούσιον, δόξα, ὄρεξις, βούλησις, ἐπιθυμία, θυμός) einer genauen Untersuchung unterzieht, scheinen sich einige seiner Unterscheidungen auf uns unbekannte terminologische Festlegungen zu beziehen (so in 1226a 15–17, warum betrifft die δόξα eher den Zweck als die Mittel?). In NE, III, 4 bezieht sich Aristoteles darauf, das einige die *prohairesis* für eine ἐπιθυμία, einen θυμός, eine βούλησις oder für eine gewisse Form der Meinung, τινὰ δόξαν, halten (1111b 10–12), worin man wiederum keine dialektische Behandlung irgendeiner bestimmen Schulmeinung (Burnet, S. 123) sehen sollte, sondern eine Anspielung auf Diskussionen im Innern der Akademie.

138 Ἡ γὰρ προαίρεσις αἵρεσις μέν ἐστιν, οὐχ ἁπλῶς δέ, ἀλλ᾽ ἑτέρου πρὸ ἑτέρου (EE, II, 10, 1226b 7–8).

139 Aristoteles erinnert an die sokratische Lehre, derzufolge sich der Wille definitionsgemäß auf das Gute bezieht (III, 6, 1113a 15). Das einzige Problem, welches jedoch nicht die immanente Struktur der Handlung betrifft, besteht darin zu wissen, ob es sich um ein wirkliches oder ein scheinbares Gut handelt (1113a 16ff).

140 Dieser Ausdruck findet sich so nicht in den Ethiken, ergibt sich jedoch sinngemäß aus dem Text, da die Wahl zugleich der Wille zum Besten und ein Beurteilen dessen, was möglich ist, darstellt (vgl. die folgende Anmerkung). Eine äquivalente Wendung findet sich jedoch in *Über die Teile der Tiere* (VI, 10,687a 16):Ἡ δὲ φύσις ἐκ τῶν ἐνδεχομένων ποιεῖ τὸ βέλτιστον, wörtlich übersetzt: »Die Natur führt von den ihr zur Verfügung stehenden Möglichkeiten die beste aus« (und nicht: »Die Natur verwirklicht die beste aller Möglichkeiten«, wie etwa Dominique Dubarle übersetzt, vgl. »La causalité dans la philosophie d'Aristote«, in: *Recherches de philosophie* 1 (1955), S. 9–55, hier S. 38, Anm. 2, S. 39, Anm. 1). Zwar handelt es sich hier um die Natur, nicht um den Menschen. Doch hat Aristoteles ausdrücklich eine Analogie zum Menschen im Auge: Die Natur handelt wie ein vorsichtiger Mensch (καθάπερ ἄνθρωπος φρόνιμος, 687a 11); anderswo heißt es, sie gleiche jemandem, der in guter Absicht handelt (*Über die Zeugung der Tiere*, II, 6, 744b 16). – Im Zusammenhang mit der Wahl des »besten« Lebens scheint Platon im Mythos des Er zwischen einer absoluten und einer relativen Interpretation dieses Superlativs zu schwanken. Einmal hat es den Anschein, als bestünde diese beste Wahl (κρατίστη αἵρεσις, 619a) in der Wahl des gerechten Lebens, welches auch das glücklichste Leben sein soll (vgl. 619ab: εὐδαιμονέστατος) und im Gegensatz zu einem Leben des Genusses steht – wobei es sich um eine Wahl handelt, die eher Tugend als Urteilsvermögen verlangt. Manchmal aber scheint Platon auch nahezule-

gen, dass die der Seele zur Auswahl stehenden Leben »gemischt« sind (vgl.
618d: ξυγκεραννύμενα) und allesamt Vor- und Nachteile haben, so dass
die Seele die bestmögliche Kombination, τὸν βελτίω ἐκ τῶν δυνατῶν ἀεὶ
πανταχοῦ αἱρεῖσϑαι (618c), nur durch Kalkulieren (ἀναλογιζόμενον, 618c;
συλλογισάμενον, 618d) ermitteln kann.

[141] EE, II, 10, 1225d 33–35; NE, III, 4, 1111b 20.

[142] In den *Gesetzen* ruft Platon den Gesetzgeber gleichwohl dazu auf, »sich
auf das Mögliche zu beschränken« und unrealisierbare Vorhaben (ματαίας
βουλήσεις) abzulehnen (V, 742e).

[143] EE, II, 10, 1225b 34.

[144] So kann man zwar wünschen (βούλεσϑαι), dass ein bestimmter Sportler den
Sieg erringen möge, doch dabei handelt es sich nicht um einen Gegenstand
der *Wahl*, denn das Ergebniss hängt nicht von uns ab (NE, III, 4, 1111b
23–26; vgl. EE, II, 10, 1225d 36–38).

[145] EE, II, 10, 1226a 7–17; NE, III, 4, 1111b 26–27. Es ist richtig, dass Aristoteles
diese Dichotomie leicht einschränkt: Der Wille betrifft *vor allem* (μάλιστα,
1226a 14,16) den Zweck bzw. *eher* (μᾶλλον, 1111b 26) den Zweck als die
Mittel. Ich glaube jedoch nicht, dass man dieser Tatsache wie Gauthier
(S. 195) eine besondere Bedeutung beimessen muss. Zum einen nimmt
Aristoteles Rücksicht darauf, dass seine Zuhörer noch nicht mit dieser Terminologie vertraut sind. Zum andern und vor allem sind die Begriffe von
Mittel und Zweck ihrem Wesen nach relativ: Man kann nicht den Zweck
wollen, ohne mehr oder weniger aktiv auch die Mittel zu wollen; man kann
nicht die Mittel wählen, ohne den Zweck zu wollen, zu dem sie Mittel sie
sind. Dennoch gilt, dass der Wille das *Setzen* des Zwecks und die Wahl das
Setzen der Mittel ist, selbst wenn am Horizont des Willens die Sorge um die
Mittel steht und am Horizont der Wahl die Sorge um den Zweck.

[146] Platon, *Gorgias*, 467cd, 468bc.

[147] Platon, *Philebos*, 54a ff; vgl. ders., *Euthydemos*, 290bc.

[148] I,1, 1094a 6–b 7.

[149] Κενὴν καὶ ματαίαν (1094a 21).

[150] *Über die Teile der Tiere*, IV 10, 687a 8–18.

[151] Ebd., 687a 12–14.

[152] Vgl. Pierre Lachièze-Rey, *Les idées morales, sociales et politiques de Platon*,
Paris 1938.

[153] Platon, *Gesetze*, XII, 962bc.

[154] *Politik*, VII, 13, 1132b 26–38.

[155] Οὐ μὴν ἐάν γε βούληται, ἄδικος ὢν παύσεται καὶ ἔσται δίκαιος (NE, III,
5, 1114a 13f.).

[156] Οὐ γὰρ χαλεπόν ἐστι τὰ τοιαῦτα νοῆσαι, ἀλλὰ ποιῆσαι μᾶλλον (Politik
VII, 12, 1131b 19–21). In Form eines Sprichworts fügt er hinzu: »Das
Wort ist Sache des Wunsches, das Ereigniss Sache des Zufalls (Τὸ μὲν γὰρ

λέγειν εὐχῆς ἔργον ἐστίν, τὸ δὲ συμβῆναι τύχης).« Wir wissen jedoch, dass der Zufall durch die Kunst und die Klugheit, die im selben Bereich wie jener wirksam sind, berichtigt werden kann. – Über die Wichtigkeit und Schwierigkeit der Ausführung vgl. auch NE, II, 9, 1109a 24 (καὶ ἔργον ἐστὶ σπουδαῖον εἶναι, »tugendhaft zu sein ist Arbeit«); X, 10, 1179a 35–b 4.

157 EE, II, 11, 1227b 20.

158 In der nach Übermaß und Mangel gruppierten Übersicht über Tugenden und Laster, die sich in der *Eudemischen Ethik* findet, lesen wir gegen Ende, die Klugheit stehe in der Mitte zwischen Verschlagenheit (πανουργία) und Einfalt (εὐήθεια) (II,3 1221a 12). Diese Anmerkung ist gewiss der apokryphe Zusatz eines übereifrigen Kopisten, der vergaß, dass die Theorie der goldenen Mitte nur für die moralischen Tugenden gilt (vgl. 1220b 34) und also auf die Klugheit keine Anwendung findet. Abgesehen davon ist die Hinzufügung durchaus sinnreich und drückt gut den Sinn der aristotelischen Lehre von der Klugheit aus.

159 Zu dieser sokratischen These vgl. EE, II, 10, 1227a 18–32; NE, III, 6, 1113a 15 ff.

160 Ἡ βούλησις φύσει μὲν τοῦ ἀγαθοῦ ἐστιν, παρὰ φύσιν δὲ καὶ τοῦ κακοῦ (EE, II, 10, 1227a 29–30). Vgl. die These, die Aristoteles in NE, III, 7, anführt, ohne sie zu vertreten: »Das Streben nach dem Ziel ist kein Gegenstand einer persönlichen Wahl (οὐκ αὐθαίρετος), sondern man muß gleichsam mit einem geistigen Gesichtssinn geboren sein, um vermöge desselben richtig zu urteilen und das wahrhaft Gute zu wählen« (1114b 5–8). Aristoteles argumentiert weniger gegen diese These als gegen ihre Konsequenz, nämlich eine allgemeine Unzurechnungsfähigkeit, was ich weiter unten genauer untersuchen werde. An anderer Stelle schwächt er die Reichweite dieser These ab, indem er die Verdorbenheit auf eine kleine Zahl von Missgebildeten (πεπηρωμένοις) einschränkte (I, 10, 1099b 19) An wieder anderer Stelle spricht er allein dem σπουδαῖος den Willen zum wirklich Guten zu (III, 6, 1113a 24). Muss man daraus schließen, dass jeder, der nicht missgebildet ist, ein σπουδαῖος ist? Das wäre eine reichlich radikale Demokratisierung der aristokratischen Lehre vom σπουδαῖος (obgleich sie immer noch beunruhigende Ausnahme enthalten würde). Jedenfalls ersieht man aus diesen Variationen, dass Aristoteles niemals völlige Klarheit in das Problem der εὐφυΐα zu bringen vermochte.

161 Diese Möglichkeit scheint Aristoteles nahezulegen, wenn er konstatiert: »Alle oder doch die meisten Menschen wollen zwar das sittlich Schöne (βούλεσθαι[…] τὰ καλά), ziehen aber das nützliche vor (προαιρεῖσθαι δὲ τὰ ὠφέλιμα)« (NE VIII, 15, 1162b 35–36).

162 Damit erschließt sich uns endlich ein akzeptabler Sinn jener weiter oben zitierten Passagen, in denen Aristoteles den *alten* Gedanken, dass die *prohairesis* der Sitz der Zurechenbarkeit ist, übernehmen kann, nachdem er

demselben Wort den *neuen* Sinn einer Wahl der Mittel gegeben hat. Vgl. auch die Stelle, wo es heißt, die Tugend betreffe die Mittel (s. o., §2 Abschn. 1). Nur so wird schließlich die Passage III, 7 1114b 18 ff. verständlich, wo Aristoteles – um zu zeigen, dass wir für unsere Handlungen mitverantwortlich (συναίτιοι) sind – unter anderen Hypothesen und trotz des aus der εὐφυΐα gewonnenen Einwandes zugibt, dass »der Zweck durch die Natur gegeben sein mag (τὸ μὲν τέλος φυσικόν), alles übrige (τὰ λοιπά) aber von dem Tugendhaften (σπουδαῖον) aus freiem Willen getan wird, wodurch die Tugend dennoch etwas Freiwilliges ist.« Was bleibt aber außer dem Zweck, wenn nicht die Mittel? – So führt der sich in dem Satz »Niemand ist aus freien Stücken schlecht« ausdrückende sokratische Optimismus letzten Endes durch einen Freispruch des Willens dazu, dass die Mittel das ganze Gewicht des Bösen, welches sich nicht so einfach reduzieren lässt, zu tragen haben. Zwar wollen alle Menschen das Gute, doch weil das Gute nicht unmittelbar ist, wollen sie es durch Mittel, die es nicht notwendigerweise getreu widerspiegeln und deren Verschiedenartigkeit selbst ein Quell des Bösen ist. Das Böse liegt nicht im Zweck, der allgemein gut ist, sondern im Unvermögen der Mittel, welches sie zur Vielheit verurteilt und ihre Unordnung zulässt. Letzter Vertreter dieser Philosophie des Bösen, welche den Dingen ihre Tragik wiedergibt, während sie zugleich den Menschen davon losspricht, ist Plotin: Nicht *obwohl* sie das Gute wollen, sondern *weil* sie das Gute wollen, verursachen die Menschen das Böse und fügen sich gegenseitig Leid zu (*Enneaden* III, 2, 4, 1, in: Plotin, *Schriften*, übers. von Richard Harder, Neubearbeitung von R. Beutler und W. Theiler, 6 Bde., Hamburg 1956–1971, Bd. Va, S. 51 f.).

[163] Vgl. Gauthier, *La morale de'Aristote*, S. 31–37, 79.

[164] Donald James Allan, »The practical syllogism«, in: *Autour d'Aristote*, Paris und Louvain 1955, S. 325–340; vgl. ders., *Die Philosophie des Aristoteles*, S. 178–183.

[165] NE, VI, 13, 1144a 31–36; 12, 1143a 35–b 5; v. a. VII, 5, 1147a 4 ff. *De motu animal*, 6–7; *Über die Seele*, III, 11, 434a 16–25. Dieser »Syllogismus der Handlung« hat eine gewisse Ähnlichkeit mit dem »Syllogismus der Produktion« (*Metaphysik*, Z, 7, 1032b 6 ff., 22–30; 9, 1034a 30; *Über die Teile der Tiere*, I, 1 639b 18 ff.). Auf dem Gebiet der Künste allerdings (Aristoteles führt als Beispiel die Medizin an) muss diesem Syllogismus eine Überlegung vorangehen bzw. eine *Analyse*, deren Aufgabe es ist, die *minor* zu bestimmen und die nichts mit einem Syllogismus zu tun hat.

[166] Zwar gibt es auch *dialektische* Syllogismen, aber dialektisch sind sie nur aufgrund der Wahrscheinlichkeit der *major*, um die es an dieser Stelle gar nicht geht.

[167] Gauthier-Jolif, Kommentar zur NE, I, S. 210; Gauthier, *La morale d'Aristote*, S. 36.

168 *The Philosophy of Aristotle*, S. 177.

169 Vgl. ebd. S. 177 und 189.

170 Ebd., S. 177.

171 Ebd.; vgl. ders., »The practical Syllogism", S. 338. In der gleichen Richtung argumentiert Kullmann, *Begriff der Prohairesis*, S. 121: »In einer ersten Pragmatik (Buch III) ist die *prohairesis* die vernünftige Reflexion auf die Möglichkeit eines zu realisierenden Zwecks. In der zweiten (Buch VI) wird sie als integraler Bestandteil des Bereichs der auf die Phronesis gegründeten ethischen Tugenden eingeführt.« Er zieht allerdings aus dieser Bemerkung keine Konsequenzen für die Chronologie.

172 Gauthier-Jolif, Kommentar zur NE, S. 210.

173 Allan bemerkt selbst (»The Practical Syllogism«, S. 331), dass die Idee einer Anwendung des Allgemeinen auf das Besondere, welche den Übergang von der Wissenschaft zur Kunst charakterisiert, bereits bei Platon zu finden ist (er zitiert *Phaidros* 268a–271d).

174 Zum Schema Allgemeines-Besonderes vgl. VI, 8, 1141b 15; 9, 1142a 14 und das ganze Kapitel 9. Zum Schema Zweck-Mittel vgl. VI, 12, 1143a 33; 13, 1144a 7–9.

175 *Über die Zerlegung der Tiere*, I, 4, 717a 15; *Über die Teile der Tiere*, III, 10, 672b 23; IV, 9, 685a 18. Zu dieser Opposition vgl. Platon, *Timaios*, 48a, 75d; *Gesetze*, IX, 858a.

176 Euripides, *Iphigenie auf Aulis*, v. 1409–1410 (zur Opferung von Iphigenie). Darum sind die »Lösungen« in der Tragödie immer wacklig: vgl. Aischylos, *Die Schutzflehenden*, v. 442 (»kein Ende ohne Schmerz«), v. 1070 (»Ich gebe mich mit dem geringeren Übel und zwei Dritteln des Guten zufrieden«).

177 Κατὰ τὸν δεύτερον, φασί, πλοῦν τὰ ἐλάχιστα ληπτέον τῶν κακῶν (NE, II,9, 1109a 34–35). Hier spielt es keine Rolle, dass der »zweitbeste Weg« im Sprichwort das Ruderboot betrifft, weil es sich in beiden Fällen um das Akzeptieren eines Notbehelfes handelt. Im *Protreptikos* wurde der Philosoph noch mit dem Schiffsführer verglichen, der sich an der Realität der unbeweglichen Dinge ausrichtet (Iamblichos, *Aufruf zur Philosophie*, X, 55, 27; Fr. 13 Fragmentausgabe Walzer). Zwischen diesen beiden »kybernetischen« Metaphern liegt der ganze Abstand, der Klugheit und Weisheit trennt.

178 Die Weisheit des *Protreptikos* ist eine ἐπιτακτικὴ φρόνησις (Fr. 4 Fragmentausgabe Walzer; Iamblichos, *Aufruf zur Philosophie*, 37, 21). Jüngere Interpreten dieses Textes haben – in Folge einer möglicherweise übertriebenen Reaktion auf die Sichtweisen von Jaeger – unterstrichen, dass auch die Weisheit des *Protreptikos* bereits einen *praktischen* Charakter hat (S. Mansion, Contemplation and Action in Aristotle's ›Protreptikos‹, in: *Aristotle and Plato in the mid-forth Century*, S. 56 ff.; J. D. Monan, *La connaissance morale*, S. 185 ff.).

[179] In der EE ist die Gottheit nicht mehr selbst dasjenige, was befiehlt, sondern nur noch dasjenige, *im Blick worauf* die Klugheit befiehlt (οὐ γὰρ ἐπιτακτικῶς ἄρχων ὁ θεός, ἀλλ' ἕνεκα ἡ φρόνησις ἐπιτάττει, EE, VII, 15, 1249b 13–15).

[180] NE, III, 5 1113a 11; VI,2, 1139a 23.

[181] NE, VI, 2, 1139b 4–5.

[182] Wie wir gesehen haben, bewahrt die προαίρεσις in Buch VI den akademischen Sinn der »moralischen Disposition«, doch hier sehen wir die eigentlich aristotelische Bedeutung einer »Wahl durch Erwägung bzw. Beratschlagung« zum Vorschein kommen.

[183] NE, VI, 2, 1139a 33. In Buch III, wo es eher um eine technische Analyse der Beratung als um die moralische Färbung der Wahl geht, heißt es lediglich, die Wahl werde von Überlegung und Denken begleitet, μετὰ λόγου καὶ διανοίας (III, 4 1112a 16).

[184] Zum architektonischen Charakter der Weisheit vgl. Platon, *Politeia*, 4, 441e und passim; vgl. *Gorgias,* 507e– 508a; Timaios, 47bc. Zwar unterscheidet Platon im *Politikos* (259e–260b) zwei Arten des Wissens: ein judikatives (κριτικόν, z. B. die Arithmetik) und ein imperatives (ἐπιτακτικόν, z. B. die Architektur), doch diese beiden Charaktere scheinen in der Philosophie vereint zu sein (vgl. *Euthydemos*, 290bc, über die direktive Rolle der Dialektik).

[185] NE, VI, 13, 1246b 6. Vgl. das ganze Kap. 13. – In der *Nikomachischen Ethik* zeigt Aristoteles auf dieselbe Weise, dass die Klugheit keine Kunst ist. Er bekämpft dort das berühmte sokratische Paradox (Xenophon, *Erinnerungen*, IV, 2, 20; Platon, *Hippias II*, 373–376), demzufolge derjenige, der freiwillig lügt, demjenigen, der unfreiwillig lügt, überlegen ist (VI, 5, 1141a 21–25). Ein solcher Mensch, wendet er ein, kann nicht φρονιμώτερος genannt werden, wie Sokrates anscheinend meinte (vgl. *Metaphysik, Δ*, 29, 1025a 6–13, insb. 8; *Topik IV*, 5, 126a 32–b 2).

[186] Ἀρετὴ γάρ ἐστι, καὶ οὐκ ἐπιστήμη, ἀλλὰ γένος ἄλλο γνώσεως (1246b 35 f.).

[187] Hier zeigt sich wieder die Ambiguität, welche dieses Wort bei Aristoteles hat: Einerseits bezeichnet es eine moralisch neutrale Vortrefflichkeit, andererseits eine moralische Tugend. In dieser zweiten Bedeutung ist die Beziehung zwischen Tugend und Verstand eine synthetische, was Aristoteles durch den Genetiv ausdrückt: τέχνης μέν ἐστιν ἀρετή, φρονήσεως δ' οὐκ ἔστιν, »Es gibt eine Tugend *der* Kunst, aber keine *der* Klugheit«, denn die Klugheit ist selbst eine Tugend (und nichts bloß Intellektuelles) (NE, VI, 5, 1140b 22). Wenn man die Klugheit eine *Tugend* der vernünftigen Seele nennt, dann ist sie »nicht *nur* ein von einer Regel begleiteter Habitus« (οὐδ' ἕξις μετὰ λόγου μόνον), d. h. nichts rein Intellektuelles (1140b 28).

[188] VI, 2, 1139a 5–12; 5, 1140b 25–28. Eine entwickeltere Parallelstelle ist MM, 34, 1196b 15–33.

189 Platon, *Politeia*, 5, 475e–480a.

190 NE, VI, 7, 1141b 4 ff.; *Über die Teile der Tiere*, I, 5, 644b 22–645a 4.

191 NE, VI, 2, 1139a 12, 14

192 Platon, *Politeia*, 4, 439d und die von Joachim zitierten Texte in: *Nikomachische Ethik*, VI, 2; Aristoteles, *Topik*, IV, 5, 126a 8, 13; V, 1, 129a 11 ff.; 5, 134a 4; 6, 136b 11; 8, 138a 34, b2, 13; VI, 9, 147b 32; EE, VII, 13, 1246b 19–23; MM, II, 10, 1208a 10. Vgl. Hans von Arnim, *Eudemische Ethik und Metaphysik*, Sitzungsberichte der Wiener Akademie der Wissenschaften, Philosophisch-historische Klasse, Bd. 207, Abh. 5, 1928, S. 12.

193 Wie Aristoteles erinnert, ist λογίζεσθαι das Synonym von βουλεύεσθαι. Das Notwendige ist jedoch nicht Gegenstand des Beratschlagens, sondern des Beweises (ἀποδεῖξις): NE, VI, 2, 1139a 12–14.

194 VI, 5, 1140b 26.

195 MM, I, 35, 1196b 16, 27; vgl. EE, II, 10, 1226b 25; *Über die Seele*, III, 10, 433b 3.

196 MM, I, 35, 1196b 27, 33.

197 Vgl. *Politeia*, 6, 511d. Die *dianoia* ist der innere Dialog der Seele mit sich selbst (*Theaitetos*, 189e; *Sophistes*, 263e; vgl. *Philebos*, 38ce) deren Schlussfolgerung die *doxa* ist, welche nicht nur eine Balance darstellt, sondern behauptet oder bestreitet.

198 Vgl. NE, III, 4, 1112a 16; VI, 2, 1139a 33 und 1139b 4–5 (wo ὀρεκτικός νοῦς und ὄρεξις διανοητική miteinander gleichgesetzt werden); vgl. I, 6, 1098a 5 (wo διανοεῖσθαι die Ausübung des Denkens im Allgemeinen bezeichnet). – Lediglich in Passagen, die ein Echo innerakademischer Polemiken zu sein scheinen, gibt Aristoteles der *dianoia* einen technischen Sinn: so in VI, 10, 1142b 6–15, wo δάνοια von ἐπιστήμη und δόξα unterschieden wird.

199 Zu diesem Ausdruck vgl. NE, I, 13, 1103a 3–7; II, 7, 1108b 10; VI, 2, 1139a 1. Die vollständigste Aufzählung der dianoetischen Tugenden findet sich in VI, 3, 1139b 16.

200 Plötzliche Entscheidungen (τὰ ἐξαίφνης) sind freiwillig (ἑκούσια), aber kein Ergebnis einer Wahl aufgrund von Überlegung und Beratschlagung (κατὰ προαίρεσιν δ' οὔ) (III, 4, 1111b 9–10).

201 III, 5, 1113a 2 (wo die βούλευσις εἰς ἄπειρον verworfen wird). Vgl. Dirlmeier S. 327 f.

202 Vgl. das Sprichwort »Man muß unverweilt ausführen, was man beraten hat, zum Beraten aber sich Zeit gönnen« (VI, 10, 1142b 4).

203 VI, 6, 1140b 34 ff.

204 VI, 12, 1143a 25–b6. Ich fasse hier diese letztere Passage zusammen.

205 1143a 28.

206 Vgl. VI, 6, 1141a 1–3: »Die Weisheit betrifft nicht die Prinzipien, denn es ist dem Weisen eigentümlich, für manche Dinge einen *Beweis* zu haben.«

207 VI, 12, 1143a 35–b2: »Die Intuition betrifft die Extreme in zwei Bedeutun-

gen, denn die ersten und letzten Begriffe gehören zum Bereich der Intuition, nicht zu dem des Schlußfolgerns (λόγος)«; vgl. 1143b 9–10: διὸ καὶ ἀρχὴ καὶ τέλος νοῦς. Diese Abwertung des *logos* zugunsten des *nous*, der das unmittelbare Ergreifen des Besonderen wie das des Allgemeinen bezeichnet, findet sich bei Aristoteles öfter. Vgl. EE, VII, 14, 1248a 27: λόγου δ' ἀρχὴ οὐ λόγος, ἀλλά τι κρεῖττον und die allgemein pejorative Bedeutung des Wortes λογικός.

[208] VI, 12, 1143b 6 ff.: διὸ καὶ φυςικὰ δοκεῖ εἶναι ταῦτα, wohingegen niemand von Natur aus weise ist (φύςει σοφὸς μὲν οὐδείς).

[209] Nach der Formulierung von J. Tricot (zu VI, 10 und 11, S. 298, 302).

[210] VI, 10, insb. 1142b 2–6. – Der Scharfsinn wird in der *Zweiten Analytik* als eine Art von εὐςτοχία definiert, als »eine keines langen Erwägens bedürftige Treffsicherheit, die sich auf den Mittelbegriff bezieht«, wie es etwa vorkommt, wenn »man jemanden mit einem Reichen sprechen sieht und den Grund darin erkennt, daß er ein Darlehen aufnehmen will« (I, 34, 89b 10–15).

[211] Vgl. die zahlreichen Verweise bei Gauthier-Jolif, S. 508. Analoge Definitionen findet man in den pseudo-platonischen *Definitionen*, 413d, und in der pseudo-aristotelischen Abhandlung *Über die Tugenden und die Laster*, 4, 1250a 30–39.

[212] 976bc.

[213] Die Reduktion der verstandesmäßigen Tugenden auf jene fünf, die Aristoteles zu Beginn von Buch VI anführt, dürfte auf Xenokrates zurückgehen.

[214] Platon, *Philebos*, 19b. – Im *Kratylos* wird das ςυνιέναι dem ἐπίςταςθαι assimiliert (412ab).

[215] V, 476d. Vgl. *Kratylos* 411ad.

[216] VI, 11, 1143a 2–4.

[217] 1143a 4–6. Unter τῶν γιγνομένων muss man hier die physischen Realitäten verstehen, die *als physische* nicht Gegenstand der ςύνεσις sind.

[218] 1143a 8–10.

[219] Ebd. 1143a 20.

[220] Vgl. Teil II, Kap. I, § 2.

[221] 1143a 21–22.

[222] Dieses wohlbekannte Gesetz tendiert dazu, Intelligenz mit Bosheit zu assoziieren (z. B. lat. *malignus*, frz. *malin*, gr. δεινός, etc.) und umgekehrt Dummheit mit Unschuld (vgl. frz. *niais* und gr. εὐήθης).

[223] Ἡ δὲ συγγνώμη γνώμη ἐςτὶ κριτικὴ τοῦ ἐπιεικοῦς ὀρθή, ὀρθὴ δ' ἡ τοῦ ἀληθοῦς (1143a 23–24).

[224] Bruno Snell (*Die Ausdrücke für den Begriff des Wissens in der vorplatonischen Philosophie*, Berlin 1924, S. 155, Anm. 1), weist darauf hin, dass in der vorsokratischen Philosophie der damals noch junge Begriff der γνῶσις im Unterschied zu γνώμη eine lediglich theoretische Bedeutung besitzt (S. 38;

dort Verweis auf Heraklit, Fr. 56, Philolaus, Fr. 6; vgl. Platon, *Theaitetos,*
193d). Zur Bedeutung von γνώμη ebd. S. 31 ff.

Dritter Teil   (S. 147–168)

1 Es gibt keine allgemeine Darstellung dieser Problematik. Einige Hinweise
geben Gauthier-Jolif, S. 464 f., ergänzt durch Friedrich Hüffmeier, Phronesis in den Schriften des Corpus Hippocraticum, in: *Hermes. Zeitschrift für
klassische Philologie* 89 (1961) [ND 1967], S. 51–84 (dort zahlreiche Bezüge
zu den Vorsokratikern). Bruno Snell hat oft benachbarte Themen behandelt (*Die Ausdrücke für den Begriff des Wissens*; *Entdeckung des Geistes,* bes.
Kap. VIII), ohne allerdings eigens auf die *phronesis* einzugehen. Das Wort
kommt bei Homer nicht vor, der nur φρόνις kennt, vgl. *Odyssee,* III, v. 244.
Dennoch muss man bis zu ihm zurückgehen, um die erste semantische
Spur von Worten mit der gleichen Wurzel zu finden, insbesondere φρένες,
φρονεῖν. Dazu gibt es zahlreiche Studien: Onians, *The Origins of European
Thought* (über φρένες auf S. 23–43); André Jean Festugière, Les origines de
la pensée européene, in: *Revue des Etudes Grecques* 56 (1953), Nr. 309/310,
S. 396–406 [Rezension zu R. B. Onians, *The Origins of European Thought*];
Gert Plamböck, *Erfassen, Gegenwärtigen, Innesein. Aspekte Homerischer
Psychologie,* Diss. Kiel 1959 (über φρονεῖν S. 103 ff., 113 ff.). Darüber hinaus
findet man einige Hinweise bei Martin Hoffmann, *Die ethische Terminologie
bei Homer, Hesiod und den alten Elegikern und Jambographen,* Tübingen
1914 (bes. S. 54–57); Otto Kurnsemüller, *Die Herkunft der platonischen Kardinaltugenden,* Diss. München 1935; Thomas Bertram Lonsdale Webster,
Some Psychological Terms in Greek Tragedy, in: *Journal of Hellenic Studies*
77 (1957), S. 149–154.

2 Allgemein wird das Zwerchfell angenommen. Nach Onians handelt es sich
um die Lunge, die zunächst als das Organ des Ausdrucks, dann als das des
Denkens betrachtet wurde.

3 Onians nimmt an, Homer habe nur die konkrete Bedeutung dieser Worte
gekannt (z. B. dass φρένες immer Lungen bedeutet etc.). Doch zu Recht wird
dieser homerische »Primitivismus« von Festugière bestritten (Rezension zu
R. B. Onians, S. 401–403), und Snell weist in diesem Zusammenhang darauf
hin, dass unsere moderne Unterscheidung des Abstrakten und des Kon-
kreten hier anachronistisch ist: Was uns bei Homer »primitiv« erscheint,
ist die Tatsache, dass bei ihm das Organ niemals als etwas in sich Ruhendes
betrachtet wird, sondern stets als Träger einer Funktion (*Entdeckung des
Geistes,* S. 34).

4 Festugière, Rezension zu R. B. Onians, S. 396 (Zusammenfassung von Onians, *The Origins of European Thought,* S. 19); vgl. S. 401.

5 Ebd., S. 396.

6 Hier genügt es darauf hinzuweisen, dass φρόνησις wie alle Substantive auf -σις keine Eigenschaft, sondern die Handlung des φρονεῖν bezeichnet und dann auf die Funktion selbst ausgedehnt wurde.

7 Emanuel Loew, Das Lehrgedicht des Parmenides, in: *Rheinisches Museum für Philologie* N.F. 78 (1929), H. 2, S. 148–165, S. 163, Anm. 1.

8 Das ist um so bemerkenswerter, als νοεῖν ursprünglich eine Art von fühlbarem Hauch bezeichnete. Zur Entwicklung dieser Bedeutung von νοεῖν vgl. Kurt von Fritz, Νόος and νοεῖν in the Homeric Poems, in: *Classical Philology* 38 (1943), S. 79–125; ders., Νοῦς, νοεῖν and their Derivatives in Presocratic Philosophy. From the Beginnings to Parmenides, in: *Classical Philology* 40 (1945), S. 223–242.

9 *Metaphysik*, Δ, 5, 1009b 12 ff.; *Über die Seele*, III,3, 427a 21–29; Theophrast, *De sensibus*, in: *Doxographi graeci*, hg. von Hermann Diels, Berlin 1879, ND 1976, § 10 (über Empedokles).

10 Im Anschluss an *Metaphysik*, 1009b 12, führt Aristoteles mehrere Zitate an, um seine Behauptung zu rechtfertigen. Einige unter ihnen enthalten weder φρονεῖν noch φρόνησις, was zur Genüge zeigt, dass das Interesse von Aristoteles gar kein terminologisches ist. Verschiedene Zitate jedoch verwenden φρονεῖν in einem Kontext, in welchem diese Funktion instabil zu sein und vom Zustand des Körpers oder von den Umständen abzuhängen scheint; es handelt sich um Zitate von Empedokles (Fr. 108 Diels/Kranz), von Parmenides (Fr. 16 Diels/Kranz; zur Interpretation dieses Fragments vgl. zuletzt Jean Bollack, »Sur deux fragments de Parmenide«, in: *Revue des Etudes Grecques* 70 (1957), Nr. 329/330, S. 56–71) und von Homer (*Ilias*, XXIII, v. 698). Aristoteles' »Kritik« dieser letzten Passage ist besonders interessant: Er wirft Homer vor, geschildert zu haben, wie ein aufgrund seiner Wunden delirierender Krieger »darniederlag und anderes dachte« (κεῖσθαι ἀλλοφρονέοντα), so als würden »die Phantasierenden (παραφρονοῦντας) noch denken (φρονοῦντας) und lediglich etwas anderes denken« als die Gesunden (1009b 30 f.; vgl. *Über die Seele*, I, 2, 404a 29 f.)! Das ist nicht nur ein interessantes Zeugnis in Bezug auf Aristoteles' »diskontinuierliche« Auffassung des Verhältnisses von Normalem und Krankhaftem, sondern auch im Hinblick auf die Bedeutung von φρονεῖν: Damit ist nicht nur das stabile und absolute Denken im platonischen Sinne gemeint, sondern zuvörderst das *gesunde* Denken (eine Bedeutung, die sich – wie wir sehen werden – auch bei den hippokratischen Ärzten findet).

11 Fr. 2 Diels/Kranz.

12 In diesem Sinne muss man zweifellos das Fr. 113 verstehen (ξυνόν ἐστι πᾶσι τὸ φρονεῖν), welches nicht etwa besagt, dass alle Menschen denken, sondern dass das Denken für alle das gleiche ist, dass es alle vereint. Nach Olof Gigon (*Untersuchungen zu Heraklit*, Leipzig 1935, S. 16) stammt das Fragment unter 116, welches allen Menschen die φρονεῖν zuspricht, nicht

von Heraklit, sondern ist vielmehr eine irrtümliche Paraphrase von Fr. 113.

13 In einem von Karl Reinhardt Heraklit zugesprochenen Fragment (Heraklits Lehre vom Feuer, in: ders., *Vermächtnis der Antike*, Göttingen 1960, 2. erw. Aufl. 1966, S. 41–71, S. 68–71) wird das Feuer φρόνιμον genannt (Diels/ Kranz haben diese Stelle als einen Kommentar von Hippolyt angesehen, vgl. Fr. 64 und die Übersetzung der Stelle durch Clémence Ramnoux, Études présocratiques, in: *Revue philosophique de la France et de l'étranger* 151 (1961), 86 Jg., Nr. 1, S. 93–107). Ein analoger Versuch, der *phronesis* eine kosmische Bedeutung zuzusprechen, findet sich, wenn auch in anderer Bedeutung, bei Empedokles: vgl. Fr. 105 (πεφρόνηκεν ἅπαντα), 110 Diels/ Kranz.

[14] *Metaphysik*, B, 4 1000b 3 ff. Vgl. *Über die Seele*, I, 5, 410b 4–6: συμβαίνει δ' Ἐμπεδοκλεῖ γε καὶ ἀφρονέστατον εἶναι τὸν θεόν.

[15] *Metaphysik*, Δ, 9, 1074b 22 ff.

[16] *Metaphysik*, A, 1 980b 22; *Tierkunde*, I, 1, 488b 15; IX, 10, 614b 18; 29, 618a 25; *Über die Zerlegung der Tiere*, III, 2, 753a 12. Alexander kommentiert: »Die *phronesis* besteht in der Genauigkeit und Klarheit in den Vorstellungen und in einer natürlichen Gewandtheit im praktischen Verhalten, welche man bei mit Gedächtnis begabten Wesen antrifft« (in: CAG Bd. 1, 30, 10 ff.). In der Tragödie *Elektra* stellt der Chor die *phronesis* der Vögel und die Torheit, welche die Atriden ergriffen hat, gegenüber (*Elektra*, v. 1058).

[17] NE, VI, 7, 1141a 27. In der Hierarchie der Erkenntnisfunktionen kommt die *phronesis* unmittelbar hinter Einbildungskraft (φαντασία) und Gedächtnis (μνήμη) und noch vor der Erfahrung (ἐμπειρία), an der sie »nur ganz schwach teilhat«, und selbstverständlich weit vor Kunst und Wissenschaft (*Metaphysik, A*, 1, 981b 25 ff.).

[18] So in Bezug auf die Epilepsie: *De morbo sacro*, Kap. 7, 14 (in: Œuvres complètes d'Hippocrate, hg. V. Emilè Littré, Paris 1839–1861, ND Amsterdam 1973–1989). Vgl. Hüffmeier, *Phronesis in den Schriften des Corpus Hippocraticum*, S. 53, 60. Bemerkenswert ist, dass Aristoteles seinerseits die medizinische Opposition von φρονεῖν und παραφρονεῖν (die nicht ein einfaches ἀλλοφρονεῖν ist) aufnimmt (s.o.).

[19] Ebd., 372, 10–374, 20; 386, 17; 388, 11 Littré.

[20] *De flatibus*, Kap. 13–14 (in: *Œuvres complètes*; vgl. Hüffmeier, *Phronesis in den Schriften des Corpus Hippocraticum*, S. 64).

[21] *De victu* (Περὶ διαίτης), Kap. 35 (in: *Œuvres complètes*; Hüffmeier, *Phronesis in den Schriften des Corpus Hippocraticum*, S. 69 ff.).

[22] Platon, *Kratylos*, 411e; Aristoteles, NE, VI, 5, 1140b 12.

[23] Aristoteles kennt in der *Nikomachischen Ethik* nur den engen Sinn einer »goldenen Mitte in Bezug auf die Lüste« (III, 13, 1117b 25). Indem er aus der σωφροσύνη eine der vier »Kardinaltugenden« machte, beschränkte

schon Platon sie auf die Regulierung der ἐπιθυμία (*Politeia*, 4, 430e). Man findet bei ihm aber auch noch die weitere Bedeutung von »weiser Zurückhaltung« (vgl. *Charmides*, 160dc; *Phaidros*, 253d, wo σωφροσύνη dem ὕβρις entgegengesetzt wird). – ωφροσύνη war eines der Schlüsselwörter der Tragödie (vgl. Max Pohlenz, *Die griechische Tragödie*, Leipzig 1930, 2. Aufl. Göttingen 1954, Bd. 1, S. 182, 270 ff.; *Griechische Freiheit*, S. 74) und Heraklit machte aus σωφρονεῖν die ἀρετὴ μεγίστη (Fr. 112 Diels/Kranz). – Zu diesem Wort vgl. Ernst Weitlich, *Quae fuerit vocis σωφροσύνη vis ac natura apud antiquiores scriptores graecos usque ad platonum*, Diss. Göttingen, 1921; Albrecht Kollmann, Sophrosyne, in: *Wiener Studien. Zeitschrift für klassische Philologie* 59 (1941), S. 12–34; G. J. de Vries, ωφροσύνη en grec classique, in: *Mnemosyne. A Journal of Classical Studies* 11 (1943), 3. Reihe, S. 81–101.

24 Im politischen Bereich bezeichnete σωφροσύνη schließlich, besonders bei Thukydides (vgl. *Geschichte des Peloponnesischen Krieges*, VIII, 64, 5) eine als »moderat« geltende Regierungsform, nämlich die Aristokratie; vgl. Pohlenz, *Griechische Freiheit. Wesen und Werden eines Lebensideals*, Heidelberg 1955, S. 192 (Anm. zu S. 34).

25 Zu diesem Begriff bei Aristoteles vgl. die Studie von Rudolf Stark, Die Bedeutung der αἰδώς in der aristotelischen Ethik, in: *Aristotelesstudien*, S. 64–86.

26 Es gibt mehrere allgemeine Untersuchungen über diesen Begriff: Jozua Johan Fraenkel, *Hybris*, Diss. Utrecht 1941; Carlo Del Grande, *Hybris*, Neapel 1947.

27 Fr. 42 Diels/Kranz.

28 Über δίαιτα bei Aristoteles vgl. weiter oben, Teil II. Kap. 2, § 2.

29 Vgl. im politischen Bereich Platons Gegenüberstellung des »üppigen« und des »gesunden« Staates (*Politeia*, 2, 372e) und allgemein die aristotelische Theorie der »Mißgebildeten«, die er auf eine unkontrollierte Wucherung der »Form« zurückführt.

30 Φρόνησις ψυχῆς καὶ ἀφροσύνη (*De victu*, Kap. 35, Anfang).

31 Demokrit entwirft zur gleichen Zeit als erster eine Theorie der *phronesis*: »Aus dem gesunden Denken (ἐκ τοῦ φρονεῖν) werden drei Früchte geboren: Gut beraten, ohne Fehler sprechen, handeln, wie es sich geziemt (βουλεύεσθαι καλῶς, λέγειν ἀμαρτήτως καὶ πράττειν ἃ δεῖ)« (Fr. 2 Diels/Kranz). An anderer Stelle drückt er seine Auffassung des Verhältnisses zwischen *phronesis* und τύχη aus und zeigt sich optimistischer als die Tragiker und Aristoteles: »Die Menschen haben sich ein Bild vom Zufall gemacht, das ihre eigene Ratlosigkeit (ἰδίης ἀβουλίης) verschleiert; denn nur selten tritt der Zufall der Klugheit entgegen (φρονήσει), und nur wenige Dinge im Leben vermag ein scharfsichtiges Auges (εὐξύνετος ὀξυδερκείη) nicht zu erreichen« (Fr. 119). Vgl. Fr. 193.

[32] Sophokles, *Elektra*, V. 1056.

[33] Vgl. Sophokles, *Antigone*, V. 562 (ἄνους), V. 754 f. (φρενῶν κενός), V. 1026 (ἄβουλος), V. 1050 f. (μὴ φρονεῖν), V. 1242 (ἀβουλία), V. 1269 (δυσβουλίαι); *Elektra*, V. 398, V. 429 (ἀβουλία), V. 890 (φρωνοῦσαν ἢ μώραν), V. 1054 (ἄνοια), usw.

[34] *Antigone*, 707–709.

[35] Ebd., 557.

[36] Ebd., 725.

[37] Ebd., 719–723.

[38] Ebd., 1334 f.

[39] Ebd., 1347–1353.

[40] Sophokles, *König Ödipus*, V. 316 f.

[41] Vgl. den Sinnspruch, den Aristoteles anführt, um zu rechtfertigen, dass sein Gott die Welt nicht kennt:»Es gibt Dinge, die man besser nicht sieht als sieht« (*Metaphysik*, Δ, 9, 1074b 32).

[42] Euripides, *Medea*, V. 294 f. Euripides hat an einer anderen Stelle (*Philoktet*, Fr. 787 f., Zählung Nauck), die auch von Aristoteles zitiert wird (NE, VI, 9, 1142a 3–6) das *phronein* dem Ehrgeiz, zu den περισσοί, den »Einzigartigen«, zu gehören, entgegengesetzt.

[43] Diese Entwicklung wird von Aristoteles selbst angesprochen: NE, VI, 7, 1141a 9–17. Vgl. Félix Ravaisson, Une note inédite de Ravaisson sur la sagesse, hg. v. P.-M. Schuhl, in: *Revue philosophique de la France et de l'étranger* 151 (1961), S. 89 f.

[44] Fr. 61 (33) Sandys (= *Paiane*, 13 Puech):»Was erwartest du von der Wissenschaft (σοφίαν), durch welche sich die Menschen einer über den anderen setzen? Man sucht vergeblich die göttlichen Entschlüsse mit Hilfe des menschlichen Geistes (βροτέᾳ φρενί) zu entschlüsseln; er ist von einer sterblichen Mutter geboren.« An anderer Stelle unterstreicht Pindar die Diesseitigkeit des menschlichen Geistes, zumindest wenn er nicht durch die Musen erhellt ist: τυφλαὶ γὰρ ἀνδρῶν φρένες, ὅστις ἄνευθ' Ἑλικωνιάδων (*Paiane*, Fr. 7b 13).

[45] *Antigone*, 1049.

[46] Stobäus, III, 1, 172 ff. Hens; Diels/Kranz, 10, Fr. 3 (Kleobulos, Fr. 1, 10 und 13; Solon, Fr. 1; Chilon, Fr. 1; Pittakos, Fr. 1; Bias, Fr. 7, alle in Diels/Kranz). Der Ratschlag über die *phronesis* findet sich auch bei Pittakos, 13 (θεράπευε εὐσέβειαν, παιδείαν, σωφροσύνην, φρόνησιν, etc.) und, nach einer anderen Quelle, bei Solon (Fr. 4, 6 in: Ernst Diehl, *Anthologia lyrica graeca*, 2 Bde., Leipzig 1925, 3. verb. Aufl. Leipzig 1949–1952). Wilamowitz-Möllendorf stellte die ionischen Ratschläge zur Klugheit (θνητὰ φρονεῖν, γνῶθι σαυτόν. καιρὸν ὅρα etc.) dem dorischen Ideal des Helden entgegen, der durch Herakles symbolisiert wird (*Euripides' Herakles*, S. 42).

[47] Vgl. Franz Dirlmeier, Apollon, Gott und Erzieher des hellenischen Adels,

in: *Archiv für Religionswissenschaft* 36 (1940), H. 2, S. 277–299, Anm. S. 290; Joseph Moreau, Contrefaçon de la sagesse, in: *Les sciences et la sagesse. Actes du 5ième congrès des sociétés de philosophie de langue française*, Bordeaux 1950, S. 89–92 (vgl. S. 89: »Der Ratschlag aus Delphos mahnt den Menschen, seine Situation nicht zu vergessen, seine Maßlosigkeit zu fürchten.«).

[48] Ernst Horneffer, *Platon gegen Sokrates*, Leipzig 1904; Luigi Stefanini, *Platone*, Padua 1935, S. 193–201, mit Bezug auf *Charmides*, 164c ff.

[49] Vgl. Vladimir Jankelevitch, *L'ironie ou la bonne conscience*, 2. Auflage Paris 1950, S. 9 (»Die sokratische Weisheit weist [...] die Selbsterkenntnis von sich»); Joseph Moreau, *La construction de l'idéalisme platonicien*, Paris 1939, ND Hildesheim 1967, § 92–107; sowie ders., Contrefaçon de la sagesse, a. a. O.

[50] Vgl. Xenophon, *Erinnerungen*, IV, 2, 25 f.; Platon, *Charmides*, 161b; *Alkibiades I*, 133bd; *Timaios*, 72a: »Allein dem Besonnenen (σώφρονοι) kommt es zu, Herr seiner Handlungen und Kenner seiner selbst zu sein«.

[51] *Charmides*, 164de: Φημὶ εἶναι σωφροσύνην τὸ γιγνώσκειν ἑαυτόν[...] Τὸ γὰρ Γνῶθι σαυτὸν καὶ τὸ ωφρόνει εστὶ μὲν ταὐτὸν ὡς τὰ γραμματά φησιν καὶ ἐγώ. Platon verurteilt allerdings jede Annäherung der delphischen Formel an das Μηδὲν ἄγαν, womit erstere auf den Rang eines gewöhnlichen »Ratschlags« herabgesetzt würde.

[52] Als Reaktion auf die traditionelle Wertschätzung der αἰδώς hat sich zuerst der Kyniker Diogenes zur ἀναίδεια bekannt. Vgl. Pohlenz, *Griechische Freiheit*, S. 83.

[53] Dies ist die möglicherweise stoische Formulierung, die im Traum des Scipio erscheint: *Deum te igitur scito esse* (Cicero, *Vom Staat*, VI, 24). Bei Epiktet ist das Sich-selbst-Erkennen nicht mehr das Erkennen seiner eigenen Grenzen, sondern das Erkennen der eigenen Unbesiegbarkeit (vgl. *Lehrgespräche*, I, 18, 27). Erst das Christentum wird, wenngleich in einem anderen Sinne, den restriktiven Unterton der Formulierung wieder aufnehmen. Vgl. Blaise Pascal, Fr. 72 (Zählung nach Léon Brunschvicg), in: *Gedanken über die Religion und einige andere Themen*, übers. von Ulrich Kunzmann, Stuttgart 1997: »Erkennen wir, wie weit wir gehen können.« Kant rühmt in seiner *Kritik der praktischen Vernunft* das Christentum dafür, »die Schranken der Demut gesetzt« zu haben, gegen die »moralischen geträumten Vollkommenheiten« von »Eigendünkel, sowohl als der Eigenliebe, die beide gerne ihre Schranken verkennen« (KpV, hg. v. Weischedel S. 154). Tatsache bleibt, dass die griechische Klugheit, welche den Menschen in seinem eigenen *Interesse* vor sich selbst schützt, weit vom Selbstvergessen und von der Selbstgabe der Christen entfernt ist.

[54] [...] ἀνθρώπινα φρονεῖν ἄνθρωπον ὄντα [καὶ] θνητὰ τὸν θνητόν (X, 7, 1177b 26–31).

[55] *Rhetorik*, II,21, 1394b 24–25 (= Epicharmos, Fr. 20 Diels/Kranz).

56 Als Motto zum ersten Teil habe ich bereits einen Vers von Sophokles zitiert (Fr. 531, in: *Tragicorum Graecorum Fragmenta*, hg. von August Nauck, ND Hildesheim 1964). Vgl. Fr. 346 (καλὸν φρονεῖν τὸν θνητὸν ἀνθρώποις ἴσα); *Trachinier*, V. 473 (θνητὴν φρονοῦσαν θνητὰ κοὐκ ἀγνώμονα), in der Übersetzung von Mazon: »Ich sehe, dass du das Herz einer Sterblichen besitzt und nicht das eines kalten Richters«; man sieht in diesem Vers die Annäherung zwischen *phronesis* und γνώμη angelegt. Vgl. weiter *Ajax*, v. 760 f.; Euripides, *Die Bakchen*, V. 395, 427 ff.; *Alkestis*, V. 799; Fr. 1040 (Zählung Nauck); Antiphanes, Fr. 289, in: *Comicorum Atticorum Fragmenta*, hg. von Theodor Kock, Leipzig 1880 – 1888, 2. Aufl. 1896 (Stobäus, I, 316) (εἰ θνητὸς εἶ, βέλτιστε θνητὰ καὶ φρόνει). Die Bedeutung ist ähnlich wie bei Pindar, 5. Isthmische Ode, v. 20: θνατὰ θνατοῖσι πρέπει.

57 Vgl. Eudore Dérenne, *Les procès d'impiété intentés aux philosophes à Athènes au 5ème et au 4ème siècles avant J.-C.*, Paris 1930. In diesem Punkt wurde die Anklage gegen Sokrates von Aristophanes mit seinen *Wolken* vorbereitet.

58 Platon, *Gesetze*, VII, 821a; *Epinomis*, 988ab. Vgl. Jaeger, *Aristoteles*, S. 168; Joseph Moreau, *L'âme du monde de Platon aux Stoïciens*, Paris 1939, ND Hildesheim 1971, S. 112 f.; André Jean Festugière, *La révélation d'Hermès Trismégiste*, Paris 1949, 3. Aufl. 1972, S. 206–209.

59 Das Fragment von Menander ist das erste der ihm zugesprochenen *Monostichoi*; vgl. auch Fr. 475, in: *Reliquiae*, 2 Bde., hg. von Alfred Koerte, 4. verb. Aufl. Leipzig 1952–1953; Terenz, *The Self-Tormenter (Heautontimoroumenos)*, lat.-engl., übers. von A. J. Brothers, Warminster 1988, 77. Diese Filiation ist im Detail umstritten, scheint aber in groben Zügen sicher, vgl. Ernst Bickel, Menanders Urwort der Humanität, in: *Rheinisches Museum für Philologie* 91 (1942), S. 186–191; Franz Dornseiff, Nichts Menschliches ist mir fremd, in: *Hermes. Zeitschrift für klassische Philologie* 78 (1943), S. 110 f.

60 Diese Verwendungsweise gibt es bereits bei Homer (z. B. κακά, ἀγαθά, κρυπτάδια φρονεῖν). Vgl. Plambböck, *Erfassen, Gegenwärtigen, Innesein*, S. 103 ff., 113 ff. Zum Gebrauch bei den Hippokratikern vgl. Hüffmeier, *Phronesis in den Schriften des Corpus Hippocraticum*, S. 60, 82.

61 So spricht Aristoteles in einem frühen, durch Seneca überlieferten Text von der Zurückhaltung (*verecundia*), mit der wir Diskussionen über die Natur der Götter führen sollten (*De philosophia*, Fr. 14 Fragmentausgabe Rose, 14 Fragmentausgabe Walzer; Seneca, *Naturwissenschaftliche Untersuchungen*, übers. von M. F. A. Brok, Darmstadt 1995, VII, 30).

62 Vgl. auch Pseudo-Isokrates, *Rede an Demonikos* § 32, in: ders., *Sämtliche Werke*, Bd. 1, der uns zugleich zu ἀθάνατα φρονεῖν und zu θνητὰ φρονεῖν aufruft und dadurch zu erkennen gibt, dass er den Sinn dieser Entgegensetzung nicht verstanden hat.

63 Die Bedeutungsnuance der Maßlosigkeit ist z. B. latent in einem Vers von Euripides vorhanden: Ἀλλ' ἡ φρόνησις τοῦ θεοῦ μεῖζον σθένειν ζητεῖ,

»Die Menschenvernunft jedoch strebt danach, stärker zu sein als Gott« (*Die Schutzflehenden*, 216). Hieraus ergibt sich die Bedeutung des Stolzes, die man auch bei Euripides findet (φϱόνησις Fr. 739 Nauck: 707). Diesen speziellen Sinn übernimmt aber vor allem φϱόνημα.

[64] NE, X, 7, 1177b 33.

[65] Parmenides, Fr. 1 Diels/Kranz, V. 30.

[66] So Empedokles, Fr. 2 Diels/Kranz, V. 3 f.

[67] Vgl. den Beginn des Lehrgedichts von Parmenides, Fr. 1, V. 1–4, und die darin geäußerte Verachtung für die βϱοτοὶ εἰδότες οὐδέν (Fr. 6, V. 4). Die Verachtung des gewöhnlichen Denkens, über das sich der Philosoph erhebt, ist bei den Vorsokratikern ein Gemeinplatz. Vgl. Heraklit, Fr. 1, 4, 9 Diels/Kranz etc. Empedokles wahrt zwar zu Anfang seines Gedichts *Über die Natur* den Anschein der Bescheidenheit, feiert aber sonst ohne Zögern seine eigene Apotheose: ἐγὼ δ᾽ ὑμῖν θεὸς ἄμβϱοτος, οὐκέτι θνητὸς πωλεῦμαι (Fr. 112, V. 4–5; vgl. Fr. 113). (Diese »Schuld« des Empedokles – welche genaugenommen eine »schuldlose Schuld« ist, die »Erbsünde« der Hybris – ist Gegenstand einer der dramatischen Skizzen von Hölderlin über den *Tod des Empedokles*.) Demokrit war zweifellos bescheidener; doch im Widerspruch zum alten Ratschlag fordert er alle Menschen, nicht nur sich selbst, dazu auf, »nicht an sterblichen Dingen Gefallen zu finden« (Fr. 189 Diels/Kranz). – Auf der anderen Seite konnte man auch auf die »Klugheit« einiger Vorsokratiker hinweisen, etwa Xenophanes, für den das Wissen »über die Götter und alle Dinge, von denen ich spreche« immer nur Meinung (δόϰος) ist (Fr. 34 Diels/Kranz), oder wie der Arzt und Philosoph Alkmeon von Krotonos, für den das menschliche Wissen nur »Vermuten« (τεϰμαίϱεσθαι) ist (Fr. 1 Diels/Kranz). Wenn sich der Agnostizismus der Skeptiker später auf diese »Klugheit« beruft, so bildet sie doch auch den Beginn der experimentellen Methode. Vgl. Pierre-Maxime Schuhl, *Essai sur la formation de la pensée grecque: introduction historique à une étude de la philosophie platonicienne*, Paris 1934, 2. überarb. und erw. Aufl. 1949, S. 274; ders., Les premières étapes de la philosophie biologique, in: *Revue d'histoire des sciences et de leurs applications* 5 (1952), Nr. 3, S. 197–221, S. 213 f.; *Adèla*, S. 87 f.

[68] *Apologie*, 20d.

[69] Ebd., 22b ff.

[70] *Ion*, passim.

[71] *Theaitetos*, 176c. Zur Rezeptionsgeschichte dieser Stelle vgl. Plotin, I, 2 (*Über die Tugenden*); Allan, *Philosophie des Aristoteles*, S. 119 f.

[72] Zwar gibt es Grade der Sklaverei, und Aristoteles sagt an anderer Stelle, dass die Barbaren eine sklavischere Natur (δουλιϰώτεϱοι[…] φύσει) als die Griechen besitzen (*Politik*, III, 14, 1285a 20). Doch dieser Vergleich setzt einen gemeinsamen, weil »metaphysischen« Hintergrund von Knechtschaft voraus.

⁷³ Ἄνδρα δ' οὐκ ἄξιον μὴ οὐ ζητεῖν τὴν καθ' αὑτὸν ἐπιστήμην. Alexander versteht umgekehrt: »Es ist des Menschen unwürdig, nicht nach der Wissenschaft zu suchen, deren er fähig ist«, d.h. nach der Philosophie (CAG Bd. 1). Man versteht, dass dieser Widersinn Hegel attraktiv erschien (*Vorlesungen über die Geschichte der Philosophie*, Bd. XIV, Berlin 1833, S. 316 f.), der diese Idee an anderer Stelle selbst übernahm: »Weil der Mensch Geist ist, hat er die Pflicht und das Recht, sich der höchsten Dinge für würdig zu halten« (ebd., Einleitung, Bd. XIII, S. 6). Aristoteles aber sagt nichts dergleichen (über den begrenzenden Sinn von κατά vgl. κρείττων ἢ κατ' ἄνθρωπον, NE, X, 7, 1177b 26).

⁷⁴ *Metaphysik*, A, 2, 982b 28–983a 1.

⁷⁵ 983a 2. Die Vorstellung, dass Gott nicht eifersüchtig sei, findet sich bei Platon (*Phaidros*, 247a; *Timaios*, 29e) und wird von Plotin aufgenommen (vgl. V, 4, 1). Mit ihr rechtfertigt Platon im *Timaios* die Konstitution der Welt durch den Demiurgen, und Plotin die absolute Freigiebigkeit des Einen, welches sich mitteilt und verströmt, ohne sich dabei zu verlieren. Diese Vorstellung einer »Ausstrahlung« ist dem Gott Aristoteles' freilich fremd, auch wenn Hegel, der Aristoteles mit Plotin kommentiert, es anders sieht (*Vorlesungen*, S. 317).

⁷⁶ *Metaphysik*, A, 2, 983a 3–10.

⁷⁷ Vgl. Augustin Mansion, L'immortalité de l'âme et de l'intellect d'après Aristote, in: *Revue philosophique de Louvain* 51 (1953), Nr. 31, 3. Reihe, S. 444–472.

⁷⁸ Ein solcher »Skrupel« findet sich in fast gleicher Form in der gesamten griechischen Philosophie, und zwar immer dann, wenn es um die Frage einer Angleichung des Menschen an Gott geht. Jedesmal setzt der Philosoph hinzu: »soweit es möglich ist«, so wie der »moderne« Mensch »auf Holz klopft«, um durch eine Art Einschränkung, die nicht nur gedanklich bleiben darf, die Reichweite einer zu radikalen oder zu gewagten Behauptung einzuschränken, einer Behauptung, die man zwar für wahr hält, die jedoch die Götter herauszufordern droht. Vgl. Empedokles, welcher die Muse bittet, für ihn zu singen, »soweit es sterblichen Ohren erlaubt ist, es zu hören« (ὧν θέμις ἐστὶν ἐφημερίοισιν ἀκούειν) (Fr. 3, V. 4; vgl. V. 6–7: μηδέ [...] ἐφ' ᾧθ' ὁσίης φλέον εἰπειν; Fr. 2, V. 9: οὐ πλέον ἠὲ βροτείη μῆτις ὄρωρεν); Platon, *Politeia*, 2, 383c; VI, 500cd, 501bc; X, 613a; *Theaitetos*, 176c (in allen diesen Texten Platons handelt es sich um den tugendhaften Menschen, der sich Gott angleicht, soweit es möglich ist, κατὰ τὸ δυνατόν, oder auch εἰς ὅσον δυνατὸν ἀνθρώπῳ); *Gesetze*, IV, 713e–714a (der Politiker muss auf göttliche Weise regieren, d.h. gemäß dem, »was uns an Unsterblichkeit innewohnt«, ὅσον ἐν ἡμῖν ἀθανασίας ἔνεστιν); *Timaios*, 90bc (dem Weisen mangelt es an nichts, um unsterblich zu werden, »in dem Maße, in dem es dem Menschen gegeben ist, an der Unsterblichkeit teilzuhaben«); Poseidonios sagt in den

Stromateis des Clemens von Alexandrien (II, 129), das Ziel des Menschen sei »ein Leben, in dem man die Wirklichkeit und die Ordnung des Universums betrachtet und in dem man, soweit wie möglich, κατὰ τὸ δυνατόν, zu deren Vollendung beiträgt«; Epiktet, *Lehrgespräche,* II, 14, 12; Plotin, III, 8, 1 (»alle Wesen streben nach der Kontemplation [...] und alle erreichen sie, soweit es ihnen möglich ist«, καθ'ὅσον οἷόν τε αὐτοῖς); VI, 7, 29 (der Mensch erhebt sich über die Natur, »soweit seine Kräfte es ihm erlauben«), etc. Ammonios definiert die Philosophie u. a. als die »Angleichung an Gott, soweit sie dem Menschen möglich ist« (Kommentar zu Porphyrius' *Isagoge,* 1 ff. Busse). Über die beiden Bedeutungen dieses Ausdrucks bei Dionysios Areopagita (materielle Möglichkeit, ὡς ἐφικτόν, oder Gründe der »Klugheit«, ὡς θεμιτόν, d. h. soweit es ohne Gotteslästerung möglich ist) vgl. Maurice de Gandillac, Préface, in: *Œuvres complètes du Pseudo-Denys l'Aréopagite,* 2. Aufl. Paris 1989, S. 40. Natürlich müsste man jeden dieser Philosophen im Einzelnen betrachten, um herauszufinden, inwieweit diese Einschränkungen nur traditionelle Redewendungen oder philosophisch begründete Begrenzungen sind.

79 *Metaphysik,* A, 2, 982a 9.

80 *Über die Seele,* II, 4, 415a 29, vgl. 415b 5; *Über die Zeugung der Tiere,* II, 1, 731b 32–33 (alles Lebendige nimmt an der Ewigkeit teil, καθ' ὅν ἐνδέχεται τρόπον).

81 NE, X, 8, 1178b 26 f.

82 Ebd., III, 12, 1117b 15 f.

83 Bekanntlich ist Aristoteles gegen Ende seines Lebens einem Prozess wegen des Vorwurfs der Gottlosigkeit nur durch die Flucht entkommen. Man warf ihm offiziell vor, seinen Freund Hermias, dem er eine Hymne gewidmet hatte, unsterblich gemacht zu haben (ἀθανατίζειν, Fr. 645 Fragmentausgabe Rose). Allerdings waren solche Anklagen von Gottlosigkeit gegen Ende des fünften vorchristlichen Jahrhunderts lediglich Vorwände für andere, meist politische Klagen.

84 Fr. 61 Fragmentausgabe Rose, Fr. 10c Fragmentausgabe Walzer.

85 Vgl. mein Buch *Le problème de l'être,* S. 497 ff., und den Anhang des vorliegenden Buches.

86 Ebd., bes. S. 6–8, 78–79, 93, 185–188, 506 f.

87 Die Idee der *Grenze* in der aristotelischen Moral wurde bis jetzt nur von Ollé-Laprune in seinem *Essai sur la morale d'Aristote* von 1881 herausgearbeitet, und auch hier nur im Zusammenhang mit der Theorie des Glücks. Er betrachtet dies übrigens als eine Beschränktheit und beklagt sich darüber: »Je mehr ich in die aristotelische Vorstellung vom Glück eindringe, um so mehr erscheint mir der in gewissem Sinne einzigartige Mangel dieser bewundernswerten Auffassung darin zu liegen, dass sie auf die aktuelle Existenz eingeschränkt ist« (S. 272), also, wie er sagt, das Glück »in den

Grenzen der gegenwärtigen Existenz« sucht (S. 184). An anderen Stellen scheint er für die positive Bedeutung dieser Vorstellung empfänglicher; so fasst er das Denken von Aristoteles wie folgt zusammen:»Man will, dass der Mensch ein Gott ist, und indem man sich unablässig daran erinnert, dass er nur ein Mensch ist, schnürt man ihn an allen Enden in die Grenzen der gegenwärtigen Existenz ein. Man tut so, als *fände er darin seinen Himmel*« (S. 205);»Die Weisheit macht den Menschen göttlich, jedoch *hienieden*« (S. 281). Ollé-Laprune erklärt seine Interpretation so:»Da dem Menschen nun einmal Bedingungen gesetzt sind, bleibt das Glück in seiner Fülle ein Ideal: Man strebt beständig danach, erreicht es jedoch kaum; man trifft es gelegentlich, aber die Umstände helfen nur begrenzt, und mit Materialien, die man nicht beherrscht, schlägt man sich durch« (S. 170); etwas weiter jedoch fügt er hinzu:»Das kontemplative Leben ist selten, doch mit dem Streben danach fängt man schon an, es zu besitzen« (S. 173). Der Begriff des *Ideals* führt hier zu einer Annäherung zwischen dem aristotelischen εἶδος und der kantischen Idee (S. 217 f.):»Für beide [Aristoteles und Kant] ist das höchste Gut für den Menschen eine Idee, ein Ideal eher als eine Wirklichkeit, [...] auf Erden niemals gänzlich realisiert, eher fortwährend verfolgt als besessen« (S. 228). Ist aber diese Suche nach dem Unendlichen in der Endlichkeit nicht selbst die eigentlich menschliche Erfahrung dessen, was Ollé-Laprune etwas weiter oben den »Himmel« nennt?

88 Über die Anwendung dieser Kategorien auf die Antike vgl. Heinrich Weinstock, *Die Tragödie des Humanismus*, Heidelberg 1953, 4. Aufl. 1960. Seiner farblosen »humanistischen« Interpretation von Aristoteles (S. 101–117) kann ich freilich nicht folgen.

Anhang 1-3 (S. 169-207)

1 Mit einigen Zusätzen versehen gebe ich hier einen Vortrag wieder, der auf dem VIII. Kongress der Sociétés de Philosophie de langue française (Toulouse, 1956) gehalten und im Tagungsband veröffentlicht worden ist (*L'homme et son prochain*, Paris 1956, S. 251–254). Dieser Text fasst lediglich einen Aspekt der Freundschaft ins Auge, der aber die Zusammenhänge zwischen aristotelischer Ethik und Metaphysik zu erhellen und von daher einige Analysen des vorliegenden Werkes zu bestätigen scheint. Über das Problem der Freundschaft vgl. außerdem: André-Jean Voelke, *Les rapports avec autrui dans la philosophie grecque d'Aristote à Panétius*, Paris 1961, S. 37–63 und 180–181.

2 Der Weise wird von Aristoteles indes θεοφιλέστατος genannt (NE, X, 9, 1179a 24, 30). Aber der Kontext zeigt, dass Aristoteles hier eine populäre Sichtweise wiedergibt, die er nicht vollständig teilt.

3 Diese Stelle der *Magna Moralia* (II, 15, 1212b 33–1213a 7) hat viele Kom-

mentare hervorgerufen. Man hat darin eine Kritik der Theorie des Denkens, das sich selbst denkt, sehen wollen, oder wenigstens eine an dieser Stelle nicht zurückgewiesene Andeutung einer solchen Kritik. Werner Jaeger führt den Passus gegen Hans von Arnim als ein weiteres Argument für die Unechtheit der *Magna Moralia* an: Aus ihr ginge die Unfähigkeit ihres Verfassers hervor, Aristoteles gegen einen Einwand zu verteidigen, der ihm innerhalb der Akademie selbst gemacht worden sei (Jaeger, *Über Ursprung und Kreislauf*, Anm. 1, S. 365–368). Franz Dirlmeier, der heute für die Authentizität der *Magna Moralia* und sogar für ihre frühe Abfassung plädiert, sieht darin im Gegenteil die frühe Kritik einer bereits innerhalb der Akademie in Entstehung befindlichen Lehre, die Aristoteles erst später übernommen habe (Anmerkungen zur *Magna Moralia*, S. 467–470). Wenn jedoch meine Interpretation stimmt (die außerdem von einer weiter unten zitierten Stelle aus der *Eudemischen Ethik* gestützt wird), so gibt es keinerlei Widerspruch zwischen MM, II, 15, und der bekannten Lehre der *Metaphysik*, Buch Δ, 9. Das in der *Magna Moralia* (offenbar mit einiger Selbstgefälligkeit) präsentierte Argument macht offensichtlich nicht die Lehre vom Denken, das sich selbst denkt, »lächerlich« (um einen Ausdruck von Philip Merlan aus *Studies in Epicurus and Aristotle*, Wiesbaden 1960, S. 87, zu verwenden), sondern jene Spielart an- thropomorphen Denkens, die sich anmaßt, das göttliche Beispiel *unmittelbar* der menschlichen Nachahmung zu empfehlen. Was bei Gott Autarkie ist, wäre beim Menschen Stumpfsinn, Autismus, »Schizophrenie«. Umgekehrt kann die kaum noch menschliche Erfahrung der Empfindungslosigkeit durch eine gewagte Umkehrung (und vorausweisend auf die negative Theologie) in den notwendigerweise inadäquaten Ausdruck eines positiven göttlichen Attributes umgedeutet werden. Merlan zitiert zu diesem Zweck (S. 90) einige Verse von Clemens Brentano (*Nachklänge Beethovenscher Musik*, III), die ebenfalls das Thema der Nichtempfindlichkeit und das des Denkens, das sich selber denkt, miteinander verbinden: »Selig, wer ohne Sinne / Schwebt […] / […] ohne Sinne, dem Gott gleich, / Selbst sich nur wissend.« Aber in der wenig »romantischen« Perspektive von Aristoteles stellt eine solche ὁμοιότης ἐκ τοῦ θεοῦ (MM 1212 b34) für den Menschen lediglich einen Sturz ins Unmenschliche dar.

[4] Herbert James Paton widmet in seinem Buch *Der kategorische Imperativ. Eine Untersuchung über Kants Moralphilosophie*, Berlin 1962, S.130–149 den hypothetischen Imperativen große Aufmerksamkeit und bestätigt die Regel, dass die Rede von hypothetischen Imperativen nur dazu dient, im Gegenzug die Eigenart des kategorischen Imperativs herauszustellen. Vgl. jedoch die Arbeiten von Günther Patzig, Die logischen Formen praktischer Sätze in Kants Ethik, in: *Kant-Studien* 56 (1966), S. 237–252, und Thomas E. Hill, The Hypothetical Imperative, in: *Philosophical Review* 82 (1973), S. 429–450.

5 Im Folgenden werde ich auf die terminologischen Unterschiede zwischen
   der ersten und zweiten Fassung dieser Einleitung noch näher eingehen.

6 In: *Kants gesammelte Schriften,* AA Bd. IX: *Logik, Physische Geographie,
   Pädagogik,* Berlin und Leipzig 1923, S.1–150. Einschlägig ist hier vor allem
   der (im Inhaltsverzeichnis nicht aufgeführte) Anhang zur Einleitung, der
   den Titel »Von dem Unterschiede des theoretischen und des praktischen
   Erkenntnisses« trägt.

7 *Kritik der praktischen Vernunft,* 158, 200, 228, 230 Anm. Ich zitiere die
   Kritiken nach den Erstausgaben.

8 Kant ist den Stoikern dafür dankbar, dass sie die Moral nicht auf das empirische Prinzip der *Glückseligkeit,* sondern auf das rationale Prinzip der
   Vollkommenheit gründeten. Doch auch wenn die Wahl der Vollkommenheit
   als bestimmendes Prinzip des Willens die Sittlichkeit unangetastet lässt,
   handelt es sich dabei dennoch um ein materiales Prinzip, also einen Faktor
   der Heteronomie; denn es situiert die Sittlichkeit nicht in der intrinsischen
   Güte des Willens, sondern in der angemessenen Wahl der Mittel zu einem
   dem Willen äußerlichen Zweck; vgl. dazu *KpV,* S. 40; *Grundlegung zur Metaphysik der Sitten,* in: *Kants gesammelte Schriften,* AA Bd. IV, S. 390 f., wo
   die Kritik auf Wolff wie auf die Stoiker zugleich zu zielen scheint. Kant zeigt
   in der zitierten Stelle aus der Kritik der praktischen Vernunft sogar, dass
   der Begriff der Vollkommenheit, »in praktischer Bedeutung« denjenigen
   der Glückseligkeit einschließt (*KpV,* S. 41). Zur Kritik Kants an der epikureischen Moral vgl. P. Aubenque, Kant et l'épicurisme, in: *Actes du 8ème
   Congrès de l'association G. Budé,* Paris 1969, S. 293–303.

9 *Grundlegung,* S. 414. Vgl. *KpV,* S. 122: Der Imperativ ist eine Regel »für ein
   Wesen, bei dem Vernunft nicht ganz allein Bestimmungsgrund des Willens
   ist«. Dagegen gibt die *Logik* eine rein »logische« Definition des Imperativs,
   welche die Gattung der Wesen, bei denen er sich findet, nicht berücksichtigt: »Unter Imperativ überhaupt ist jeder Satz zu verstehen, der eine mögliche freie Handlung aussagt, wodurch ein gewisser Zweck wirklich gemacht
   werden soll« (*Logik,* a.a .O., S. 86).

10 Genaugenommen wird Heiligkeit bei Kant durch das Zusammenfallen
   von Willen und moralischem Gesetz definiert (vgl. *KpV,* S. 122, und auch
   den Abschnitt »Von den Triebfedern der reinen praktischen Vernunft«,
   S. 71 ff.), so dass man den Analysen Kants vorderhand nicht entnehmen
   kann, warum ein heiliger Wille (wovon der göttliche Wille nur einen Fall
   darstellt) von den hypothetischen Imperativen ausgenommen sein sollte.
   Tatsächlich schließt der Umstand, dass ein heiliger Wille unabhängig von
   Neigungen ist, seine Bestimmung durch »Interesse« aus (vgl. *Grundlegung,*
   a.a.O., S. 414 Anm.); wo es jedoch kein Interesse gibt, dort kann es auch
   keine hypothetischen Imperative geben, da diese eben nur unter der Bedingung eines Interesses gelten. (Von daher ist die Erklärung Kants überflüssig,

derzufolge ein vollkommener Wille niemals von seinen Zwecken – auch von nicht-moralischen – abzubringen sei und es also nicht nötig habe, sich der Notwendigkeit von Imperativen zu unterwerfen. *KpV,* S. 57 f.) Anders gesagt ist der hypothetische Imperativ eines heiligen Willens unwürdig, sowohl weil er ein Imperativ ist, wie auch weil er hypothetisch ist. Es zeigt sich, dass die kantische »Theologie« schon dadurch die Idee eines »Handwerker«- und »Rechner«-Gottes wie bei Leibniz ausschließt.

[11] Im weiten Sinn heißt *praktisch* »alles, was durch Freiheit möglich ist« (*Kritik der reinen Vernunft,* A 800, B 828), was sowohl das technische wie das moralische Handeln einschließt.

[12] *Grundlegung,* S. 416. »Wohlsein« ist hier praktisch synonym mit »Glückseligkeit«.

[13] Zu Beginn der transzendentalen Deduktion (*KrV,* A 84, B 117) erwähnt Kant »usurpierte Begriffe, wie etwa Glück, Schicksal, die […] mit fast allgemeiner Nachsicht herumlaufen«. Es besteht kein Widerspruch zwischen dieser Stelle und dem »Kanon der reinen Vernunft« (A 800, B 828), wo Kant uns sagt, in der »Lehre der Klugheit« bestünde das »ganze Geschäft der Vernunft« in der »Vereinigung aller Zwecke, die uns von unseren Neigungen aufgegeben sind, in den einigen, die *Glückseligkeit,* und die Zusammenstimmung der Mittel, um dazu zu gelangen.« Denn hier hat die Vernunft lediglich eine »regulative« Funktion: Die Einheit aller Zwecke in einem einzigen wird nur erstrebt, nicht erkannt. Überdies handelt es sich bei der Glückseligkeit nicht um eine Idee der Vernunft, da das durch sie repräsentierte Ideal »bloß auf empirischen Gründen beruht« (*Grundlegung,* S. 418 f.).

[14] Vgl. außer der *Grundlegung* auch *KpV,* S. 36.

[15] *Erste Einleitung in die Kritik der Urteilskraft,* in: *Kants gesammelte Schriften,* AA Bd. XX, S. 200 Anm.

[16] *Grundlegung,* S. 416 f.

[17] *KU,* S. 172. Man findet die Unterscheidung zwischen »technisch-praktischen« und »moralisch-praktischen« Prinzipien auch in der Schrift *Über den Gemeinspruch: Das mag in der Theorie richtig sein, taugt aber nicht für die Praxis,* in: *Kants gesammelte Schriften,* AA Bd. VIII, S. 285, Anm.

[18] Vgl. auch Kant, *Pädagogik* (in: *Kants gesammelte Schriften,* AA Bd. IX, S. 486), wo es über die »Weltklugheit« heißt: »Eigentlich ist es das letzte am Menschen; dem Werthe nach nimmt es die zweite Stelle ein.«

[19] Erste Version: »Die *pragmatische* [sic!], oder Regeln der Klugheit […] stehen nun zwar auch unter den technischen […]« (*Erste Einleitung in die Kritik der Urteilskraft,* S. 8 Anm.); zweite Version: »Alle technisch-praktische Regeln (d. i. die der Kunst und Geschicklichkeit überhaupt, oder auch die der Klugheit […])« (*KU,* S. 172).

[20] Dieser Punkt wird in der ersten Version (*Erste Einleitung in Kritik der*

Urteilskraft, a. a. O., S. 200 Anm.) besonders betont, in der zweiten jedoch ausgelassen.

21 *Von den Pflichten* 1, 43, 153. Vgl. SVF III, 262–283.

22 NE, VI, 7, 1141b 5.

23 MM 1, 34, 1197b 8; vgl. die vollständigere Definition der Klugheit in NE, VI, 5, 1140b 20.

24 Tübingen 1935, S. 27–33.

25 *Ciceros Abhandlung über die menschlichen Pflichten aus dem Lateinischen des Marcus Tullius Cicero von Christian Garve*, in: ders., Gesammelte Werke, Bd. 9–10, Breslau 1787/88, mit *Anmerkungen zu Ciceros Buch von den Pflichten* (ND Hildesheim 1986 und 1987). Diesen Kommentar von Garve zitiert Kant in seiner Schrift *Über den Gemeinspruch*, letzte Anm. des ersten Abschnitts.

26 *Grundlegung*, S. 394.

27 Reich (*Ethik der Griechen*, S. 31) stellt die Hypothese auf, dass die Gerechtigkeit hier nicht angeführt wird, weil sie nicht missbraucht werden kann und für Kant daher auf die eine oder andere Weise Teil der Definition des guten Willens ist. Ausdrücklich stellt Kant dies übrigens in der *Kritik der Urteilskraft* fest, und zwar in Hinblick auf die göttliche »Weisheit«, in der sich Güte und Gerechtigkeit vereinen, »denn«, wie er in einem Zusatz zur zweiten Auflage bemerkt, »Güte und Gerechtigkeit sind moralische Eigenschaften« (*KU*, S. 444).

28 Und dies, obwohl einige seiner Formulierungen buchstäblich aristotelisch scheinen, wie etwa in *Pädagogik*, S. 486: »Was die Weltklugheit betrifft: so besteht sie in der Kunst, unsere Geschicklichkeit an den Mann zu bringen«; vgl. MM 1, 34, 1197b 8.

29 Christian Thomasius war in Deutschland der erste, der eine Klugheitslehre entwickelte, die er auch »Pragmatologie« nannte, etwa in seiner *Einleitung zur Hof-Philosophie* (Leipzig 1712, ND hg. v. Werner Schneiders, Hildesheim 1994). Seinen Begriff der Klugheit entlehnt Thomasius nicht unmittelbar der aristotelischen Tradition, sondern vermittelt über Balthasar Gracian, dessen *Oraculo manual y arte de prudencia* (1647, dt. B. Gracian, *Hand-Orakel und Kunst der Weltklugheit*, übers. v. Arthur Schopenhauer, Zürich 1991) im Jahre 1687 unter dem Titel *L'homme de cour* ins Französische übersetzt wurde und im gleichen Jahr von Thomasius in einer deutsche Vorlesung kommentiert wurde (in der er *prudencia* mit »Klugheit« übersetzte). Vgl. Karl Borinski, *Balthasar Gracian und die Hofliteratur in Deutschland*, Halle 1894, ND Niederwalluf 1971, bes. S. 23, 87 f.; Max Wundt, *Die deutsche Schulphilosophie im Zeitalter der Aufklärung*, Tübingen 1945, ND Hildesheim 1964, S. 26–28. Es steht außer Zweifel, dass der kantische Begriff der »Weltklugheit« über Thomasius von Gracian stammt und dass die Anthropologie Kants zur Tradition der sog. »Hof-Philosophie« gehört.

[30] Diese Kritik wird wörtlich am Ende des zweiten Abschnitts der *Grundlegung* wieder aufgenommen, unter der Überschrift: »Einteilung aller möglichen Prinzipien der Sittlichkeit aus dem angenommenen Grundbegriff der Heteronomie« (*Grundlegung*, S. 441 ff.). Dasselbe Argument hatte Kant aber, wie wir sahen, bereits zuvor benutzt, um zu zeigen, dass der gleichfalls »unbestimmte« Begriff der Glückseligkeit ungeeignet ist, einen »Imperativ […], der im strengen Verstande geböte«, zu begründen (*Grundlegung*, S. 418).

[31] *Untersuchung über die Deutlichkeit der Grundsätze der natürlichen Theologie und der Moral*, in: *Kants gesammelte Schriften*, AA Bd. II, S. 298.

[32] Ebd., S. 299.

[33] Victor Delbos, *La philosophie pratique de Kant*, Paris 1905, 3. Aufl. 1969, S. 99; Einleitung zu seiner Übersetzung der *Grundlegung* (als *Fondements de la métaphysique des moeurs. Traduction nouvelle avec introduction et notes par Victor Delbos*), Paris 1952, S. 23. Kant übernimmt in der *Grundlegung* die Argumente der Schrift von 1764 fast wortgetreu, vgl. den Absatz über »die Heteronomie des Willens als der Quell aller unechten Prinzipien der Sittlichkeit« (*Grundlegung*, S. 441).

[34] Ich schreibe »dazu neigt«, weil es weniger aus dem unmittelbaren Kontext als aus der Gesamtanlage des Werkes hervorgeht, welches sich von der »gemeinen« Forderung nach einem guten Willen (erster Abschnitt) zur Anerkennung der »Autonomie des Willens« als »oberstem Prinzip der Sittlichkeit« erhebt (zweiter Abschnitt). Die Stelle über die Imperative im zweiten Abschnitt ist überraschend deskriptiv und neutral; Kant setzt voraus, dass allein der kategorische Imperativ als »Imperativ der Sittlichkeit« in Frage kommt. Das rechte Verständnis dieses Punktes erfordert aber, dass man die »gemeinen« Argumente des ersten Abschnitts, die dann durch die kritische Argumentation des dritten Abschnitts bestätigt werden, im Hinterkopf behält.

[35] *KU*, S. 171. Diese die wolffsche Systematisierung strukturierende Unterscheidung geht auf die aristotelische Unterscheidung von theoretischen und praktischen Wissenschaften zurück.

[36] Ebd., S. 172.

[37] Ebd., S. 173.

[38] *Erste Einleitung in die Kritik der Urteilskraft*, in: *Kants gesammelte Schriften*, AA Bd. XX, S. 198; vgl. schon *KpV*, S. 26 Anm.

[39] Francis Bacon, *Neues Organ*, 2 Bde., lat.-dt, übers. v. Rudolf Hoffmann, hg. v. Wolfgang Krohn, Bd. 1, Hamburg 1990, S. 80 (Buch I, 3, Aphorismus »Von der Auslegung der Natur und der Herrschaft des Menschen«).

[40] *Erste Einleitung in die Kritik der Urteilskraft*, in: *Kants Gesammelte Schriften*, AA Bd. XX, S. 197 f.

[41] Ebd., S. 198 f.

42 *KrV*, B XIII.

43 Vgl. *Erste Einleitung in die Kritik der Urteilskraft*, a. a. O., S. 200.

44 *Grundlegung*, S. 40 f.

45 Christian Wolff, *Philosophia civilis sive politica*, Teil I, § 4, Halle 1756 (ND in: *Gesammelte Werke*, III, Bd. 47.1, Hildesheim 1998, S. 5f.). Vgl. ders., *Philosophia practica universalis methodo scientifica pertractata*, Bd. 1 Frankfurt und Leipzig 1738 (ND in: *Gesammelte Werke*, II, Bd. 10, Hildesheim 1971, S. 120), § 141: »Posita hominis rerumque essentia atque natura, ponitur obligatio naturalis.«

46 *Erste Einleitung zur Kritik der Urteilskraft*, a. a. O., S. 195.

47 Ebd und *KU*, S. 173.

48 Christian Wolff, *Vernünftige Gedanken von der Menschen Tun und Lassen, zur Beförderung ihrer Glückseeligkeit*, ND Hildesheim 1976 (1. Teil, Kap. 1), S. 11.

49 So definiert Thomas von Aquin die Klugheit (*Summa Theologica* II a, II ae, q. 47, a. 2, »sed contra«).

50 *KrV*, A 800, B 828. Später verweigert Kant dem, was er hier »pragmatische Gesetze« nennt, sogar den Titel »Gesetz« und nennt sie »Vorschriften« oder »Regeln«; vgl. *KpV*, S. 19 ff.; *KU*, S. 172.

51 *Grundlegung*, S. 417, Anm.

52 *Grundlegung*, S. 417, Anm.: »Pragmatisch ist eine *Geschichte* abgefaßt, wenn sie *klug* macht, d. i. die Welt belehrt, wie sie ihren Vorteil besser, oder wenigstens eben so gut, als die Vorwelt, besorgen könne.« Dieser Begriff ist für das Deutschland des 18. Jahrhunderts reichlich bezeugt, vgl. über die pragmatische Geschichte der Philosophie Lucien Braun, *Geschichte der Philosophiegeschichte*, Darmstadt 1990, S. 97–150.

53 Vgl. *De re publica*, VI, 1; *De natura deorum*, II, 22; *De divinatione*, I, 49, 111.

54 Diese Bedeutung fehlt auch dem griechischen *phronimos* nicht. So führt Aristoteles Perikles als Beispiel des als Typ des »klugen« Politiker an: NE, VI, 5, 1140b 7.

55 Dieser Umstand verdankt sich zweifellos der Fortdauer einer traditionellen Tugendlehre, die zur Zeit Kants noch in geringerem Maße als heute dem Vergessen anheimgefallen war. Allerdings war das deutsche Wort »klug« auch für eine Verwendung dieser beiden Bedeutungen geeignet: »Klug« bezieht sich zwar auf den Verstand, aber auf einen praktischen Verstand, der mit vorsichtiger Geschicklichkeit und mit der List verwandt ist (im Gegensatz dazu bezeichnet das Wort »intelligent« im Deutschen heute eher eine theoretische Verständigkeit). Klug ist seit Luthers Bibelübersetzung das Äquivalent von *phronimos*. So heißt die Schlange »klug«, jedenfalls in Matthäus X, 16: »Seid klug wie die Schlangen und ohne Falsch wie die Tauben« (bei Kant zitiert in *Vom ewigen Frieden*, zu Beginn des ersten Anhangs). Auch die klugen Jungfrauen sind *phronimoi* (Matth. XXV, 1–13; im Franzö-

sischen werden sie unverständlicherweise zu »weisen Jungfrauen«, obwohl ihre Tugend in Erwartung des Herrn allein in der Vorsicht und Vorausschau besteht). Dazu kommt, dass die »Intelligenz« als Eigenschaft von »Intellektuellen« oft arrogant, die Klugheit dagegen sich ihrer eigenen Grenzen bewusst ist: Sie misstraut den Theorien, die Kant »spekulativ« nennt, allzu engen und von daher allzu rigiden Regeln. Gelegentlich weiß sie sich selbst oder zumindest ihren Ausdruck zu begrenzen. In Goethes *Egmont* sagt der Herzog von Alba über seinen Gegner Orange, einen »pragmatischen« und vorsichtigen Rebellen, er sei »klug genug, nicht klug zu sein« (4. Aufzug); das könnte man übersetzen mit »listig genug zu sein, den Dummen zu spielen«, was im Munde eines Politikers natürlich ein Kompliment ist.

[56] Die »pragmatische Cultur« der Klugheit ist eine der drei Aufgaben der »praktischen Erziehung« (im Gegensatz zur physischen Erziehung) und soll im Menschen die »Geschicklichkeit«, die »Weltklugheit« und die »Sittlichkeit« entwickeln (*Pädagogik*, S. 455, 486).

[57] *Anthropologie in pragmatischer Hinsicht* (in: *Kants gesammelte Schriften*, Bd. VII, Berlin 1907, ND 1968), S. 119.

[58] Vgl. NE, X, 7, 1178a 5–8.

[59] *Grundlegung*, S. 423.

[60] In der französischen Übersetzung der *Grundlegung* von V. Delbos (Kant, *Fondements de la métaphysique des moeurs*), Anmerkung S. 129.

[61] Kant, *Pädagogik*, S. 455: »Durch die Bildung zur Klugheit aber wird er zum Bürger gebildet«, während die »Bildung in Ansehung der Geschicklichkeit« ihm »einen Wert in Ansehung seiner selbst als Individuum gibt«; S. 450: »Man muß darauf sehen, daß der Mensch auch *klug* werde, in die menschliche Gesellschaft passe, daß er beliebt sei und Einfluß habe. Hiezu gehört eine gewisse Art von Cultur, die man Zivilisierung nennt.« Dass die Anthropologie als »Pragmatik« eine »Erkenntnis des Menschen als Weltbürger« enthält (S. 120), bedeutet keine Erweiterung der kantischen Perspektive, denn der Bürger, den die *Pädagogik* bilden will, ist nicht der eines bestimmten Staates, sondern Bürger überhaupt, also bereits »Weltbürger«. Die *Anthropologie* erinnert andererseits daran, dass die »pragmatische Anlage« auch dann, wenn ihr Ziel nicht die Bestimmung des Individuums, sondern die des Menschengeschlechts insgesamt ist, nichtsdestoweniger von der »moralischen Analge« unterschieden bleibt (ebd., S. 323 f.).

[62] Weiter oben habe ich daran erinnert, dass sich Aristoteles auf den gewöhnlichen Sprachgebrauch beruft und Perikles als Beispiel des *phronimos* anführt, während er diese Eigenschaft Thales, Pythagoras und Parmenides abspricht, die eher den Titel »Weise« (*sophoi*) verdienen (NE, VI, 5, 1140b 7 ff.). Die politischen Implikationen des Begriffs »Klugheit« wurden im Deutschen möglicherweise von Thomasius' Gebrauch des Begriffes – der unter dem Einfluss Gracians steht – verstärkt.

[63] *Grundlegung*, S. 416.

[64] Ebd., S. 416.

[65] *Erste Einleitung in die Kritik der Urteilskraft*, a. a. O. S. 201 Anm.

[66] Tendenziell kann man bereits bei Aristoteles die Identifizierung der Privatklugheit mit der politischen Klugheit feststellen; so verweist er auf den »guten Ökonomen« und den »guten Politiker«, um die Klugheit allgemein (ὅλως) und nicht nur partiell (κατὰ μέρος) zu erläutern (NE, VI, 5, 1140b 7–11). Bei Aristoteles lag der Grund dafür allerdings darin, dass die Führung des Haushaltes und der Stadt als Paradigmata für die Führung seiner selbst dienten: Die ökonomisch-politische Erfahrung ist also der moralischen analog. Eine solche Analogie ist bei Kant schon deshalb ausgeschlossen, weil er, wie wir sehen werden, zeigen will, dass die wahre Politik eine *moralische* ist.

[67] *KU*, S. 172.

[68] Vor allem in der *Pädagogik*, wo »Klugheit« und »Weltklugheit« gleichgesetzt und als die Fähigkeit, »der zufolge man alle Menschen zu seinen Endzwecken gebrauchen kann«, definiert werden (S. 450).

[69] *Zum ewigen Frieden*, in: *Kants gesammelte Schriften*, AA Bd. VIII, S. 377.

[70] Ebd., S. 377

[71] Ebd., S. 375.

[72] Ebd., S. 376.

[73] Ebd., S. 377 f.

[74] Zum letzten Punkt vgl. *KpV*, S. 36: »Was nach dem Prinzip der Autonomie der Willkür zu tun sei, ist für den gemeinsten Verstand ganz leicht und ohne Bedenken einzusehen; was unter Voraussetzung der Heteronomie derselben zu tun sei, schwer und erfordert Weltkenntnis; d. i.: was *Pflicht* sei, bietet sich jedermann von selbst dar.«

[75] *Zum ewigen Frieden*, a. a. O., S. 373.

[76] *Über den Gemeinspruch*, in: *Kants gesammelte Schriften*, AA Bd. VIII, S. 279.

[77] Durch die berühmte Formel »Du musst, also kannst Du« verbietet uns Kant, die Erfüllung der Pflicht der Abschätzung ihrer Realisierbarkeit unterzuordnen: Solange man mir nicht bewiesen hat, dass die Pflichterfüllung unmöglich ist (und ein solcher Beweis ist wissenschaftlich nicht möglich), »kann ich doch die Pflicht nicht gegen die Klugheitsregel, aufs Untunliche nicht hinzuarbeiten, (als das Illiquidum, weil es bloße Hypothese ist) nicht vertauschen« (*Über den Gemeinspruch*, S. 309). Der Begriff des Nichtverwirklichbaren oder Unmöglichen müsste allerdings differenziert werden, denn es gibt nicht nur physische Unmöglichkeit (auf die sich zu berufen in der Tat Feigheit wäre), sondern auch Unmöglichkeiten, die durch so etwas wie Umstände bestehen (kann man, um Sartres berühmtes Beispiel aufzugreifen, seine kranke Mutter verlassen, um gegen den Unterdrücker zu

kämpfen?), anders gesagt Inkompossibilitäten, die zu verkennen Leichtsinn und letztlich unklug wäre.

[78] *Der Streit der Fakultäten,* in: *Kants gesammelte Schriften,* AA Bd. VII, S. 85 f.

[79] Dass die Französische Revolution, selbst in ihren Anfängen, gegen die Klugheit verstoßen habe, ist eine von Edmund Burkes Thesen in seinen *Betrachtungen über die Französische Revolution,* übers. v. Ulrich Frank-Planitz, Zürich 1987.

[80] *Zum ewigen Frieden,* S. 379.

[81] *Vorlesungen über die Philosophie der Geschichte,* Werke Bd. 12, Frankfurt/M. 1970, S. 49.

[82] Das ist eines der Argumente, die Kant in seiner berühmten Diskussion mit Benjamin Constant gebraucht, vgl. *Über ein vermeintes Recht aus Menschliebe zu lügen* (in: *Kants gesammelte Schriften,* AA Bd. VIII): Wenn ich die Wahrheit sage (hier also dem Verbrecher antworte, dass der gesuchte Mann sich im Haus befindet), bin ich für die Folgen nicht verantwortlich. Wenn man dagegen aus Menschenliebe lügt und der Verfolgte zwischenzeitlich das Haus wieder verlassen hat und draußen von seinem Mörder angetroffen wird, »so kannst du mit Recht als Urheber des Todes desselben angeklagt werden« (*Über ein vermeintes Recht,* S. 427). Dieses Argument hat gewiss niemals irgendjemanden überzeugt, da die Wahrscheinlichkeit der Folgen in beiden Fällen sehr ungleich ist, und das moralische Subjekt in einer Grenzsituation schließlich auch ein gewisses Risiko eingehen muss, einschließlich desjenigen einer irrtümlichen Vorhersage, sobald es Verantwortung für diese Situation übernimmt (worin Max Weber die Tragik der Politik als Beruf erblickt: Der Politiker hat auch die unvorhersehbaren Konsequenzen seines Tuns zu tragen). Wo es um individuelle oder politische Moral geht, schließt Kant konsequent die Möglichkeit einer Pflichtenkollision aus. Nichts aber dispensiert ihn davon, jenen Fall zu berücksichtigen, in dem die unbedingte Erfüllung meiner Pflicht die Schädigung des anderen zur Folge hat, wo also Ungeschick und Unklugheit schuldhaft sind.

[83] Demgemäß führt Max Webers Reflexion über das Wesen des Politischen ihn dazu, die Gesinnungsethik einer Verantwortungsethik entgegenzusetzen; vgl. *Politik als Beruf,* gegen Ende.

[84] *Zum ewigen Frieden,* a. a. O., S. 380.

[85] Ebd., 378.

[86] NE, V, 14, 1137b 29. Es handelt sich um das Kapitel, in dem Aristoteles die Notwendigkeit der *Billigkeit* aufzeigt, um die Rigidität der Gerechtigkeit zu »korrigieren«, denn »das Unbestimmte hat ein unbestimmtes Richtmaß«.

[87] Vgl. zur in der vorigen Anmerkung zitierten Stelle v. a. Hans-Georg Gadamer, *Wahrheit und Methode,* Tübingen 1962, §§ 301–302.

[88] Vg. v. a. *Metaphysik der Sitten,* in: *Kants gesammelte Schriften,* AA Bd. VI,

S. 410 f., und die »Erste Einteilung der Ethik nach dem Unterschiede der Subjekte und ihrer Gesetze« (*Metaphysik der Sitten*, S. 413).

89 *KpV*, S. 67. Vgl. F. Marty, »La typique du jugement pratique pur«, in: *Archives de Philosophie* 19 (1955), S. 56–87.

90 Kant sagt dies explizit im Hinblick auf die Politik, weil sich insbesondere dort das Problem stellt: »obzwar Politik für sich selbst eine schwere Kunst ist, so ist doch Vereinigung derselben mit der Moral gar keine Kunst; denn diese haut den Knoten entzwei, den jene nicht aufzulösen vermag, sobald beide einander widerstreiten [...]. Man kann hier nicht halbieren und das Mittelding eines pragmatisch-bedingten Rechts (zwischen Recht und Moral) aussinnen [...]« (*Zum ewigen Frieden*, S. 380).

91 Vor allem in seiner Schrift *De nostri temporis studiorum ratione* (1708). Über die Aktualität dieses Textes für die Rekonstitution einer »praktischen Philosophie« im aristotelischen Sinn vgl. das anregende Werk von Wilhelm Hennis, *Politik und praktische Philosophie*, Berlin und Neuwied 1963, Stuttgart 1981, v. a. S. 53 f.